高等职业教育智慧财经系列教材

大数据
财务分析

主编◎窦雪霞　赵大鹏

副主编◎张李啦　张召哲

图书在版编目(CIP)数据

大数据财务分析 / 窦雪霞，赵大鹏主编. --上海：立信会计出版社，2024.7. --（高等职业教育智慧财经系列教材）. -- ISBN 978-7-5429-7664-2

Ⅰ. F275

中国国家版本馆 CIP 数据核字第 2024F9M464 号

策划编辑　孙　勇　张若凡
责任编辑　孙　勇
助理编辑　张若凡
美术编辑　北京任燕飞工作室

大数据财务分析
DASHUJU CAIWU FENXI

出版发行	立信会计出版社
地　　址	上海市中山西路 2230 号　　邮政编码　200235
电　　话	(021)64411389　　传　　真　(021)64411325
网　　址	www.lixinaph.com　　电子邮箱　lixinaph2019@126.com
网上书店	http://lixin.jd.com　　http://lxkjcbs.tmall.com
经　　销	各地新华书店
印　　刷	常熟市人民印刷有限公司
开　　本	787 毫米×1092 毫米　　1/16
印　　张	20
字　　数	488 千字
版　　次	2024 年 7 月第 1 版
印　　次	2024 年 7 月第 1 次
书　　号	ISBN 978-7-5429-7664-2/F
定　　价	49.00 元

如有印订差错，请与本社联系调换

前　言

为了认真贯彻《中华人民共和国职业教育法》精神,根据《教育部办公厅关于加快推进现代职业教育体系建设改革重点任务的通知》《职业教育专业目录(2021年)》《高等学校课程思政建设指导纲要》的要求,我们结合全国各高等职业院校财经商贸类专业人才培养方案的需求,以及高等职业教育大数据与会计及相关专业教学标准的要求,为专业核心课程"大数据财务分析"编写了本书。

本书以"大数据与财经双产教融合"为核心,将业财融合思想贯穿始终,采用以项目为导向、以任务为驱动的设计思路,以培养学生大数据财务分析能力与正确价值观引导下的职业素养为目标,体现了新技术、新准则和新政策的教学资料。

本书主要有以下几个特点:

(1) 融入党的二十大精神。本书通过强调服务国家发展战略、弘扬创新精神、推动数字化转型、强调社会责任及培养专业精神,引导学生将大数据技术应用于国家经济建设和发展战略实践中,鼓励他们培养创新思维,运用技术改造传统财务分析方法,推动企业数字化转型。同时,本书注重社会责任教育,引导学生养成良好的职业道德、发挥团队合作精神,成为高素质的财务人才。

(2) 将企业的业务知识和财务知识紧密结合,强调业务和财务高度协同和互动的重要性。本书在保持财务分析的成熟指标分析体系的基础上,充实与完善了理论和方法,为学生提供既具备传统指标分析体系,又充满新理论和新方法的教材。本书通过有机地将企业实训案例穿插到大数据财务分析方法的学习中,不仅提升了学习的趣味性,还使理论知识更具实践性和操作性,满足理实一体化学习需求。

(3) 注重实用性和操作性。本书以职业能力为主线,通过面向岗位的教学设计,突出学生在实践中所需的技能和能力培养。我们针对高职院校财经专业教材使用现状进行的调查为教材开发提供了实践基础,本书既能够满足教师在教学内容方面从传统财务分析向大数据财务分析转型的需求,又能够满足学生在大数据时代掌握新技术的需求,更贴近实际需求,提高了教学的适用性和有效性。

(4) "专、岗、课、赛、证、研、创"一体化。本书将专业课内外知识联动,倡导共建共享财经教育数字化资源,学以致用,助力创新创业实践,坚持专业服务社会理念,践行专创融合思想。

为了保证教学效果,提升学生的学习体验,本书提供了案例导入、课后练习题等教学辅助材料,以及教学中常见问题的解答和指导,帮助教师更好地备课、授课和评价学生。

本书是2023年度河南省高等教育教学改革研究与实践项目"数字化进程下的财务会计

类专业产教融合提质增效路径研究与实践"的研究成果之一,由河南职业技术学院窦雪霞、赵大鹏担任主编,河南职业技术学院张李啦、河南应用技术职业学院张召哲担任副主编,河南职业技术学院武萌,河南应用技术职业学院张永旺、谭志蓉参与了本书编写。本书具体编写分工如下:窦雪霞和赵大鹏负责全书大纲拟订和总纂,项目一、项目五由谭志蓉编写,项目二、项目八由张永旺编写,项目三、项目四由张李啦编写,项目六、项目七由武萌编写。本书的编写得到了河南职业技术学院、河南应用技术职业学院、中联集团教育科技有限公司等单位的大力支持,立信会计出版社编辑为本书的出版付出了大量的心血,对此表示由衷的感谢。

由于编者水平有限,本书内容安排和文字描述如有不妥之处,恳请广大读者批评指正,以便我们不断提高教材质量。

编　者

2024 年 6 月

目 录

项目一　大数据财务分析概述 1
    思政小课堂 1
    第一节　认识财务大数据 1
    第二节　财务大数据分析环境构建 5
    课后练习题 9

项目二　熟悉岗位内容 11
    思政小课堂 11
    第一节　岗位职能 12
    第二节　工作流程 20
    第三节　岗位能力要求 48
    课后练习题 53

项目三　资产负债表分析 55
    思政小课堂 55
    第一节　资产负债表概述 59
    第二节　资产负债表的基本结构及项目分析 64
    第三节　大数据在资产负债表分析中的应用 82
    课后练习题 113

项目四　利润表分析 115
    思政小课堂 115
    第一节　利润表概述 118
    第二节　利润表的基本结构及项目分析 120
    第三节　大数据在利润表分析中的应用 131
    课后练习题 145

项目五　现金流量表分析 147
    思政小课堂 147
    第一节　现金流量表概述 149
    第二节　大数据在现金流量表分析中的应用 151
    课后练习题 161

项目六　财务指标分析 163
思政小课堂 163
第一节　偿债能力分析 164
第二节　营运能力分析 190
第三节　盈利能力分析 212
第四节　发展能力分析 239
课后练习题 261

项目七　财务综合分析 263
思政小课堂 263
第一节　财务综合分析概述 264
第二节　财务综合分析的依据和方法 265
第三节　大数据在财务综合分析中的应用 275
课后练习题 289

项目八　企业经营业绩评价 291
思政小课堂 291
第一节　企业业绩评价 292
第二节　大数据财务分析报告撰写 299
课后练习题 307

附录 309

项目一
大数据财务分析概述

 学习目标

知识目标

了解财务大数据的内涵、价值,掌握财务大数据分析环境构建。

能力目标

能够安装财务大数据分析工具,并对公司和行业的财务数据进行分析。

素质目标

培养学生的数据思维,引导学生做爱国、守法、求真、务实的新时代公民。

 **思政小课堂**

近年来,信息技术飞速发展,大数据、人工智能、云计算、物联网、区块链等信息技术的应用,不断为会计行业赋能,财务共享、智能财税等新业态不断出现,会计行业已发展到今天的"会计数智化"新阶段。习近平总书记在十九届中共中央政治局第二次集体学习时指出"大数据是信息化发展的新阶段",并作出了"推动大数据技术产业创新发展、构建以数据为关键要素的数字经济"的战略部署。促进大数据与会计专业迅猛发展,对会计人员职业技能和职业素养提出了更高的要求。会计是会计信息的加工者,担负提供真实可靠会计信息的重要职责。"不做假账"是会计从业人员的基本职业道德和行为准则,是会计工作充满生命力的根本保证之一。会计是经济管理的重要组成部分,不论会计技术如何发展,对会计人员的诚信要求都不变,国务院原总理朱镕基为国家会计学院题字"诚信为本,操守为重,遵循准则,不做假账",诚实守信始终被视为会计工作的灵魂。因此,我们应该从现在做起、从自身做起、从点滴做起,形成人人愿为、人人可为、人人能为的文明社会生态。遵守会计准则,不做假账,建设会计文明生态是我们每个会计人的责任。

第一节　认识财务大数据

从文明之初的"结绳记事",到文字发明后的"文以载道",再到近现代科学的"数据建模",数据一直伴随着人类社会的发展变迁。直到以电子计算机为代表的现代信息技术出现为数据处理提供了自动的方法和手段,人类掌握数据、处理数据的能力才实现了质的提升。信息技术及其在经济社会中的应用(即信息化),推动数据(信息)成为继物质、能源之后的又一种重要战略资源。

一、大数据概述

(一) 大数据的含义

大数据(big data)是具有体量巨大、来源多样、生成极快且多变等特征,并且难以用传统数据体系结构有效处理的包含大量数据集的数据。大数据也是源头多样化、实时生成且高速增长、瞬息变化的数据资产,它是大量数据集与现代化信息技术环境相融合的结果。面对大数据,人类需要新处理模式才能具有更强的决策力、洞察力和流程优化能力。

人类从众多来源中采集庞大的数据集形成的大数据,以多元形式存在,往往具有实时性。例如,在企业销售大数据中,由用户基本数据、商品销售数据、用户反馈信息等组成的数据集,可能来自社交网络、电子商务网站、顾客来访记录等,它们以二维表格、文字、图像、视频等形式呈现,并且可能每天、每时都在变化。

(二) 大数据的特征

1. 数据体量大

大数据的首要特征是数据量大,包括数据采集、存储和计算的量都非常大,数据量的存储单位从过去的 GB、TB,发展到 PB,甚至 EB 或 ZB 级别。

2. 数据类型繁多

数据可能来自多个数据仓库、数据领域,或呈现多种数据。大数据时代的数据类型包括文本、图片、音频、视频、网络日志、地理位置信息等。

3. 处理速度快

单位时间的数据流量大,数据生成、处理速度快,能够满足实时数据分析需求,这是大数据区别于传统数据的显著特征。

4. 数据多变性

大数据的体量、速度和多样性等特征都处于多变状态。

除了上述 4 个基本特征,低价值密度也是大数据的主要特征之一。随着物联网的广泛应用,信息感知无处不在,信息海量但价值密度较低,也就是说存在大量不相关信息。以视频为例,警察在破获案件时,需要查看的视频量很大,但可能有价值的只有几秒钟,因此视频数据的价值密度很低。虽然单位数据的价值密度在不断降低,但数据的整体价值在不断提高。

(三) 大数据的类型

1. 结构化数据

结构化数据具有统一的数据结构,一般用关系型数据库表示和存储,表现为二维形式的数据,可以通过固有键值获取相应信息。例如,企业的财务系统数据、信息管理系统数据、客户关系管理数据、订单数据等。

2. 非结构化数据

非结构化数据是数据结构不规则或不完整,没有以一个预先定义的方式来组织,不方便用数据库二维逻辑表来表现的数据。在存储非结构化数据时,网络附属存储和对象存储是目前两个主要的选择。例如,视频、图片、音频、邮件、办公文档等。

3. 半结构化数据

半结构化数据是介于结构化数据和非结构化数据之间的数据。半结构化数据属于同一类实体,但可以有不同的属性,即使它们被组合在一起,这些属性的顺序也并不重要。例如,XML 文件、HTML 文件、JSON 文件等。

(四) 大数据的应用范围

大数据价值创造的关键在于大数据的应用,随着大数据技术飞速发展,大数据应用已经融入各行各业。大数据产业正快速发展成为新一代信息技术和服务业态,即对数量巨大、来源分散、格式多样的数据进行采集、预处理、存储和关联分析,并从中发现新知识、创造新价值及提升新能力。

大数据已经与我们的日常生活密不可分,其应用无处不在。例如,大数据帮助政府实现市场经济调控、公共安全防范、社会舆论监督、精准扶贫等;大数据帮助城市预防犯罪、提升紧急应急能力、提高交通通行效率实现智慧交通等;大数据帮助医疗机构建立患者的疾病风险跟踪机制,进行临床决策支持,如药品不良反应、疾病并发症、疾病诊断与预测等;大数据帮助银行等金融机构实现精准营销、降低金融风险等。

二、财务大数据概述

(一) 财务大数据的含义

大数据是有别于传统数据,人们需要新处理模式才能具有更强的分析力、洞察力和流程优化能力来适应海量、高增长率和多样化的信息资产。

财务大数据是面向企事业等单位的财务应用,基于专门的会计方法,由财务会计和管理会计及相关信息的数据集组成的大数据。财务大数据贯穿企业的采购、生产、销售等阶段,体现经营项目的申请、审批、交易、报账、支付、核算、报告等环节。大数据财务分析能够快速进行财务信息的归档、存储、核算和使用等服务,全面分析财务管理相关指标,帮助企业进行营运管理、投资决策、风险预警和成本管控等管理活动。

(二) 财务大数据的作用

1. 促进财务部门职能转变

大数据时代带来了巨大的数据量和数据价值,这对财务职能产生了深远的影响。传统财务部门主要处理少量的结构化数据,然后制作财务报表和进行财务分析。在大数据时代,财务部门需要处理更加庞大的非结构化数据,进行更加综合的分析和应用。大数据时代要求财务部门更加注重数据的挖掘、整合、分析和应用,更好地为企业决策提供支持和帮助。

2. 模糊财务部门与业务部门的界限

在大数据技术应用下,企业各职能部门之间的信息孤岛将被打破,建立互联互通的内部数据共享中心,企业将拥有更多样、更全面的数据来源,实现业财一体化。一方面,财务成本核算数据、消费者调查数据、竞争对手数据等可以支撑业务部门更好地发展;另一方面,了解业务部门的商业逻辑和生产、销售的具体流程,便于财务部门更好地为企业战略管理服务。

3. 使财务工作从后端走向前端

传统模式下财务部门的职能主要是总结，即对企业过去1年的利润情况和资产负债情况进行盘点与分析，解决信息不对称问题，对企业未来发展作用不显著；在大数据时代，财务数据更加广泛、及时，财务部门将成为"探照灯"，利用大数据为企业洞察、预测未来，支撑企业战略层面的管理决策。

（三）财务大数据的价值

1. 提高财务工作效率

在大数据背景下，企业可以共享强大的数据库，财务信息可以实现共享与互通，数据的采集、处理和分析速度不断加快，信息处理效率得到提升，财务管理工作能够实现精准化与高效化，工作效率大大提高。

2. 提高预算管理质量

在人工智能、云计算和大数据等新一代信息技术的支撑下，财务人员通过大数据对各项业务进行事前预测、事中控制和事后分析，能够充分了解企业运行状况，更精准地制定预算，从而提高企业的财务预算管理质量，帮助企业实现稳步发展。

3. 强化风险防范能力

在大数据背景下，企业实现信息资源共享，能够及时地为企业财务人员提供准确且全面的信息，帮助企业及时发现与规避信息不对称等原因造成的潜在风险因素，从而强化企业的风险防范能力。

（四）财务大数据对财务工作带来的挑战

1. 对财务人员的专业度要求更高

财务大数据时代要求财务工作人员能够运用新一代信息技术进行数据采集、数据处理、数据分析及数据呈现，但企业财务人员的综合素质水平参差不齐，信息素养相对较低，缺乏应用新一代信息技术的能力和经验，导致经营管理质量停滞不前。

2. 给企业财务安全管理带来考验

企业财务信息化发展依赖于信息技术，网络平台的开放性使财务信息暴露于互联网环境下，管理稍有不慎，在互联网环境下运行的智能系统就会被外部黑客攻击，从而盗取企业信息，且企业财务人员能力参差不齐，新一代信息技术素养的缺乏进一步给财务安全管理带来了风险。

3. 对会计信息化系统数据接口的兼容性要求更高

在大数据时代，各种信息平台资源丰富，但各平台之间的接口兼容性不足，仍存在各平台功能不关联互助、信息不共享互换，以及信息与业务流程和应用相互脱节的情况，导致"信息孤岛"现象，在一定程度上降低了财务工作的效率。

4. 对企业的数据存储提出更高要求

伴随着大数据时代的到来，财务工作发展过程中需要覆盖丰富的数据信息，计算机储存模式被普遍应用，核算单位动辄以 TB、PB，甚至 EB 或 ZB 进行记录，在这种情况下，企业的数据存储空间将面临着巨大挑战。

三、财务大数据分析概述

（一）财务大数据分析的含义

财务大数据分析是运用新一代信息技术，将企事业等单位的业务数据、财务数据、非财务信息及相关行业数据进行专业化处理,并将处理后的数据放入专业的数据分析工具中,通过建模等相关规则,对企业的财务状况、经营成果和现金流量情况进行综合比较与分析,为使用者提供管理决策和控制依据的一项管理工作。

(二) 财务大数据分析的流程

财务大数据分析通常运用 Power BI、Wyn Enterprise、Python、Tableau 等数据分析工具,采用直连数据源获取或网络爬虫等方法将内部数据或外部数据采集至数据分析工具,对数据进行预处理,并将处理后的数据储存至数据仓库,以便后续进行数据挖掘、数据可视化呈现、数据报表生成等数据分析与应用。

(三) 财务大数据分析的作用

财务大数据分析的目的是判断企业的财务运行状况、发展趋势、在行业中的位置及与标杆企业的差距,从而为企业的利益相关者作出正确决策提供依据。财务大数据分析的作用主要体现在 3 个方面:第一,有助于全面评价企业的财务状况和存在的财务风险,并通过大数据分析、查找原因,从而改善财务状况和降低财务风险;第二,有助于衡量企业的经营管理水平、成本费用控制水平和盈利水平等,从而在此基础上综合评价企业的经营业绩,预测未来发展趋势;第三,有助于企业发现管理中存在的问题,找到与标杆企业的差距,从而分析问题及差距形成的原因,寻求改善途径,缩小与标杆企业的差距,并最终提升企业经营业绩。

第二节 财务大数据分析环境构建

案例导入

北京康佳医疗集团有限公司(以下简称康佳医疗)成立于 2003 年,是一家医药制造业企业。2022 年 1 月,康佳医疗财务部准备公司年度工作会议材料,需要运用大数据分析工具对公司和行业的财务数据进行分析,因此准备构建财务大数据分析环境。

任务布置:
(1) 安装 Power BI 数据分析工具。
(2) 安装 Wyn Enterprise 数据分析工具。
(3) 安装 Python 数据分析工具。

常用的数据分析工具有 Excel、Power BI、Wyn Enterprise 和 Python 等,本节主要介绍 Power BI、Wyn Enterprise 和 Python 的安装与运行。

一、Power BI

Power BI(business intelligence)是微软股份有限公司(Microsoft Corporation)开发的集数据获取、分析处理、数据呈现等功能为一体的商业智能分析工具。Power BI 作为 Excel 的升级产品,能够解决 Excel 难以处理的问题,它能实现数据分析的所有流程,包括对数据的获取、清洗、建模和可视化展示，对数据进行分析，用数据驱动业务，从而帮助企业或个人作出正确的决策。

Power BI 支持各种数据源，能够基于 Excel，CSV 等文件，以及在 SQL Server，Oracle 等数据库中快速创建数据集，可进行丰富的建模、实时分析、可视化呈现及自定义开发等，使可视化数据在整个组织中共享洞察，将其嵌入应用或网站中，连接数百个数据源，通过实时仪表板和报告将数据变为现实，可成为项目组、部门或整个企业的分析和决策引擎。

Power BI 和 Power Query，Power Pivot，Power View，Power Map 等插件的关系如图 1-1 所示。

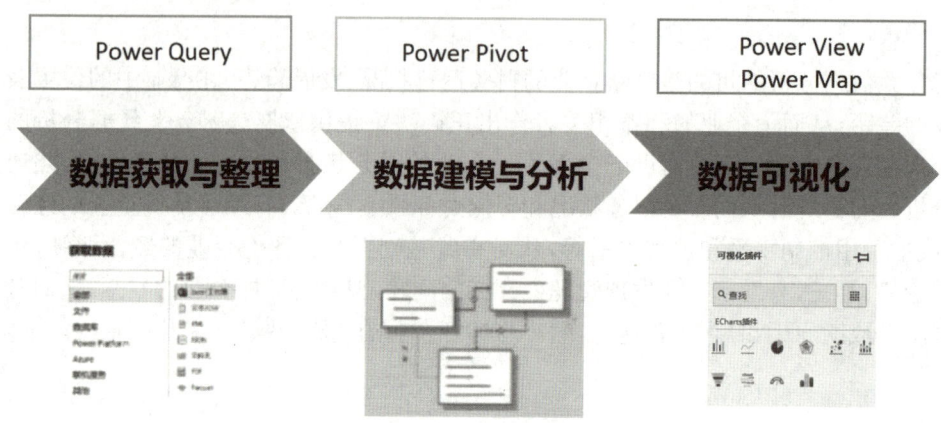

图 1-1　Power BI 与系列组件的关系

二、Wyn Enterprise

Wyn Enterprise 是由我国自主研发的集多源数据整合、自助式 BI 分析、数据可视化呈现、在线报表设计及数据填报等功能为一体的嵌入式商业智能软件。Wyn Enterprise 提供自助分析功能，用户可以灵活地与数据交互，探索数据背后的逻辑并发掘更多价值，为决策制定提供有效的数据支撑。Wyn Enterprise 产品结构如图 1-2 所示。

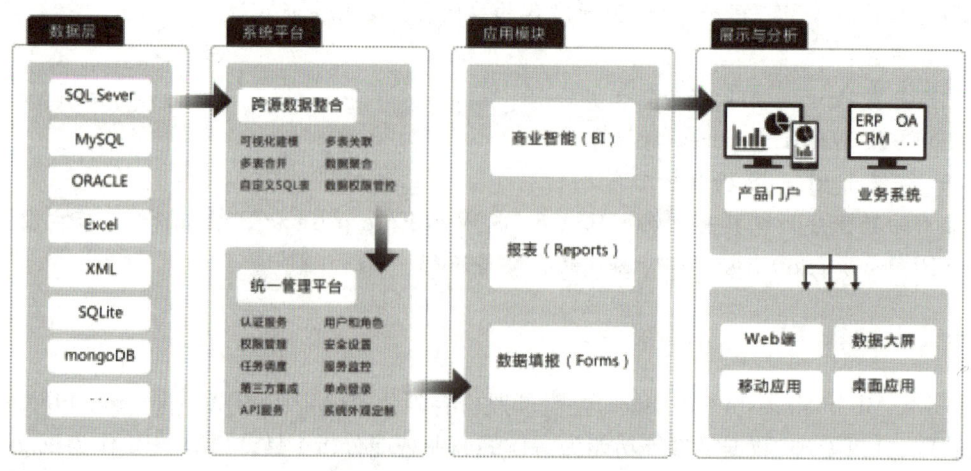

图 1-2　Wyn Enterprise 产品结构

Wyn Enterprise 既能独立部署使用,又能与其他软件进行深度集成和合作。Wyn Enterprise 包括企业版和教育版。

(一)企业版

Wyn Enterprise 企业版是企业数字化转型的必备平台,Wyn Enterprise 嵌入式商业智能软件从平台部署、产品架构设计、国产化适配等多方面为企业级数据应用提供支撑。产品功能覆盖企业数据管理和应用全生命周期,包括从数据接入、数据加工到报表统计、自助分析、数据大屏等环节,真正地为企业提供一站式数据分析解决方案。

(二)教育版

Wyn Enterprise 教育版由中联集团教育科技有限公司(以下简称中联教育)和西安葡萄城软件有限公司联合推出,借助 Wyn Enterprise 嵌入式商业智能软件 BI 工具强大的嵌入式能力,将该软件与中联教育财务大数据分析教学平台无缝对接,实现教学、训练与测评系统一体化,并且支持多节点部署,保证高并发的请求能够被及时响应,满足多所院校同时教学、训练及考试等。同时,该软件简单易用的特性,能够让广大师生快速上手,培养学生的大数据分析能力,实现自助式的财务数据探索,挖掘真实财务数据背后潜在的商机与风险。

三、Python

Python 是由荷兰人吉多·范·罗苏姆(Guido van Rossum)于 1989 年发明的一种面向对象的解释型计算机程序设计语言。Python 的语法和动态类型,以及其解释型语言的本质,使它成为多数平台上写脚本和快速开发应用的编程语言,随着版本的不断更新和语言新功能的添加,逐渐被用于独立的、大型的项目开发。其主要特点如下:

(1) Python 是一种免费、开源的程序语言。使用者可以自由地发布该软件的拷贝、阅读软件的源代码、对软件作改动、把软件的一部分用于新的自由软件中。

(2) Python 结构简单,语法清晰,易于学习。

(3) Python 的编程语法类似于英语语法,非常易于维护。阅读 Python 程序就感觉像在读英语一样。它使你能够专注于解决问题而不是去搞明白语言本身。

(4) Python 拥有 Numpy,Pandas,Python 图像库等,且为主要的商业数据库提供了接口,Python 的大部分库可以与 UNIX,Windows 和 MacOS 等平台兼容。

(5) Python 具有很强的可嵌入性。可以把 Python 嵌入 C 或 C++程序,从而向程序用户提供脚本功能。

(6) Python 具有很强的可扩展性。如果需要一段关键代码运行得更快或希望某些算法不公开,可以将部分程序用 C 或 C++编写,然后在 Python 程序中使用它们。

课后练习题

一、单项选择题

1. 下列各项中,属于大数据的类型的是(　　)。
   A. 半结构化数据　　　　　　　　B. U 型构成数据
   C. 无结构化数据　　　　　　　　D. T 型构成数据
2. 下列各项中,可以作为大数据处理工具的是(　　)。
   A. Google　　　B. Python　　　C. Baidu　　　D. Windows
3. 下列各项中,数据形式是半结构化数据的是(　　)。
   A. SQL　　　　B. XML　　　　C. 表格　　　　D. 图片
4. 财务数据采集的主要形式是(　　)。
   A. ERP 系统数据采集
   B. 外部网络数据爬虫
   C. Wind 等专用数据库采集
   D. 以上都可以
5. 下列各项中,属于企业数据资产的是(　　)。
   A. 报表数据
   B. 总账数据
   C. 与财务分析相关的非财务数据
   D. 以上都是

二、多项选择题

1. 下列各项中,属于大数据的特征的有(　　)。
   A. 数据体量大　　　　　　　　B. 数据类型繁多
   C. 处理速度快　　　　　　　　D. 数据多变性
2. 大数据的类型包括(　　)。
   A. 结构化数据　　　　　　　　B. 非结构化数据
   C. 半结构化数据　　　　　　　D. 类结构化数据
3. 下列各项中,属于费用类科目的有(　　)。
   A. 营业成本　　　　　　　　　B. 销售费用
   C. 管理费用　　　　　　　　　D. 财务费用
4. 下列各项中,属于常见的数据清洗问题的有(　　)。
   A. 数值为空,有缺失
   B. 有影响指标计算的非法字符,如英文逗号、空格等
   C. 重复数据
   D. 日期、时间格式不一致

5. Wyn Enterprise 大数据平台的字段类型包括(　　)。

   A. 日期   B. 字符串   C. 关联   D. 布尔

三、简答题

1. 大数据分析的基础包含哪5个方面？
2. 大数据分析有什么作用？

项目二
熟悉岗位内容

 学习目标

知识目标
1. 了解财会部门相关工作岗位和职能。
2. 熟悉不同财会工作岗位的工作要求和任职条件。
3. 熟悉不同财会岗位的工作流程。

能力目标
1. 能够根据不同的财会工作岗位进行职业规划。
2. 能够根据不同财会岗位工作流程,优化提升工作效率。

素质目标
1. 培养学生协同、讨论、共赢的团队合作和沟通能力。
2. 培养学生对财会职业的认同感。
3. 培养学生自我职业规划意识。

 **思政小课堂**

会计职业道德八大准则、"三坚三守"和财会监督

1. 八大准则

（1）爱岗敬业。要求会计人员热爱会计工作,敬重会计职业,安心工作,任劳任怨,忠于职守,尽职尽责。

（2）诚实守信。会计人员应做老实人,说老实话,办老实事,不被利益所诱惑,保守秘密,执业谨慎,信誉至上。

（3）廉洁自律。要求会计人员公私分明,不贪不占,遵纪守法,清正廉洁。

（4）客观公正。会计人员应依法办事,实事求是,不偏不倚,保持独立性。

（5）坚持准则。要求会计人员熟悉并遵循国家法律、法规和会计制度,始终坚持按法律、法规和会计制度的要求进行会计核算和实施会计监督。

（6）提高技能。会计人员应有不断提高会计专业技能的意识和愿望,勤于学习、锐意进取,以提升业务水平。

（7）参与管理。要求会计人员在做好本职工作的同时,努力钻研相关业务,全面熟悉单位的经营活动和业务流程,主动提出合理化建议,协助领导决策。

(8)强化服务。要求会计人员树立服务意识,提高服务质量,努力维护和提升会计职业的良好社会形象。

2. "三坚三守"

"三坚三守"强调会计人员的坚持和守则,具体包括坚持诚信、守法奉公;坚持准则、守责敬业;坚持学习、守正创新。

3. 财会监督

2023年2月15日,中共中央办公厅、国务院办公厅印发《关于进一步加强财会监督工作的意见》,总体要求如下:

(1)遵循指导思想。以习近平新时代中国特色社会主义思想为指导,深入贯彻党的二十大精神,完整、准确、全面贯彻新发展理念,加快构建新发展格局,着力推动高质量发展,更好统筹发展和安全,坚持以完善党和国家监督体系为出发点,以党内监督为主导,突出政治属性,严肃财经纪律,健全财会监督体系,完善工作机制,提升财会监督效能,促进财会监督与其他各类监督贯通协调,推动健全党统一领导、全面覆盖、权威高效的监督体系。

(2)落实工作要求。坚持党的领导,发挥政治优势;坚持依法监督,强化法治思维;坚持问题导向,分类精准施策;坚持协同联动,加强贯通协调。使财会监督法律制度更加健全,信息化水平明显提高,监督队伍素质不断提升,在规范财政财务管理、提高会计信息质量、维护财经纪律和市场经济秩序等方面发挥重要保障作用。

第一节 岗位职能

为了落实"十四五"规划和2035年远景目标的战略部署,充分体现专业升级和数字化改造理念,提高职业教育适应性、服务技能型社会建设和终身学习需求,教育部实行《职业教育专业目录(2021年)》(教职成〔2021〕2号),由此促进了财会行业的转型与改革,突出传统会计岗向业务财务岗、经营财务岗、战略财务岗转变,为了使工作更加高效化、流程智能化,相对应的岗位职能和工作内容也在不断调整中。

围绕财务报告所反映的企业某一特定日期的财务状况和某一会计期间的经营成果和现金流量情况,财务部往往以资金、营运、管理、风险4个方面为关键环节,坚持岗位分工与符合内部牵制制度,遵循成本效益、岗位不相容和独立性原则,根据企业管理工作需要设置不同的岗位。

一般而言,每个企业都有财务部,由于行业特点和业务流程不同,财务部不同岗位的设置和职能存在差异,但整体来说,都有以下岗位和职责。

一、财务部的整体架构

企业总经理直管财务总监,下辖设有财务部、会计部、预算部、稽核部或内审部。

二、财务部的岗位配置和职能

不同的部门可根据业务流程和管控模式,设置不同的岗位,如财务总监、财务经理、预算主管、投资主管、资金主管、审计主管、总账会计、税务会计、材料会计、固定资产会计、成本会计、往来会计、费用会计、销售会计、出纳等,以及结合大数据与人工智能技术对财务岗位的影响设立的、当下新兴的业财融合岗——财务 BP(finance business partner)。

(一) 财务总监

财务总监从财务制度建设、融资管理、财务工作管理、财务监控、财务分析与预测、财务审计与督办管理、财务部管理等方面,开展以下工作,以履行相应的工作职责:

(1) 主持制定企业财务管理、会计核算、会计监督、预算管理、审计监察、库管等工作的规章制度和工作程序,经批准后组织实施并监督检查落实情况。

(2) 组织执行国家有关财经的法律、法规、方针、政策和制度,保障企业合法经营,维护股东权益。

(3) 根据董事会指示和企业的经营要求,筹集企业运营所需资金,满足企业战略发展的资金需求,审批企业重大资金流向。

(4) 依照企业对资金的需求,疏通融资渠道,维护与金融机构的良好关系,满足企业在经营运作中的资金需求。

(5) 组织领导企业财务管理、会计核算、会计监督、成本管理、预算管理和审计监察等方面的工作,提高企业的经济效益。

(6) 定期对企业财务管理工作进行考核、督促、检查,提高财务部的工作效率。

(7) 执行董事会有关财务方面的决议,对企业日常资金运作和财务运作进行监控。

(8) 按照企业规定的权限对企业各部门的各项预算、费用计划进行审批。

(9) 监督财务预算及财务计划的执行情况,控制各项费用的使用。

(10) 监控大宗资金的运作。

(11) 定期对企业经营状况进行阶段性的财务分析与财务预测,并提出财务改进方案。

(12) 向董事会提交财务分析及预测报告,为企业经营决策提出合理化的建议、意见。

(13) 组织制订年度审计工作计划。

(14) 根据企业相关规定组织实施年度财务收支审计、经营成果审计等工作。

(15) 负责企业主要负责人的离职审计及重大财务违规审计,并向董事会及总经理提出处理意见。

(16) 负责财务部管理人员的管理、考核,监督其各项业务工作。

(17) 指导开发财务部人力资源,提高企业财务人员的综合素质。

(18) 做好财务部的行政事务处理工作,提高工作效率,增强团队精神。

(二) 财务经理

财务经理从制定规章制度与财务计划、财务预算与成本控制、会计核算管理、财务分析与预测、财务稽核与审计、融资管理、部门内部管理等方面,开展以下工作,以履行相应的工作职责:

(1) 协助财务总监组织制定企业各项财务管理制度、内部控制管理和考核办法。

(2) 各项制度经审批后组织实施、监督,确保企业财务安全。

(3) 组织编制各项财务收支及资金计划,落实和检查计划的执行情况,定期将计划的执行情况进行分析并上报财务总监、总经理。

(4) 组织有关部门编制财务预算并汇总,上报领导审批后实行。

(5) 监督各部门预算的执行情况,认真审核各部门的费用支出,根据企业运营的实际情况,适时提出成本控制方案并监督实施。

(6) 进行成本预测、控制、核算、分析和考核,降低成本,节约各项费用支出。

(7) 负责组织全企业的经济核算工作,组织编制和审核财务报表、统计报表。

(8) 负责组织会计人员搞好会计核算,正确、及时、完整地记账、算账、报账,及时提供真实的会计核算资料。

(9) 定期或不定期组织进行财务分析,提交财务分析报告,为企业经营决策提供依据。

(10) 对新投资的项目做好财务预测与风险分析。

(11) 参与企业重大财务问题的决策,提出意见或建议。

(12) 依据内部控制制度,组织实施财务监督,确保企业各项业务在受控情况下良好运行。

(13) 组织设定财务工作考核标准,严格监督各项业务收支情况,并根据考核标准对各个分支机构的财务工作定期进行考评。

(14) 负责组织实施企业的财务审计工作。

(15) 根据董事会的指示,做好资金筹集、供应和使用管理工作。

(16) 依据企业对日常资金的需求量,协助财务总监寻找、疏通融资渠道。

(17) 负责财务人员队伍的建设、选拔和配备。

(18) 组织对部门员工进行财务知识培训。

(19) 指导、监督员工工作,并对其进行业绩考核。

(三) 预算主管

预算主管从预算体系建设、编制预算、预算管理等方面,开展以下工作,以履行相应的工作职责:

(1) 建立、改进、完善预算管理体系,建立相应的执行、控制机制,起草、修订配套的规章制度。

(2) 根据预算体系及管理的需要,设计、修改内部管理报表,并对预算表格进行整理、分析,厘清数据关系,改进、完善管理制度及预算表格。

(3) 对企业整体发展战略提供财务方面的可行性分析,按照企业中长期发展战略,制订中长期财务预算规划,与相关业务部门进行沟通,确保预算规划有效实施。

(4) 根据企业的发展目标、以前各年度预算制订和执行情况,制订本年度全面预算,组织编制全系统预算,确定目标成本和目标利润,并向各预算责任部门下达预算指标。

(5) 组织对各部门编制的预算草案的试算平衡和加工工作,汇编成企业的采购预算、销售预算和各种费用预算,负责编制企业财务预算及财务部费用预算。

(6) 组织制定增收节支的措施,并汇集编制预算控制管理方案,保证成本目标和利润目标的实现。

(7) 安排人员通过预算系统跟踪监督与控制预算单位的日常支出和预算执行情况。

(8) 定期进行反馈，按时、按质、按需提供内部管理报表，对企业经营状况和预算执行情况进行分析，形成预算执行报告，并上报有关领导。

(9) 根据实际经营情况和有关的预算制度定期调整、更新已编制的预算，并及时反映预算基础的变化，使企业的预算更趋准确。

(10) 通过对比各预算责任部门的实现数与预算数，考核评价各责任部门的业绩。

(四) 投资主管

投资主管从组织市场调查、制订投资方案、投资管理等方面，开展以下工作，以履行相应的工作职责：

(1) 组织进行行业研究及投资项目的市场调研等前期工作，根据企业的投资方向组织市场调查，搜集有关的市场信息资料。

(2) 组织对市场调查信息资料的汇总、分析，编制市场调查报告，供领导参考。

(3) 根据市场调查结果进行可行性研究，编制可行性报告，提出投资方向的有关建议，进行投资的财务分析，为董事会提供投资决策的依据。

(4) 为投资项目准备推介性文件，编制投资调研报告、可行性研究报告及框架协议的相关内容，并拟订项目实施计划和行动方案，供企业领导和潜在客户参考。

(5) 根据投资计划方案，寻找项目资源，设计投资项目，积极组织项目调查和可行性分析研究，开展投资工作。

(6) 组织员工进行参股公司的增资扩股和减资等相关工作。

(7) 参与投资项目谈判，建立并保持与合作伙伴和潜在客户的业务关系。

(8) 参与投资项目的直接或间接管理，监控和分析投资项目的经营管理，并及时提出业务拓展和管理改进的建议。

(五) 资金主管

资金主管从制订融资方案、融资渠道管理、内部融资管理等方面，开展以下工作，以履行相应的工作职责：

(1) 研究行业内企业信息，对企业所处的资本市场和政策变动情况进行全面的评估分析。

(2) 负责本企业及其分支机构的融资预算编制，并组织实施融资预算、设计融资方案。

(3) 负责分析市场和项目的融资风险，对企业短期、长期的资金需求进行预测，并及时出具分析报告，提出相应的应对措施，制订并实施相应的融资解决方案。

(4) 积极开拓金融市场，满足企业对资金资源的需求，开拓企业资金资源，与国内外目标融资机构沟通，建立多元的融资渠道，与各金融机构建立并保持良好的合作关系。

(5) 对企业的资产和负债状况进行全面的分析，寻找合适的融资目标机构，针对当地不同银行的特点设计融资项目和方式。

(6) 与相关的融资机构商谈，并提供最佳融资方案和融资条件，与其进行沟通、协调，并及时解决问题，利用银行、券商等渠道完成企业融资目标。

(7) 合理地进行资金分析和调配，进行内部融资安排，监督并优化内部各项资金的运用，确保资金安全，合理调度资金，提高资金使用效率。

(8) 不断进行内部金融创新及实践，提升企业在金融市场的运作能力。

(9) 执行融资决策,提高企业资金的流动性,为资金平衡奠定基础。

(六) 审计主管

审计主管从编制审计管理制度与规划、组织内部审计工作、配合外部审计工作、提供审计报告等方面,开展以下工作,以履行相应的工作职责:

(1) 拟定企业各项内部审计制度、审计程序及审计细则,报财务经理、财务总监、总经理及董事会审批。

(2) 按照企业年度工作计划规划年度审计工作,规划年度审计工作实施进程。

(3) 组织对企业各项财务收支、专项资金的使用和核算情况的审计工作。

(4) 组织对企业经营成果的真实性、准确性、合法性等方面的审计工作。

(5) 对经批准即将离任的企业领导,按企业有关规定组织对其工作状况和工作业绩进行客观、公正的全面审计。

(6) 根据企业领导意见,组织对有损企业利益或严重违反财经纪律的行为的审计。

(7) 组织对企业内部管理制度的审计,以检验其是否健全、严密和有效,并审计其执行情况。

(8) 根据国家有关制度和企业相关规定,配合外部审计机构进行必要的调查取证工作。

(9) 保证外部审计机构对企业的审计工作顺利展开。

(10) 每项审计工作结束后,及时撰写审计报告上报企业领导,指出问题所在,并提出处理或改进建议。

(11) 组织做好相关的审计资料、文件的归档、保管、借阅管理工作。

(七) 总账会计

总账会计从核算体系建设、会计核算管理、编制财务报表、财务分析、会计档案管理等方面,开展以下工作,以履行相应的工作职责:

(1) 协助财务总监和财务经理管理好企业财务工作,并按《企业会计准则》规定设置会计科目、会计凭证和会计账簿。

(2) 拟定企业有关会计核算的各项规章制度,设置与掌管总分类账簿。

(3) 设计企业的会计核算形式,建立会计凭证的传递程序。

(4) 严格、认真地复核本部人员所做的会计凭证的完整性,审核会计凭证与所附的原始单据是否齐全、一致,审批手续是否齐全。

(5) 进行有关业务的综合汇总工作,汇总会计凭证,发现问题及时解决,定期编制总账科目汇总表并进行试算平衡。

(6) 组织下属人员登记明细账和总分类账,核对各级明细账、日记账及总分类账,确保账账相符,记账、结账等工作符合规定要求。

(7) 负责编报资产负债表、利润表、现金流量表等财务报表。

(8) 负责组织填报经济效益月报表、统计报表,每月按时上报有关领导。

(9) 随时掌握企业在各个银行存款的余额情况,提出合理的调用资金方案。

(10) 根据财务报表,定期或不定期地协助财务经理做好企业的财务分析,编写财务状况说明书,为企业制定经营政策提供依据。

(11) 进行各种财务预测、市场容量预测、市场占有率预测和市场价格预测等,为企业的投资决策和生产经营提供可靠的依据。

（12）遵守会计档案管理的有关法规，对会计档案进行科学分类，造册登记，对保存在财务部的会计凭证、会计账簿、财务报表和其他会计资料统一进行管理。

（13）建立借阅、保密，以及保护档案安全、完整的制度，在移交档案部门时，须编制移交清册，认真办理移交手续。

（八）税务会计

税务会计从履行税务会计核算、及时办理纳税申报、管理增值税发票等方面，开展以下工作，以履行相应的工作职责：

（1）全面负责企业税务工作，包括税款计算、复核、统计。

（2）负责办理企业税务申报工作，所有申报表需经本部门经理审核后再盖章申报；及时填制企业上缴税情况表。

（3）负责对企业纳税情况进行去分析评估，执行税务风险控制制度。

（4）协助财务经理做好企业税务规划及纳税筹划工作。

（5）负责税收政策搜集工作，并及时向本部门其他员工通报相关税收政策的变化。

（6）负责相关税务备案工作。

（7）负责增值税发票的领用、保管与缴销工作。

（8）负责涉税档案管理。

（9）负责配合税务审计、税务检查工作，协助财务经理、总监进行外部关系管理。

（九）材料会计

材料会计从履行税务会计核算、及时办理纳税申报、管理增值税发票等方面，开展以下工作，以履行相应的工作职责：

（1）负责材料核算及相关原始凭证的审核。

（2）对已付款而发票或货物未到的，应及时通知经办人处理。及时追讨发票，并做好发票移交登记工作。

（3）及时审核进仓单与发票。

（4）每月月末组织原材料的盘点。其他材料每半年全盘一次（贵重的其他材料每月抽盘）。每月月末协助成本会计到车间盘点生产线原材料，并敦促车间办理退料、领料手续。

（5）及时跟踪采购合同，了解材料单价及运费情况做好暂估入库核算。

（6）复核成本会计制作的各车间原材料消耗考核表，配合成本会计做好成本分析。

（7）负责采购数量、单价的预算控制。

（8）负责相关应付账款和预付账款的核算与管理，并及时与相关部门核对。

（9）及时对账，保证物流管理子系统与总账系统相符，因特殊情况造成两系统不符时，填制子系统对账不符情况说明。

（10）配合费用会计完成内部往来余额表。

（11）负责执行相关内控制度及采购合同的管理。

（十）固定资产会计

固定资产会计从固定资产核算、管理固定资产等方面，开展以下工作，以履行相应的工作职责：

(1) 做好固定资产卡片的登记与入账工作，同时与工程部配合落实各固定资产所在位置。

(2) 负责固定资产的报废、销售的核算。

(3) 审查借出、转让的固定资产手续是否完整、准确，手续不完整的不得办理出厂单。

(4) 按规定计提折旧，并做好相关的账务处理。

(5) 在建工程应按项目进行明细分类核算，跟踪在建工程进度并及时取得完工验收的报告。

(6) 负责固定资产管理，每年组织一次固定资产盘点。

(7) 保证固定资产子系统与总账系统相符，因特殊情况造成两系统不符时，填制子系统对账不符情况说明表。

(8) 负责执行相关的内控制度及相关合同的管理。

(9) 负责资产计划预算控制。

(十一) 成本会计

成本会计从成本控制制度建设、成本账务处理、成本分析与控制等方面，开展以下工作，以履行相应的工作职责：

(1) 根据企业有关财务制度编制成本核算制度，上报领导审批后贯彻执行。

(2) 协助财务经理编制有关成本的管理制度并组织实施。

(3) 在财务经理的直接领导下，负责企业各部门的经济核算业务。

(4) 按照会计制度，监督下属人员及时填制会计凭证，记好收入、支出费用的明细账，月底正确编制企业成本费用盈亏报表。

(5) 审核成本会计编制的全部会计凭证和原始凭证。

(6) 负责制订企业各部门成本费用指标，并对其进行严格检查和控制，以确保企业成本目标的实现。

(7) 定期考核各部门成本计划定额的执行情况，分析成本升降的原因，并结合实际调查研究，找出问题，提出改进意见和措施。

(8) 负责编制企业成本报告、控制经营成本方案，经批准后执行。

(十二) 往来会计

往来会计从往来会计核算、核算核对供应商货款、编制付款计划等方面，开展以下工作，以履行相应的工作职责：

(1) 管理、核算应付账款、其他应付款等企业债务。

(2) 协助拟定应付账款管理流程。

(3) 建立采购供应商及其他债权人档案。

(4) 定期或不定期核对应付账款，取得供应商对账单。

(5) 编制付款计划，结算供应商货款。

(6) 管理企业文件、报告、制度等资料。

(7) 收集、整理企业所有购销合同，实施合同管理。

(8) 完成领导临时交办的其他事项。

(十三) 费用会计

费用会计从管理销售财务费用核算、费用管理要求等方面，开展以下工作，以履行相应的工作职责：

(1) 核算管理费用、财务费用、营业费用，并负责相关费用支出原始凭证的审核工作。

(2) 负责制作费用管理报表，并对变动比较大的费用进行分析说明。

(3) 负责其他应收款、其他应付款、银行借款核算，每月核对其他应收款往来。

(4) 负责核算所有者权益、无形资产、递延资产，以及相关资产的核算、管理。

(5) 负责各部门费用预算控制。

(6) 负责执行相关内控制度及相关合同的管理。

(十四) 销售会计

销售会计从核算核对客户应收账款、审核销售合同及销售费用、催收客户货款等方面，开展以下工作，以履行相应的工作职责：

(1) 协助拟定应收账款收账政策及销售核算流程。

(2) 建立销售客户档案，实施客户信用管理。

(3) 审核销售合同，实施合同订单管理。

(4) 管理并核算应收账款、其他应收款等企业债权。

(5) 定期或不定期与销售客户对账，提出差异处理方案，保证与客户记录相符。

(6) 保持与客户良好沟通，催收客户货款及订金。

(7) 审核运输费用、广告费用、差旅费、返利等销售费用。

(8) 核算计时员工薪资，协助发放员工薪资。

(9) 负责传真收发，办理员工备用金及借款手续。

(10) 完成领导临时交办的其他工作。

(十五) 出纳

出纳从现金收付、登记日记账、现金提存与保管、银行账务与支票办理、会计凭证汇总与管理等方面，开展以下工作，以履行相应的工作职责：

(1) 根据银行的结算制度和企业报销制度，审核原始凭证的合法性、准确性，准确、及时地完成现金收付工作。

(2) 及时对现金的收付开具或索取相关票据。

(3) 负责工资的按时发放、保管、邮寄等工作及各类款项的报销。

(4) 及时登记现金日记账和银行日记账，每日进行现金账款盘存，做好日清月结工作，并填写出纳日报表，报送领导。

(5) 每日进行现金的盘存，并填写出纳日报表，报会计主管。

(6) 根据企业经营需要，按企业有关规定提取、送存和保管现金，保证经营活动正常运行。

(7) 完成清查现金和银行存款工作，保证账账相符、账实相符。

(8) 及时将收回支票背书后，送交银行进账，及时查对款项的到账情况，填写银行日记账。

(9) 凭领导审批的申领单开具支票，做到准确无误。

(10) 每月及时从银行取回对账单，与出纳流水账核对无误后，在对账单上加盖公章，对于未对上的款项要及时查明原因，编制银行对账余额调节表。

(11) 每日汇总当日凭证，及时将原始凭证传递给会计。

(12) 每月月初对上月会计凭证进行整理、汇总，并按顺序装订成册。

(13) 做好会计凭证的档案管理工作，保证凭证完整，以便随时调用、查阅。

（十六）业财融合岗——财务BP

财务BP从业务熟悉情况、财务流程优化、高质量财务分析、服务经营决策等方面，开展以下工作，以履行相应的工作职责：

（1）深入业务一线，了解业务需求，协助业务流程的搭建与完善，做好业务流程梳理，规范业务审批流程，参与业务流程的持续优化，并对制度、计划及流程运行进行分析，提出流程优化建议。

（2）升级财务向经营分析转化，按期出具多维度的经营分析数据及业务运营情况，分析、挖掘业务表现，结合业务特点制订关键业务指标及分析体系，与业务建立双向反馈机制。

（3）细化财务预算管理，准确编制对应业务的财务预测及年度预算，进行执行预算分析（如相关的业务假设、前提条件，各变量和最终结果的逻辑关系等），并协助业务进行预算管理，监督业务在预算范围内完成目标。

（4）具有业务敏锐度，理顺财务账务流和数据流，实现业务灵活机动与财务风险可控之间的平衡。

（5）统筹财务过程管理，配合业务提供财务决策信息支持，快速识别业务运作风险和需要整改的事项，推动业务做好风险防范，深度支持业务决策和过程管理。

上述岗位及其职能，是企业经营管理持续健康发展的有效保障。

第二节 工作流程

一、主管岗

主管岗包括财务总监、财务经理、预算主管、投资主管、资金主管、审计主管、会计主管或总账会计。上述不同岗位的主管，根据企业不同岗位分工和职责要求，开展不同的工作流程，以下以会计主管工作流程为例，简述其工作流程。

（一）月末结转并提取相关税金

1. 结转其他税费

查询当月应交税费中各小税种的明细账，将当月小税种的借方发生额作记录，并编制相应的会计分录。

借：税金及附加
　　贷：应交税费——应交房产税
　　　　　　　　——应交城镇土地使用税
　　　　　　　　——应交车船税
　　　　　　　　——应交印花税

2. 结转当月增值税

(1) 查询当月应交税费中应交增值税的明细账,将当月应交增值税的各子科目发生额作记录,并编制相应的会计分录将其转出。

借:应交税费——应交增值税(销项税额)
            ——应交增值税(转出多交增值税)
    贷:应交税费——应交增值税(进项税额)
            ——应交增值税(已交税金)
            ——应交增值税(已交税金)
            ——应交增值税(转出未交增值税)

(2) 转出当月未交或多交的增值税。根据当月"应交税费——应交增值税"各明细账,计算出其贷方余额同借方余额的差额,并编制相应的会计分录将差额转出。

借:应交税费——应交增值税(转出未交增值税)
    贷:应交税费——未交增值税

或:

借:应交税费——未交增值税
    贷:应交税费——应交增值税(转出多交增值税)

3. 计提当月主营业务税金及附加

查询及计算出当月增值税税额的应交数和主营业务收入,根据国家及地方税收政策计算出各税费金额,并根据计算结果编制相应的会计分录。

借:税金及附加
    贷:应交税费——应交城市维护建设税
            ——应交教育费附加

4. 计提当月所得税

按应付税款法,根据本月的利润总额扣除不需要纳税项目计提当月的所得税。

借:所得税费用
    贷:应交税费——应交所得税

(二) 复核会计凭证

首先,将出纳岗传来的涉及现金的凭证及所有核算岗传来的不涉及现金的凭证统一进行逐个复核,若发现存在会计凭证编制差错,提请各核算岗改正(其中,出现的异常差错应先征求副部长意见后才能予以改正)。

其次,将凭证中含有需要抵扣的增值税进项税额的抵扣联或运输发票抽出,并在发票右上角写上该税票的月份及凭证号。然后,传税务岗验票及编制抵扣联清单。

最后,将已复核的会计凭证按凭证号顺序清理整齐。

(三) 编制及出具财务报表

首先,将所有已经过人工复核的会计凭证在微机的账务系统进行逐个复核,将所有账务系统中已经复核的凭证进行电脑记账,通过微机的账务系统生成结转凭证,复核所有已生成的结转凭证,检查其是否正确,对已核准无误的结转凭证进行电脑记账。

其次,出具财务报表,交由副部长审定,审定无误后将其复印若干份。填写用章审批单,到档案室请章后盖公司章,再盖上"法定代表人""财务总监""财务部门负责人"3个章。

最后,将要上传到公司财务部的财务报表予以传真后寄出,再将财务报表下发给其他各相关部门和单位,并要求在发文签收本上签下接收人的姓名和日期。

注意事项:每月的财务报表应在下月的10日之前出具,出具后经领导审定无误才能予以下发。

(四)编制及出具财务报表附注

将各核算岗提供的相关资料收齐,编制财务报表附注,复印后在财务系统内部下发。

注意事项:每月的财务报表附注应在下月的15日之前出具。

(五)编制快报

按照公司财务部下发的快报要求先编制表样,逐个查询账务系统中当月的各所需科目余额填制报表,编制完成后交副部长审查。然后,将审定无误的快报打印,再传真到公司财务部。

注意事项:每月的快报应在当月最后一天下班前予以传出。

(六)编制财务分析报告

每季季末待财务报表出具之后,向相关核算岗收集财务分析报告所需资料和信息,并编制财务分析报告。编制完成后,交部长审查。将审定后的财务分析报告打印若干份,向部长请示后下发相关人员。

注意事项:3月和9月为季度财务分析,6月和12月为半年度和年度财务分析。每季的财务分析报告应在下月的20日之前出具,出具后经领导审定无误才能予以下发。

(七)编制现金流量预测表

每季度过后应将上季度编制的现金流量预测表与资金实际发生数予以核对。从微机的账务系统中逐个查询经营活动、投资活动、筹资活动各自的现金流入和现金流出明细,并编制上季度预测数与实际发生数对比分析表,再根据下一季度的资金使用计划和经营规划编制下一季度的现金流量预测表。现金流量预测表编制完成后,交部长审查。然后,将审定后的现金流量预测表打印若干份,向部长请示后下发相关人员。

注意事项:现金流量预测表应在下一季度开始月份的25日之前出具,出具后经领导审定无误才能予以下发。

(八)收集员工考核资料

当月月初,将员工月度考核表下发给财务部(除部长外)各员工,督促其填写当月的工作计划。当月月末,督促员工填写当月的工作小结,将小结收齐后交部长考核。

注意事项:员工月度考核表应在下月的8日之前收齐。

(九)主管岗的管理性工作

(1)严格按国家财经法律、法规、政策、会计制度,复核会计凭证,保证会计核算质量。

(2)在制定内部会计核算及财务管理制度等方面提出建议。

(3)协助部长加强公司财务会计管理工作,统一规范财务行为。

(4) 协助部长有效实施对各会计岗位的考核,公正、客观地完成各会计岗位的监交工作。

(5) 不定期组织成本核算小组或各会计核算岗位进行经验交流、业务沟通等,不定期组织旨在提高财务管理核算的工作检查。

(6) 妥善管理好财务部、会计部日常事务。

(7) 积极完成领导交办的其他工作。

(十) 主管岗的工作要求

(1) 熟悉公司各类财务管理制度。

(2) 了解财务部各岗位工作内容,做好与各岗位的衔接工作。

(3) 工作目标明确,责任感强,树立良好的部门形象。

二、税务岗

税务岗主要是指税务会计,其工作主要包括以下几个流程。

(一) 抄税

按《发票使用明细表》格式录入当月已开具的发票,与销售核算岗核对收入金额,整理并装订发票存根,打印《发票使用明细表》并按月装订成册,6日内去税务局抄税。

(1) 办事处携外开具的普通发票,在核算收入当月进行抄税。

(2) 保证所录入的销售发票税款金额与财务系统中的销项税额一致,当月增值税销项税额＝(销售收入＋其他业务收入)×13％。

(3) 增值税发票存根按每本25张装订,并且每本的销售额和增值税税额应与《发票使用明细表》对应,普通发票不必重新装订。

(4) 清理装订发票存根过程中须注意作废发票所有联次是否齐全,红字发票是否附有合法依据。

(二) 勾选确认

增值税申报前完成进项发票的勾选确认,并留有相应的电子档案。

(三) 申报税款

每月的10日前填写各类税款申报表,传主管岗审核后,提交财务部长签章。然后,进行申报,并登记税票,申报表归类保存。

(1) 增值税、所得税、城市维护建设税,以及其他附加税、社保、医保应按月申报,房产税分别于1月、7月分两次申报,车船使用税、城镇土地使用税于每季度第一个月申报,印花税于每年年末一次申报。

(2) 写申报表时,应查询并扣除提前开具税票的税款金额,如出口交税、预交的其他税款应在"已交税金"栏反映。

(3) 各类税款申报金额以相关税法为依据。

(4) 领到申报开具的各类税票后,分税种在税票登记本中登记。

(5) 全年申报表应按税种分类装订成册。

(四) 代办出口退税相关手续

复印开给出口贸易单位发票的记账联,填写出口交税申报表后,传主管岗审核,并递交财务部长盖章。然后,进行申报,并登记税票。

(五) 税款缴纳

1. 申报月度资金计划

月末根据当月开票及抵扣情况、税款交纳计划等预计下月税款所需资金。然后,填写月度资金计划表,并提交财务部长审核。

2. 缴纳增值税及所得税

填写付款审批单,提交财务部长审批。填写进账单,连同税票和付款审批单交出纳办理银行结算手续。然后,登记资金计划表,签收出纳传来的银行进账回执,在税票登记本中注销相应的税票,并编制凭证。

借:应交税费——应交增值税——已交税金/出口关税/未交增值税
　　　　　　——应交所得税——企业所得税/个人所得税
　贷:银行存款

3. 缴纳社保

签收出纳传来的社保缴纳凭证,并编制记账凭证。

借:管理费用——社保
　其他应收款
　贷:银行存款

(六) 发票领购与使用

根据发票和收据需求量及时填写票据领购凭证,提交财务部长盖章。去税务局购买发票,登记所购票据,并存入保险柜。使用时,登记发放情况、领用人签名,编制当月票据领用情况表。

注意事项:
(1) 及时购买所需的票据,随时满足领用需求。
(2) 票据按本发放,领用人须交回用完后的票据存根,换领新的票据。
(3) 领购的空白票据须妥善保管,谨防丢失。

(七) 税务岗的管理性工作

(1) 随时与地税、国税征管员保持联系。
(2) 及时向其他会计岗位宣传税法知识,规范涉及税务的凭证审核及账务处理。
(3) 掌握公司各项税款的缴纳情况。
(4) 积极清理以前年度欠税。
(5) 协助开票岗完成相关工作。

(八) 税务岗的工作要求

(1) 熟悉公司各类财务管理制度,熟悉现行税法。
(2) 了解财务部各岗位工作内容,做好与各岗位的衔接工作。
(3) 工作目标明确,责任感强,树立良好的部门形象。

三、材料岗

材料岗主要是指材料会计,其工作主要包括以下几个流程。

(一) 材料采购报账

根据应付账款余额及收料单第二联,督促采购员报账,审核签收采购员传来的采购发票、运费发票及收料单(采购报账正联、采购报账副联),并编制记账凭证并取下第四联副联留作配单用。

借:原材料/包装物/低值易耗品——各二级科目
　　应交税费——应交增值税(进项税额)
　　贷:应付账款——客户单位

注意事项:

(1) 采购发票必须真实、合法、有效,原则上须取得增值税专用发票。

(2) 填写增值税专用发票时,需严格遵守填写规范。

(3) 运杂费须以收料单的形式与材料合计或单独计入相应材料价款中。

(4) 100元以上运输专用发票须按运费金额(不包括包装费、力资费、装卸费、保险费等)的7%计算进项税,扣税后的运费计入采购成本。

(5) 收料单填写须规范完整,且"收料仓库"栏的填写与材料所属账本名称一致,收料单数量、金额与发票必须一致。

(6) 根据最新原辅料招标结果审查招标材料采购价格的执行情况,关注价格的波动情况,按季提供采购价格执行情况分析报告。

(7) 记账凭证摘要栏须注明材料名称及数量,并正确选取明细科目,注意区别同科目中相近客户名称及不同科目中相同客户名称。

(二) 采购付款

1. 审核月度资金计划

根据下月生产计划,采购计划,客户单位应付账款余额,原材料入库、发票到达时间等,审核生产部下月资金使用计划。然后汇总资金计划,并报财务部长审批。

2. 审核付款

根据月度资金计划审查付款项目,审核"付款审批单"审批手续是否完备,登记资金计划并签字后,传出纳岗付款。月末统计本月资金计划使用情况,同下月资金计划一同报财务部长。签收出纳岗传来的"付款审批单"及银行付款凭证,并编制记账凭证。

借:应付账款——客户单位
　　贷:银行存款

注意事项:

(1) 付款金额计划内10万元以下的,直接传出纳岗付款,计划内10万元以上或计划外款项须经财务部长或财务总监批准。

(2) 付款时注意审核收款单位、材料供应单位、发票开具单位三者应一致。

(3) 有连续业务的客户单位应设立应付账款明细科目,设置科目时须选取正确的省名、写明客户全称,编制记账凭证时实行收料、付款两条线应用明细科目。

(4) 编制记账凭证时须选取正确的应付账款明细科目,注意区别同科目中相近客户名称及不同科目中相同客户名称。

3. 应付账款

不定期督促采购员报账,月末打印应付账款科目余额表传生产部采购员对账,保证应付账款的真实、正确。

注意事项:熟悉客户供货品种,各客户对应的采购员,便于账务清理和催促报账。

(三) 审核仓库明细账

1. 收料

1) 入库

定期审核仓库原辅材料明细账,核查登记入库材料的数量、单价、金额。抽出收料单第二联(材料稽核联),录入微机收入模块。按账本分类以备与采购员传来的第四报账联副联配单。

注意事项:以上仓库明细账涉及原料库、包装库、低耗库、自制半成品库及塑成品库等五大类库包含的所有明细账。

2) 配单

月末将收料单第二联与第四联副联一一配对,清查货已到但发票未到情况。凭未配上的第二联,编制记账凭证。随后,传主管岗复核并督促采购员报账。下月初用红字冲回此凭证,当月月末凭未配上的第二联收料单重新挂账。

借:原材料/包装物/低值易耗品——各二级科目
　　贷:应付账款——材料暂估

注意事项:

(1) 未配上的第二联收料单为仓库已验收入库,但采购员还未到财务部报账,此时财务上按收料单金额暂作入库处理,以便与仓库账保持一致。

(2) 未配上的第四联为材料已入库,且已收到发票,但仓库未记账,这种情况只有在仓库与财务扎账时间不一致时才存在,如有其他差异应及时查明原因。

(3) 暂估入库。材料验收合格达到可发放状态,采购员须开具收料单,数量金额须填写完整,经仓库保管员签字后,材料方可发放。在发票未到、价格暂时无法确定时,先由采购员按合同价、最近历史价或市价等估价填写在收料单上,待收到发票后,如暂估价与实际价不一致,采购员按发票金额补填蓝字或红字收料单调整原收料单,经仓库保管员签字,将第二联留仓库记账,第三联、第四联与估价收料单第三联、第四联一并附在发票后报账,保证发票和所附收料单金额之和一致。

2. 计算加权平均价格

材料加权平均单价为本期材料发出单价,其计算公式为:

$$\text{材料加权平均单价} = \left(\text{本期收货金额} + \text{期初结余金额} \right) \div \left(\text{本期收货数量} + \text{期初结余数量} \right)$$

3. 发料

1) 车间部门领料

审核领料单填写是否规范,签字手续是否完备。审核仓库管理员登记发出数量是否准

确。抽出领料单,录入微机发出模块,并编制打印分车间部门分品种领料单明细表(附后)。领料单金额的计算公式如下:

领料单金额＝发出数量×材料加权平均单价

在仓库明细账中登记发料金额,并分类汇总各车间部门费用。打印车间领料单明细表传车间核算员,核对领料数量,传递发出成本数据。核对无误后,按各车间部门、各发料仓库编制材料发出月汇总表,并编制记账凭证。

借:生产成本——基本生产(材料费用)　　　　　　(生产用直接原材料)
　　生产成本——辅助生产　　　　　　　　　　　　(机修车间领用)
　　制造费用　　　　　　　　　　　　　　　　　　(生产系统领用非直接材料)
　　管理费用　　　　　　　　　　　　　　　　　　(管理系统领用)
　　销售费用　　　　　　　　　　　　　　　　　　(销售系统领用)
　　贷:原材料/包装物/低值易耗品——各二级科目

注意事项:部门领料单须经部门负责人审核,分管领导签字;车间领料单须经车间主任签字。

2) 生产领用

由于生产用原辅材料均由公司统一购买,生产凭领料单从公司仓库领用,月末凭生产领料单编制领料单明细表,报财务部核对,确认当月出售材料。

(1) 结转销售材料成本。领料单分类汇总完毕,凭分类汇总表编制领用原辅材料记账凭证。

借:其他业务成本
　　贷:原材料/包装物/低值易耗品

注意事项:实际账务处理中,将此笔业务与部门领料单合编一张记账凭证。

(2) 销售材料收入。将生产领料单及领料单明细表挑出,下月月初传开票岗向生产单位开具销售发票。然后,将发票联及领料单传财务部,并凭发票记账联编制记账凭证。

借:应付账款
　　贷:其他业务收入
　　　　应交税费——应交增值税(销项税额)

3) 零星对外销售

(1) 结转销售材料成本。领料单分类汇总完毕,凭分类汇总表编制零星出售材料记账凭证。

借:其他业务成本　　　　　　　　　　　　　　　　(发票)
　　制造费用——仓储费
　　贷:原材料/包装物/低值易耗品

注意事项:实际账务处理中,将此笔业务与部门领料单合编一张记账凭证。

(2) 销售材料收入。审核外售材料批件,开具收据或督促开票岗开具发票,传出纳岗收款,凭发票记账联或收据编制记账凭证。

借:库存现金/银行存款
　　贷:其他业务收入　　　　　　　　　　　　　　(发票)
　　　　应交税费——应交增值税(销项税额)

或：

借：库存现金/银行存款
    贷：制造费用——仓储费

注意事项：

(1) 仓库发出售出材料须经生产部长签字报告，经材料审核岗审核，并有财务部收款凭据（盖有"现金收讫"或"银行收讫"的发票或收据复写联）。

(2) 售出材料须开具发票的，开票岗须凭材料审核岗审核后的报告开具发票，记账联交给材料审核岗编制记账凭证。

(3) 无须开具发票的，由材料审核岗开具收据，并同时复写2份传仓库管理员记账、发货。

(4) 仓库明细账审核完毕，须将仓库售出材料与售出材料财务收款情况进行核对。

4. 结材料仓库明细账

材料仓库明细账审核登记完毕，结算各材料余额，督促仓库管理员与实物核对，并将账本余额分类汇总与财务账核对。

5. 盘点

每季度组织一次对原料、包装、低耗仓库实物盘点，督促仓库管理员编制实物盘点表，编制存货盘存明细表和汇总表，并及时提供盘点结果。协助仓库管理员报告有关问题事项，并根据公司处理决定编制记账凭证。

(1) 盘盈时：

借：原材料/包装物/低值易耗品
    贷：管理费用（红字）

(2) 盘亏时：

借：管理费用
    贷：原材料/包装物/低值易耗品

（四）人工费

签收生产部仓库传来的人工费领用单，并按部门汇总，编制人工费用分配表。签收搬运公司运费发票，并编制记账凭证。

借：制造费用——仓储费　　　　　　　　　　　（生产系统用工）
　　管理费用——其他　　　　　　　　　　　　（管理系统用工）
　　销售费用——市内中转　　　　　　　　　　（营销系统用工）
　　其他应收款——××公司
　　应交税费——应交增值税（进项税额）
    贷：银行存款

（五）材料岗的管理性工作

(1) 对材料采购、材料成本、库存管理和应付账款实施有效监督，定期对存货资产进行质量评价。

(2) 参与原辅料采购招标,审查采购价格执行变动情况,及时报告价格变动情况。
(3) 每月与采购员对账一次,及时清理客户单位挂账,保证应付账款真实准确。
(4) 每季度组织仓库盘点一次,保证原辅材料账实相符。

(六) 材料岗的工作要求

(1) 熟悉公司各类财务管理制度。
(2) 了解财务部各岗位及生产部仓库管理员、采购员等岗位工作内容,做好与各岗位的衔接工作。
(3) 熟悉各原辅料仓库的组织情况,熟悉主要原辅材料的名称规格、分类、用途、特点等。
(4) 工作目标明确,责任感强,树立良好的部门形象。

四、固定资产岗

固定资产岗主要是指固定资产会计,其工作主要有以下几个流程。

(一) 固定资产

1. 购进

审核付款并督促报账,审核发票和固定资产调拨单,查询已付款情况,并编制记账凭证。

借:固定资产
　　贷:银行存款/预付账款

注意事项:
(1) 款项付出应严格遵守《资金付出管理办法》。
(2) 根据合同及付款情况及时督促相关部门办理报账手续。
(3) 购进固定资产后须凭发票、验收单办理固定资产调拨手续,具体为生产用固定资产由生产部负责,非生产用固定资产由行政事务部负责。
(4) 固定资产入账时,记账凭证摘要栏须注明固定资产名称、型号及使用部门。
(5) 固定资产在各车间、部门之间调拨应进行账务处理,以便加强对固定资产的管理和准确提取折旧。

2. 提取折旧

根据固定资产明细账查询上月新增或减少固定资产,对应固定资产原值及公司使用的折旧政策计算增减变动的累计折旧,并编制折旧计算表和记账凭证。

借:管理费用/制造费用/销售费用——累计折旧
　　贷:累计折旧——相关明细科目

注意事项:
(1) 年初根据固定资产明细表计算各部门、各类资产每月应提折旧金额,每月根据固定资产增减变动情况及时调整,编制折旧计算表。
(2) 固定资产折旧采取按个别资产进行计算,分部门、分类别汇总提取。
(3) 月度提取累计折旧金额发生变动时,应将提取折旧的依据传递一份给各车间核算员,由车间核算员对应固定资产清单核实固定资产的存在及折旧提取的准确性。

(4) 年末根据固定资产明细表计算全年折旧,冲回由于净值低于全年应提折旧的个别资产多提折旧,并确定下一年度提取折旧的基数。

3. 固定资产清理

1) 盘点

年中、年末组织行政事务部、生产部相关人员进行固定资产盘点,整理固定资产明细表,然后出具盘点报告。

(1) 固定资产盘盈时:

借:固定资产
　　贷:以前年度损益调整

待报批后:

借:以前年度损益调整
　　贷:盈余公积
　　　　利润分配——未分配利润

(2) 固定资产盘亏时:

借:营业外支出
　　累计折旧
　　贷:固定资产

注意事项:针对盘点过程中出现的固定资产盘盈、盘亏情况应及时上报,督促相关部门进行处置。

2) 清理报废

定期组织行政事务部及生产部对固定资产进行核查,督促处置已报废及长期闲置的固定资产,核实报废或长期闲置的固定资产原值、已使用年限及折旧提取情况,审核固定资产清理转出报告,并编制记账凭证。

(1) 注销固定资产时:

借:固定资产清理
　　累计折旧　　　　　　　　　　　　　　　　　　　　　　　　(已提折旧)
　　贷:固定资产　　　　　　　　　　　　　　　　　　　　　　　(原值)

(2) 收到清理收入时:

借:库存现金/银行存款
　　贷:固定资产清理

(3) 支出清理费用时:

借:固定资产清理
　　贷:库存现金/银行存款

(4) 结转净损益时:

借:固定资产清理　　　　　　　　　　　　　　　　　　　　　　(账面余额)
　　贷:营业外收入

或：

借：营业外支出
　　贷：固定资产清理　　　　　　　　　　　　　　　　　　　　　　　　（账面余额）

(二) 在建工程

1. GMP 部门日常费用

审核原始凭证是否完整、合法、金额正确，审核并更正原始凭证按规范粘贴和折叠，审核审批手续是否完备，审核部门费用支出进度（如超计划额度，可拒绝报销），并编制记账凭证。

借：更改工程——GMP——相关明细
　　贷：库存现金/银行存款/其他应收款

注意事项：

(1) 核算属于 GMP 项目，但不能明确到具体项目的费用。

(2) 为便于费用统计分析，记账凭证摘要栏须注明费用名称。

(3) 非工资性费用支出须取得税务局监制的发票或收据，填写规范，大小写一致，无涂改痕迹，增值税发票须严格遵守填写规范。

(4) 保证凭证及附件左上角整齐，附件长宽折叠以记账凭证大小为度，不能带有订书钉。

(5) 费用审核参照当地行政事业单位费用管理办法。

(6) 支取现金的凭证编制完毕，若遇出纳无现金时，应暂时保存记账凭证，待出纳取回现金时通知领款。

(7) 报销人有前期欠款时，报销费用一律先冲抵欠款，由管理费用岗开具还款收据。

2. 在建工程核算

1) 工程立项

凡工程项目确定，向相关部门索取核准后的立项报告及工程预算，并设立明细科目。

2) 工程招标

阅读招标文件，开具投标保证金收据并制证，参与议标、评标、定标，参与合同条款的订立，保留合同复印件。

(1) 收到投标保证金时：

借：库存现金
　　贷：其他应付款——投标保证金

(2) 退还时：

借：其他应付款——投标保证金
　　在建工程相关科目〈红字〉　　　　　　　　　　　　　　（收中标单位投标保证金）
　　贷：库存现金

3) 支付工程款

(1) 审核月度资金计划。每月的 28 日核查工程合同及在建工程款项付出情况，审核 GMP 等部门报出的工程项目资金月度计划，汇总资金计划，报财务部长审批。

(2) 款项付出及报账。根据月度资金计划核查付款项目，审核工程合同、进度款收据或发票等,审核"付款审批单"审批手续是否完备,登记资金计划,由出纳岗付款。签收出纳岗传来的"付款审批单"及银行付款凭证等,并编制记账凭证。

借:基建工程——工程名称——建筑工程——客户单位
　　　　　　　　　　　　——安装工程——客户单位
　　　　　　　　　　　　——在安装设备——设备
　　　　　　　　　　　　——待摊基建费用支出——其他　　（一次性费用）
　　　　　　　　　　　　　　　　　　　　　　——客户单位
　　更改工程——工程名称——技术改造——客户单位
　　　　　　　　　　　　——装饰装修——客户单位
　　　　　　　　　　　　——待摊基建费用支出——其他　　（一次性费用）
　　　　　　　　　　　　　　　　　　　　　　——客户单位
　　大修理工程——工程名称——客户单位
　　　　　　　　　　　　——待摊改造费用支出——其他　　（一次性费用）
　　　　　　　　　　　　　　　　　　　　　　——客户单位
　　工程物资——工程名称——客户单位
贷:银行存款

(3) 收到工程项目中购置单个设备的全额发票,并编制记账凭证。

借:基建工程——在安装设备——设备
　　贷:工程物资——工程名称——客户单位

注意事项:

(1) 付出款项时须凭收据或发票,账务处理具体依据《基建工程核算管理办法》。

(2) 付款项为计划内且在 10 万元以下的,直接传出纳岗付款,计划内 10 万元以上或计划外款项须经财务部长或财务总监批准。

(3) 支付尾款时须取得全额发票,发票金额作为工程支出,质保金在其他应收款中核算,并在摘要中注明工程名称。

(4) 收到发票转入在安装设备时,摘要栏中须注明设备名称、型号等。

4) 转入固定资产

清查完工工程的各项支出,组织完工工程审计,编制工程明细表,分摊待摊基建费用支出,向相关部门提供竣工决算表,审查固定资产调拨单,并编制记账凭证。

借:固定资产
　　贷:基建工程/更改工程/大修理工程

(三) 固定资产岗的管理性工作

(1) 每月的 5 日根据 GMP 部门费用计划额度出具费用通报,并提请注意超支或有超支迹象。

(2) 年末组织固定资产盘点工作。

(3) 不定期进行固定资产盘查工作。

(4) 参与制定和完善公司固定资产核算管理办法。

(5) 加强对预付账款——设备、在建工程账务的管理,勤于督促报账,及时清理工程支出挂账。

(6) 参与制定和完善公司基础建设核算管理办法。

(四) 固定资产岗的工作要求

(1) 熟悉公司各类财务管理制度。

(2) 了解财务部各岗位工作内容,做好与各岗位的衔接工作。

(3) 工作目标明确,责任感强,树立良好的部门形象。

五、成本岗

成本岗主要是指成本会计,其工作主要有以下几个流程。

(一) 生产成本核算流程框架

成本核算是成本会计岗的一项重要内容,该岗位主要核算和控制的是从材料变为在产品,最终成为产成品的所有财税处理。为了更加了解成本核算过程,对生产成本核算流程进行了梳理。成本核算流程如图 2-1 所示。

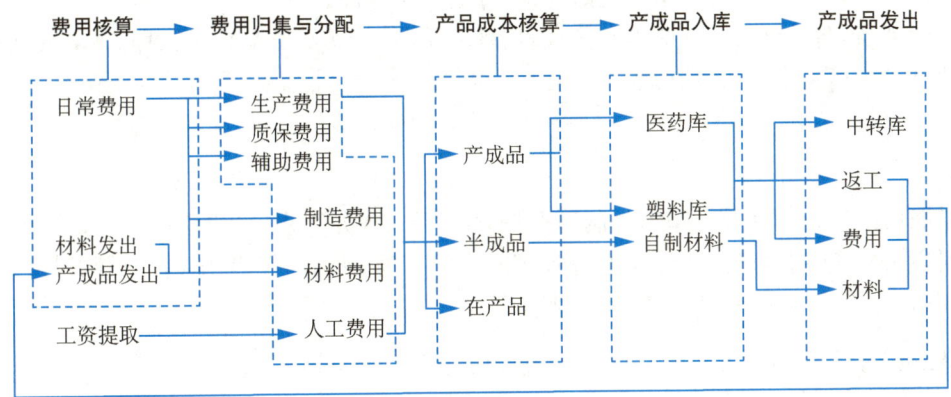

图 2-1 成本核算流程

(二) 生产部门日常费用报销

审核原始凭证是否完整、合法、金额正确,原始凭证与支出证明单是否一致,审核并更正原始凭证按规范粘贴和折叠,审核审批手续是否完备,审核部门费用支出进度(如超计划额度,可拒绝报销),并编制记账凭证。

借:制造费用——车间部门——相关明细科目
　　贷:库存现金/银行存款/其他应收款

注意事项:

(1) 非工资性费用支出须取得税务局监制的发票或收据,填写规范,大小写一致,无涂改痕迹,增值税发票须严格遵守填写规范。

(2) 保证凭证及附件左上角整齐,附件长宽折叠以记账凭证大小为度,不能带有订书钉。

(3) 费用审核参照行政事业单位费用管理办法。

(4) 准确使用明细科目。

(5) 支取现金的凭证编制完毕，若遇出纳无现金时，应暂时保存记账凭证，待出纳取回现金时通知领款。

(6) 报销人有前期欠款时，报销费用一律先冲抵欠款，由管理费用岗开具还款收据。

(三) 其他核算

1. 水(电)费

收受出纳岗传来的水(电)费委托收款凭证或物业发票，分出非生产用水(电)发票，将生产用水(电)发票传生产部相关岗位换取增值税票，并编制记账凭证。

借：生产成本——辅助生产成本——水费/电费
　　应交税费——应交增值税(进项税额)
　　管理费用——水费/电费
　　贷：银行存款

2. 审核原辅材料领用

每月的1日收受材料审核岗传来的当月原材料领料汇总表、记账凭证，对照领料单审核材料发出汇总表，对照汇总表审核记账凭证，然后传主管岗。

注意事项：材料领用涉及基本生产成本、辅助生产成本、制造费用等，因此只有此凭证编制后才可以结转制造费用、辅助生产。

(四) 制造费用及辅助生产归集与分配

1. 生产质保费用

结账后第三日查询并打印当月制造费用，生产部(含分管领导)或质保部(含分管领导)科目时段余额表，向生产部统计岗取得各车间产量工时，编制生产费用(含分管领导)、质保部费用(含分管领导)分配表，并编制记账凭证。

借：生产成本——基本生产成本——车间——生产费用/质保费用
　　贷：制造费用——生产部/质保部

2. 车间制造费用

车间制造费用由财务系统自动结转，并生成记账凭证。

借：生产成本——基本生产成本——车间——制造费用
　　贷：制造费用——车间——相关明细科目

3. 辅助生产成本

结账后第三日查询并打印当月辅助生产成本科目时段余额表，传辅助生产车间核算员进行辅助生产分配，根据辅助生产车间核算员编制的辅助生产分配明细表编制记账凭证。

借：生产成本——基本生产成本——车间——辅助费用
　　管理费用——辅助费用
　　贷：生产成本——辅助生产——相关明细科目

注意事项：

(1) 必要时须向各车间提供制造费用明细账相关情况。

(2) 审定辅助生产车间统计分摊的工时，确保摊入各车间的费用准确合理。

(3) 结账后第三日结转生产、质保费用，结转后不能再有该项费用发生，因此月末须将此项当月费用凭证全部编制完毕。

(五) 生产成本核算

1. 基本生产成本的归集

检查制造费用、辅助生产成本是否结转完毕，检查工资分配、原材料领用、产成品发放凭证是否已编制，结账后第三日打印各车间生产成本汇总表及制造费用汇总表，传各车间成本核算员。

2. 产品成本核算

由车间成本核算员根据当月车间生产的产品品种数量、各产品耗用的工时及成本岗提供的生产成本汇总表等，将车间当月生产成本在完工产品、在产品和半成品之间，完工产品、半成品品种之间进行分配，结账后第四日编制产品成本计算表交成本核算岗。

3. 产成品入库

(1) 审核产成品明细账。定期审核仓库产成品、自制材料账，核对入库单(第四联)数量与仓库管理员登记的明细账借方数一致，取下入库单(第四联)，分车间分品种暂时保存。

(2) 审核成本计算表。检查车间成本核算员编制的成本表，核对完工产品、半成品数量和入库单(第四联)数量一致，根据成本计算表及入库单(第四联)编制记账凭证。

借：库存商品——医药库/塑料库/自制材料
　　贷：生产成本——基本生产成本——车间——工资福利/材料费用/质保费用/辅助费用/制造费用

(3) 编制产成品平均成本表。将每月完工产品成本资料输入《产品平均成本表》，以便动态直观反映各产品成本变动情况。

(4) 登记仓库产成品(自制材料)明细账借方金额。根据已审核成本计算表，将入库产成品、自制材料成本金额登记在仓库产成品、自制材料明细账借方。

4. 计算加权平均单价

$$\frac{\text{产成品(自制材料)}}{\text{加权平均单价}} = \frac{(\text{本期收货金额} + \text{期初结余金额})}{(\text{本期收货数量} + \text{期初结余数量})}$$

其中，产成品(自制材料)加权平均单价为本期产成品发出单价。

5. 退货入库

货物退回，根据销售部开具红字销售单，由销售核算岗按中转库上月各品种加权平均单价及退货数量计算出退货金额，并将品种、数量、单价、金额等资料编表汇总，根据其汇总表编制记账凭证。

借：库存商品——医药库
　　贷：库存商品——中转库

注意事项：实际核算中与正常蓝字销售单一同编制记账凭证。

6. 产成品出库

审核仓库产成品明细账登记的发出数量，抽出产成品发出凭证并编制分类汇总，计算发出金额，其计算公式如下：

$$\text{发出金额} = \text{数量} \times \text{产成品加权平均单价}$$

在仓库明细账中登记发出金额,凭汇总表编制记账凭证。

(1) 编制销售单时:

借:库存商品——中转库
　　贷:库存商品——医药库/塑料库

注意事项:

(1) 销售单须按品种分类汇总并制表,随销售单和记账凭证传销售核算岗审核,红字销售单以负数进行核算。

(2) 发出产品须向销售部索取销售单清单,据此向公司开具发票,办理产成品入库手续。

(2) 领出返工时:

借:生产成本——基本生产成本——车间——材料
　　贷:库存商品——医药库/塑料库

注意事项:

(1) 摘要栏须注明产品名称及产量。

(2) 须将领出返工产品明细提供给车间成本核算员。

(3) 部门领用时:

借:管理费用——研究开发费　　　　　　　(产品开发中心临床、检验用)
　　制造费用——质保部——检验费　　　　(质保部抽样、检验用)
　　销售费用——办公费——样品　　　　　(试卖样品)(成本+价差)
　　销售费用/管理费用——招待费　　　　　(成本+价差)
　　更改工程——GMP——其他　　　　　　(成本+价差)
　　贷:库存商品——医药库/塑料库
　　　　其他应付款——价差

注意事项:领料单内容须填写完整,备注栏须载明用途,且签字手续完备。

6. 结仓库产成品明细账

仓库明细账审核登记完毕,结出各产品余额,督促仓库管理员与实物核,并将账本余额分类汇总与财务账核对。

7. 盘点

每半年组织对仓库实物盘点一次,督促仓库管理员编制盘存表,及时提供盘点结果,协助仓库管理员报告有关问题,根据公司处理决定编制记账凭证。

(1) 盘盈时:

借:库存商品——医药库/塑料库
　　贷:管理费用

(2) 盘亏时:

借:管理费用
　　贷:库存商品——医药库/塑料库

(六) 成本岗的管理性工作

(1) 每月的 10 日提供成本分析,动态跟踪产品成本升降情况。
(2) 组织车间成本核算员进行规范成本核算,保证及时提供准确的原始资料。
(3) 参与制定成本费用控制办法和完善成本管理制度。
(4) 深入车间、仓库熟悉公司各产品生产工序、原辅材料耗用等相关知识,有效挖掘成本管理的潜能。
(5) 每半年组织仓库进行一次盘点。

(七) 成本岗的工作要求

(1) 熟悉公司各类财务管理制度。
(2) 了解财务部各岗位工作内容,做好与各岗位的衔接工作。
(3) 工作目标明确,责任感强,树立良好的部门形象。

六、费用岗

费用岗主要是指销售费用岗、管理费用岗、财务费用岗,其工作主要有以下几个流程。

(一) 销售费用岗工作流程

1. 销售部门日常费用

审核原始凭证是否完整、合法、金额正确,审核原始凭证是否按规范粘贴和折叠,审核审批手续是否完备,审核部门费用支出进度(如超计划额度,可拒绝报销),并编制记账凭证。涉及现金的凭证传出纳岗,不涉及现金的凭证传主管岗复核。

借:销售费用——相关明细科目
　　贷:库存现金/银行存款/其他应收款

注意事项:

(1) 非工资性费用支出原则上须取得税务局监制的发票或收据,填写规范,大小写一致,无涂改痕迹,增值税票须严格遵守填写规范。
(2) 保证凭证及附件左上角整齐,附件长宽折叠以记账凭证大小为度,不能带有订书钉。
(3) 费用审核参照当地行政事业单位费用管理办法。
(4) 准确使用明细科目,正确选取专项。
(5) 报销人有前期欠款时,报销费用一律先冲抵欠款,在编制凭证时须附管理费用岗开具的还款收据。
(6) 支取现金的凭证编制完毕,若遇出纳无现金时,应暂时保存记账凭证,待出纳取回现金时通知领款。

2. 销售办事处费用

1) 日常费用

审核原始凭证是否完整、合法、金额正确,审核原始凭证粘贴是否规范,审核审批手续是否完备,并编制记账凭证。涉及现金的凭证传出纳岗,不涉及现金的凭证传主管岗复核。

借：销售费用——相关明细科目
　　贷：库存现金/银行存款/其他应收款

2）购置固定资产

审核是否附申请报告，审核发票是否合法，审核是否有行政事务部开具的固定资产调拨单，审核审批手续是否完备，并编制记账凭证。

借：固定资产——相关明细科目
　　贷：库存现金

注意事项：

(1) 办事处购置的生活、办公用品，使用年限超过1年且单位价值在1 000元以上的，须到行政事务部办理固定资产登记手续。

(2) 记账凭证摘要栏须注明固定资产名称、办事处。

(3) 房租和仓租。审核是否附租赁合同、是否附合法收据、签字手续是否完备，并编制记账凭证。

借：销售费用——房租/仓租/区域房租
　　贷：库存现金

3）运费

审核运输发票是否合法、金额是否正确，审核有无抵扣联且运费金额超出100元以上的运输发票是否附在同一张支出证明单上（以别针或回形夹住，无需粘贴和复印），审核审批手续是否完备，并编制记账凭证。

借：销售费用——运费——市外运费/市内运费
　　应交税费——应交增值税(进项税额)
　　贷：库存现金

注意事项：

(1) 计算抵扣金额以运费金额作为基数，不包括包装费、装卸费、保险费、力资费等附加费。

(2) 抵扣联或准予抵扣进项税的运输发票上须标注凭证号和抵扣金额。

4）途损

审核途损合法依据、途损报告，审核签字手续是否完整，并编制记账凭证。

借：销售费用——途损(专项)
　　贷：应收账款

注意事项：

(1) 途损须取得客户单位或运输单位出具的有效证明。

(2) 途损报告须经办事处主任、销售部长、分管领导签字，财务部长审批。

(3) 途损金额直接开具收据冲减对应客户应收账款，不允许提取现金，账务处理上可以用"库存现金"科目过渡。

5）高开冲红

审核是否附高开冲红表，是否附合法收据，是否有销售会计审核签名，审批手续是否完备,并编制记账凭证。

借:销售费用
　　贷:银行存款/库存现金

注意事项:

(1) 冲红、返利原则上须以银行存款支付给客户单位,或抵减客户单位应收账款,确需以现金支付,须经分管领导批准,并在支出证明单上注有"库存现金"字样。

(2) 以冲红、返利抵减客户单位应收账款,须由销售核算岗开具收据,由于业务系统核算需要应收账款与冲红、返利分开核算,以现金科目相联系。

6) 返利

审核是否附协议,是否附合法收据,是否有销售会计审核签名,审批手续是否完备,并编制记账凭证。

借:销售费用——宣传费——现款返利/品种返利/年终返利
　　贷:银行存款/库存现金

7) 赞助费

审核是否附申请报告,是否附合法收据,审批手续是否完备,并编制记账凭证。

借:销售费用——宣传费——赞助费
　　贷:银行存款/库存现金

注意事项:

(1) 办事处费用报销,原始凭证须分类规范粘贴。

(2) 各项非工资性费用支出原则上须取得合法原始凭证,如不能取得合法原始凭证一律按20%代扣个人所得税。

(3) 审核具体参照当地行政事业单位费用管理办法。

(4) 报销人有前期欠款时,报销费用一律先冲抵欠款,由管理费用岗开具还款收据。

(5) 以货款冲抵返利款时,以销售会计审核金额登记费用,以对方开具收据金额登记应收账款,差额由经办人补足。

3. 广告费用

(1) 审核月度资金计划。每月的28日根据预付账款、策划部广告投入付款计划及广告合同的执行情况,审核策划部下月资金使用计划,汇总资金计划,然后报财务部长审批。

(2) 审核付款。根据月度资金计划核查付款项目,审核广告合同、发票、照片等,审核"付款审批单"的审批手续是否完备,登记资金计划,最后由出纳岗付款。在相应的广告合同上登记付款金额、日期及凭证编号,传主管岗复核。签收出纳岗传来的"付款审批单"及银行付款凭证等,并编制记账凭证。

借:预付账款
　　贷:银行存款

注意事项:

(1) 首次付款时,需留存一份合同复印件。

(2) 付款金额计划内10万元以下的,直接传出纳岗付款;计划内10万元以上或计划外款项须经财务部长或财务总监批准。

（3）媒体广告须审核发票、报样及监播单等；户外广告（车体、墙体、广告牌等）须审核发票照片等；宣传品、礼品须审核发票、入库单等。

（4）支付广告款时须凭发票，并审核第（3）项中附件后方可办理，即编制凭证，发票开出有困难的预付款除外。

4. 费用报账

1) 媒体宣传品

审核策划部相关岗位传来的发票附收料单（宣传品），审核审批手续是否完备，对照合同编制记账凭证。在合同上登记发票金额、收受日期及凭证编号，并分品种登记手工账，传主管岗审核。

　　借：销售费用——媒体/宣传品
　　　　贷：预付账款

注意事项：

（1）根据预付账款余额及合同执行情况及时督促策划部报账，每月与策划部相关岗位核对各客户账簿余额。

（2）媒体广告包括电台、报纸、车体、墙体、广告牌、条幅等；宣传品的费用包括宣传品、礼品的设计、制作、发送等费用。

（3）收到发票时与策划部相关岗位一同确认广告费用归属办事处，不能明确分配到办事处的企业形象宣传广告归入策划部，以便于投入产出分析。

（4）收到发票时，与策划部相关岗位一同确认广告费用归属的产品品种，不能明确分配到具体品种的及企业形象宣传广告应单列，并登记手工账，以便于投入产出分析。

（5）宣传品入库时，费用全额计入策划部，部门或办事处领用时，冲减策划部费用。

2) 宣传品发出

审核宣传品仓库明细账，审核仓库传来的当月宣传品领用汇总表和领料单，并编制记账凭证。

　　借：销售费用——广告费用——宣传品
　　　　　　　　　　　　——招待费
　　　　管理费用——招待费
　　　　贷：低值易耗品——宣传品

3) 推广会

审核推广会申请报告及照片等相关材料，审核原始凭证完整性、合法性，审核审批手续是否完备，并编制记账凭证。分品种登记手工账，涉及现金的凭证传出纳岗，不涉及现金的凭证传主管岗复核。

　　借：销售费用——推广会
　　　　贷：库存现金/其他应收款

注意事项：审核推广会费用时，应查询是否为办事处借款支出，若为借款，则通知管理费用岗开具还款收据，冲抵欠款。

5. 销售费用岗的管理性工作

（1）每月的 10 日根据部门费用计划额度出具费用通报，并提请超支或有超支迹象的部门注意。

（2）每季度结束后 15 天出具费用分析报告，能为公司费用管理控制提出合理化建议。

（3）每季度结束后 15 天出具产品投入产出分析报告。

（4）每季度提供需监测的广告明细。

（5）积极参与公司广告招标和对广告价格的检查。

（6）加强对预付账款的管理，勤于督促报账，及时清理广告挂账。

（7）参与制定和完善公司费用控制办法。

（8）参与年度费用控制计划的制定。

6. 销售费用岗的工作要求

（1）熟悉公司各类财务管理制度。

（2）了解财务部各岗位工作内容，做好与各岗位的衔接工作。

（3）工作目标明确，责任感强，树立良好的部门形象。

（二）管理费用岗工作流程

1. 部门日常费用

审核原始凭证是否完整、合法、金额正确，审核原始凭证是否按规范粘贴和折叠，审核审批手续是否完备，审核部门费用支出进度（如超季度计划，除分管领导审批后，还须报总经理审批；如超年度计划额度，可拒绝报销），并编制记账凭证。

借：管理费用——相关明细科目
    贷：库存现金/银行存款/其他应收款

注意事项：

（1）非工资性费用支出须取得税务局监制的发票或收据，填写规范，大小写一致，无涂改痕迹，增值税票须严格遵守填写规范。

（2）保证凭证及附件左上角整齐，附件长宽折叠以记账凭证大小为度，不能带有订书钉。

（3）费用审核参照当地行政事业单位费用管理办法。

（4）准确使用明细科目，正确选取专项。

（5）支取现金的凭证编制完毕，若遇出纳无现金时，应暂时保存记账凭证，待出纳取回现金时通知领款。

（6）报销人有前期欠款时，报销费用一律先冲抵欠款。

2. 资金付出

（1）审核月度资金计划。每月的 28 日根据年度费用计划、相关往来账及合同，审核管理部门下月资金使用计划，汇总资金计划后，报财务部长审批。

注意事项：研究开发中心的合同执行费、行政事务部维修购置费、人力资源部大型培训费、财务部税款及利息支出、党群部群团活动费等预见性较强的专项费用，需在月度资金计划中报出。

（2）审核付款及报账。根据月度资金计划核查付款项目，审核"付款审批单"审批手续是否完备,登记资金计划,并由出纳岗付款。

注意事项:付款金额计划内 10 万元以下的,直接传出纳岗付款;计划内 10 万元以上或计划外款项须经财务部长或财务总监批准。

签收出纳岗传来的"付款审批单"及银行付款凭证(或附发票),收受管理部门相关人员交来的发票,审核发票的审批手续是否完备,审核银行票据存根上是否有领用或收款人签字,并编制记账凭证。

借:管理费用——相关明细科目
　　贷:银行存款

注意事项:
(1) 付款时除预付款项或临时外出采购的外,须凭发票。
(2) 款项付出后,督促支票一星期内报账,汇票两星期内报账。

3. 特殊费用核算

1) 办公用品入库与领用

(1) 入库。审核支票存根与发票对应,审核发票金额、数量是否与入库单一致,并编制记账凭证。

借:低值易耗品——办公用品库
　　贷:银行存款/库存现金

(2) 领用。月末审核办公用品明细账,审核办公用品库传来的领用汇总表,并编制办公用品领用凭证。

借:管理费用/销售费用——办公用品
　　贷:低值易耗品——办公用品库

注意事项:
(1) 办公用品由行政事务部按部门上报计划,控制统一购进,办理入库手续,由各部门按月领用。
(2) 年末组织对办公用品进行盘点。

2) 修理费

(1) 汽车维修。审核车队核算员传来的车辆运行费用,审核车队核算员辅助账并签章,并编制记账凭证。涉及现金的凭证传出纳岗,不涉及现金的凭证传主管岗复核。

借:管理费用——修理费——相关明细科目
　　贷:库存现金/银行存款

注意事项:若已通过银行付出款项,应将支票存根与出纳传来的付款审批单匹配。

(2) 零星维修。根据行政事务部传来的修理发票,审核发票是否注明修理项目及承担部门(如有承担部门,须部门负责人签字认可),并编制记账凭证。

借:管理费用/制造费用——修理费
　　贷:库存现金/银行存款

注意事项:由行政事务统一组织的厂房设施维修,由行政事务部统一结算,故维修也可能涉及管理费用以外的制造费用等。
（3）维修物资。维修物资入库时，审核支票存根与发票对应，审核发票金额、数量是否与入库单一致，并编制记账凭证。

借：工程物资——专用材料——维修材料
　　贷：银行存款/库存现金

维修物资领用时，每季度末审核维修物资明细账，审核仓库传来的领用汇总表，并编制维修物资领用凭证。

借：管理费用/制造费用——修理费
　　贷：工程物资——专用材料——维修材料

注意事项：
（1）维修物资是指由行政事务部根据修理需要购入的木材等，供木工房零星领出应用。
（2）审核时应依据《工程维修物资核算管理办法》。
（3）年末组织对维修物资进行盘点。

3）研究开发费
审核产品开发中心传来的发票，并编制记账凭证。

借：管理费用——研究开发费
　　贷：库存现金/银行存款

注意事项：
（1）若已通过银行付出款项，应将支票存根与出纳传来的付款审批单匹配。
（2）研究开发费包括产品开发中心购买检验实验工具、器具（按固定资产管理的除外）的费用，实验药材费用，实验费用，临床费用，中药品种保护费等。

4）无形资产摊销
月末摊销无形资产，并编制记账凭证。

借：管理费用——累计摊销
　　贷：无形资产

注意事项：无形资产按10年摊销，每月摊销金额＝原值÷$(10×12)$。

（三）财务费用岗工作流程

1. 财务费用
签收出纳岗传递来的利息收入、利息支出、手续费结算单，登记资金计划，并编制记账凭证。

借：财务费用——相关明细科目
　　贷：银行存款

注意事项：根据利息支出时间、金额及时向出纳查询余额是否足够支付利息，提醒出纳及时划转资金保证付息。

2. 贷款和还款
签收出纳传来的银行贷款上账凭证或还款凭证，登记贷款期限、还款日期、利率，并编制记账凭证。

借：银行存款
　　贷：短期借款

或：

借：短期借款
　　贷：银行存款

注意事项：
（1）凭证摘要栏须注明贷款起止日期、利率。
（2）根据还款时间、金额编入财务部月度资金计划中，及时提醒财务部长安排还贷资金。

3. 财务费用岗的管理性工作

（1）每月的10日根据部门费用计划额度出具费用通报，下发至各部门负责人，并提请超支或有超支迹象的部门注意。
（2）每季度结束后15天出具费用分析报告，能为公司费用管理控制提出合理化建议。
（3）参与制定和完善公司费用控制办法。
（4）参与年度费用控制计划的制定。
（5）定期不定期审核办公用品库、工程物资库账簿，保持账实相符。

4. 财务费用岗的工作要求

（1）熟悉公司费用管理办法、财务制度、资金使用办法等相关制度。
（2）了解财务部各岗位工作内容，做好与各岗位的衔接工作。
（3）工作目标明确，责任感强，树立良好的部门形象。

七、销售岗

销售岗主要是指销售会计，其工作主要有以下几个流程。

（一）销售核算流程框架

销售核算是销售会计岗位的一项重要内容，为了更好地了解销售流程中业务流、数据流核算工作，通过梳理相关资料，形成的销售核算流程框架如图2-2所示。

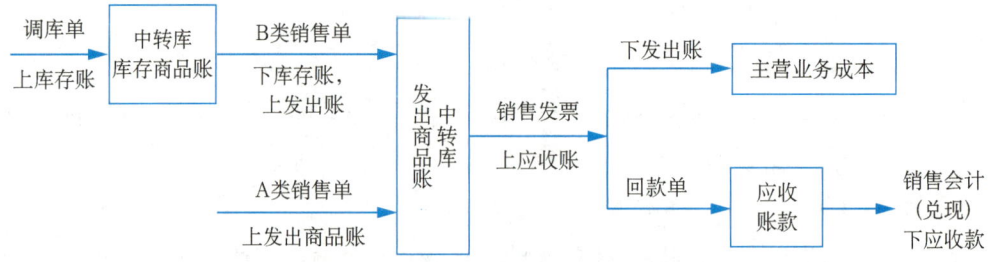

图2-2　销售核算流程框架

（二）库存商品核算

每月月末，审核成本岗传来的"送货单汇总表"的数量及成本，分出调库品种的数量及成本,登记库存商品账借方,并计算库存商品账加权平均单价。同时,凭据从业务系统导出的B类销售单汇总表,登记库存商品账贷方。结库存商品账,月末与销售会计核对库存商品账。

(三) 发出商品核算

每月月末,审核成本岗传来的"送货单汇总表"的数量及成本,分出销售品种的数量及成本,登记发出商品账借方。同时,凭据从业务系统导出的A类销售单汇总表,登记发出商品账借方,计算发出商品账加权平均单价。凭据"主营业务收入明细表",登记发出商品账贷方。结发出商品账,月末与销售会计核对发出商品账。

注意事项:

中转库加权平均单价作为本期结转主营业务成本单价,其计算公式如下:

$$\text{中转库加权平均单价} = \left(\frac{\text{本期收货金额} + \text{期初结余金额}}{\text{本期收货数量} + \text{期初结余数量}}\right)$$

(四) 退货的核算

每月月末审核成本岗传来的退货销售单,根据销售单备注及单号,分出办事处退货数量和业务单位退货数量。根据库存商品账和发出商品账上月结存单价,算出退货成本,形成退货一览表。凭据退货一览表分品种冲转库存商品账和发出商品账,并将退货一览表交于成本岗记账。

(五) 主营业务收入核算

1. 正常销售

根据本月销售会计销售核算岗传来的销售发票记账联,将发票分品种、分办事处进行数量、金额汇总,与销售会计销售结算岗核对,编制"主营业务收入明细表",并编制记账凭证。

借:应收账款
　　贷:主营业务收入
　　　　应交税费——应交增值税(销项税额)

2. 退货

发生退货时,要求客户单位退回原发票或向公司开具销售发票。开票岗凭退回发票或客户单位开出的发票开具红字发票(当月开出的发票可作作废处理)。核算收入时,以负数作正常核算。

(六) 主营业务成本核算

根据"主营业务收入明细表"及中转库加权平均单价计算当月主营业务成本,编制"主营业务成本明细表",并编制记账凭证。

借:主营业务成本
　　贷:库存商品——中转库

(七) 回款核算

根据业务员提供的交款明细客户和金额开具收款收据,将收据传给出纳岗据此收款,收回出纳收款盖章后的收据存根。收受销售会计核算岗传来的分办事处回款单,并编制回款凭证。

借:库存现金/银行存款
　　贷:应收账款

(八) 编制产品销售利润表

各品种销售数量、销售收入、销售成本根据当月"主营业务收入明细表"及"主营业务成本明细表"相关数量、金额进行填列,有加工收入应纳入"其他"中;销售税金、销售费用根据当月"利润及利润分配表"的主营业务税金及附加、营业费用本月发生额进行填列。

(九) 销售岗的管理性工作

(1) 按月编制各产品利润表,每季度结束后15日提交销售情况分析。
(2) 每月与销售会计核对中转库余额、应收账款余额。
(3) 理顺业务系统与财务系统之间的核算程序,协调销售会计核算与财务销售核算关系,保证票据传递及时明晰,销售核算准确规范。

(十) 销售岗的工作要求

(1) 熟悉公司各类财务管理制度,熟练掌握销售业务系统及财务系统操作。
(2) 了解财务部各岗位工作内容,做好与各岗位的衔接工作。
(3) 工作目标明确,责任感强,树立良好的部门形象。

八、资金岗

资金岗主要是指出纳,其工作主要有以下几个流程。

(一) 现金收付

1. 收现

根据会计岗开具的收据(销售会计开具的发票)收款,检查收据开具的金额正确、大小写一致、有经手人签名,在收据(发票)上签字并加盖财务结算章,将收据第二联(或发票联)给交款人。凭记账联登记现金流水账,登记票据传递登记本,并将记账联连同票据登记本传相应岗位签收制证。

注意事项:
(1) 原则上,只有收到现金才能开具收据,在收到银行存款或下账时需开具收据的,核实收据上已写有"转账"字样后,加盖"转账"图章和财务结算章,并登记票据传递登记本后传给相应会计岗位。
(2) 随工资发放时代收代扣的款项,由工资及固定资产岗开具收据,可以没有交款人签字。

2. 付现

1) 费用报销

审核各会计岗传来的现金付款凭证金额与原始凭证一致,检查并督促领款人签名。据记账凭证金额付款,在原始凭证上加盖"现金付讫"图章。登记现金流水账,将记账凭证及时传主管岗复核。

2) 人工费福利费发放

凭人力资源部开具的支出证明单付款(包括车间工资差额、需以现金形式发放的兑现、奖金等款项),在支出证明单上加盖"现金付讫"图章。登记现金流水账,登记票据传递登记本,将支出证明单连同票据传递登记本传工资福利岗签收制证。

3. 现金存取及保管

每天上午按用款计划开具现金支票(或凭建行存折)提取现金,安全妥善保管现金、准确支付现金,及时盘点现金,并在每天15:30视库存现金余额送存银行。

注意事项:

(1) 下午下班后,现金库存应在限额内。

(2) 从银行提取现金及将现金送存银行时都须通知保安人员随从,注意保密,确保资金安全。

管理现金日记账,做到日清月结,并及时与微机账核对余额。

(二) 银行存款收付

1. 银收

1) 收货款

整理销售会计传来支票、汇票,核查和补填进账单,上午上班时交主管岗背书,送交司机进账及取回单。整理从银行拿回的回款单据,将第一联与回执粘贴在一起。在系统中编制回款登记表并共享打印,将回款登记表连同回款单传销售会计。

2) 其他项目收款

收到货款以外项目的支票、汇票,填写进账单。收款进账、回单后,登记票据传递登记本,传相关岗位。

3) 贷款

收到银行贷款上账回单,登记票据传递登记本,传管理费用岗位。

2. 银付

1) 日常性业务款项

根据付款审批单(计划内费用经相关岗位审核,计划内10万元以上或计划外费用经财务部长或财务总监审核)审核调节表中无该部门前期未报账款项。开具支票(汇票、电汇),登记支票使用登记本,将支票、汇票存根粘贴到付款审批单上(无存根的注明支票号及银行名称),加盖"转账"图章,登记单据传递登记本,传相关岗位制证。

注意事项:

(1) 开出的支票应填写完整,禁止签发空白金额、空白收款单位的支票。

(2) 开出的支票(汇票、电汇)收款单位名称应与合同、发票一致。

(3) 有前期未报账款项的个人及所在部门,一律不办理付款业务。

2) 打卡工资

根据工资岗位开具的付款审批单(经财务部长签字)开具支票,并填写进账单。连同工资盘交司机送银行,登记支票使用登记本,将支票存根粘贴到付款审批单上,加盖"转账"图章,登记单据传递登记本,传工资福利岗。

注意事项：

（1）每月根据工资发放时间提前2天将工资所需款调入南湖建行，并按时从工行将工资款划入首义招行。

（2）打卡工资的支票须于工资发放日前一天连同工资盘送达银行。

3）业务员兑现

凭销售会计传来的付款审批单（经财务部长签字）开具支票，填写进账单。交司机送银行倒进账，登记支票使用登记本，将支票存根粘贴到付款审批单上，加盖"转账"图章，登记单据传递登记本，传工资福利岗。

4）还贷和银行结算

收到银行贷款还款凭证及手续费结算凭证，登记单据传递登记本，传管理费用岗。

5）交税

（1）完税。收到税务岗传来的税票（附付款审批单），填写划款行银行账号及进单。

（2）进税卡。凭税务岗填写的付款审批，开具支票，填写进账单，交司机送银行进账。凭回单及支票存根登记支票使用登记本，传税务岗编制凭证。

（3）从税卡交税。收到税务岗传来的完税票和税卡划款凭条，登记支票使用登记本，传税务岗位编制凭证。

及时将各银行对账单交内审岗编制银行调节表，对调节表上挂账及时进行清理和查询，责成相关岗位进行下账处理。

根据银行收付情况统计各银行资金余额，随时掌握各银行存款余额，避免空头。

熟练掌握公司各银行户头（单位名称、开户银行名称、银行账号）。

（三）资金岗的工作要求

（1）熟悉公司各类财务管理制度。

（2）了解财务部各岗位工作内容，做好与各岗位的衔接工作。

（3）准确收付现金，妥善保管现金及有价证券，保证资金安全。

（4）坚持每天盘点现金，及时核对现金日记账，做到日清月结。

（5）随时掌握各银行户头余额，禁止签发空头支票。

（6）树立良好的窗口形象。

第三节　岗位能力要求

大数据与会计、大数据与财务管理专业对应产业发展趋势和行业企业人才需求，实现职业、专业"标准跨界、德技融合"。本专业课程体系的构建以"立德树人"为根本，坚持"思政引领、德技并修"的育人方向，坚持"以行业需求为导向，工作领域跨界、知行融合"的课程设置理念，突出职业岗位应用与实践能力。在培养专业技能和职业能力的同时，强化学生思想品质、职业精神的养成和综合素质的提升，实现学生德、智、体、美、劳全面发展。为了深化教学改革和践行课程思政专创融合理念，满足社会不同行业对财会专业人才的需求，使学校培养具有一定财会专业知识、数据分析技能和综合素养能力的应用型人才。为此，通过梳理不同行业财会人才的胜任能力,形成了面向不同行业财会专业人才的能力培养体系。不同岗位的职责和胜任能力要求如表 2-1 所示。

表 2-1 不同岗位的职责和胜任能力要求

岗位编号	岗位职责	任职资格条件	工作经验	知识能力素质
1	财务总监			
2	财务经理			
3	预算主管			
4	投资主管			
5	资金主管			
6	审计主管			
7	会计主管或总账会计			
8	税务会计			
9	材料会计			
10	固定资产会计			
11	成本会计			
12	往来会计			
13	费用会计			
14	销售会计			
15	出纳			
16	财务 BP			

1. **财务总监岗位胜任能力要求**

任职资格:具有本科以上学历,高级会计师职称,主修财务管理专业。

工作经验:具有 8 年以上财务工作经验,3 年以上财务经理工作经验,掌握财务、金融、法律、企业管理等方面的相关专业知识。

能力素质:全面掌握国家财政税务政策及有关法律法规,熟悉税务、金融工作及企业各部门的业务情况,熟悉银行融资、信贷手续,熟悉经济管理、统计、审计等专业知识。

2. **财务经理岗位胜任能力要求**

任职资格:具有会计师资格,5 年以上会计工作经验。

工作经验:具有 5 年以上大中型企业会计工作经验,2 年以上财务管理经验;熟悉财务管理和会计核算操作流程;熟悉国家财经法律、法规、方针及政策,具有 1 年以上纺织服装行业管理经验。

能力素质:精通会计知识和财管知识,法律知识和外汇知识;能够熟练使用各种财务软件;具备基本的网络知识;熟练使用英语;具有较强的领导能力、判断与决策能力、人际能力、沟通能力、影响力、计划与执行能力;良好的敬业精神和职业道德操守;熟练使用办公软件;

具有独立从事公司财务管理实务工作的能力;能够运用专业知识,解决比较复杂的财务管理实际问题;具备较强的领导、判断、决策、沟通协调、计划、执行能力和影响力;具有正直、勤勉、廉洁、公正、严谨、务实的素质。

3. 预算主管岗位胜任能力要求

任职资格:具有本科以上学历。

工作经验:具有 3 年以上财务工作经验,财务会计专业或金融专业,掌握财务管理、金融等方面专业知识。

能力素质:熟悉国家财务法规、税法、金融政策,了解企业内部业务、工作流程及企业全面预算管理体系,熟练运用各种财务办公软件。

4. 投资主管岗位胜任能力要求

任职资格:具有本科以上学历。

工作经验:具有 2 年以上相关工作经验,掌握投资管理、财经、金融、合同管理等方面的相关专业知识。

能力素质:掌握投资市场的调查方法,能够拟订投资方案,了解公司设立、变更及清算手续等方面的业务知识。

5. 资金主管岗位胜任能力要求

任职资格:会计证。

工作经验:具有 1 年以上相关资金管理工作经验,熟悉资金运作管理。

能力素质:具有良好的敬业精神和职业道德操守;熟练使用办公软件;熟悉银行结算业务;具有较强的沟通协调能力、观察判断能力和执行能力;具有正直、勤勉、廉洁、公正、严谨、务实素质。

6. 审计主管岗位胜任能力要求

任职资格:具有本科以上学历,高级专业技术职务任职资格。

工作经验:具有 5 年以上财务工作经验,掌握财务管理、金融、企业管理、税法、经济法、审计、统计等方面的相关专业知识。

能力素质:熟悉国家财务、税务政策及有关法律法规,熟悉银行融资、信贷等相关手续,熟悉税务、银行工作及企业各部门的业务情况,熟悉经济、统计、审计等方面的专业知识。

7. 会计主管岗位胜任能力要求

任职资格:助理会计师及以上职称。

工作经验:具有 3 年以上相关会计、财务管理工作经验;熟悉财务管理和会计核算操作流程。

能力素质:具有良好的敬业精神和职业道德操守;熟练使用办公软件;拟订和实施财务管理流程和标准;具备较强的判断、决策、沟通协调、计划、执行能力;具有较强的语言能力、文字能力和观察能力;具有正直、勤勉、廉洁、公正、严谨、务实素质。

8. 税务会计岗位胜任能力要求

任职资格:具有专科以上学历,会计证。

工作经验:具有 1 年以上相关财务会计工作经验;熟悉国家税收政策和法规。

能力素质:具有良好的敬业精神和职业道德操守;熟练使用财务软件;熟悉税务申报流程;具备一定的判断、沟通协调、执行能力;具有较强的语言能力、文字能力和逻辑思维能力;熟悉税收政策法规;具有税务会计工作流程优化能力;具有正直、勤勉、廉洁、公正、严谨、务实素质。

9. 材料会计岗位胜任能力要求

任职资格:具有专科以上学历,主修财务专业,有会计证优先。

工作经验:熟悉会计法税法,熟练操作办公软件。

能力素质:严格控制成本,促进增产节约,增收节支,提高企业的经济效益;督导成本控制及清点存货,审查原材料的采购;认真核对各项原料、物料、成品、在制品收付事项;负责编制原料转账传票。负责编制工厂成本转账传票;保管好各种凭证、账簿、报表及有关成本计算资料,防止丢失或损坏,按月装订并定期归档;参与存货的清查盘点工作,企业在财产清查中盘盈、盘亏的资产,要分别情况进行不同的处理;负责编制材料的领用分配表,进行会计核算,实行分类管理;办理其他与成本计算有关的事项;公正、诚实地履行职责,并做好企业的有关保密工作;完成财务科长安排的其他工作。

10. 固定资产会计岗位胜任能力要求

任职资格:具有本科以上学历,财务管理、会计类相关专业毕业,持有相关会计从业资格证书。

工作经验:具有1年以上财务工作经验,熟悉固定资产管理,精通会计核算,有上市企业工作经验或具备参与并购经验者优先考虑。

能力素质:精通办公软件,能熟练操作相关财务系统;能够吃苦耐劳,具备较强的抗压能力;做事认真负责、有良好的沟通协调能力,能吃苦耐劳;具有良好的职业道德,较强的工作责任心及执行力。

11. 成本会计岗位胜任能力要求

任职资格:会计证。

工作经验:具有2年以上相关财务成本会计经验;熟悉会计政策和会计法。

能力素质:良好的敬业精神和职业道德操守;熟练使用财务软件;熟悉会计政策和会计法;具有一定的判断、决策、沟通、计划、执行能力;具有优化企业财务成本控制流程的能力;具有较强的语言能力、文字能力和逻辑处理能力;具有正直、勤勉、廉洁、公正、严谨、务实素质。

12. 往来会计岗位胜任能力要求

任职资格:会计证。

工作经验:具有1年以上相关财务会计工作经验;熟悉财务软件操作及ERP系统工作流程。

能力素质:良好的敬业精神和职业道德操守;熟练使用财务软件;熟悉往来会计运作流程;具有一定的判断、沟通协调、执行能力;具有较强的语言能力、文字能力和逻辑处理能力;具有正直、勤勉、廉洁、公正、严谨、务实素质。

13. 费用会计岗位胜任能力要求

任职资格:主修会计学或财务管理相关专业,具有专科及以上学历,具有初级以上会计资格证书。

工作经验:具有1年以上医药行业费用会计工作经验,熟悉税务申报,熟练使用ERP系统、财务软件、office等。

能力素质:熟悉法规和公司要求对各部门付款单据进行审核并整理;能根据公司要求进行合同编号管理,并根据付款明细表更新付款信息;能运用Python进行月度各项费用统计及分析。

14. 销售会计岗位胜任能力要求

任职资格：会计证。

工作经验：具有 1 年以上相关财务会计经验，熟悉财务操作系统。

能力素质：良好的敬业精神和职业道德操守；熟练使用财务软件；熟悉销售会计相关工作流程；具有一定的判断、沟通、执行能力；具有较强的语言能力、文字能力和逻辑处理能力；具有正直、勤勉、廉洁、公正、严谨、务实素质。

15. 出纳岗位胜任能力要求

任职资格：会计证。

工作经验：具有 1 年以上工作经验。

能力素质：掌握会计基础知识，了解一定的财务管理知识、外贸进出口业务及相关的政策法规；能够熟练使用计算机和财务软件；具有网络的基本知识；具有判断与决策能力、人际能力、沟通能力、计划与执行能力。

16. 财务 BP 岗位胜任能力要求

任职资格：具有本科及以上学历，财务管理、会计等相关专业优先。

工作经验：具有 5 年以上经营管理相关工作经验，有集团性上市公司经营管理及团队管理经验。

能力素质：具有较好的抗压能力及洞察力，擅长不同部门及业务线间的协调合作，能够接受一定范围内的出差；走进业务、融入业务，理解业务，抓好业务，致力于识别风险、提高效率、降本增效，借助预算、分析、内控、考核等财务工具做好业务管理，与业务负责人共同推动经营目标完成；既要有业务思维，懂得立足业务去思考财务的问题，又要懂业务，了解财务工作的各个模块，用财务专业帮助业务部门解决问题；从市场、绩效、经营指标、业务全流程管理、经营预算与市场推广预测等方面，通过分析和建模，为业务发展提供支持，从而驱动业务发展。

课后练习题

一、单项选择题

1. 财务总监定期对企业经营状况进行财务分析与预测后,主要向( )提交报告。
   A. 人力资源部　　　　　　　　　B. 市场营销部
   C. 生产运营部　　　　　　　　　D. 董事会

2. 下列各项中,不属于财务经理工作职责的是( )。
   A. 制订公司各项财务管理制度
   B. 编制财务收支及资金计划
   C. 进行成本预测、控制、核算、分析和考核
   D. 制定公司的发展战略

3. 会计主管在结转当月增值税时,下列会计分录正确的是( )。
   A. 借:应交税费——应交增值税(销项税额)
        贷:应交税费——应交增值税(进项税额)
   B. 借:应交税费——应交增值税(进项税额)
        贷:应交税费——应交增值税(销项税额)
   C. 借:应交税费——应交增值税(转出未交增值税)
        贷:应交税费——未交增值税
   D. 借:应交税费——未交增值税
        贷:应交税费——转出多交增值税

4. 下列各项中,不属于会计主管复核会计凭证的工作内容的是( )。
   A. 将出纳岗传来的涉及现金的凭证进行复核
   B. 将各核算岗传来的不涉及现金的凭证进行复核
   C. 对编制会计凭证出现的异常差错直接予以改正
   D. 将含有抵扣增值税进项税额的发票抽出并编号

5. 预算主管岗位应具有多少( )年以上的财务工作经验。
   A. 1　　　　　B. 2　　　　　C. 3　　　　　D. 5

二、多项选择题

1. 财务总监在开发财务部人力资源时,主要通过( )提高财务人员的综合素质。
   A. 加强业务培训　　　　　　　　B. 完善绩效考核
   C. 优化薪酬福利　　　　　　　　D. 改善办公环境

2. 会计主管在编制现金流量预测表时,需要完成的工作包括( )。
   A. 将上季度预测表与实际发生数核对
   B. 查询经营活动、投资活动、筹资活动的现金流明细
   C. 编制上季度预测数与实际数对比分析表

D. 根据资金使用计划和经营规划编制下季度预测表
3. 会计主管需要编制的相关财务报告包括(　　)。
   A. 财务报表附注　　　　　　　　B. 财务快报
   C. 财务分析报告　　　　　　　　D. 员工绩效考核表
4. 出纳在保管现金时，需要注意的事项包括(　　)。
   A. 妥善保管库存现金，确保安全
   B. 每天及时盘点库存现金，核对现金日记账，做到日清月结
   C. 每天根据库存情况，及时送存银行，确保库存现金在限额内
   D. 提取和送存现金时，需要保安人员随同，并注意保密
5. 下列各项中，财务BP岗位需要的能力包括(　　)。
   A. 业务思维　　　　　　　　　　B. 财务专业知识
   C. 分析和建模能力　　　　　　　D. 部门协调合作能力

三、简答题

1. 财务应该如何深入业务一线，理解业务需求？
2. 请列举财务BP岗位的主要工作职责。

项目三
资产负债表分析

学习目标

知识目标
1. 理解资产负债表的基本结构和内容。
2. 掌握资产负债表水平分析、垂直分析、趋势分析的要点。
3. 学习资产负债表的解读和应用。

能力目标
1. 能够运用财务分析工具解读资产负债表。
2. 能够识别并分析资产负债表中的关键信息。
3. 能够预测企业未来财务状况,并提出财务建议。

素质目标
1. 培养学生的逻辑思维,培养学生分析问题、提炼关键信息的能力。
2. 培养学生在分析资产负债表的过程中的团队合作和沟通能力。
3. 培养学生对财务数据的敏感性和责任意识,能够准确判断财务信息的可信度和重要性,作出正确的判断和决策。

思政小课堂

资产负债表是企业最重要、最基本的一张财务报表,它既反映了企业资金的占用量,即企业规模的大小,又反映了企业资金的来源,包括债务来源和所有者投入。同时,也可以通过资产负债表了解企业资产、债务的结构特点及企业的财务风险,为各个利益相关方进行决策提供数据支持。

2021年,新能源汽车迎来了高速增长的前奏,在此之前,中国的新能源汽车市场可谓一片寂静。2020年10月,国务院常务会议批准通过了《新能源汽车产业发展规划》,该规划被视为新能源汽车行业未来发展的指引,提供了清晰的发展方向和详细的计划。该规划旨在加速新能源汽车的推广应用,以减少对传统燃油车辆的依赖,为环境保护和气候变化作出贡献。以比亚迪股份有限公司(以下简称比亚迪)为例,对新能源汽车进行投资分析,让更多的人可以全方面了解新能源汽车的相关信息,助力新能源汽车产业高质量、可持续发展。

比亚迪作为唯一同时掌握"汽车三电"核心技术及车规级IGBT芯片、太阳能和储能解决方案的整车制造企业,在全产业链的多年布局,造就了其极强的竞争力。比亚迪总部位于广东省深圳市,业务涵盖汽车、轨道交通、新能源和电子四大产业与其他子产业。比亚迪以创新的技术和积极的战略发展逐步拓展业务范围,不断开拓新的领域,其在新能源汽车领域的成功更是为环保和可持续发展提供了支持,不仅展现了比亚迪的成长历程,还是对创新和坚持不懈的信念的生动诠释。

从比亚迪的资产负债表来看,比亚迪的决策和专注投入使其在新能源汽车领域取得了显著成果,虽然面临一些挑战,但比亚迪依靠技术优势,前瞻性战略眼光,将继续以行业老大的形象带领新能源汽车市场不断发展。

因此,通过深入学习财务管理的精髓,我们或许能够揭示资产负债表分析如何成为企业财务管理的新引擎,引领企业在激烈市场竞争中脱颖而出。这不仅仅是一场学习,更是一场思考,是探索数字化时代企业财务的全新冒险。让我们携手走进这场奇迹般的"财"海,点燃对财务分析的热情。

资料来源:董昕钰,梁英琪,顾佳,等. 新能源汽车投资分析研究——以比亚迪汽车为例[J]. 商展经济,2024(6):185-188.

案例导入

康佳医疗成立于2003年,是一家医药制造业企业。康佳医疗2018—2020年资产负债表如表3-1所示。通过这份财务报表,我们能够探索企业在市场竞争中的具体资产配置、债务负担和股东权益的变动。

资产负债表清晰地展示了康佳医疗在市场投资的资金来源和运用,以及与此相关的风险管理措施。与此同时,康佳医疗成功控制了成本,有效管理了供应链,这在资产负债表中反映为更加健康的负债结构。

通过分析资产负债表,我们能够洞察到康佳医疗在市场拓展方面的战略决策,这直接影响公司的财务健康和可持续性。投资者可以从中获取关键信息,为其投资决策提供有力支持。因此,该案例不仅使学习者更好地理解了资产负债表的运用,也为他们将理论知识应用于实际情境提供了生动而具体的例证。

要求:

(1)根据康佳医疗资产负债表数据,将完成资产负债表水平分析、垂直分析及内部结构分析。

(2)根据康佳医疗资产负债表数据,计算2020年各资产项目的变动率,并按变动率的绝对值由大到小进行排序,选出排名前5的项目,并进行分析。

(3)根据康佳医疗资产负债表数据,计算2020年各负债及所有者权益项目变动额对年初负债及所有者权益总额的影响,并按绝对值由大到小进行排序,选出排名前5的项目,并进行分析。

(4)根据康佳医疗资产负债表数据,计算2020年各资产项目占资产总额的比重及比重变动,并按比重变动的绝对值由大到小进行排序,选出排名前5的项目,并进行分析。

(5)根据康佳医疗资产负债表数据,计算2020年各负债及所有者权益项目占负债及所有者权益合计的比重,并按该比重的绝对值由大到小进行排序,选出排名前5的项目;利用中联大数据分析平台,计算康佳医疗所属行业(医药制造业)某项目比重的行业均值,并进行对比分析。

项目三 资产负债表分析

表3-1 康佳医疗2018—2020年资产负债表

编制单位：北京康佳医疗股份有限公司　　　　　　　　　　　　　　　　　　　　　　　　　　　　　　　　单位：万元

资产	2020年	2019年	2018年	负债和所有者权益	2020年	2019年	2018年
流动资产：				流动负债：			
货币资金	653 974.33	686 786.88	515 361.36	短期借款	13 565.66	12 897.84	18 000.00
交易性金融资产	6 522.09	5 991.55	6 785.05	交易性金融负债			
衍生金融资产				衍生金融负债			
应收票据	3 851.18	4 510.82	8 624.32	应付票据	20 523.35	38 764.72	29 498.49
应收账款	94 322.09	87 344.5	51 797.67	应付账款	329 640.77	384 343.06	350 073.11
应收款项融资				预收款项	652 385.73	523 505.44	531 192.73
预付款项	41 080.19	57 953.62	95 718.04	合同负债			
其他应收款	108 936.14	94 787.33	120 170.21	应付职工薪酬	74 141.88	74 815.43	75 391.35
存货	664 510.48	574 787.47	616 113.74	应交税费	16 085.39	18 302.14	16 684.83
合同资产				其他应付款	14 832.04	15 535.01	19 992.70
持有待售资产				持有待售负债			
一年内到期的非流动资产	1 345.08	1 016.23	998.56	一年内到期的非流动负债	27 913.45	27 253.34	33 517.06
其他流动资产	3 556.54	2 670.01	3 487.51	其他流动负债	2 494.12	2 511.71	3 196.05
流动资产合计	1 578 098.12	1 515 848.41	1 419 056.46	流动负债合计	1 151 582.39	1 097 928.69	1 077 546.32
非流动资产：				非流动负债：			
债权投资	4 889.00	3 144.02	2 896.47	长期借款	17 372.41	14 275.45	7 980.00
其他债权投资				应付债券			
长期应收款	246.38	299.16	305.66	其中：优先股			
长期股权投资	5 346.99	5 712.63	6 161.07	永续债			
其他权益工具投资	782.13	684.25	666.47	租赁负债			

(续表)

资产	2020 年	2019 年	2018 年	负债和所有者权益	2020 年	2019 年	2018 年
其他非流动金融资产				长期应付款	16 745.00	19 746.00	9 946.00
投资性房地产	18 371.84	12 604.80	12 814.69	预计负债			
固定资产	896 255.35	870 180.75	771 495.31	递延收益	4 964.73	3 963.52	2 511.49
在建工程	6 561.77	7 883.86	5 917.87	递延所得税负债	7 294.93	6 261.38	2 632.89
生产性生物资产				其他非流动负债	46 377.07	44 246.35	23 070.38
油气资产				非流动负债合计	1 197 959.46	1 142 175.04	1 100 616.70
使用权资产				负债合计			
无形资产	39 109.56	26 860.64	21 071.06	所有者权益（或股东权益）：			
开发支出	61 853.38	48 952.12	40 110.22	实收资本（或股本）	692 726.97	692 726.97	555 314.22
商誉				其他权益工具			
长期待摊费用	12 572.88	13 267.82	9 406.69	其中：优先股			
递延所得税资产	7 653.32	8 100.86	9 639.55	永续债			
其他非流动资产				资本公积	62 123.18	62 123.18	52 123.18
非流动资产合计	1 053 642.60	997 690.91	880 485.06	减：库存股			
				其他综合收益			
				专项储备			
				盈余公积	92 894.67	70 624.41	75 750.25
				未分配利润	586 036.44	545 889.72	515 737.17
				所有者权益（或股东权益）合计	1 433 781.26	1 371 364.28	1 198 924.82
资产总计	2 631 740.72	2 513 539.32	2 299 541.52	负债和所有者权益（或股东权益）总计	2 631 740.72	2 513 539.32	2 299 541.52

(6) 根据康佳医疗资产负债表数据，计算 2020 年各流动资产项目与非流动资产项目占资产总额的比重及比重变动，并按比重变动的绝对值由大到小进行排序，分别选出排名前 5 的项目，并进行分析。

(7) 根据康佳医疗资产负债表数据，计算 2020 年各非流动资产项目、非流动负债合计与所有者权益合计占资产总额的比重及比重变动，并进行分析。

(8) 根据康佳医疗资产负债表数据，计算 2020 年各流动资产项目与流动负债项目占资产总额的比重及比重变动，并进行分析。

(9) 以 2016 年为基期，计算 2020 年资产总额的环比指数与定基指数，并进行分析。

说明：

(1) 计算过程和结果均保留 2 位小数。

(2) 行业均值应用示例如下：某一行业有 A、B 两家企业，该行业的资产负债率均值＝(A 资产负债率＋B 资产负债率)÷2。

第一节 资产负债表概述

财务报表是企业财务状况的镜像，而资产负债表则是其中最引人注目的篇章。它不仅是企业经济状况的静态展示，更是深入挖掘企业健康和财务活力的关键窗口。在财会专业学生的学习旅程中，理解资产负债表的定义、作用，并深刻认识其在财务报告中的独特地位，是通向职业成功的必经之路。

一、资产负债表的定义和作用

1. 资产负债表的定义

资产负债表是企业在特定时间点上的财务状态总结，它以资产、负债和所有者权益为核心，呈现了企业的财务状况和结构。它是一份静态报表，承载着企业过去、现在和未来的财务故事。

2. 资产负债表的作用

资产负债表主要有以下几个作用：

(1) 全面洞察企业经济状况。通过清晰分类和呈现企业的资产和负债，资产负债表提供了一个全景视图，使人能够迅速了解企业的经济状况。

(2) 决策支持。对企业管理层而言，资产负债表是战略规划和决策制定的支持工具。通过分析资产负债表的结构，管理层可以作出明智的财务决策，促进企业可持续发展。

(3) 投资者参考。投资者可以通过资产负债表评估企业的稳健性和发展潜力，为投资决策提供依据。资产负债表中的数据直接关系到投资者的信心和利润。

(4) 法定要求与透明度。资产负债表是许多国家法定要求的一部分，企业需要定期向监管机构和股东披露资产负债表。这种透明度有助于建立企业的信誉。

二、资产负债表在财务报告中的关键性

资产负债表的关键性体现在它不仅是一份财务报表，更是一份反映企业健康和经济活

力的综合性文件。它如同医生为患者制定治疗方案一样,为企业提供了保持财务健康的指南。其关键性主要表现在以下几个方面。

1. 综合性信息源

资产负债表涵盖了企业的全部财务信息,从流动资产到长期负债,从净利润到所有者权益。这种全面性使它成为管理层、投资者和监管机构获取企业全方位健康状况的首要依据。

2. 时效性和动态性

尽管资产负债表是一份静态报表,但通过对比不同时间点的资产负债表,人们可以了解企业在不同时期的财务变化。这种时效性和动态性使其成为追踪企业发展轨迹的重要工具。

3. 风险管理工具

资产负债表帮助企业识别和管理财务风险。通过清晰展示债务结构、资产配置和所有者权益,企业能够更好地应对市场波动和不确定性。

4. 财务可持续性评估

资产负债表不仅展示了企业的当前财务状况,还为企业的财务可持续性提供了评估依据。它使企业能够制定长期战略,确保在未来的挑战中保持弹性。

三、资产负债表分析的目的与内容

(一) 资产负债表分析的目的

资产负债表分析的首要目的是深入了解企业的财务状况和经营绩效。资产负债表分析不仅能满足财务报告的法定要求,还能为利益相关方提供准确、全面的财务信息。

(1) 全面了解财务状况。资产负债表提供了企业在某一时点上的整体财务状况。通过详细审视资产、负债和所有者权益的各个方面,分析者可以了解企业的经济规模、财务结构和偿债状况。

(2) 评估经营绩效。通过对比不同时间点的资产负债表,分析者可以评估企业的经营绩效。例如,资产的增加可能反映了企业的拓展和投资,而负债的减少可能反映了企业在偿债方面的稳健表现。

(3) 支持科学决策。资产负债表分析为管理层、投资者和债权人提供了科学决策的依据。了解企业的财务状况有助于管理层制定战略规划,有助于投资者作出明智的投资决策,有助于债权人评估企业的信用风险。

(4) 提高管理水平。通过分析资产负债表,管理层可以更好地了解企业的资产配置、债务结构和所有者权益的贡献。这有助于他们调整战略、优化资本结构,从而提高整体管理水平。

(二) 资产负债表分析的内容

资产负债表分析的内容涉及对资产、负债和所有者权益的详细审视。

1. 资产分析

资产分析包括对各类资产的分类和评估,涵盖流动资产(如现金、应收账款)、固定资产(如土地、建筑)及其他资产(如无形资产)。分析者需要关注资产的比例和变动,以了解企业的资产结构和变化趋势。

2. 负债分析

负债分析涉及对企业负债的详细审视,包括流动负债(如应付账款、短期借款)、长期负债(如长期借款)等。分析者通过分析负债结构,可以评估企业的偿债能力和债务风险。

3. 所有者权益分析

所有者权益分析需要了解企业的净资产结构,分析股东权益的构成,包括普通股、优先股等。分析者需要关注所有者权益的变动,以洞察企业盈利和股东权益的关系。

利益相关方通过以上3个方面的综合分析,可以更全面地了解企业的财务状况,为未来的决策提供有力支持。

四、资产负债表分析的方法

(一)资产负债表分析的常用方法

资产负债表分析是财务管理中至关重要的一部分,它提供了深入了解企业财务状况的途径。理解和应用不同的分析方法对于财会专业的学生来说是必不可少的技能。以下是资产负债表分析的几种常见方法。

1. 水平分析

水平分析是比较同一财务项目在不同时间点的变化,从而揭示企业在特定时期内的发展趋势的分析方法。水平分析可以通过计算数值的变化和变化率,分析企业的增长或下降趋势。例如,比较2个年度的资产总额,揭示资产规模的变化。

具体操作步骤:

步骤一,选择比较的时期。选取2个或多个时间点的资产负债表,通常是相邻的会计期间,如2个年度或2个季度。

步骤二,计算每个项目的变化百分比。对比相邻时期同一项目的数值,计算变化的百分比,以了解企业各项财务指标的增减情况。

步骤三,解读变化趋势。分析变化的趋势,找出影响企业经营状况的因素。

【例题3-1】 甲公司2022—2023年资产负债表的水平分析表如表3-2所示。

表3-2 甲公司2022—2023年资产负债表的水平分析表　　　全额单位:百万元

项目	2022年	2023年	变化量	变化率
资产	1 800	2 000	200	11.1%
负债	1 000	1 200	200	20.0%
所有者权益	800	800	0	0

要求:对甲公司的资产负债表数据进行水平分析。

【解析】

步骤一,计算变化量。计算每个项目的变化量,即2023年的数值减去2022年的数值。

步骤二,计算变化率。将每个项目的变化量除以2022年的数值,并乘以100%,得到变化率的百分比。

水平分析结果:通过水平分析,我们发现在2023年,甲公司的资产增加了11.1%,而负债增加了20.0%。这可能需要进一步地探讨,以了解这些变化的原因,是积极的表现还是潜在的风险。

2. 垂直分析

垂直分析是将各项数据与总资产或总负债数额的百分比进行比较,以揭示各项数据在整体中的比重的分析方法。垂直分析有助于了解企业的融资结构和股东权益的贡献。例如,计算每个项目占总资产的百分比,从而了解不同项目在整体中的权重。

具体操作步骤:

步骤一,计算每个项目的百分比。将资产、负债和所有者权益的各项数据分别除以总资产的数额,得到相应的百分比。

步骤二,绘制垂直分析表格。制作一份表格,清晰地展示每个项目在总资产中所占的百分比。

步骤三,解读百分比比较。通过对比不同项目的百分比,了解各项财务指标的相对比重。

【例题 3-2】 甲公司 2023 年资产负债表的垂直分析表如表 3-3 所示。

表 3-3 甲公司 2023 年资产负债表的垂直分析表　　　金额单位:百万元

项目	2023 年	百分比
资产	2 000	100%
负债	1 200	60%
所有者权益	800	40%

要求:对甲公司的资产负债表数据进行垂直分析。

【解析】

垂直分析结果:我们发现甲公司资产的 40% 为所有者权益。这提供了甲公司融资结构和股东权益的关键信息,意味着该公司相对稳健,不过分倚重债务。

3. 比率分析

比率分析通过计算不同财务项目之间的比率,包括流动比率、速动比率、负债比率等,揭示企业财务健康状况的分析方法。学生可以选择适当的比率根据具体情况深入挖掘财务数据。例如,计算流动比率以评估企业的偿债能力。比率分析的内容主要在本书项目六进行讲解。

具体操作步骤:

步骤一,选择适当的财务比率。根据需要,选择涉及流动性、偿债能力、盈利能力等方面的比率。

步骤二,收集财务数据。从资产负债表中获取必要的数据,如流动资产、流动负债、净利润等。

步骤三,进行比率计算。按照各个比率的计算公式,准确计算出相应的数值。

步骤四,解读比率结果。分析计算结果,解释这些比率对企业财务状况的影响,提出建议。

【例题 3-3】 甲公司 2023 年资产负债表的比率分析表如表 3-4 所示。

表 3-4　甲公司 2023 年资产负债表的比率分析表　　　　　　　　金额单位：百万元

流动资产	流动负债	流动比率
1 000	500	2

要求：对甲公司的资产负债表数据进行比率分析。

【解析】

比率分析结果：我们得知甲公司的流动比率为 2，说明该公司有足够的流动资产来偿还流动负债，具备较强的流动性。

4. 趋势分析

趋势分析是对多个期间的财务数据进行比较，以识别长期发展趋势的分析方法。趋势分析涉及对多个年度的资产负债表进行综合分析，以了解企业的长期经营状况。学生可以通过趋势分析识别出可能的问题和机会。

具体操作步骤：

步骤一，收集多期数据。获取多个年度的资产负债表数据。

步骤二，计算变化率。计算每个项目在不同期间的变化率。

步骤三，分析趋势。比较变化率，识别可能的问题和机会。

【例题 3-4】　甲公司 2021—2023 年资产负债表的趋势分析表如表 3-5 所示。

表 3-5　甲公司 2021—2023 年资产负债表的趋势分析表　　　　　　金额单位：百万元

项目	2021 年	2022 年	2023 年	变化率
资产	1 600	1 800	2 000	11.1%
负债	900	1 000	1 200	20.0%
权益	700	800	800	0

要求：对甲公司 2021—2023 年的资产负债表数据进行趋势分析。

【解析】

趋势分析结果：我们发现甲公司在 2021—2023 年，资产和负债分别呈现稳步增长趋势，分别增加了 11.1% 和 20.0%。然而，所有者权益在这段时间内没有变化。这可能提示公司在资产扩张过程中是否需要更多的股东资本，或负债的增加是否带来了风险。趋势分析的关键是深入挖掘变化的原因，为未来决策提供指导。

5. 共比分析

共比分析是将一个公司的财务数据与同行业或竞争对手进行比较，以了解企业在行业中的相对表现的分析方法。共比分析有助于判断企业的竞争地位和相对优势。例如，比较甲公司的负债比率与同行业平均水平。

具体操作步骤：

步骤一，收集对比数据。获取同行业或竞争对手的相应财务数据。

步骤二，进行比较。将公司数据与对比数据进行对比分析。

【例题 3-5】　甲公司 2023 年资产负债表的比率分析表如表 3-6 所示。

表 3-6　甲公司 2023 年资产负债表的比率分析表

公司	负债比率
甲公司	60%
行业平均	50%

要求：对甲公司负债比率与行业平均水平进行共比分析。

【解析】

共比分析结果：我们发现甲公司的负债比率高于行业平均水平，可能暗示甲公司相对于行业竞争对手更依赖债务。这可能增加公司的财务风险，需要进一步研究公司的财务政策和资本结构是否合理。

（二）资产负债表分析方法的选择

在进行资产负债表分析时，我们有多种方法可供选择，包括水平分析、垂直分析、比率分析、趋势分析及共比分析。这些方法各有侧重，可以根据具体情况进行灵活运用。

（1）我们通过水平分析，能够观察同一项目在不同时间点的变化趋势，揭示企业在不同经济周期下的资产和负债波动情况。

（2）垂直分析帮助我们理解各项财务数据在整体中的比重，有助于评估公司的资本结构和融资方式。

（3）比率分析提供了对财务数据更深层次的理解，但需要选择合适的比率进行分析，结合企业的行业和经营特点进行全面审视。

（4）趋势分析适用于对多个期间的财务数据进行比较，有助于识别长期发展趋势。

（5）共比分析将公司与同行业或竞争对手进行比较，有助于了解企业在行业中的相对表现。

需要根据企业的具体情况选择合适的分析方法，考虑行业特点、经济环境和企业目标，以确保深入挖掘财务数据，为决策提供更有针对性的支持。

第二节　资产负债表的基本结构及项目分析

一、资产负债表的基本结构

资产负债表是企业财务报告的核心，由资产、负债及所有者权益 2 个主要部分组成。这 2 个部分呈现了企业在特定时间点上的财务状况，为投资者、管理层和其他利益相关者提供了重要信息。

（一）资产部分

资产是企业拥有的具有经济价值的资源，可以分为流动资产和非流动资产。

流动资产是在 1 年内变现的资产，通常包括现金、应收账款、存货等，它们反映企业的短期偿付能力。

非流动资产是长期持有并非立即变现的资产,如固定资产、无形资产等。非流动资产反映企业的长期投资和价值。

(二)负债及所有者权益部分

负债及所有者权益部分展示了企业的资金来源,即它的债务和所有者投资。

负债是企业对外部债权人的借款和承诺,可以分为流动负债和非流动负债。流动负债通常需要在1年内偿还,而非流动负债是长期债务。

所有者权益又称净资产,是剩余资产扣除负债后归属于所有者的部分,它包括普通股、留存收益等。

(三)资产负债表的基本公式

资产负债表的基本公式如下:

$$资产=负债+所有者权益$$

该公式表明企业的资产是由债务和所有者投资共同支持的。我们通过基本公式,可以深入分析企业的财务结构和健康状况。

验证资产负债表的基本公式是财务分析中的一项关键步骤。验证资产负债表的重要性体现在以下几个方面:

(1)核实数据准确性。资产负债表是企业财务状况的快照,确保资产总额等于负债和所有者权益的总和是验证财务报告准确性的重要手段。如果基本公式不成立,可能暗示着财务报表中存在错误或遗漏。

(2)保持会计平衡。财务报表基于会计平衡原则,即企业在任何时点的资产都必须等于其负债和所有者权益的总和。验证基本公式有助于确保企业的会计平衡,维护了财务报告的完整性和可信度。

(3)防范欺诈行为。通过验证基本公式,可以发现潜在的财务欺诈行为。不合理的差异可能表明企业在报告资产、负债或所有者权益方面存在问题,进而引起审计人员或管理层的关注。

(4)提升财务透明度。验证基本公式有助于提升企业的财务透明度。对于投资者、分析师和其他利益相关者而言,能够确信资产负债表基本公式的成立,使其更有信心地进行投资决策。

(四)资产负债表基本结构分析的操作步骤

1. 分析资产部分

确保理解流动资产和非流动资产的概念,并明白它们对企业经营的重要性。

对各项流动资产和非流动资产进行详细分析,了解它们的具体构成和变动趋势,评估资产的质量、流动性及其产生的回报率。

2. 分析负债及所有者权益部分

理解流动负债、长期负债和所有者权益的不同,以及它们对企业财务状况的影响,包括分析负债的成本、偿还期限及其对企业财务稳定性的影响。

分析公司的融资结构,了解债务水平和所有者权益的关系。研究股东权益部分,如发行的股票类型、留存收益,以及这些权益如何影响企业的资本结构和整体价值。

3. 综合分析资产负债表

将资产和负债及所有者权益两部分综合分析,形成对企业整体财务状况的综合认识。比较不同期间的资产负债表,找出变化趋势,评估企业的财务健康度。

【例题 3-6】 甲公司 2023 年资产负债表(简表)如表 3-7 所示。

表 3-7　甲公司 2023 年资产负债表(简表)　　　　　　　　　单位:万元

项目	金额
资产	
流动资产	1 000
非流动资产	1 000
总资产	2 000
负债及所有者权益(或股东权益)	
流动负债	500
非流动负债	700
所有者权益	800
总负债及所有者权益(或股东权益)	2 000

要求:分析甲公司 2023 年的资产负债表。

【解析】

步骤一,计算总资产。总资产是流动资产和非流动资产之和。本例中,总资产为 2 000 万元(1 000+1 000)。

步骤二,计算总负债及所有者权益。总负债及所有者权益是流动负债、非流动负债和所有者权益的总和。本例中,总负债及所有者权益(或股东权益)为 2 000 万元(500+700+800)。

步骤三,验证基本公式。验证基本公式是否成立,即总资产是否等于总负债及所有者权益。本例中,总资产与总负债及所有者权益(或股东权益)相等。

通过以上验证过程,我们保证了企业的资产与其负债和所有者权益是相匹配的,进一步确保了财务报表的准确性和可靠性。验证资产负债表不仅是会计原则的要求,也是企业维护财务健康和透明度的基本要求。

二、资产部分项目分析

(一)流动资产项目分析

1. 货币资金

货币资金是指企业持有的现金、银行存款及其他可以迅速兑换为现金的金融资产,它主要用于日常经营和应对紧急需求。

1)形成方式

货币资金主要通过企业日常销售、借款、投资回流等方式积累形成。

2)分析方法

(1)监控银行账户余额,确保有足够的现金可供支付账单和应急支出。

(2)分析现金流量表,了解现金的流入和流出情况。

3)操作步骤

步骤一,定期对账,核对账户余额。

步骤二,确保资金储备能够覆盖一段时间的日常支出。

4)金额多或少的影响

(1)过多的货币资金可能导致资金闲置,降低了投资回报率。

(2)过少的货币资金可能导致企业无法及时应对紧急情况,增加了财务风险。

2. 交易性金融资产

交易性金融资产是指企业为短期内买卖或交易以获取收益而持有的金融资产,如股票、债券和货币市场工具等。

1)形成方式

交易性金融资产主要通过购买金融市场上的证券或其他可交易金融工具形成。

2)分析方法

(1)定期评估市场价值,了解投资的变动情况。

(2)分析投资组合,确保分散化和降低风险。

3)操作步骤

步骤一,监控市场动态,根据市场条件作出买卖决策。

步骤二,定期审查投资组合,进行资产配置。

4)金额多或少的影响

(1)交易性金融资产金额多可能反映市场价格波动对企业投资收益产生积极影响。

(2)交易性金融资产金额少可能反映市场价格波动对企业投资产生消极影响。

3. 应收票据

应收票据是指企业因销售商品或提供服务而应收的短期债务凭证,通常包括票据金额、到期日和付款计划。

1)形成方式

应收票据主要通过与客户签署票据或汇票形成。

2)分析方法

(1)审查票据金额和到期日,确保客户按时付款。

(2)分析客户信用状况,评估坏账风险。

3)操作步骤

步骤一,监控票据到期日,确保及时收回应收款项。

步骤二,根据客户信用评估结果,制定催收计划。

4)金额多或少的影响

(1)过多的应收票据可能表明存在大额应收款风险。

(2)过少的应收票据可能降低了流动性,导致资金不足。

4. 应收账款

应收账款是指企业因销售商品或提供服务而应收的短期应付款项,通常基于信用交易。

1)形成方式

应收账款主要通过销售产品或提供服务形成。

2) 分析方法

(1) 审查应收账款账龄,了解不同账期的金额。

(2) 分析客户信用条件,评估坏账风险。

3) 操作步骤

步骤一,监控应收账款的账龄,确保及时收款。

步骤二,根据客户信用评估结果,制定信用政策。

4) 金额多或少的影响

(1) 过多的应收账款可能表明客户信用管理不善。

(2) 过少的应收账款可能影响现金流,导致资金不足。

5. 其他应收款

其他应收款是指企业各种非经营性交易的应收、暂付款项,如借给员工或合作伙伴的款项、待收款项等。

1) 形成方式

其他应收款主要通过各种非经营性交易或事项形成。

2) 分析方法

(1) 审查应收款性质和期限,了解债务人的还款能力。

(2) 分析借款合同和待收款项的合法性。

3) 操作步骤

步骤一,维护详细的应收款记录,包括借款协议和还款计划。

步骤二,定期核对待收款项,追踪还款情况。

4) 金额多或少的影响

(1) 过多的其他应收款可能表明债务管理混乱,需要改进流程。

(2) 过少的其他应收款可能减少多元化资金来源。

6. 预付款项

预付款项是指企业提前支付供应商,以购买商品或服务的款项,通常与采购合同相关。

1) 形成方式

预付账款主要通过提前支付货款或服务费形成。

2) 分析方法

(1) 审查采购合同和付款计划,确保供应商交货。

(2) 分析采购需求,避免过度采购。

3) 操作步骤

步骤一,确保按照采购合同的要求支付预付款。

步骤二,监控供应商交货进度,确保按计划收货。

4) 金额多或少的影响

(1) 过多的预付款项可能表明存货积压,资金使用效率低。

(2) 过少的预付款项可能影响供应链的稳定性。

7. 存货

存货包括企业持有的原材料、在制品成品和数据资源,它主要用于销售或生产,是企业资产的重要组成部分。

1) 形成方式

存货主要通过采购原材料、生产制造或购买成品形成。

2) 分析方法

(1) 审查存货成本、周转率和存货质量。

(2) 分析销售计划,确保存货能够满足需求。

3) 操作步骤

步骤一,定期盘点存货,确保准确记录存货数量和价值。

步骤二,确保存货的储存条件和质量。

4) 金额多或少的影响

(1) 过多的存货可能导致库存积压,增加资金占用成本。

(2) 过少的存货可能影响生产计划,导致供应不足。

注意事项:

2023年8月1日,财政部专门针对数据资源的账务处理印发了《企业数据资源相关会计处理暂行规定》。该规定于2024年1月1日实施,内容上分为适用范围、数据资源会计处理适用的准则、列示和披露要求、附则4个部分,明确了可将符合条件的数据资源确认为企业"无形资产"或"存货",要求企业在资产负债表的"存货""无形资产""开发支出"项目下增设"数据资源"项目,并对数据资源的初始计量、后续计量、披露等作出了明确规定。

8. 合同资产

合同资产是指企业根据合同拥有的尚未履行的权益,如未完成的服务合同,通常以未执行的合同金额计量。

1) 形成方式

合同资产主要与客户签署的服务或产品交付合同形成。

2) 分析方法

(1) 审查合同条款,了解履约义务和相关风险。

(2) 分析合同的执行进度,评估预计履约成本。

3) 操作步骤

步骤一,监控合同执行情况,确保合规履约。

步骤二,根据合同执行情况调整预计收益和成本。

4) 金额多或少的影响

(1) 过多的合同资产可能表明未来履约压力大,需要注意合同执行能力。

(2) 过少的合同资产可能影响收入确认,导致企业业绩低于预期。

9. 持有待售资产

持有待售资产是指企业拥有的已被决定出售的资产,通常是因为企业决策或法律要求而出售。

1) 形成方式

持有待售资产主要通过决策出售某项资产形成,通常伴随着资产减值测试。

2) 分析方法

(1) 评估待售资产的估值和销售计划。

(2) 监控出售过程,确保合规和及时出售。

3）操作步骤

步骤一，制订出售计划，确定出售价格和条件。

步骤二，确保待售资产符合法律和会计要求。

4）金额多或少的影响

（1）出售持有待售资产可能影响企业财务表现，如影响企业的损益和现金流量。

（2）持有待售资产估值不准确可能导致资产减值损失。

10. 一年内到期的非流动资产

一年内到期的非流动资产是指在1年内需要变现的非流动资产部分，如长期债务的一部分在1年内到期。

1）形成方式

长期资产的一部分在1年内到期。

2）分析方法

（1）审查长期资产的偿还计划和财务状况。

（2）监控资产到期日，确保有足够的流动性来应对。

3）操作步骤

步骤一，制订偿还计划，确保按照计划偿还。

步骤二，确保长期资产的准确记录和估值。

4）金额多或少的影响

（1）短期偿债压力大可能表明短期流动性管理需注意。

（2）资产到期可能导致现金流出，需谨慎管理。

（二）非流动资产项目分析

1. 债权投资

债权投资是指企业购买债券等有价证券的行为，旨在获取固定的利息收益和在债券到期时获得本金回报。

1）形成方式

债权投资主要通过企业购买政府债券、公司债券或其他债务工具。

2）分析方法

评估债券的信用评级，利息率和到期日，以确定其风险和回报。

3）操作步骤

步骤一，了解债权发行方的信用状况和还款记录。

步骤二，跟踪市场利率变化，以确定债券价格的波动。

4）金额多或少的影响

（1）过多的债权投资可能导致过度暴露于特定债权。

（2）过少的债权投资可能降低投资组合的收益。

2. 其他债权投资

其他债权投资包括企业向借款方或借款组织提供资金，并收取利息作为回报。

1）形成方式

其他债权投资主要通过与其他企业或个人签订私人借款协议。

2）分析方法

评估借款方的信用状况、还款计划和担保措施。

3）操作步骤

步骤一，定期检查借款方的偿债能力。

步骤二，确保借款协议合法且有法律约束力。

4）金额多或少的影响

（1）过多的其他债权投资可能增加坏账损失的风险。

（2）过少的其他债权投资可能导致未充分利用资金。

3．长期应收款

长期应收款是指企业在 1 年以上的时间内预期收回的款项，通常与客户的信用销售相关。

1）形成方式

长期应收款主要通过信用销售、分期付款或长期客户协议形成。

2）分析方法

评估客户的信用状况，确定逾期付款的潜在风险。

3）操作步骤

步骤一，每月监测应收款项的变动情况。

步骤二，计提坏账准备以应对潜在的坏账风险。

4）金额多或少的影响

（1）过多的长期应收款可能表明过度信任客户。

（2）过少的长期应收款可能导致未充分收回应收款项。

4．长期股权投资

长期股权投资是指企业购买其他公司股权的行为，目的是获得对被投资公司的控制或重大影响。

1）形成方式

长期股权投资主要通过购买其他公司的普通股、优先股或投资协议形成。

2）分析方法

评估被投资公司的财务状况、管理团队和市场前景。

3）操作步骤

步骤一，定期审查被投资公司的财务报表。

步骤二，参与公司治理，以确保投资的最佳利益。

4）金额多或少的影响

（1）过多的长期股权投资可能导致公司权益过度集中。

（2）过少的长期股权投资可能失去对公司的控制。

5．其他权益工具投资

其他权益工具投资包括企业购买可转债、优先股或其他权益工具，目的是获取股息或资本回报。

1）形成方式

其他权益工具投资主要通过购买可转债、优先股或其他类似工具形成。

2）分析方法

评估工具的转换条件、分红政策和市场流动性。

3)操作步骤

步骤一,监测工具的市场价格和变动。

步骤二,确定最佳卖出时机,以获取最大回报。

4)金额多或少的影响

(1)过多的其他权益工具投资可能增加股权结构复杂性。

(2)过少的其他权益工具投资可能导致错失收益机会。

6. 投资性房地产

投资性房地产是指企业为获得租金收入或资本增值而持有的房地产资产。

1)形成方式

投资性房地产主要通过购买商业用途的房产或土地形成。

2)分析方法

评估地理位置、租金市场和资产价值。

3)操作步骤

步骤一,定期评估租赁合同和租金水平。

步骤二,确保房产的合法性和维护状况。

4)金额多或少的影响

(1)过多的投资性房地产可能导致资产过度集中。

(2)过少的投资性房地产可能影响资产回报。

7. 固定资产

固定资产是指企业持有并用于生产或提供服务的有形长期资产,如土地、建筑、机器设备等。

1)形成方式

固定资产主要通过购买、建造或租赁长期使用的资产而形成。

2)分析方法

使用折旧方法评估资产的净值和年度折旧费用。

3)操作步骤

步骤一,确定资产的原始成本和预计使用寿命。

步骤二,每年计算折旧费用并记录资产的净值。

4)金额多或少的影响

(1)过多的固定资产可能导致资金固化。

(2)过少的固定资产可能影响生产能力和质量。

8. 在建工程

在建工程是指尚未完成的项目,通常是固定资产或投资性房地产的一部分。

1)形成方式

在建工程主要通过投资或开发新项目而形成。

2)分析方法

评估工程进展、成本控制和预计完成时间。

3)操作步骤

步骤一,监控工程进度,确保按计划进行。

步骤二,控制工程成本,防止超支。
4) 金额多或少的影响
(1) 过多的在建工程可能导致资金过度占用。
(2) 过少的在建工程可能导致项目延误。

9. 使用权资产
使用权资产是指企业租赁的长期租赁资产,按新的租赁准则需要计入资产负债表。
1) 形成方式
使用权资产主要通过租赁协议形成,包括租赁土地、设备等。
2) 分析方法
评估租赁合同的租金支付和租赁期限。
3) 操作步骤
步骤一,计算租赁负债和租赁资产的价值。
步骤二,确定租赁负债的摊销计划。
4) 金额多或少的影响
(1) 过多的使用权资产可能导致高租赁负担。
(2) 过少的使用权资产可能影响租赁资产的合理使用。

10. 生产性生物资产
生产性生物资产包括用于农业生产的生物资产,如果树、农作物和牲畜等。
1) 形成方式
生产性生物资产主要通过购买、培育或养殖生物资产形成。
2) 分析方法
评估生物资产的生长、产量和市场价值。
3) 操作步骤
步骤一,监控生物资产的生长和健康状况。
步骤二,估算收获产量和市场价格。
4) 金额多或少的影响
(1) 过多的生产性生物资产可能导致管理难度增加。
(2) 过少的生产性生物资产可能影响生产产量。

11. 无形资产
无形资产是指无形的、非金钱的资产,如专利、商标、软件、数据资源等,用于创造价值。
1) 形成方式
无形资产主要通过购买、研发或并购形成。
2) 分析方法
评估资产的使用寿命、市场价值和技术先进性。
3) 操作步骤
步骤一,定期评估资产的技术水平和市场需求。
步骤二,记录资产的减值损失,如果需要。
4) 金额多或少的影响
(1) 过多的无形资产可能涉及高维护成本。

(2) 过少的无形资产可能导致未充分利用资产。

12. 开发支出
开发支出是企业用于研发新产品、新技术或其他资产的费用。
1) 形成方式
开发支出主要通过研发活动形成,如新产品开发、技术研究等。
2) 分析方法
评估开发项目的潜在回报、市场竞争性和技术可行性。
3) 操作步骤
步骤一,监控项目进展,确保按计划完成。
步骤二,评估项目的市场前景和潜在价值。
4) 金额多或少的影响
(1) 过多的开发支出可能导致高研发支出。
(2) 过少的开发支出可能影响企业创新能力。

13. 长期待摊费用
长期待摊费用是指需要在多个会计期间内逐渐摊销的费用,如广告费、租赁前期费用等。
1) 形成方式
长期待摊费用主要通过支付长期合同或前期费用而形成。
2) 分析方法
评估费用的摊销计划和相关合同。
3) 操作步骤
步骤一,确定费用的摊销方法和期限。
步骤二,监控摊销进度,记录相关费用。
4) 金额多或少的影响
(1) 过多的长期待摊费用可能影响当期利润。
(2) 过少的长期待摊费用可能导致资产负债表不准确。

14. 递延所得税资产
递延所得税资产是指由于税务利润和会计利润之间的差异而形成的资产,通常用于减少未来应纳税额。
1) 形成方式
递延所得税资产通常源于税收法规和会计准则的不同处理。
2) 分析方法
评估递延税资产的实现可能性,包括未来可抵扣的税额。
3) 操作步骤
步骤一,监控税法变化,确保资产的合法性。
步骤二,定期评估未来可抵扣的税额。
4) 金额多或少的影响
(1) 过多的递延所得税资产可能导致资产负债表过度激增。
(2) 过少的递延所得税资产可能影响税务优化。

三、负债及所有者权益部分项目分析

(一) 流动负债项目分析

1. 短期借款

短期借款是指企业为满足短期资金需求而从金融机构借入的资金,通常在1年内到期。短期借款通常用于应对季节性资金波动、购买原材料或支付短期支出。

1) 形成方式

短期借款主要通过企业与银行或金融机构签署借款协议形成,如约定借款金额、利率、还款期限等。

2) 分析方法

需要分析借款的利息成本、还款期限,以及与其他融资方式的比较,以确定最经济的融资选择。

3) 操作步骤

步骤一,评估资金需求,确定借款金额。

步骤二,比较不同借款方案的利率和还款条件。

步骤三,签署借款协议并按期还款。

4) 金额多或少的影响

(1) 过多的短期借款可能导致高额的利息支出,增加了财务风险。

(2) 过少的短期借款可能导致流动性问题,难以满足短期负债。

2. 交易性金融负债

交易性金融负债是指企业为了短期内出售而持有的金融工具,如股票、债券、外汇等。这些资产通常是为了追求短期的价值波动以获取资本收益而持有的。

1) 形成方式

交易性金融负债主要通过购买金融工具形成,这些工具通常具有高流动性。

2) 分析方法

需要关注市场价值波动、交易成本和相关风险,以评估投资决策。

3) 操作步骤

步骤一,监控市场价格变动,寻找投资机会。

步骤二,制定交易策略,包括买入和卖出时机。

步骤三,控制交易成本,如手续费和税务。

4) 金额多或少的影响

交易性金融负债可能带来市场价值波动的风险,不当的交易决策可能导致亏损。

3. 应付票据

应付票据是指企业根据购买商品或接受服务而产生的、承诺在一定期限内支付的票据。这种负债形式通常用于与供应商之间的短期交易。

1) 形成方式

在购买商品或接受服务后,企业签发或承兑票据,承诺在未来支付。

2) 分析方法

审查票据的金额、到期日和信用状况,以确保按时支付。

3）操作步骤

步骤一，记录票据的到期日和金额。

步骤二，确保及时支付，以维护供应链关系。

4）金额多或少的影响

（1）过多的应付票据可能增加短期负债，需要额外的资金来偿还。

（2）过少的应付票据可能表明供应链关系良好，但要确保按期支付。

4. 应付账款

应付账款是指企业因购买商品或接受服务而产生的应付款项，通常是基于信用交易，如采购原材料但尚未付款。

1）形成方式

应付账款主要通过企业的日常采购活动形成，通常有一定的信用期限。

2）分析方法

需要审查供应商账期和信用条件，以确定优化付款策略。

3）操作步骤

步骤一，确保及时支付应付账款，以维持供应链关系。

步骤二，分析供应商账期，寻找付款优化机会。

4）金额多或少的影响

（1）过多的应付账款可能导致供应商关系紧张。

（2）过少的应付账款可能表明资金使用不充分。

5. 预收款项

预收款项是指企业在提供商品或服务之前收到的款项。它代表了客户提前支付的预付款项。

1）形成方式

预收账款主要通过客户在订购商品或服务时支付预付款项形成。

2）分析方法

审查相关销售合同和交付义务，以确保合同履行。

3）操作步骤

步骤一，监控交付进度，确保按合同要求履行。

步骤二，根据合同要求确认收入。

4）金额多或少的影响

过多的预收款项可能表明强大的市场需求，但需关注交付能力和风险。

6. 其他应付款

其他应付款包括对供应商、合作伙伴、员工以外的其他个人或企业的应付款项，通常与非经营性交易或事项相关。

1）形成方式

其他应付款主要通过各种非经营性交易、协议或合同形成，如租赁合同、法律和合规事项等。

2）分析方法

需要审查这些应付款的性质和期限，以确定如何妥善管理。

3) 操作步骤

步骤一,维护详细的应付款记录,包括交易细节和期限。

步骤二,根据协议和合同要求,及时支付或处理应付款项。

4) 金额多或少的影响

(1) 过多的其他应付款可能表明管理不善,需要改进流程。

(2) 过少的其他应付款可能暗示非经营性交易有待处理。

7. 合同负债

合同负债是指企业根据合同约定承担的尚未履行的义务,如未完成的服务合同或未交付的商品。

1) 形成方式

合同负债主要通过与客户签订的合同形成,通常涉及提供一定期限内的服务或产品。

2) 分析方法

需要审查合同条款、履约义务和风险,以确保合同执行。

3) 操作步骤

步骤一,监控合同执行进度,确保按照合同约定履行义务。

步骤二,评估合同履约风险,制定应对策略。

4) 金额多或少的影响

过多的合同负债可能导致未来履约压力大,需要谨慎管理。

8. 应付职工薪酬

应付职工薪酬包括企业因员工提供劳务而产生的薪酬、奖金、福利等待支付的款项。它是与员工相关的负债。

1) 形成方式

应付职工薪酬主要在员工提供劳务后,根据雇佣合同和法规形成。

2) 分析方法

重要的是审查人力成本结构和支付能力,以确保员工得到合适的薪酬。

3) 操作步骤

步骤一,准确计算员工薪酬,包括基本工资、奖金和福利。

步骤二,确保及时支付员工薪酬,以避免劳资纠纷。

4) 金额多或少的影响

(1) 过多的应付职工薪酬可能表明人力成本高,需要优化。

(2) 过少的应付职工薪酬可能导致员工不满,影响生产力。

9. 应交税费

应交税费是指企业因经营活动产生的各种税费,如增值税、所得税等待缴纳的税费。

1) 形成方式

应交税费主要根据税务法规和企业盈利状况形成。

2) 分析方法

需要审查税务申报和缴纳情况,以确保合规。

3) 操作步骤

步骤一,确保遵守税法规定,按时申报和缴纳税费。

步骤二,预测未来税务负担,进行合理的税务规划。

4) 金额多或少的影响

(1) 过多的应交税费可能表明税务风险。

(2) 过少的应交税费可能暗示税收优惠或税收规划。

10. 一年内到期的非流动负债

一年内到期的非流动负债是指长期负债中的一部分,在1年内需要偿还的部分,如长期借款的一部分在1年内到期。

1) 形成方式

一年内到期的非流动负债主要通过长期负债中的部分债务到期形成。

2) 分析方法

需要审查长期负债的偿还计划和财务状况,以确保有足够的流动性来应对。

3) 操作步骤

步骤一,监控长期负债的偿还情况,确保按时偿还。

步骤二,规划资金,以确保有足够流动性来应对到期债务。

4) 金额多或少的影响

过多的1年内到期的非流动负债可能导致短期偿债压力,需要注意短期流动性管理。

(二) 非流动负债项目分析

1. 长期借款

长期借款是指企业为满足资金需求而从金融机构或其他借款人处借入的长期资金,通常在1年以上的时间内偿还。这些借款可以用于资本支出、扩张计划或其他长期项目。

1) 形成方式

长期借款主要通过与金融机构签署长期借款协议形成,协议应包括借款金额、利率、还款计划等条款。

2) 分析方法

分析长期借款的利率,评估还款计划对企业现金流的影响,以及了解借款用途。

3) 操作步骤

步骤一,定期审查借款协议,确保了解所有相关条件。

步骤二,监控还款计划,以确保按时支付本金和利息。

步骤三,评估借款是否被用于资本项目,以了解其对企业增长的影响。

4) 金额多或少的影响

(1) 过多的长期借款可能导致财务杠杆增加。

(2) 过多的债务偿还可能影响企业的现金流。

2. 应付债券

应付债券是企业发行的债务证券,承诺在未来支付利息和偿还本金。这些债券可以用于融资长期项目或重大投资。

1) 形成方式

应付债券主要通过企业在债券市场上发行债务证券而形成。债券发行包括设定债券的面值、利率、到期日等。

2) 分析方法

分析债券的利率,计算债券的现值,以确定其在财务报表上的价值。

3) 操作步骤

步骤一,定期审查应付债券协议,了解相关条款。

步骤二,监控债券到期和付息情况,确保按合同履约。

步骤三,评估债券的现值,以了解其当前价值。

4) 金额多或少的影响

(1) 过多的应付债券可能增加企业的利息负担。

(2) 过少的应付债券可能表明企业未充分利用融资工具。

3. 长期应付款

长期应付款是指企业因购买资产或服务而产生的长期待支付款项,通常不包括债务利息。这些款项可能涉及长期供应商付款、租赁合同等。

1) 形成方式

长期应付款主要通过签署购买或服务协议形成。协议包括待支付的金额、付款计划和相关条件。

2) 分析方法

审查合同的条款,评估付款计划对企业现金流的影响,以及了解款项的性质。

3) 操作步骤

步骤一,确保按照合同付款计划支付长期应付款。

步骤二,监控合同执行进度,确保交付和服务符合合同要求。

步骤三,了解不同供应商和合同的待支付金额。

4) 金额多或少的影响

(1) 过多的长期应付款可能导致现金流问题。

(2) 过少的长期应付款可能影响供应链关系。

4. 预计负债

预计负债是指企业为满足未来义务而承担的、金额不确定的负债,通常涉及法律或合同义务,包括潜在的诉讼、保修责任、法规要求等。

1) 形成方式

预计负债主要通过法律诉讼、法规要求或合同义务形成,通常在发生事件后确认。

2) 分析方法

评估负债的概率、金额估计、法律责任等。

3) 操作步骤

步骤一,根据法律、法规和合同的发展,及时调整预计负债的金额。

步骤二,监控法律诉讼和法规变化,以了解潜在风险。

4) 金额多或少的影响

预计负债金额的变化可能会显著影响企业的财务状况和盈余。

5. 递延收益

递延收益是指企业因预收款项而产生的负债,待相关收入确认时会转化为收入。它通常涉及提前收取客户款项,但尚未交付产品或提供服务。

1) 形成方式

递延收益主要通过提前收取客户款项形成,直到相应的收入被确认之前都会存在。

2) 分析方法

审查预付款项的金额、交付义务和收入确认时间。

3) 操作步骤

步骤一,确保在交付商品或服务后按照合同条件确认收入。

步骤二,监控递延收益的变动,以了解业务发展的影响。

4) 金额多或少的影响

递延收益的增加可能表明提前收款较多,但需要关注与之相关的履约和交付。

6. 递延所得税负债

递延所得税负债是企业因税务计算上的暂时性差异而需要在未来缴纳的所得税。

1) 形成方式

递延所得税负债主要是因会计和税务规则之间的差异形成,包括折旧、摊销、税收减免等。

2) 分析方法

审查递延所得税负债的金额、税率、暂时性差异和预计偿还时间。

3) 操作步骤

步骤一,确保按照税法规定在未来缴纳递延所得税。

步骤二,监控税法变化,以了解其对递延所得税负债的影响。

4) 金额多或少的影响

递延所得税负债的增加可能影响企业未来的现金流,税法变化也可能对企业产生影响。

(三) 所有者权益项目分析

1. 实收资本

实收资本是股东实际投入的资金,是企业的净资产部分,用于支持企业的经营和发展。它是股东在企业中的所有权。

1) 形成方式

实收资本通常通过发行股票或股权融资形成,投资者购买股票或认购股权时将资金注入企业。

2) 分析方法

(1) 查看企业的注册文件和章程,以了解注册资本的数额和股东的权益比例。

(2) 考虑股东权益的结构,包括不同股东类别的权益。

3) 操作步骤

步骤一,验证实收资本的数额是否与注册文件一致。

步骤二,分析股权结构,了解不同股东类别的投资份额。

4) 金额多或少的影响

实收资本的增加可以提高企业的资金实力,有助于扩大业务,但也可能导致股东权益分散,过多可能表明企业未充分利用资本。

2. 资本公积

资本公积是超过股票面值的投资金额,通常用于处理特殊资本事项,如股权分置改革、资本金实缴等。

1) 形成方式

资本公积通常通过公司的资本调整、资本金实缴或股本合并等活动形成。

2）分析方法

(1) 查看公司的财务报表和附注,以了解资本公积的来源和用途。

(2) 考虑公司是否有特殊资本事项需要处理。

3）操作步骤

步骤一,确认资本公积的变动是否符合相关法规和会计准则。

步骤二,跟踪公司的资本金实缴情况,以了解其对资本公积的影响。

4）金额多或少的影响

资本公积的增加可以提供额外的资本用于特殊事项,但过多可能需要审查公司的资本调整计划。

3. 其他综合收益

其他综合收益是不包括在当期损益中的各种收益和损失,如外币兑换差异、可供出售金融资产公允价值变动等。它反映了公司在特定会计期间内的非经常性影响。

1）形成方式

其他综合收益主要通过会计准则要求或公司投资决策形成。它通常涉及会计估计、公允价值变动和外部市场因素。

2）分析方法

(1) 分析公司的财务报表附注,以了解其他综合收益的各种来源。

(2) 研究外部市场和汇率变动对其他综合收益的影响。

3）操作步骤

步骤一,细化各项其他综合收益的变动,了解其具体来源和影响因素。

步骤二,考虑其他综合收益对公司的整体财务状况和股东权益的影响。

4）金额多或少的影响

其他综合收益的波动可能会引起股东关注,需要详细解释和沟通。

4. 专项储备

专项储备是为应对特定风险或义务而设立的资金,通常是根据法律或合同要求设立的。它反映了公司的风险管理和合规性。

1）形成方式

专项储备通常是由于法规、合同或内部决策而设立的,公司需要根据规定将一部分利润划拨至专项储备。

2）分析方法

(1) 审查公司的专项储备情况,了解其设立目的和资金来源。

(2) 研究法律法规和合同要求,以了解专项储备的合规性。

3）操作步骤

步骤一,确保公司遵守法规和合同要求,将应划拨的金额存入专项储备。

步骤二,监控专项储备的使用情况,确保用于其指定目的。

4）金额多或少的影响

专项储备的增加可能表明公司对未来风险有预见性,但过多可能减少可分配利润。

5. 盈余公积

盈余公积是公司留存盈余的一部分,通常用于分配红利或弥补亏损。它反映了公司的分红政策和利润分配情况。

1）形成方式

盈余公积主要通过公司留存盈余形成,通常根据公司的盈余政策确定。

2）分析方法

(1) 审查公司的盈余公积账户,了解其历史累积和用途计划。

(2) 分析公司的分红政策和历史分红情况。

3）操作步骤

步骤一,确保公司的盈余政策符合法规和股东要求。

步骤二,考虑盈余公积的历史变动,以了解公司的盈利能力和分红政策。

4）金额多或少的影响

盈余公积的积累可以用于分配红利或应对亏损,但过多可能减少可用于投资的资金。

6. 未分配利润

未分配利润是公司历年盈余中尚未分配给股东的部分,通常用于未来投资或分配红利。它反映了公司的留存盈余政策和未来利润分配计划。

1）形成方式

未分配利润主要通过公司年度盈余累积形成,通常是由于公司选择留存盈余以支持未来发展。

2）分析方法

(1) 审查公司的未分配利润账户,了解其历史累积和用途计划。

(2) 分析公司的留存盈余政策和历史分配计划。

3）操作步骤

步骤一,分析未分配利润的历史变动,了解公司的盈利能力和资本管理。

步骤二,考虑未分配利润的用途计划,如分配红利或用于未来投资。

4）金额多或少的影响

未分配利润的积累可用于支持未来的扩张计划或分配股东,但过多可能表明公司未充分利用盈利机会。

第三节 大数据在资产负债表分析中的应用

一、大数据在资产负债表分析中的作用

大数据技术作为资产负债表分析的关键工具,在实际运用中充当了多重角色。大数据技术在资产负债表分析中主要有以下几个作用。

1. 数据整合和实时更新

大数据技术允许企业从多个数据源收集大量财务数据,包括各个业务单元和交易平台,使企业能够实时更新资产负债表数据,确保决策者获取最新的信息。

2. 多维度分析和预测模拟

大数据技术使得多维度的资产负债表分析成为可能。通过考虑地区、产品线等维度,企

业可以更全面地了解财务状况。同时,大数据技术支持建立模型对未来进行预测和模拟,帮助企业调整经营策略。

3. 异常监测和风险管理

大数据技术的运用使企业能够及时发现资产负债表中的异常情况,并进行风险管理。通过监测资产负债表中各项指标的波动,企业可以更好地预测潜在的风险因素。

二、大数据在资产负债表分析中的应用案例

(一)资产负债表数据收集

获取资产负债表的方式通常包括访问公司的财务报告、公开透明的财务信息,或与公司相关方交流。以下是一些常见的获取资产负债表的方式。

1. 公司官方网站

许多上市公司都会在其官方网站上发布财务报告,包括资产负债表。通常,这些报告可以在公司的投资者关系部分找到。在公司的官方网站上,你可以找到最新的年度报告、季度报告或其他财务文件。贵州茅台酒股份有限公司的官网年报如图 3-1 所示。

图 3-1 贵州茅台酒股份有限公司的官网年报

2. 证券交易所网站

资产负债表等财务信息通常可以在相关证券交易所的网站上找到。例如,美国的投资者可以在美国证券交易委员会(SEC)的网站上获取上市公司的财务报告。我国的投资者可以在上海证券交易所或深圳证券交易所的网站上找到上市公司的财务报告。上海证券交易所上市公司财报截图如图 3-2 所示。

3. 财务数据供应商

一些专业的财务数据供应商,如财务数据终端(如 Bloomberg Reuters)或财务网站(如 Yahoo Finance、Google Finance)、财务分析软件(如东方财富、同花顺、Morningstar、Wind)等也提供公司的财务信息,包括资产负债表。这些数据供应商通常会整理和展示公司的财

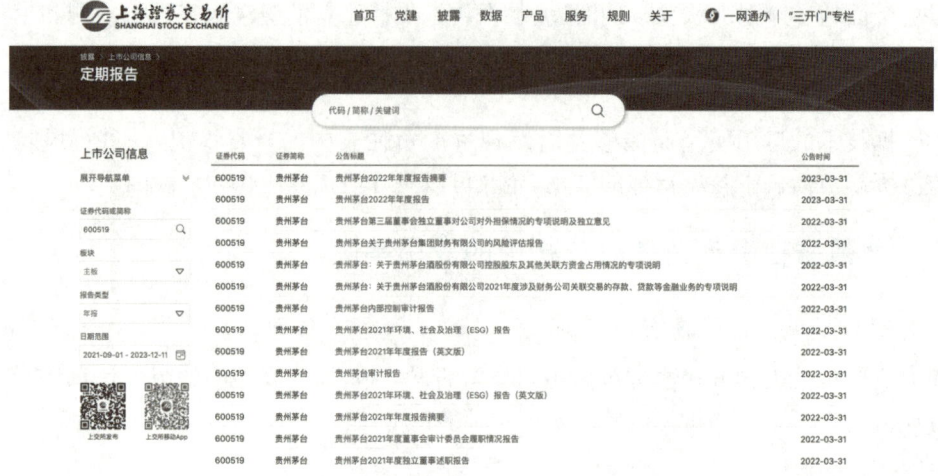

图 3-2 上海证券交易所上市公司财报截图

务数据,方便用户查询和分析。

以下以从同花顺数据库获取贵州茅台酒股份有限公司(以下简称贵州茅台)的数据为例,介绍 A 股上市公司财务报表数据的获取。在完成本任务时,同学们可以尝试获取与贵州茅台同行业的 A 股上市公司的财务报表数据。具体操作步骤如下:

步骤一,下载同花顺软件,登录同花顺,在搜索栏里,搜索"贵州茅台",并点击"个股资料"。同花顺平台贵州茅台个股资料如图 3-3 所示。

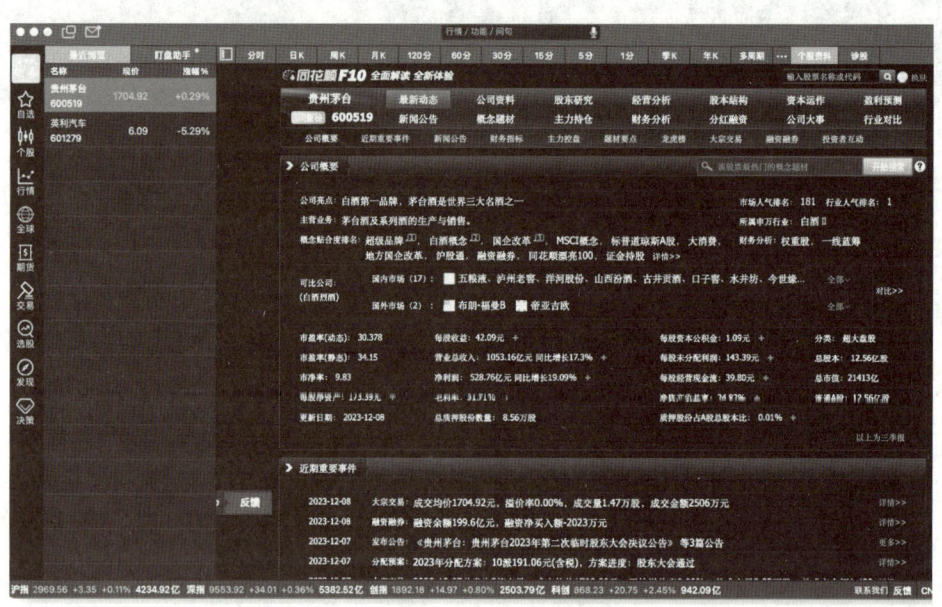

图 3-3 同花顺平台贵州茅台个股资料

步骤二,点击"财务分析",选择"财务指标",选择"资产负债表"的"按年度",点击"导出"按钮,就可以导出历年贵州茅台的资产负债表数据。同花顺平台贵州茅台的资产负债表数据如图 3-4 所示。

项目三　资产负债表分析

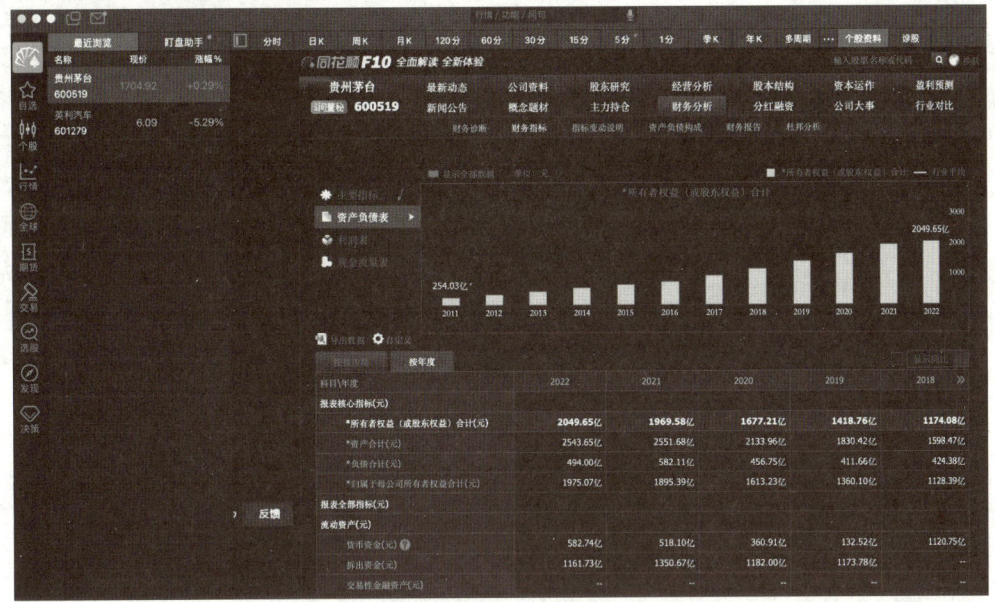

图3-4　同花顺平台贵州茅台的资产负债表数据

4. 网络爬虫

以下以通过网络爬虫程序从上海证券交易所 XBRL 数据（http://listxbrl.sse.com.cn）获取贵州茅台的数据为例，介绍 A 股上市公司财务报表数据的获取。在完成本任务时，同学们可以尝试获取贵州茅台同行业的 A 股上市公司的财务报表数据。具体操作步骤如下：

步骤一，打开中联教育财务数据分析课程教学平台中的 Jupyter Notebook 工具，点击"file"，进行新建，在[1]中输入代码。爬虫代码如图3-5所示。

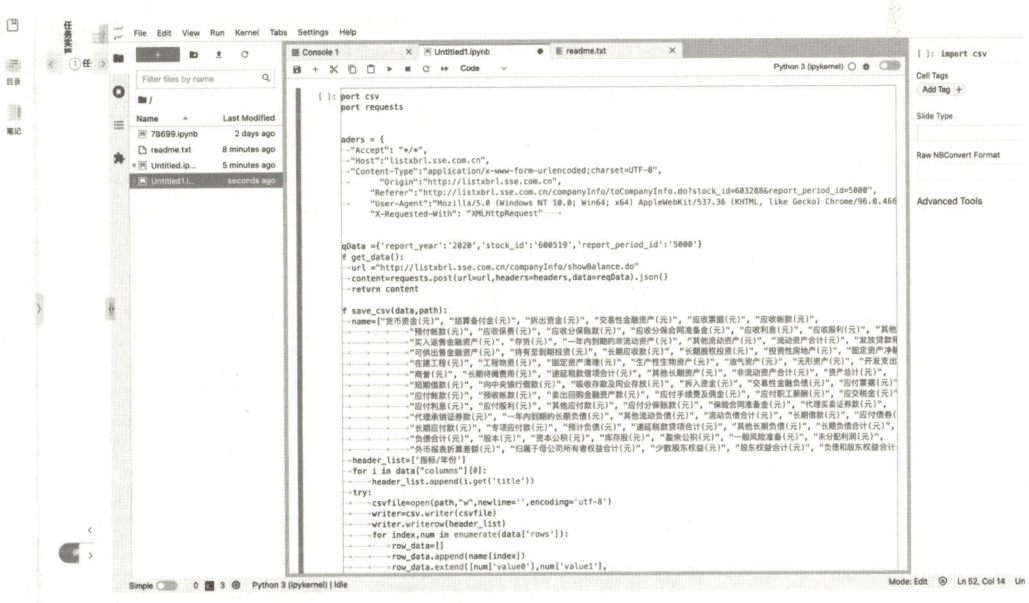

图3-5　爬虫代码图

85

步骤二,点击"运行",屏幕中会输出爬取完成,再次点击"运行",左侧栏会显示贵州茅台的资产负债表选项,点击之后会显示贵州茅台的资产负债表。运行爬虫代码后显示的资产负债表如图 3-6 所示。

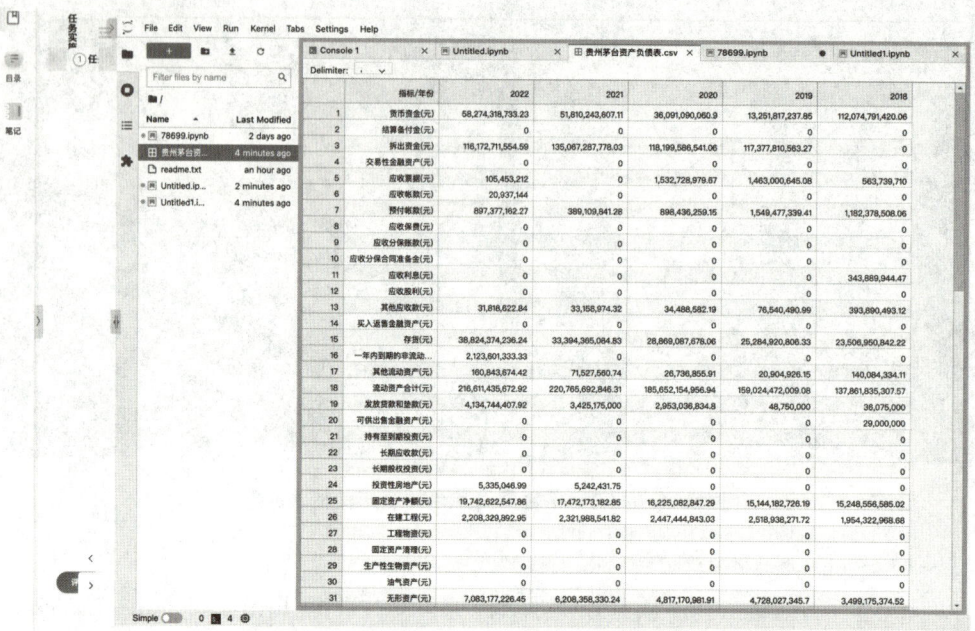

图 3-6　运行爬虫代码后显示的资产负债表

步骤三,点击"贵州茅台资产负债表",找到"Download"选项,点击该选项即可把贵州茅台的资产负债表下载到本地,可以将其用 WPS 打开。下载资产负债表如图 3-7 所示。

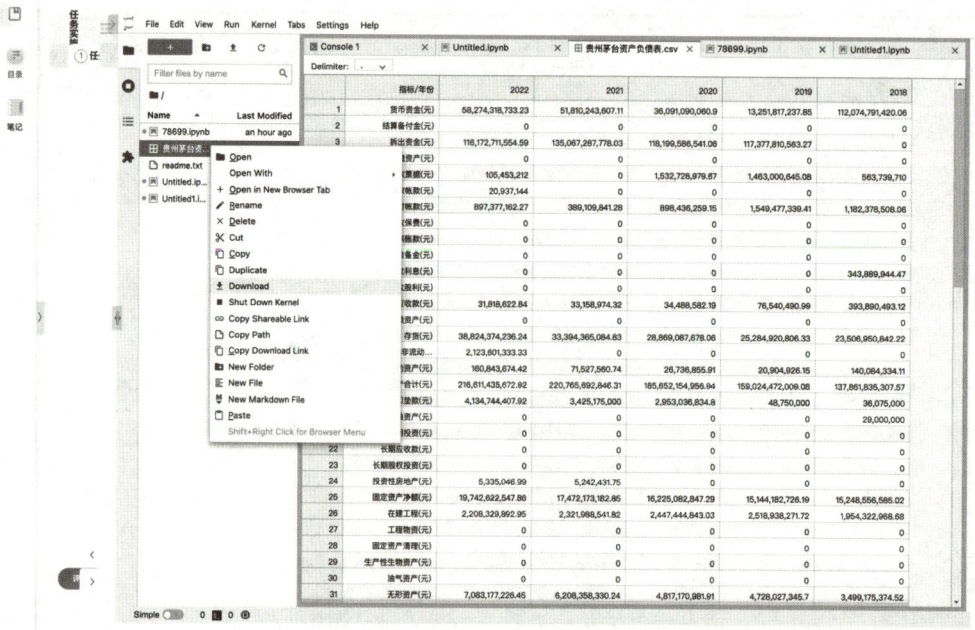

图 3-7　下载资产负债表

注意事项：获取资产负债表时，应使用可信赖的来源，并理解财务报表的背景和会计政策，以确保正确理解公司的财务状况。

（二）资产负债表数据预处理

对收集的资产负债表进行数据预处理是财务分析中的重要一步，它涉及清理、整理等操作。

1. 数据清理

从公司官方网站、财经新闻网站或财务数据供应商下载资产负债表文件。通常，这些文件以 PDF、Excel 或其他格式提供。将下载的文件转换为可操作的数据格式。如果是 PDF 文件，需要使用 PDF 转换工具将其转换为 Excel 或 CSV 格式。在此过程中，确保不会丢失关键数据。具体步骤如下：

步骤一，打开 PDF 转 Excel 工具，选择下载的 PDF 文件。PDF 转 Excel 操作图如图 3-8 所示。

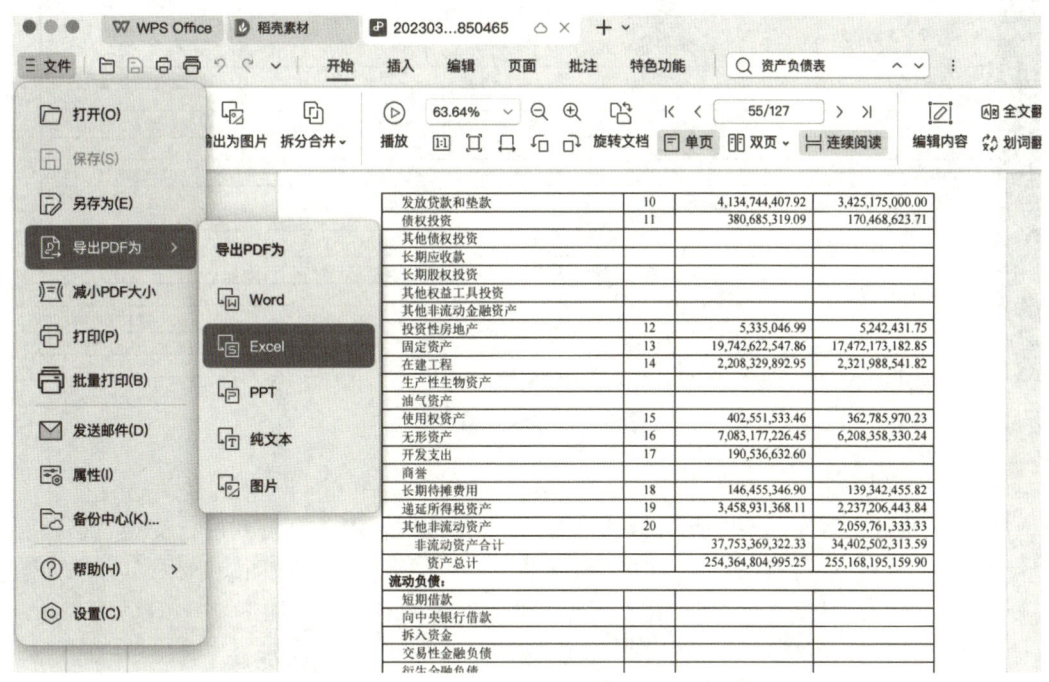

图 3-8　PDF 转 Excel 操作图

步骤二，检查转换后的 Excel 文件，确保表格结构和数字的准确性。

步骤三，删除多余的空白行和列，以确保数据整齐。

2. 数据整理

打开数据文件后，查看并整理表格，确保数据的结构正确。删除不必要的标题、注释或其他非数据元素，只包含核心的资产负债表信息。具体步骤如下：

步骤一，删除文档中的非数据元素，如公司标志、报告日期等。图 3-9 中的选中部分都可以删除。删除表格内容如图 3-9 所示。

步骤二，重新整理表格，使其结构清晰，方便后续的数据分析。

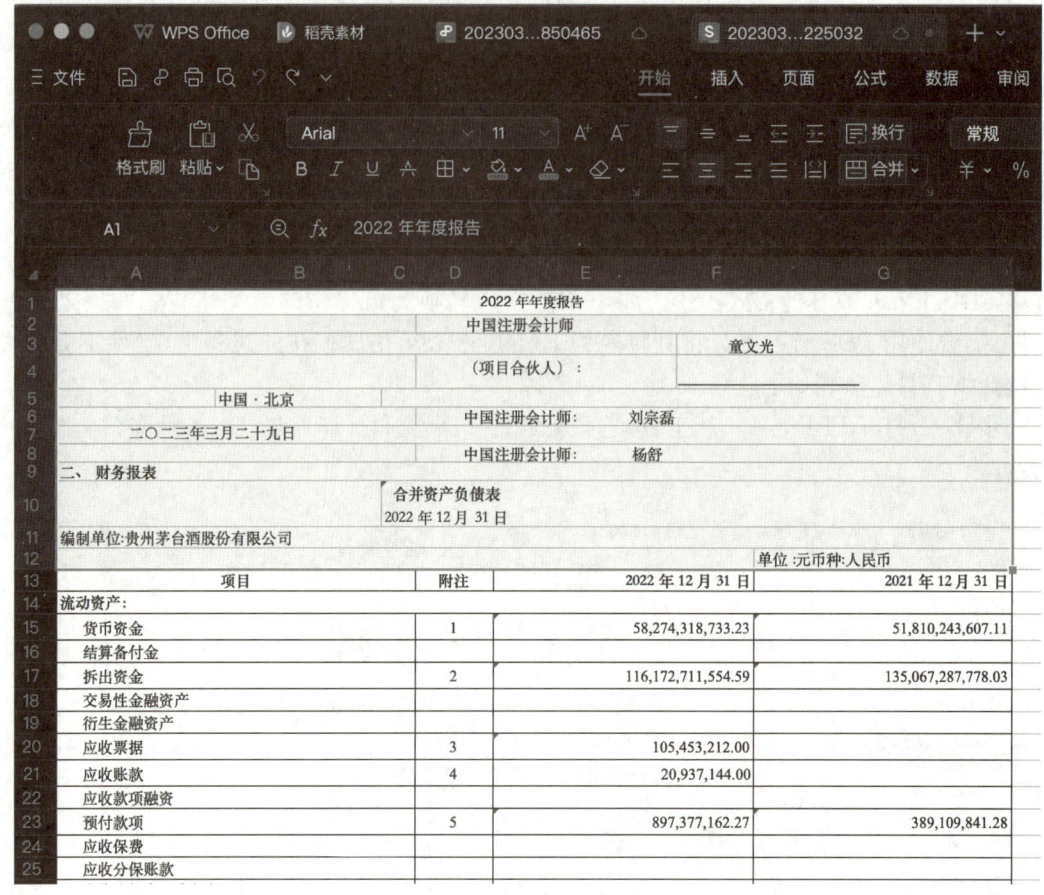

图 3-9　删除表格内容

3. 数据转置

如果原始数据的布局不方便分析，可能需要进行数据转置。将行列进行交换，确保每一列代表一个项目，每一行代表一个年度，这有助于后续的数据分析和图表制作。以下以康佳医疗为例，介绍数据转置的处理。在 Excel 中数据转置的具体步骤如下：

步骤一，选择数据区域，复制数据。选择区域复制如图 3-10 所示。

步骤二，选择新的工作表位置，点击"转置选项"，点击"确定"，进行数据转置。Excel 转置如图 3-11 所示，转置后数据如图 3-12 所示。

4. 缺失值处理

检查表格中是否存在缺失值。有时，某些年份或项目可能没有数据，可根据业务背景使用合适的填充方法。对于资产负债表来说，数据是公开且确定的数据，而且一般需要进行行业对比，因此我们在处理数据时最好是把缺失值用 0 来替换。可以使用 Excel 的筛选功能或数据透视表查找缺失值，也可以用 Wyn 平台进行缺失值处理，具体步骤如下：

步骤一，创建数据源，上传"康佳医疗资产负债表 2020.xlsx"数据源到数据平台，点击"下一步"，直至创建成功。创建数据源如图 3-13 所示。

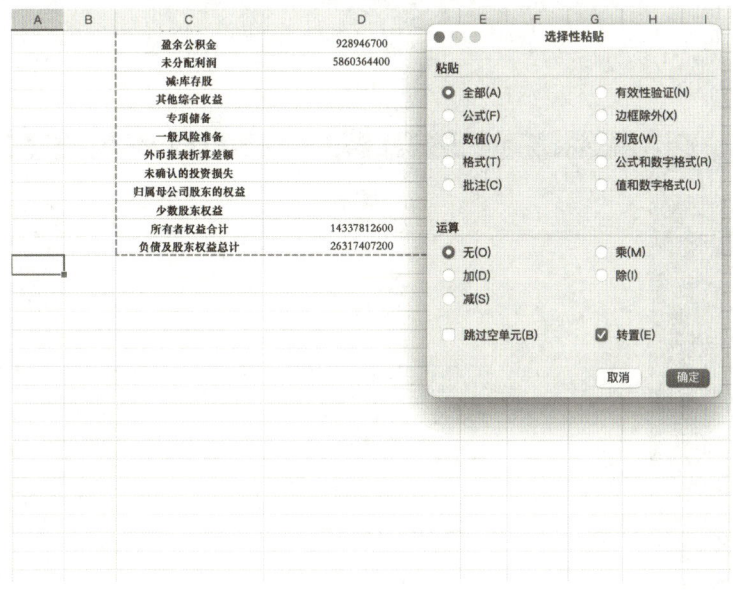

图 3-10　选择区域复制

图 3-11　Excel 转置

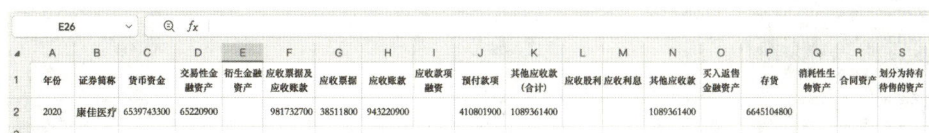

图 3-12　转置后数据

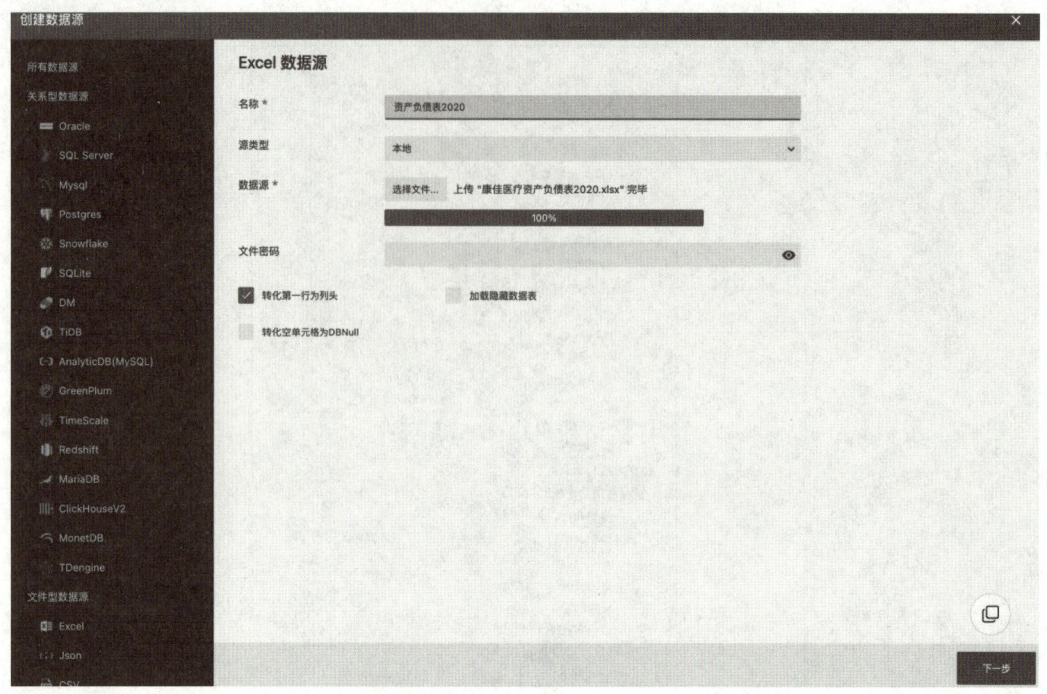

图 3-13　创建数据源

步骤二，点击"仪表板"—"准备数据"，选择"缓存数据集"，点击"创建"。进入数据集设计器。把"资产负债表 2020"从数据源和数据集列表中找出，并将其拖拽到面板中。数据集设计器如图 3-14 所示。

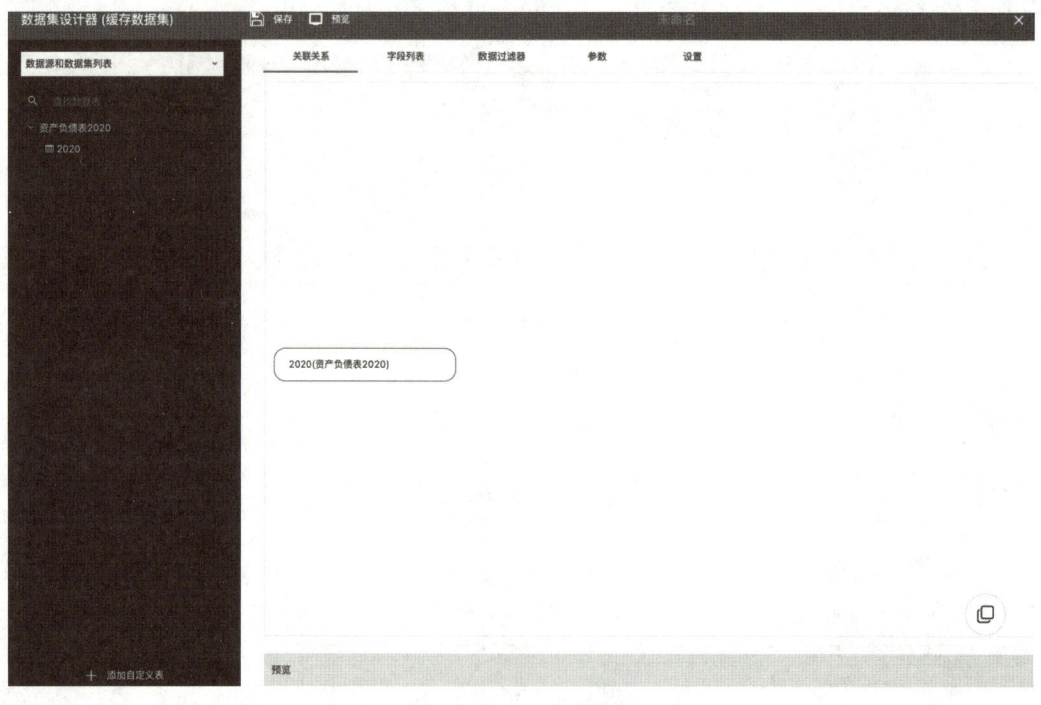

图 3-14　数据集设计器

步骤三,进行空白字段替换。"资产负债表2020"的衍生金融资产是空白,因此以衍生金融资产为例,进行空白字段替换。点击右边的"更多",找到"添加计算字段",输入"IIF(IsDBNull([衍生金融资产])or len([衍生金融资产])＝0 or len([衍生金融资产])＝1,0,[衍生金融资产])",字段名称改为"资产项衍生金融资产",字段类型改为"数字"。点击"更多"之后的界面如图3-15所示,添加计算字段界面如图3-16所示。

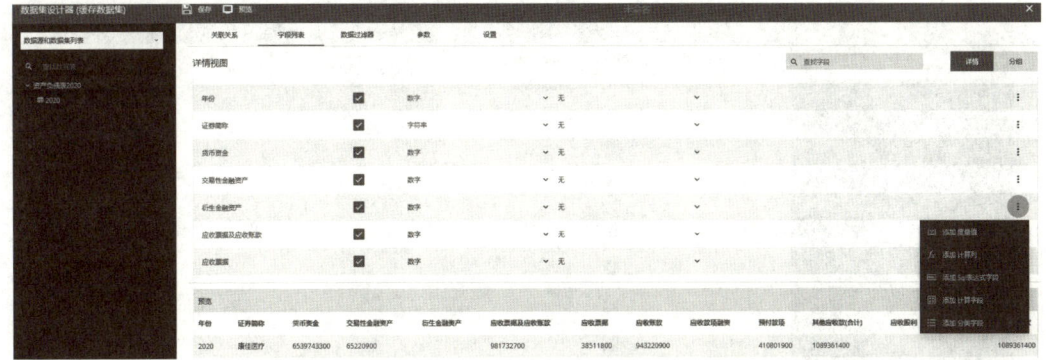

图 3-15　点击"更多"之后的界面

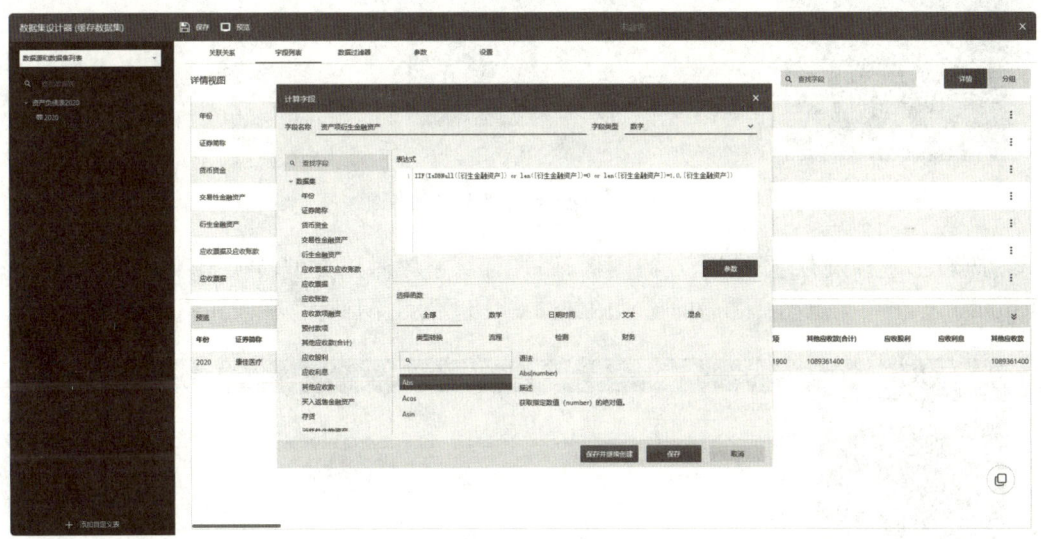

图 3-16　添加计算字段界面

步骤四,点击"保存",重新预览后,就可看到资产项衍生金融资产列,此时可把原来有空缺的列删掉。

5. 单位一致性

确保表中的数据单位一致。有时,不同年份或不同公司的数据可能使用不同的计量单位。如果有需要,可以进行单位调整,以确保数据的可比性。具体步骤如下:

步骤一,可添加单位说明,确保所有用户理解数据的度量单位。

步骤二,如有必要,进行单位转换,以便后续分析时的一致性。

6. 数据类型转换

某些软件可能将数字格式错误地识别为文本。应确保数值数据被正确识别为数字类型，以便进行数学运算。具体步骤如下：

步骤一，点击字段列表里的"目标类型"，找到"数字"，确保数值数据被正确识别为数字类型。目标类型里的数字键如图 3-17 所示。

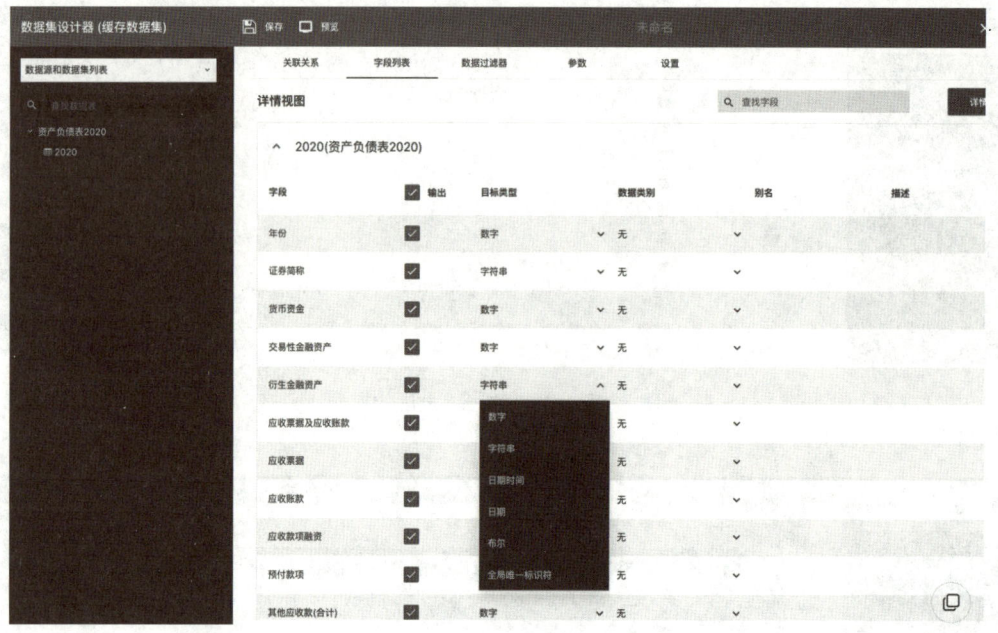

图 3-17　目标类型里的数字键

步骤二，选择最右边的三个点的图标，添加计算字段时用类型转换函数处理，即 CChar(value)。点击三个点图标之后的显示图如图 3-18 所示，添加计算字段如图 3-19 所示。

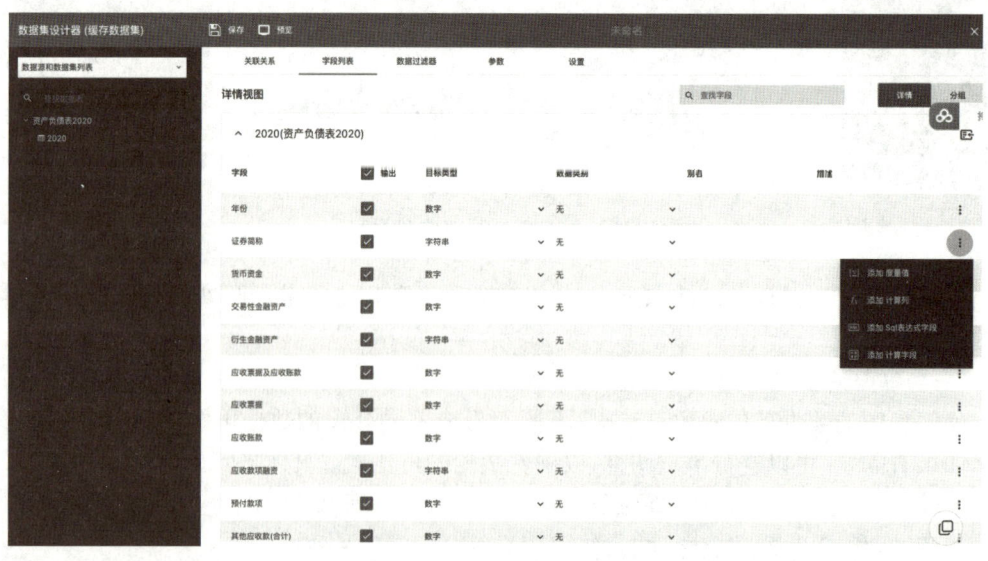

图 3-18　点击三个点图标之后的显示图

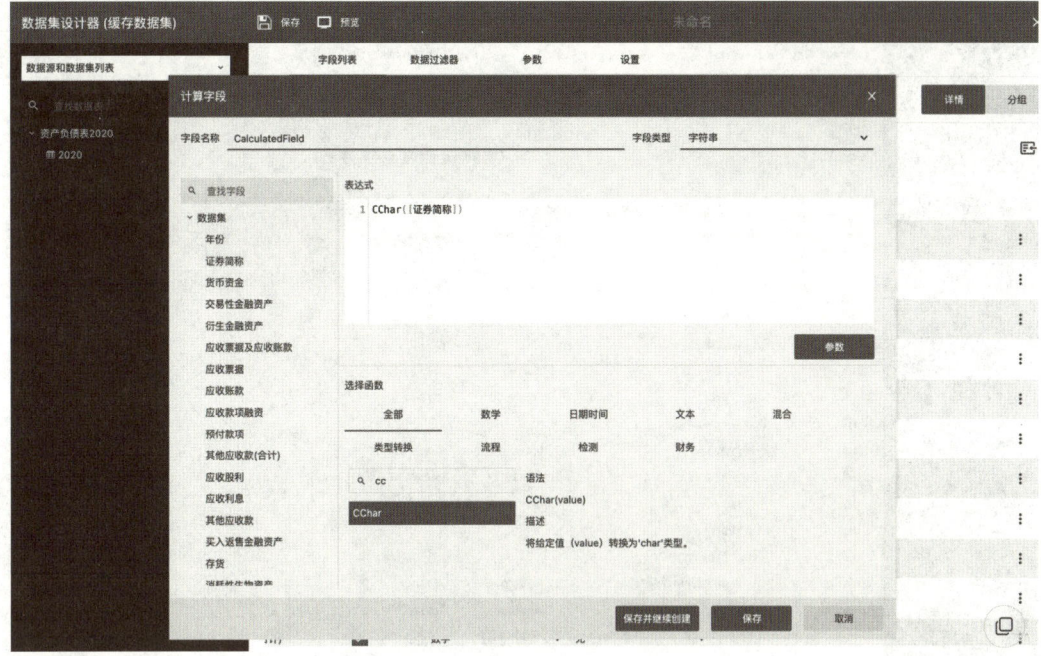

图 3-19　添加计算字段

7. 审查和验证

仔细审查处理后的数据,并与原始资产负债表进行对比,确保每步骤的操作都准确无误。对比有助于发现潜在的错误或数据不一致性,确保没有遗漏。

通过以上步骤,我们可以确保对从网站上下载的资产负债表进行系统、准确地数据处理,有助于培养财会专业学生在实际工作中熟练运用数据处理工具,进行有效的财务分析。

（三）数据可视化

以下以康佳医疗 2018—2020 年资产负债表为例,结合康佳医疗财务报表的相关信息,对其财务状况情况进行分析和评价。

1. 资产负债表水平分析

1）计算差额、变动率及差额对资产总额的影响

步骤一,根据康佳医疗 2019—2020 年的资产负债表数据,将其在 Wyn 大数据分析平台转化成资产负债表水平分析。资产负债表水平分析如图 3-20 所示。

步骤二,计算差额和变动率。比较每个项目在不同年度的数值,分别计算差额和变动率。差额的计算公式为"差额＝期末余额－上年年末余额",变动率的计算公式为"变动率＝差额÷上年年末余额"。差额计算函数如图 3-21 所示,变动率计算函数如图 3-22 所示。

步骤三,计算 2020 年各资产负债表项目变动的差额对上年年末资产总额的影响,计算公式为"差额对资产总额的影响＝差额÷上年年末资产总额"。差额对资产总额的影响函数如图 3-23 所示。

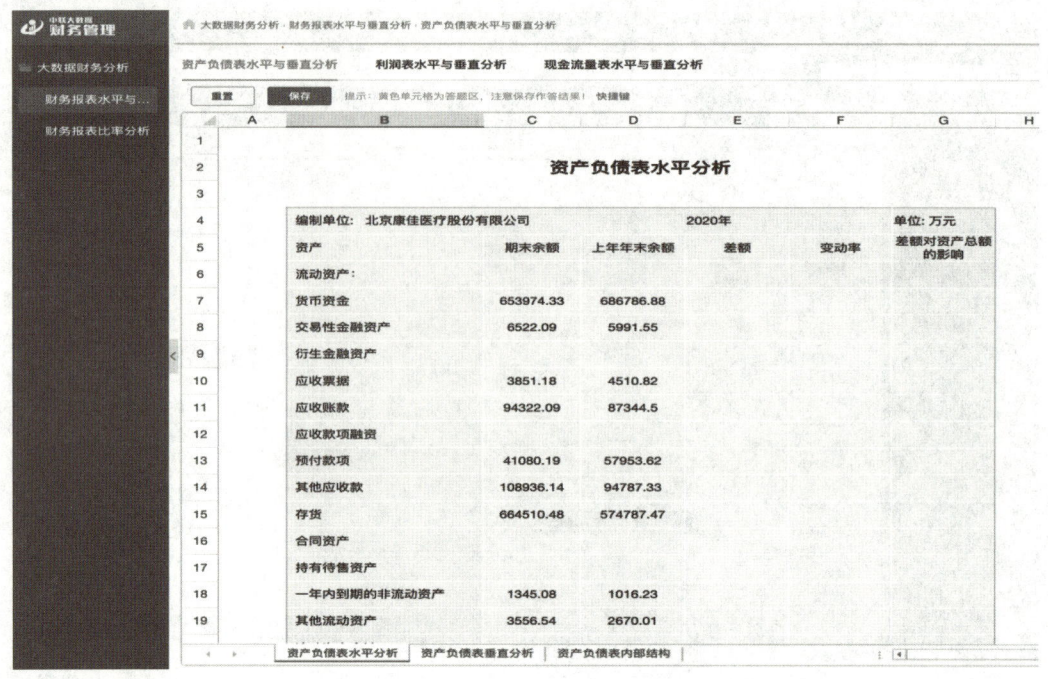

图 3-20 资产负债表水平分析

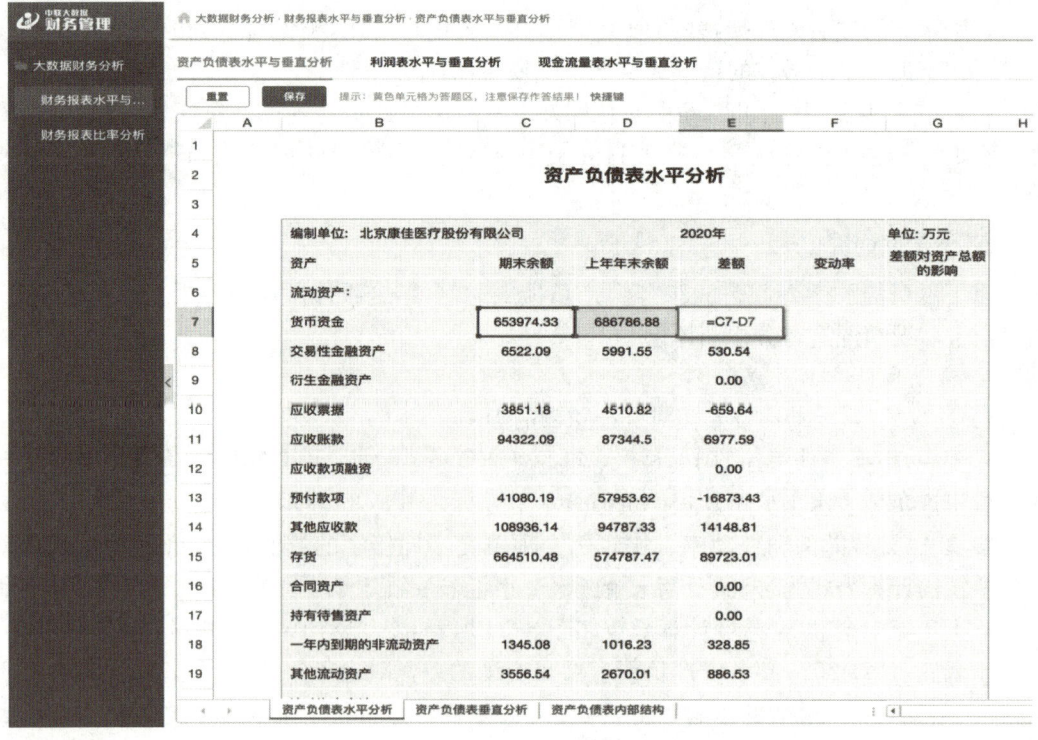

图 3-21 差额计算函数

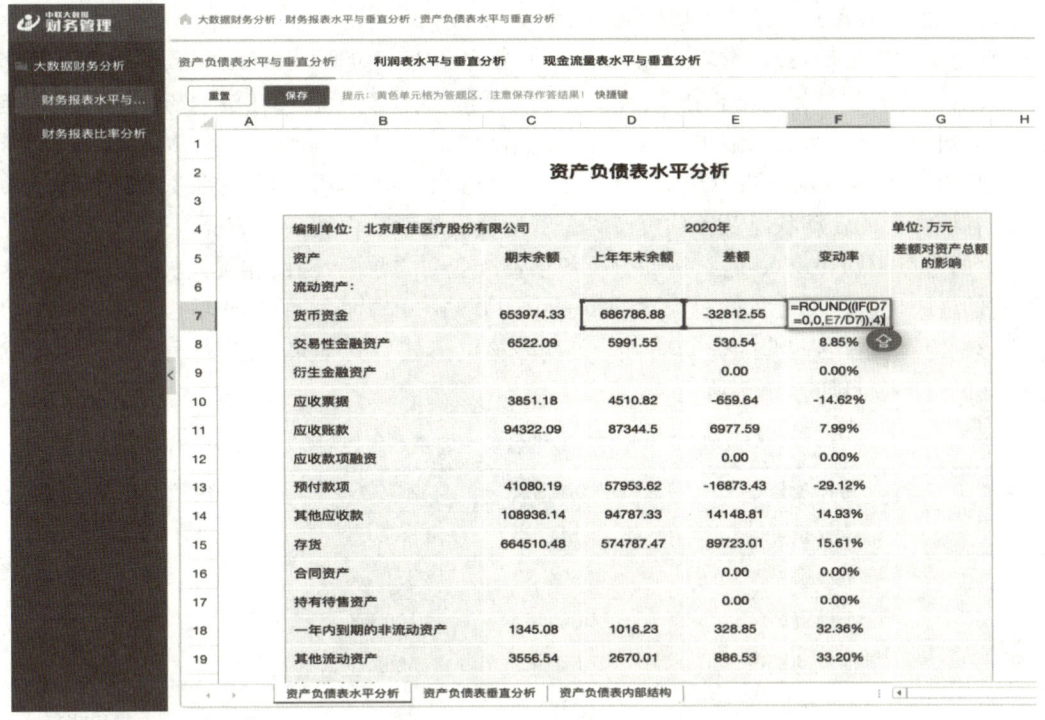

图 3-22　变动率计算函数

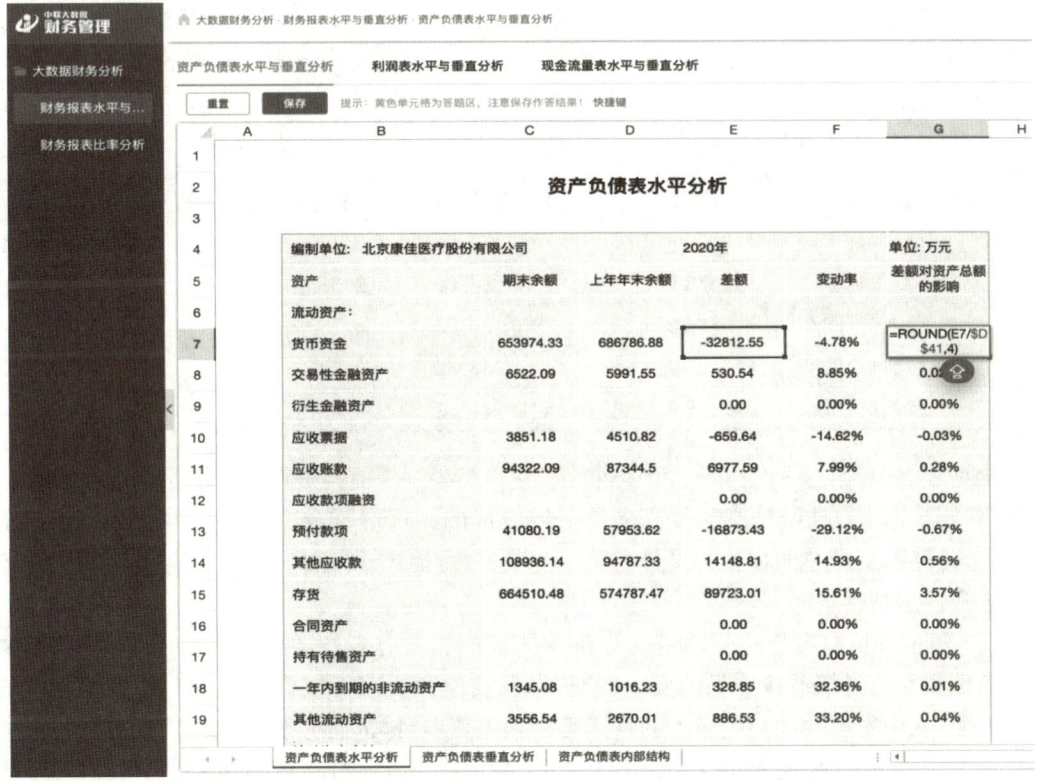

图 3-23　差额对资产总额的影响函数

2) 资产负债表资产和资本规模变动分析

通过变动率分析,我们发现康佳医疗 2020 年总资产与 2019 年相比增长了 4.7%,而总负债和总所有者权益分别增长了 2.22% 和 2.48%。这反映了公司在资产扩张方面的稳健表现,同时负债和所有者权益也得到了相应的增长。

(1) 资产规模变动分析。从资产规模角度进行水平分析,主要考虑总资产规模的变动状况、各项资产的变动状况及各项资产对总资产规模的影响程度 3 个方面,从中发现变动幅度较大的重点类别和重点项目,进而分析各项资产变动的原因,辅助相关人员作出决策。因此,我们将康佳医疗资产负债表水平分析表中的变动率排名前 5 的资产项目和差额对资产总额影响绝对值排名前 5 的资产项目分别用表格的形式罗列下来,并进行分析。变动率排名前 5 的资产项目如表 3-8 所示。

表 3-8 变动率排名前 5 的资产项目   单位:万元

序号	资产项目	期初数	期末数	变动额	变动率
1	债权投资	3 144.02	4 889.00	1 744.98	55.50%
2	投资性房地产	12 604.80	18 371.84	5 767.04	45.75%
3	无形资产	26 860.64	39 109.56	12 248.92	45.60%
4	其他流动资产	2 670.01	3 556.54	886.53	33.20%
5	一年内到期的非流动资产	1 016.23	1 345.08	328.85	32.36%

从康佳医疗的资产项目变动率来看,债权投资、投资性房地产、无形资产、其他流动资产和一年内到期的非流动资产为变动幅度最大的项目,说明 2020 年康佳医疗购买了债权、投资性房地产,同时公司对无形资产越来越重视,无形资产发挥着越来越重要的作用。差额对资产总额的影响按绝对值排名前 5 的资产项目如表 3-9 所示。

表 3-9 差额对资产总额的影响按绝对值排名前 5 的资产项目   单位:万元

序号	资产项目	期末余额	上年年末余额	差额	差额对资产总额的影响
1	存货	664 510.48	574 787.47	2.47%	3.57%
2	货币资金	653 974.33	686 786.88	2.38%	1.31%
3	固定资产	896 255.35	870 180.75	0.75%	1.04%
4	预付款项	41 080.19	57 953.62	0.56%	0.67%
5	其他应收款	108 936.51	94 787.33	0.42%	0.56%

根据表 3-9,存货 2020 年比 2019 年增长了 3.57%,是提高资产总额增长幅度排名第一的项目,需要具体分析,是产能提高还是滞销造成的。货币资金 2020 年比 2019 年减少了 1.31%,是降低资产总额增长幅度排名第一的项目,可能由于一部分货币资金被用来购买债权和投资性房地产了。

(2) 负债和所有者权益变动情况分析。从负债和所有者权益角度进行水平分析,主要考虑负债和所有者权益各项目的变动状况,以及负债和所有者权益各项目对总规模的影响程度方面,从中发现变动幅度较大的重点类别和重点项目,进而分析负债和所有者权益各项目变动的原因,辅助相关人员作出决策。因此,我们将康佳医疗资产负债表水平分析表中变动额对 2020 年年初负债及所有者权益总额影响排名前 5 的负债及所有者权益项目用表格的形式罗列下来,并进行分析。变动额对 2020 年年初负债及所有者权益总额的影响排名前 5 的项目如表 3-10 所示。

表 3-10　变动额对 2020 年年初负债及所有者权益总额的影响排名前 5 的项目　　单位:万元

序号	负债及所有者权益项目	期初数	期末数	变动额	对总额的影响 (变动额/2020 年年初负债及所有者权益总额)
1	预收款项	523 505.44	652 385.73	128 880.29	5.13%
2	应付账款	384 343.06	329 640.77	54 702.29	2.18%
3	未分配利润	545 889.72	586 036.44	40 146.72	1.60%
4	盈余公积	70 624.41	92 894.67	22 270.26	0.89%
5	应付票据	38 764.72	20 523.35	18 241.37	0.73%

从表 3-10 可以看出,预收款项是对负债及所有者权益总额影响排名第一的项目,变动额为 128 880.29 万元,变动额对负债及所有者权益总额的影响为 5.13%,这可能导致存货的增加,需注意是否能按时交货的问题。而应付账款的变动额对负债及所有者权益总额的影响为 2.18%,是降低负债及所有者权益总额增长幅度排名第一的项目,可能是由于康佳医疗结清了一部分应付账款。

综上所述:大数据技术的应用使水平分析更为高效,帮助企业更好地理解其经营状况,为未来决策提供更明晰的方向。

2. 资产负债表垂直分析

康佳医疗的资产负债表分析,可以考虑公司的资产结构、资本结构,以及资产和资本结构适应情况。

1) 计算各项目占资产总额比重及比重变动

步骤一,根据康佳医疗 2019—2020 年的资产负债表数据,将其在 Wyn 大数据分析平台转化成资产负债表垂直分析。资产负债表垂直分析如图 3-24 所示。

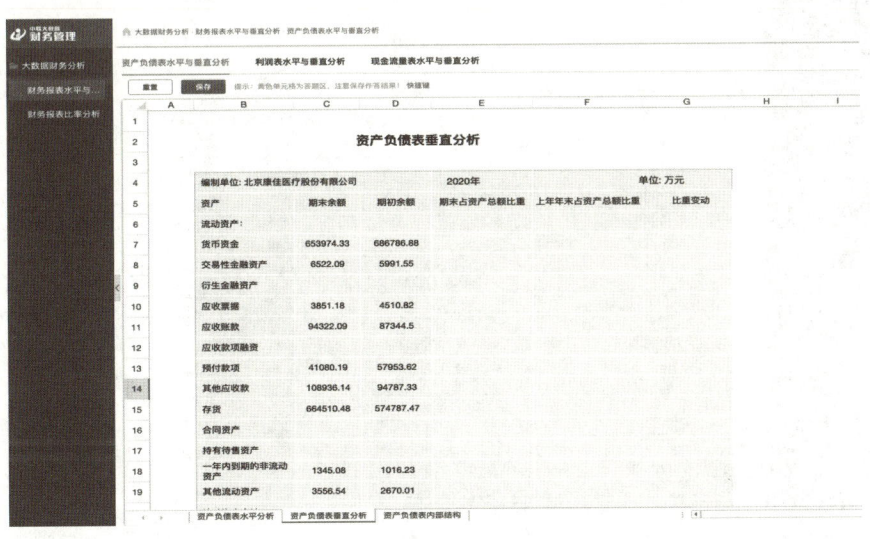

图 3-24　资产负债表垂直分析

步骤二,计算2020年各项目期末占资产总额比重和上年年末占资产总额比重。计算公式为"期末占资产总额比重＝期末余额÷期末资产总额"。期末占资产总额比重函数计算如图3-25所示。

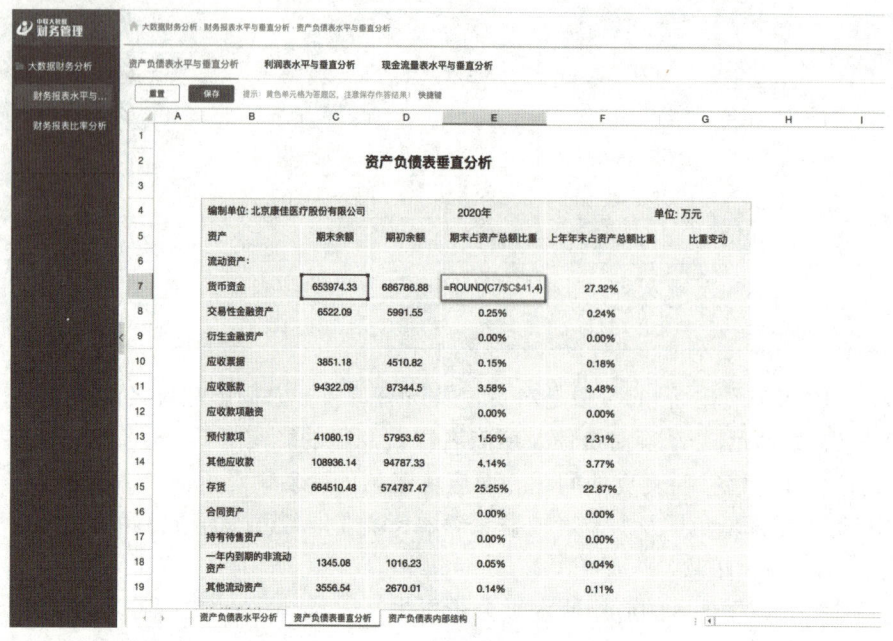

图3-25　期末占资产总额比重函数

步骤三,计算比重变动。计算公式为"比重变动＝期末占资产总额比重－上年年末占资产总额比重"。比重变动函数如图3-26所示。

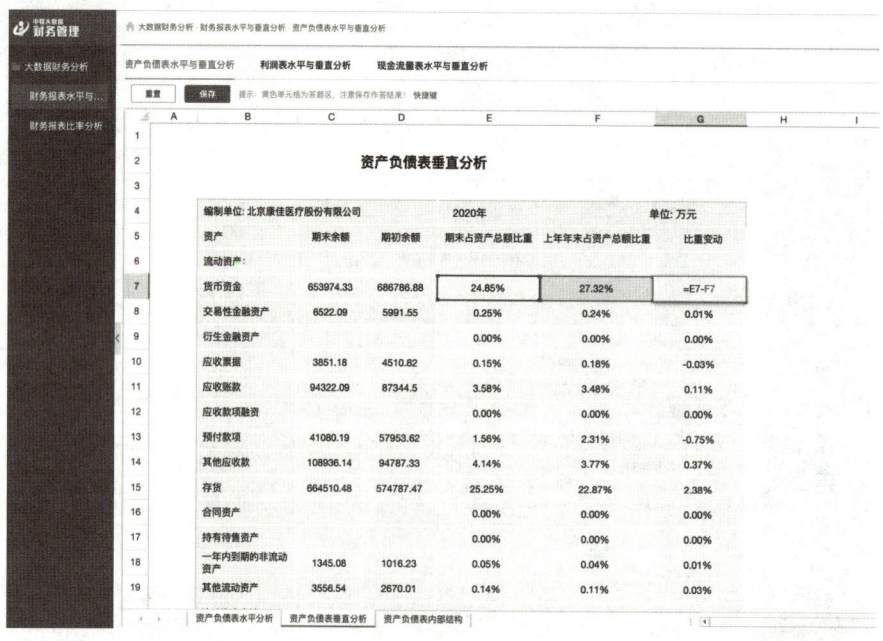

图3-26　比重变动函数

2）资产负债表结构变动分析

（1）资产结构变动分析。从资产角度进行垂直分析，围绕着资产结构优化的目标，主要考虑资产结构变动幅度较大的重点类别和重点项目，并在此基础上分析各资产项目结构变动的主要原因，辅助相关人员作出决策。因此，我们将康佳医疗资产负债表垂直分析中比重变动按绝对值排名前5的资产项目进行列示。比重变动排名按绝对值前5的资产项目如表3-11所示。

表3-11　比重变动按绝对值排名前5的资产项目

序号	资产项目	期初占资产总额比重	期末占资产总额比重	比重变动
1	货币资金	27.32%	24.85%	2.47%
2	存货	22.87%	25.25%	2.38%
3	预付款项	2.31%	1.56%	0.75%
4	固定资产	34.62%	34.06%	0.56%
5	无形资产	1.07%	1.49%	0.42%

由表3-11可知，货币资金、预付款项、固定资产占资产总额比重均呈现下降状态，且货币资金下降幅度最大，可能需要关注资金的流向。而存货与无形资产占资产总额比重呈现增加状态，并且存货的增长幅度最大，需要关注存货增加的原因。

（2）负债及所有者权益结构变动情况分析。从负债及所有者权益结构角度进行垂直分析，围绕着负债及所有者权益结构优化的目标，主要考虑负债及所有者权益结构变动幅度较大的重点类别和重点项目，进而分析其变动的原因，使企业风险与经营收益达到预期目标，辅助相关人员作出决策。因此，我们将康佳医疗2020年资产负债表垂直分析中占负债及所有者权益总额比重排名前5的项目罗列下来。占负债及所有者权益总额比重排名前5的项目如表3-12所示。

表3-12　占负债及所有者权益总额比重排名前5的项目　　　　　　　　　　单位：万元

序号	负债及所有者权益项目	期末数	占负债及所有者权益总额比重
1	实收资本（或股本）	692 726.97	26.32%
2	预收款项	652 385.73	24.79%
3	未分配利润	586 036.44	22.27%
4	应付账款	329 640.77	12.53%
5	盈余公积	92 894.67	3.53%

由表3-12可知，占负债及所有者权益比重最大的是实收资本（或股本）、第三是未分配利润，均属于所有者权益项目，只有预收款项属于负债项目，可以看出康佳医疗是有一定资本实力的。该结构可以与同行业平均水平进行对比，得出更合理的分析结论。

3. 资产负债表内部结构分析

1）流动资产结构分析

（1）计算2020年期末内部结构、上年年末内部结构及变动。

步骤一,根据康佳医疗 2019—2020 年的资产负债表数据,将其在 Wyn 大数据分析平台转化成资产负债表内部结构分析。资产负债表内部结构分析如图 3-27 所示。

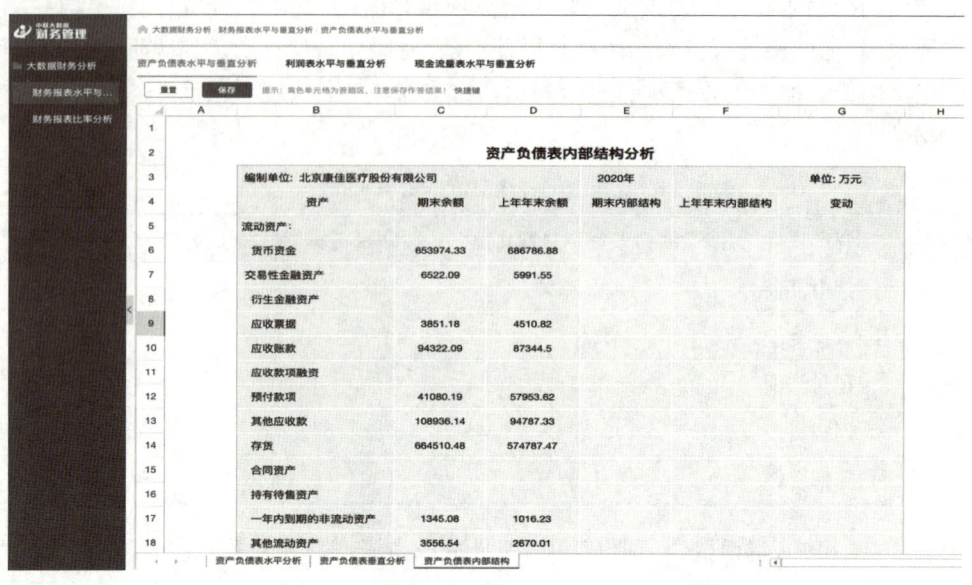

图 3-27　资产负债表内部结构分析

步骤二,计算 2020 年各项目的期末内部结构。计算公式为"某项目期末内部结构＝某项目期末余额÷流动资产合计的期末余额"。并使用同样的计算方法计算上年年末内部结构。内部结构函数如图 3-28 所示。

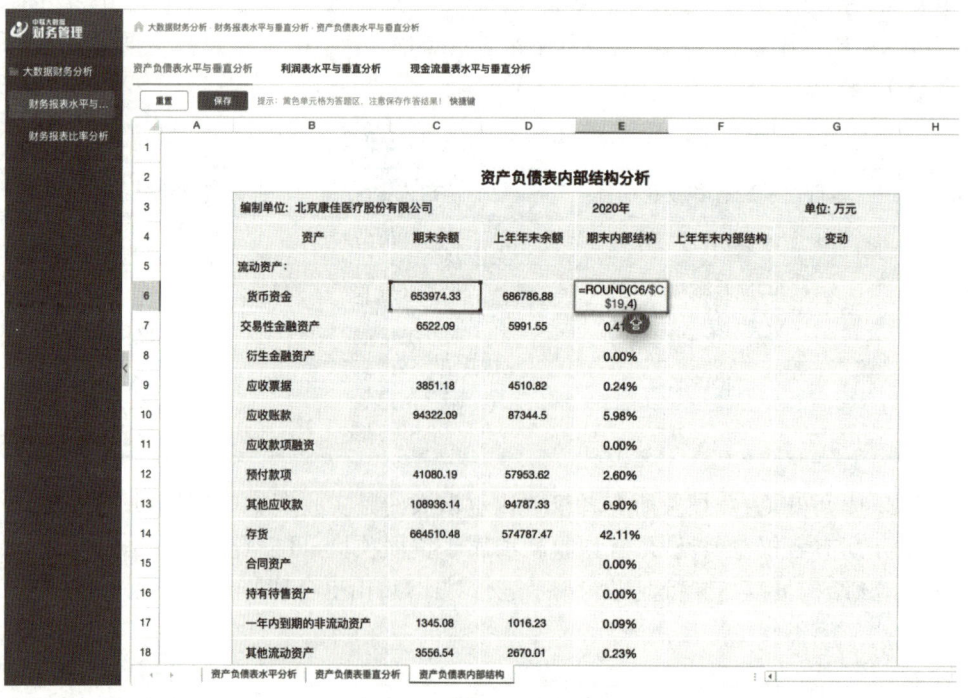

图 3-28　内部结构函数

步骤三,计算变动,计算公式为"变动=期末内部结构-上年年末内部结构"。变动函数如图 3-29 所示。

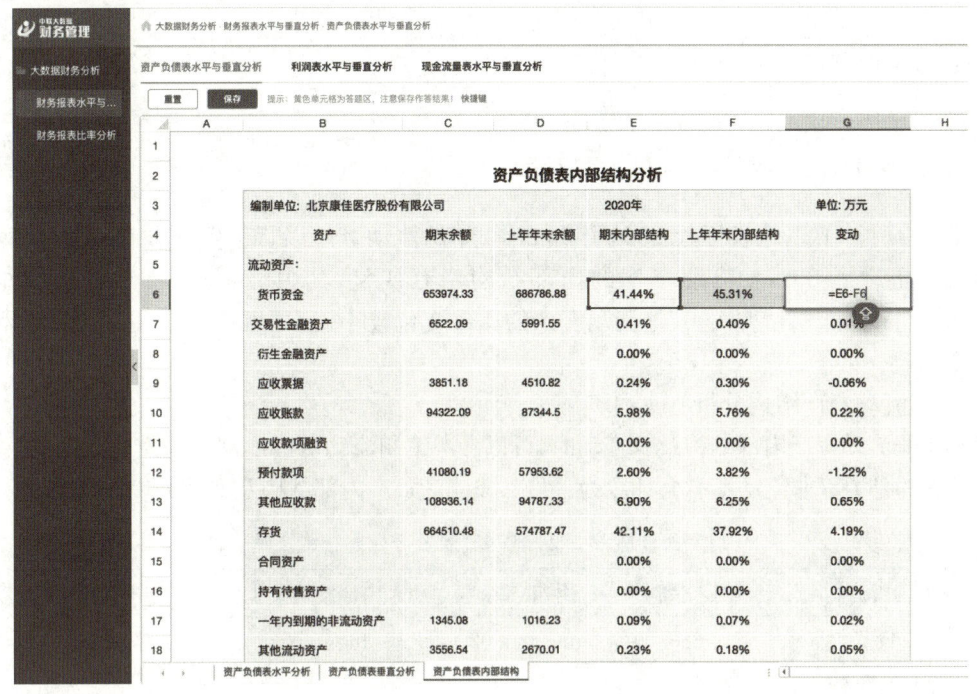

图 3-29　变动函数

（2）流动资产内部结构及其变动分析。康佳医疗 2020 年资产内部结构及其变动如表 3-13 所示。

表 3-13　康佳医疗 2020 年资产内部结构及其变动　　　　　　　　　　　　　　单位:万元

资产	期末余额	上年年末余额	期末内部结构	上年年末内部结构	变动
流动资产：					
货币资金	653 974.33	686 786.88	41.44%	45.31%	3.87%
交易性金融资产	6 522.09	5 991.55	0.41%	0.40%	0.01%
衍生金融资产			0	0	0
应收票据	3 851.18	4 510.82	0.24%	0.30%	0.06%
应收账款	94 322.09	87 344.50	5.98%	5.76%	0.22%
应收款项融资			0	0	0
预付款项	41 080.19	57 953.62	2.60%	3.82%	1.22%
其他应收款	108 936.14	94 787.33	6.90%	6.25%	0.65%
存货	664 510.48	574 787.47	42.11%	37.92%	4.19%
合同资产			0	0	0

(续表)

资产	期末余额	上年年末余额	期末内部结构	上年年末内部结构	变动
持有待售资产			0	0	0
一年内到期的非流动资产	1 345.08	1 016.23	0.09%	0.07%	0.02%
其他流动资产	3 556.54	2 670.01	0.23%	0.18%	0.05%
流动资产合计	1 578 098.12	1 515 848.41	100.00%	100.00%	0

由表 3-13 可知，康佳医疗 2020 年和 2019 年的流动资产以货币资金和存货为主，两者合计比重超过了 80%。流动资产的内部结构略有变化，其中 2020 年货币资金减少了 3.87%，存货增加了 4.19%，其他流动资产的比重变化较小，公司可重点关注货币资金和存货的变化。

2）非流动资产结构分析

编制非流动资产内部结构及其变动时，可以参考编制流动资产内部结构及其变动的过程，需要注意的是要以非流动资产合计数为分母。非流动资产内部结构及变动如表 3-14 所示。

表 3-14　康佳医疗 2020 年非流动资产内部结构及其变动　　　　　　　　单位：万元

非流动资产：	期末余额	上年年末余额	期末内部结构	上年年末内部结构	变动
债权投资	4 889.00	3 144.02	0.46%	0.32%	0.14%
其他债权投资			0	0	0
长期应收款	246.38	299.16	0.02%	0.03%	0.01%
长期股权投资	5 346.99	5 712.63	0.51%	0.57%	0.06%
其他权益工具投资	782.13	684.25	0.07%	0.07%	0
其他非流动金融资产			0	0	0
投资性房地产	18 371.84	12 604.80	1.74%	1.26%	0.48%
固定资产	896 255.35	870 180.75	85.06%	87.22%	2.16%
在建工程	6 561.77	7 883.86	0.62%	0.79%	0.17%
生产性生物资产			0	0	0
油气资产			0	0	0
使用权资产			0	0	0
无形资产	39 109.56	26 860.64	3.71%	2.69%	1.02%
开发支出	61 853.38	48 952.12	5.87%	4.91%	0.96%
商誉			0	0	0
长期待摊费用	12 572.88	13 267.82	1.19%	1.33%	0.14%
递延所得税资产	7 653.32	8 100.86	0.73%	0.81%	0.08%
其他非流动资产			0	0	0
非流动资产合计	1 053 642.60	997 690.91	100.00%	100.00%	0

由表 3-14 可知,康佳医疗非流动资产中的重点项目为固定资产,连续 2 年占比超过了 80%。虽然,与 2019 年相比,固定资产占比有所下降,但下降幅度不大。2020 年非流动资产内部结构虽然有所调整,但各项目变化不大,发展比较稳定。在水平分析中,虽然投资性房地产是重点项目,但从垂直分析角度看该项目占比较小,说明康佳医疗更注重主业的发展。

3)流动负债结构分析

流动负债项目中负债的性质很重要,如果是银行欠款,一般具有法律上的强制性,需要按期偿还,而供应商欠款一般没有具体规定支付期限,不具有强制性。因此,应重点考虑负债的性质,以及能否按期偿还债务。

编制流动负债内部结构及其变动时,可以参考编制流动资产内部结构及其变动的过程,需要注意的是要以流动负债合计数为分母。流动负债结构及其变动如表 3-15 所示。

表 3-15　康佳医疗 2020 年流动负债结构及其变动　　　　　　　　单位:万元

流动负债:	期末余额	上年年末余额	期末内部结构	上年年末内部结构	变动
短期借款	13 565.66	12 897.84	1.18%	1.17%	0.01%
交易性金融负债			0	0	0
衍生金融负债			0	0	0
应付票据	20 523.35	38 764.72	1.78%	3.53%	1.75%
应付账款	329 640.77	384 343.06	28.63%	35.01%	6.38%
预收款项	652 385.73	523 505.44	56.65%	47.68%	8.97%
合同负债			0	0	0
应付职工薪酬	74 141.88	74 815.43	6.44%	6.81%	0.37%
应交税费	16 085.39	18 302.14	1.40%	1.67%	0.27%
其他应付款	14 832.04	15 535.01	1.29%	1.41%	0.12%
持有待售负债			0	0	0
一年内到期的非流动负债	27 913.45	27 253.34	2.42%	2.48%	0.06%
其他流动负债	2 494.12	2 511.71	0.22%	0.23%	0.01%
流动负债合计	1 151 582.39	1 097 928.69	100.00%	100.00%	0

由表 3-15 可知,2020 年康佳医疗流动负债中预收款项占比最高,占比第二的是应付账款,两者合计连续 2 年均超过 80%。2020 年公司的短期借款仅占流动负债合计的 1.18%,占比较小。因此,康佳医疗短期偿债压力不大。

4)非流动负债结构分析

非流动负债项目中负债期限长,利率高,因此更适用于购买固定资产、进行长期投资等。如果利用非流动负债进行短期流转,则得不偿失。因此,应重点考虑资产与负债的适应性。编制非流动负债内部结构及其变动时,可以参考编制流动资产内部结构及其变动的过程,需要注意的是要以非流动负债合计数为分母。非流动负债结构及其变动如表 3-16 所示。

表 3-16　康佳医疗 2020 年非流动负债结构及其变动　　　　　　　　　　单位：万元

非流动负债：	期末余额	上年年末余额	期末内部结构	上年年末内部结构	变动
长期借款	17 372.41	14 275.45	37.46%	32.26%	5.20%
长期应付款	16 745.00	19 746.00	36.11%	44.63%	8.52%
递延所得税负债	4 964.73	3 963.52	10.71%	8.96%	1.75%
其他非流动负债	7 294.93	6 261.38	15.73%	14.15%	1.58%
非流动负债合计	46 377.07	44 246.35	100.00%	100.00%	0

由表 3-16 可知，2020 年康佳医疗非流动负债中长期借款和长期应付款是占比最大的项目，且长期借款与 2019 年相比增长了 5.20%，长期应付款与 2019 年相比减少了 8.52%，说明康佳医疗需要考虑长期借款的增加会增加企业的长期债务还款压力。

5）所有者权益结构分析

通过分析所有者权益结构，可以了解企业资金的积累、债务偿还的保障和企业发展的潜力。在编制所有者权益内部结构及其变动时，可以参考编制流动资产内部结构及其变动的过程，需要注意的是要以所有者权益合计数为分母。所有者权益结构及其变动如表 3-17 所示。

表 3-17　康佳医疗 2020 年所有者权益结构及其变动　　　　　　　　　　单位：万元

所有者权益（或股东权益）	期末余额	上年年末余额	期末内部结构	上年年末内部结构	变动
实收资本（或股本）	692 726.97	692 726.97	48.31%	50.51%	2.20%
资本公积	62 123.18	62 123.18	4.33%	4.53%	0.20%
盈余公积	92 894.67	70 624.41	6.48%	5.15%	1.33%
未分配利润	586 036.44	545 889.72	40.87%	39.81%	1.06%
所有者权益（或股东权益）合计	1 433 781.26	1 371 364.28	100.00%	100.00%	0

由表 3-17 可知，康佳医疗 2019—2020 年所有者权益结构比较稳定，各项目结构变化不大，其中实收资本和未分配利润占比最大，超过了 85%。所有者权益结构显示了公司的资本实力。

4. 资产与资本相适应分析

筹资和投资是企业财务活动中 2 个关键的方面，其目的是实现企业的资金循环。不同的筹资方式和渠道产生不同类型的资金，这些资金具有特定的特点和用途。基于资金来源和资金用途的不同，形成了以下 4 种类型的资金结构。

1）保守型结构

特点：企业资产的资金来源全部为长期资本。

理念：注重稳健经营，以长期资本为主要支撑，降低财务风险。

实例：企业主要通过发行债券或股票融资，资产主要以长期投资为主。

2）稳健型结构

特点：长期资产的资金需要由长期资本支持，短期资产的资金由长期资本和短期资本共同提供。

理念:在长短期资产之间保持平衡,灵活运用短期资本。

实例:企业除了长期融资,还会利用短期贷款等手段满足短期资产的资金需求。

3) 平衡型结构

特点:流动负债取得的资金用于流动资产,长期负债及所有者权益取得的资金满足长期资产的需要。

理念:追求流动性和长期稳健,确保短期和长期资产负债匹配。

实例:企业通过发行债券、股票等多种途径筹资,资金用于支持短期和长期资产。

4) 风险型结构

特点:流动负债不仅满足流动资产的资金需要,而且还用于满足部分长期资产的资金使用。

理念:追求灵活性和高回报,愿意承担一定的财务风险。

实例:企业通过大量短期借款和其他流动负债,支持短期需求和一部分长期投资。

我们根据康佳医疗2020年的资产负债表,编制了非流动资产与长期资本的适应情况分析表和流动资产与流动负债的适应情况分析表。康佳医疗2020年非流动资产与长期资本的适应情况分析表如表3-18所示,康佳医疗2020年流动资产与流动负债的适应情况分析表如表3-19所示。

表3-18 康佳医疗2020年非流动资产与长期资本的适应情况分析表

非流动资产	期末占比	期初占比	差异	长期资本	期末占比	期初占比	差异
固定资产	34.06%	34.62%	0.56%	所有者权益	54.48%	54.56%	0.08%
长期股权投资	0.20%	0.23%	0.03%	非流动负债	1.76%	1.76%	0
无形资产	1.49%	1.07%	0.42%				
在建工程	0.25%	0.31%	0.06%				
开发支出	2.35%	1.95%	0.40%				
其他	1.69%	1.51%	0.18%				
合计	40.04%	39.69%	0.35%	合计	56.24%	56.32%	0.08%

表3-19 康佳医疗2020年流动资产与流动负债的适应情况分析表

报表项目	期末占比	期初占比	差异	报表项目	期末占比	期初占比	差异
货币资金	24.85%	27.32%	2.47%	短期借款	0.52%	0.51%	0.01%
交易性金融资产	0.25%	0.24%	0.01%	应付职工薪酬	2.82%	2.98%	0.16%
应收及预付款项	9.43%	9.73%	0.30%	应付及预收款项	38.66%	38.28%	0.38%
存货	25.25%	22.87%	2.38%	应交税费	0.61%	0.73%	0.12%
其他	0.18%	0.15%	0.03%	其他	1.15%	1.18%	0.03%
流动资产合计	59.96%	60.31%	0.35%	流动负债合计	43.76%	43.68%	0.08%

由表3-18、表3-19可知,康佳医疗2020年流动资产比重为59.96%,流动负债比重为43.76%,也就是说康佳医疗2020年短期资产的资金需要由长期资本和短期资本共同提供,属于稳健型结构。

通过对这两个适应情况的具体分析,我们可以更全面地了解企业的资产结构与资本结构的匹配情况,从而进一步地综合评价和风险分析,有助于企业管理层制订合理的财务战略,提高资金运作效率与风险管理水平。

5. 资本结构与同行业平均水平比较分析

在对资产负债表进行分析时,可以把企业与该行业的平均水平进行比较,有助于辨别企业在行业内的位置和状态,更加客观地分析企业。具体步骤如下:

步骤一,进入大数据分析平台,创建报表数据集,选择缓存数据集,从数据源中找出"行业分类明细"和"资产负债表2020",把"行业分类明细"拖拽到关联关系,之后把"资产负债表2020"也拖拽到关联关系,按照内连接的方式进行数据关联。选择关联关系如图 3-30 所示,内连接关系如图 3-31 所示。

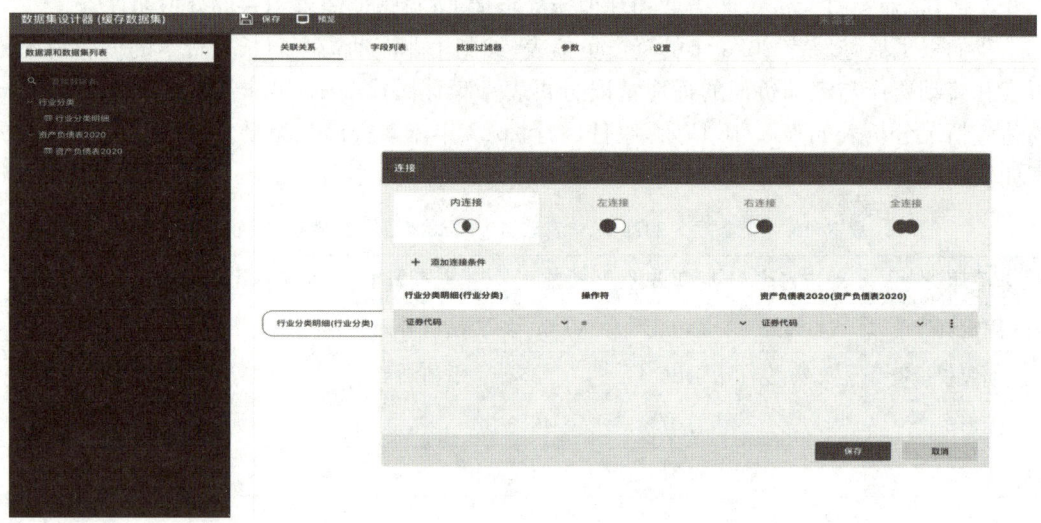

图 3-30　选择关联关系

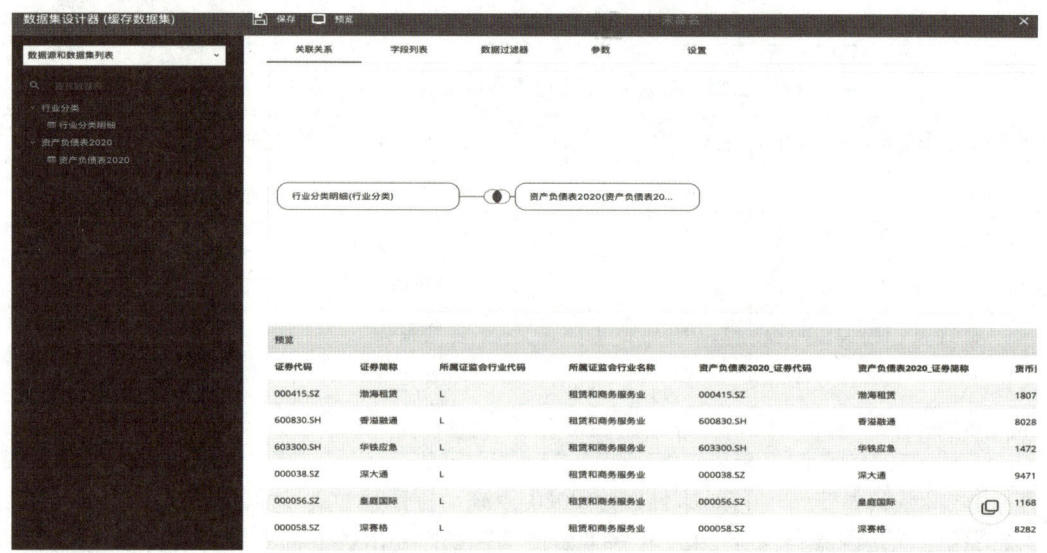

图 3-31　内连接关系

步骤二，点击字段列表，添加计算字段。选用占负债和所有者权益比重排名前5的进行行业对比分析，按照"实收资本占负债和所有者权益比重""预收款项占负债和所有者权益比重""未分配利润占负债和所有者权益比重""应付账款占负债和所有者权益比重""盈余公积占负债和所有者权益比重"等设置字段名称，字段类型为数字型。计算字段如图3-32所示。

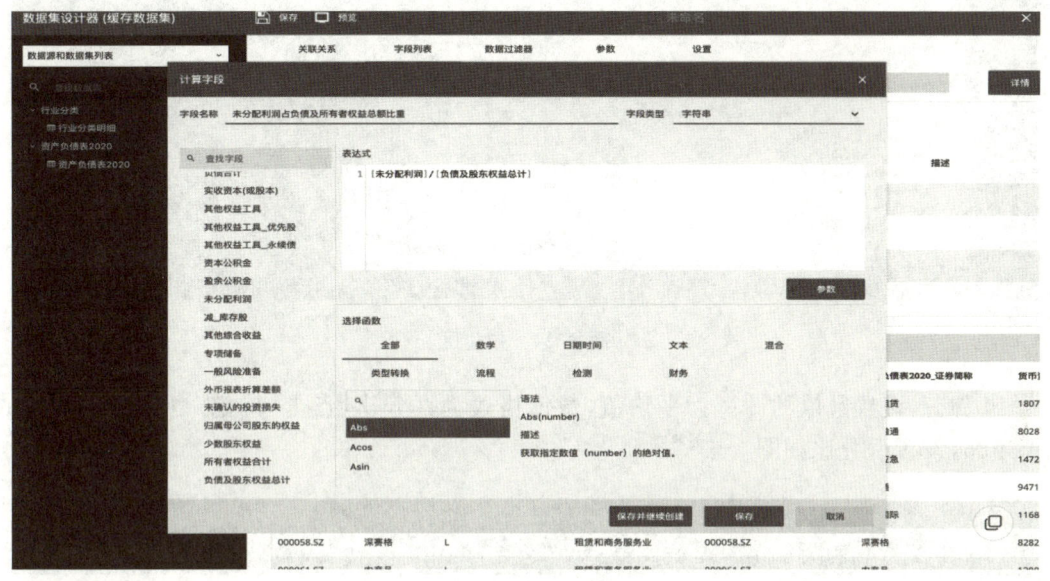

图3-32　计算字段

步骤三，点击"数据过滤器"，添加过滤器，选择行业分类明细数据源，字段为"所属证监会行业名称"，填写数据为"医药制造业"，点击"保存"，按照医药制造业筛选的数据集就创建出来了。筛选数据集如图3-33所示。

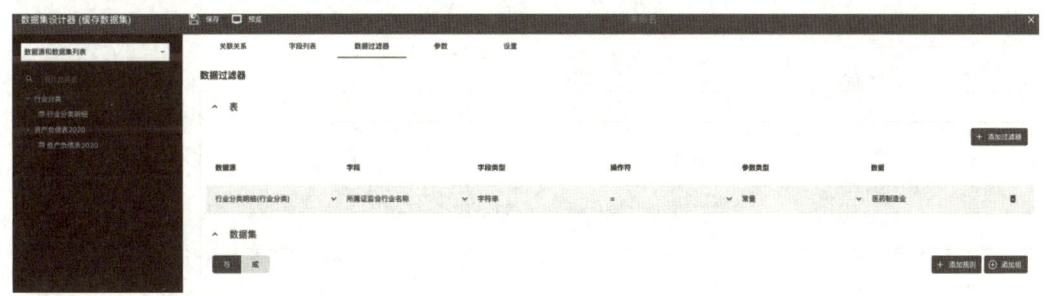

图3-33　筛选数据集

步骤四，点击"创建文档报表"，选择"空白RDL报表"，从右边找到"数据锁定"图标，添加创建的数据集。把数据集中"所属证券行业名称"拖拽到矩表设置中的行分组，将"实收资本占负债和所有者权益比重""预收款项占负债和所有者权益比重""未分配利润占负债和所有者权益比重""应付账款占负债和所有者权益比重""盈余公积占负债和所有者权益比重"等字段拖拽到数值区。数值区如图3-34所示。

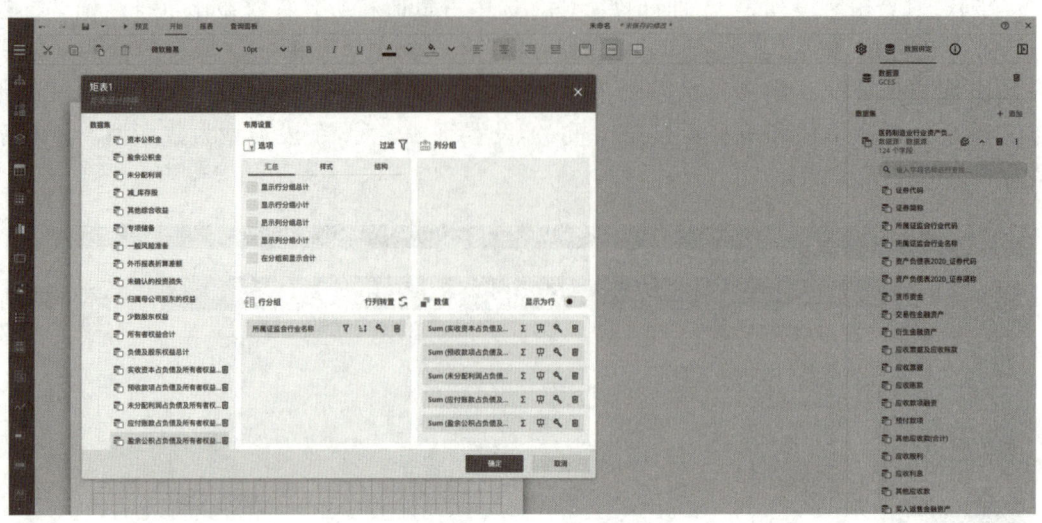

图 3-34　数值区

步骤五,设置数值的计算为平均值,数值格式为百分比,点击"确定"。设置平均值如图 3-35,设置百分比如图 3-36。

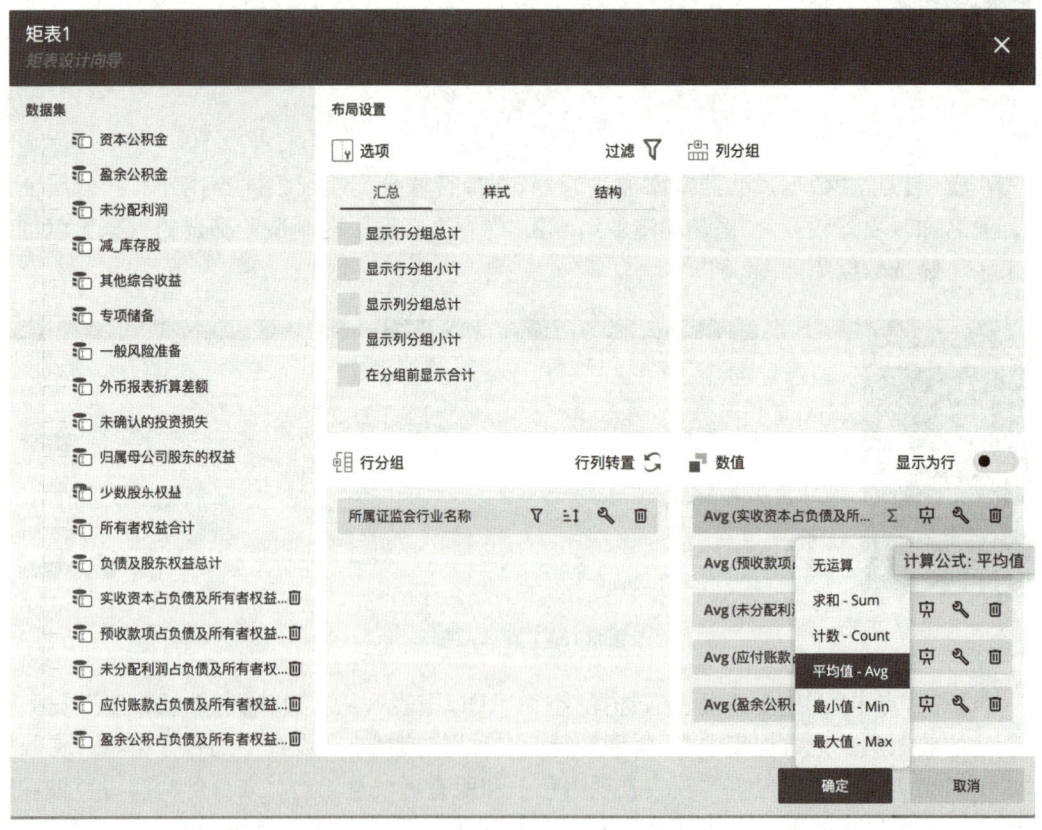

图 3-35　设置平均值

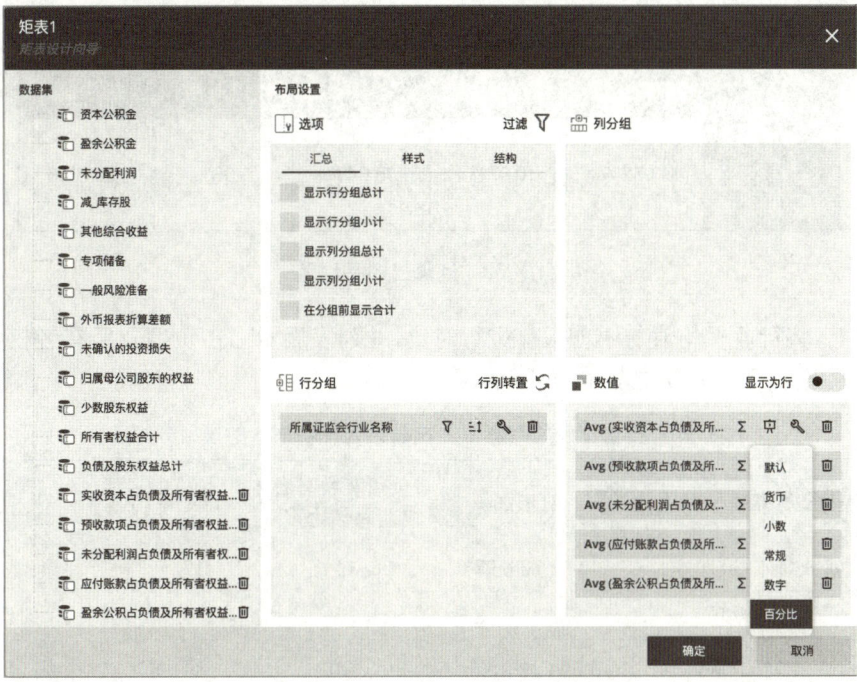

图 3-36 设置百分比

步骤六,根据需要把创建的报表进行拖拽,使表格更美观。点击"预览",就展现出报表数据,即医药制造业 2020 年 5 个项目的行业平均值。创建的报表如图 3-37 所示,计算出的平均值如图 3-38 所示。

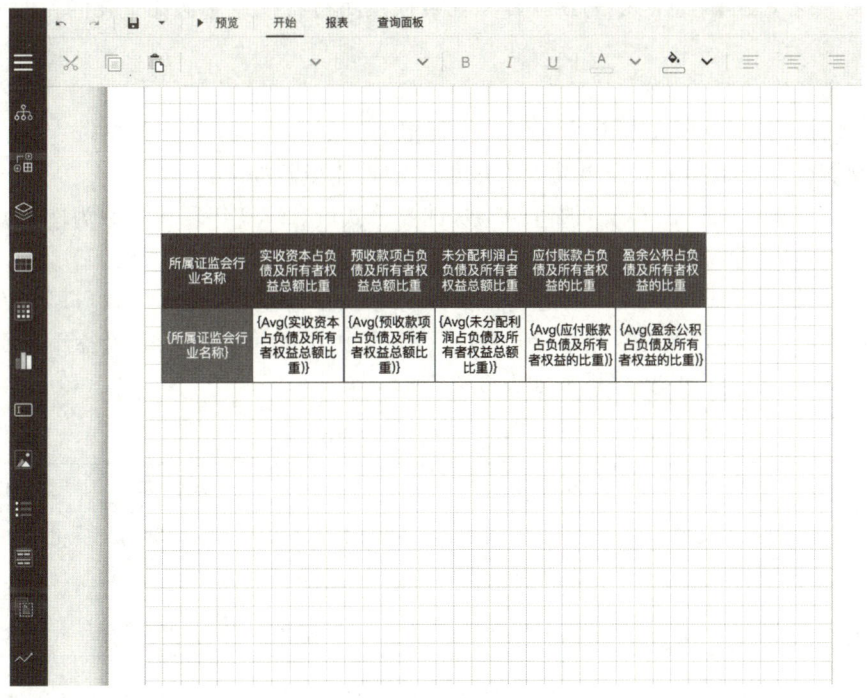

图 3-37 创建的报表

所属证监会行业名称	实收资本占负债及所有者权益总额比重	预收款项占负债及所有者权益总额比重	未分配利润占负债及所有者权益总额比重	应付账款占负债及所有者权益总额比重	盈余公积占负债及所有者权益总额的比重
医药制造业	17.52%	0.07%	18.04%	5.08%	3.75%

图 3-38　计算出的平均值

步骤七，将行业平均值与康佳医疗进行对比，并列表展示。占负债及所有者权益总额比重排名前 5 的项目分析表如表 3-20 所示。

表 3-20　占负债及所有者权益总额比重排名前 5 的项目分析表　　　　单位：万元

序号	负债及所有者权益项目	期末数	占负债及所有者权益总额比重	行业平均值	差异
1	实收资本(或股本)	692 726.97	26.32%	17.52%	8.80%
2	预收款项	652 385.73	24.79%	0.07%	24.72%
3	未分配利润	586 036.44	22.27%	18.04%	4.23%
4	应付账款	329 640.77	12.53%	5.08%	7.45%
5	盈余公积	92 894.67	3.53%	3.75%	0.22%

由表 3-20 可知，康佳医疗 2020 年占负债及所有者权益总额比重排名前 5 的负债及所有者权益项目与行业平均值均存在一定程度的差异，其中差异最大的是预收款项，高于行业平均值 24.72%，表明康佳医疗的预收款项在负债及所有者权益总额比重在同行业中处于较高的位置。

6. 资产负债表趋势分析

根据康佳医疗近 5 年的资产负债表，获取相关的财务数据，对公司总资产进行趋势分析，评价预测公司未来财务状况变化及发展趋势。具体步骤如下：

步骤一，计算 2016—2020 年的环比指数，计算公式(以 2020 年环比指数为例)为"2020 年环比指数＝2020 年总资产÷2019 年总资产"，即用本年总资产除以上年总资产。

步骤二，计算 2016—2020 年的定基指数，以 2016 年为基期，计算公式(以 2020 年定基指数为例)为"2020 年定基指数＝2020 年总资产÷2016 年总资产"，即用各年总资产除以 2016 年总资产。总资产趋势分析表如表 3-21 所示。

表 3-21　总资产趋势分析表　　　　单位：万元

年份	2016 年	2017 年	2018 年	2019 年	2020 年
总资产	1 985 318.21	2 122 049.18	2 299 541.52	2 513 539.32	2 631 740.72
环比指数		106.89%	108.36%	109.31%	104.70%
定基指数	100.00%	106.89%	115.83%	126.61%	132.56%

由表 3-21 可知，康佳医疗的总资产规模逐年增长，特别是 2019 年和 2020 年增长较快，

说明公司2016—2020年资产存量规模逐步扩大,资产规模发展趋势良好。

综上所述,大数据技术的运用使垂直分析更为精准,有助于企业更清晰地了解其资本结构,为融资决策提供更有力的数据支持。通过以上案例,学生可以深入理解大数据技术在资产负债表分析中的应用,以及如何利用大数据进行水平和垂直分析,从而更好地应对企业财务分析的挑战。

课后练习题

一、单项选择题

1. 资产负债表是反映企业在某一特定日期(　　)的财务报表。
   A. 经营成果　　　　　　　　　　B. 现金流量
   C. 所有者权益变化　　　　　　　D. 财务状况

2. 下列各项中,关于货币资金的说法错误的是(　　)。
   A. 企业不仅应保持一定量的货币资金,而且越多越好
   B. 信誉好的企业没必要持有大量的货币资金
   C. 货币资金包括库存现金、银行存款和其他货币资金
   D. 货币资金本身就是现金,无须变现

3. 资产负债表结构分析表中,计算各项目所占比重时,通常以(　　)的金额作为分母。
   A. 资产总额　　　　　　　　　　B. 流动资产总额
   C. 净利润　　　　　　　　　　　D. 所有者权益总额

4. 对资产负债表进行趋势分析,一般采用的方法是(　　)。
   A. 分析企业资产趋势　　　　　　B. 编制企业资产负债表趋势分析表
   C. 分析企业所有者权益趋势　　　D. 分析企业负债趋势

5. 《企业会计准则》规定资产负债表的格式为(　　)。
   A. 单步式　　　B. 报告式　　　C. 账户式　　　D. 多步式

二、多项选择题

1. 在分析企业的长期股权投资项目时,应重点从(　　)角度进行分析。
   A. 交换性　　　B. 变现性　　　C. 盈利性　　　D. 预测性

2. 盈余公积包括的项目有(　　)。
   A. 法定公益金　　　　　　　　　B. 任意盈余公积
   C. 非常盈余公积　　　　　　　　D. 法定盈余公积

3. 对存货项目的质量分析,应当关注(　　)。
   A. 存货计价方法　　　　　　　　B. 存货周转状况
   C. 存货跌价准备　　　　　　　　D. 存货内容及构成

4. 下列各项中,属于大数据技术的应用优势的有(　　)。
   A. 数据整合和实时更新　　　　　B. 多维度分析和预测模拟
   C. 异常检测和风险管理　　　　　D. 无优势

5. 对资本公积项目的分析,应从(　　)方面进行。
   A. 资本公积的规模分析　　　　　B. 资本公积的用途分析
   C. 资本公积的特点分析　　　　　D. 资本公积的来源分析

三、简答题

1. 大数据技术在资产负债表分析中的应用可能面临哪些挑战?提出应对挑战的创新性解决方案,并思考这些解决方案可能带来的新机遇。
2. 如果你是一家企业的财务经理,你会如何利用大数据技术改进资产负债表分析的流程?提出具体的建议并解释其可能实现的效果。

四、实训题

请扫描二维码,完成本项目的实训题。

3-1　项目三实训题

项目四
利润表分析

学习目标

知识目标
1. 理解利润表的基本结构。
2. 掌握利润表中的不同项目
3. 了解利润表的编制原则和规范能力目标。

能力目标
1. 能够通过利润表分析企业的经营状况。
2. 能够识别并分析利润表中的关键信息。
3. 能够预测企业未来财务状况,并提出经营建议。

素质目标
1. 培养学生的逻辑思维,培养学生分析问题、提炼关键信息的能力。
2. 培养学生对财务数据的敏感性和责任意识,能够准确判断财务信息的可信度和重要性,作出正确的判断和决策。
3. 培养学生在分析利润表的过程中的培养团队合作和沟通能力。

思政小课堂

随着政府工作报告中对碳达峰、碳中和等绿色发展目标的提及,新能源行业正面临着巨大的发展机遇。在这一背景下,新能源上市公司的财务状况成为投资者和企业管理者关注的焦点。

海璞泰来新能源科技股份有限公司(以下简称海璞公司)在新能源行业中扮演着关键角色,该公司专注于新能源电池关键材料和自动化装备领域。公司的利润表数据显示了良好的业绩表现,营业总收入、营业利润和归属母公司净利润都呈现出稳定增长的趋势,这体现了公司的盈利能力逐年提高、经营效益持续改善的态势。然而,营业总成本的增长率较高,可能对公司的利润率产生一定的压力,因此需要进一步关注成本管理和控制的情况,以保持良好的盈利水平。

在这个信息爆炸的时代,传统的财务分析方法可能无法全面深入地理解问题的本质。学习财务分析至关重要,财务分析的核心在于理解企业的盈利能力、成本结构和经营效率。

通过深入学习财务分析,我们可以更准确地评估企业的财务状况,为未来的投资和职业发展作出明智的决策。

例如,在利润表分析中,我们可以从不同角度分析企业的盈利能力。营业总收入的增长可能反映了市场需求的增加或产品销售价格的提高,而营业利润和净利润则反映了企业的经营效率和成本控制能力。因此,我们需要综合考虑这些指标,以全面了解企业的盈利能力和经营状况。

另外,我们也需要关注成本管理和控制的情况。高速增长的营业总成本可能意味着企业在生产、销售或其他方面遇到了挑战,需要进一步优化管理和控制成本。通过分析成本的组成和变化趋势,我们可以找出成本上升的原因,并提出相应的改进措施,以提高企业的盈利能力和竞争力。

因此,学习利润表分析不仅有助于我们全面提高财务分析能力,更有助于我们更好地为企业发展和社会经济进步作出贡献。通过深入学习财务分析,我们可以更好地理解企业的财务状况,为未来的职业发展奠定坚实的基础。

资料来源:王冰. 基于公司战略的新能源上市公司财务分析——以璞泰来为例[C]山西省中大教育研究院. 第五届产业经济与企业发展研讨会论文集——财会论坛篇. 福建林业职业技术学院经济管理系. 2023-3.

案例导入

康佳医疗 2018—2020 年利润表如表 4-1 所示。通过分析公司财务报表中的关键信息,我们可以深入了解该公司的经营状况,并对其经营成果进行评价。

在 2018—2020 年,康佳医疗的利润表呈现出怎样的变化?这个问题引发了我们对这家公司的深入思考。利润表是企业经营状况的重要指标之一,它反映了企业在特定时期的营业收入、成本、利润等情况。通过对其进行分析,我们可以窥见一家企业的经营状况和发展趋势。

表 4-1　康佳医疗 2018—2020 年利润表

编制单位:北京康佳医疗股份有限公司　　　　　　　　　　　　　　　　单位:万元

项目	2020 年	2019 年	2018 年
一、营业收入	1 621 503.92	1 549 161.82	1 443 660.51
减:营业成本	908 606.91	889 271.17	859 922.19
税金及附加	25 944.06	23 815.07	22 000.73
销售费用	97 159.18	93 063.78	91 754.44
管理费用	87 630.37	93 036.81	97 469.69
研发费用	254 337.91	254 226.11	185 266.04
财务费用	149 387.52	122 383.11	92 885.86
其中:利息费用	146 163.83	111 300.42	90 725.01
利息收入			

(续表)

项目		2020 年	2019 年	2018 年
加:其他收益		3 652.92	3 170.76	3 156.30
投资收益(损失以"一"号填列)		14 225.13	16 531.60	14 122.21
其中:对联营企业和合营企业的投资收益		10 273.02	12 422.48	10 303.78
以摊余成本计量的金融资产终止确认收益(损失以"一"号填列)				
净敞口套期收益(损失以"一"号填列)				
公允价值变动收益(损失以"一"号填列)		5 580.53	6 625.66	1 426.21
信用减值损失(损失以"一"号填列)				
资产减值损失(损失以"一"号填列)		0	0	−2 897.58
资产处置收益(损失以"一"号填列)		−821.11	41.88	51.80
二、营业利润(亏损以"一"号填列)		121 075.44	99 735.67	110 220.50
加:营业外收入		3 287.99	1 906.87	892.82
减:营业外支出		784.53	1 587.50	2 634.67
三、利润总额(亏损总额以"一"号填列)		123 578.90	100 055.04	108 478.65
减:所得税费用		71 906.83	69 902.49	78 022.15
四、净利润(净亏损以"一"号填列)		51 672.07	30 152.55	30 456.50
(一)持续经营净利润(净亏损以"一"号填列)		51 672.07	30 152.55	30 456.50
(二)终止经营净利润(净亏损以"一"号填列)				
五、其他综合收益的税后净额		0	0	0
(一)不能重分类进损益的其他综合收益		0	0	0
......				
(二)将重分类进损益的其他综合收益		0	0	0
......				
六、综合收益总额		51 672.07	30 152.55	30 456.50
七、每股收益				
(一)基本每股收益				
(二)稀释每股收益				

接下来,让我们一起来探讨康佳医疗的利润表,分析和评价该公司在 2018—2020 年的经营成果,以及可能存在的问题和改进方向。

要求:

(1) 计算康佳医疗 2020 年各利润表项目的变动额及变动率,并进行利润表水平分析。

(2) 计算康佳医疗 2020 年与 2019 年各利润表项目占营业收入的比重及 2020 年相对于 2019 年的比重变动,并进行利润表垂直分析。

(3) 根据利润表水平分析结果,将利润表中对利润总额产生影响的各项目按照变动率的绝对值由大到小进行排序,选出排名前 3 的项目。

(4) 根据利润表垂直分析结果,按照 2020 年各利润表项目占营业收入比重的绝对值由大到小进行排序(不考虑营业收入项目本身占比),选出排名前 4 的项目。

(5) 以 2016 年为基期,计算营业收入与利润总额项目的定基指数,以及净利润项目的环比指数。

第一节 利润表概述

在财务领域中,利润表是企业财务报告中至关重要的一部分,它不仅是企业财务状况的重要体现,而且是投资者、债权人、管理层等利益相关者评估企业盈利能力和经营绩效的主要依据。本节我们将深入探讨利润表在财务报告中的重要性,并通过具体的实例分析企业的利润表,帮助大家更好地理解其在实践中的应用。

一、利润表的定义和作用

1. 利润表的定义

在企业财务管理中,利润表是一份重要的财务报表,它用于记录企业在特定会计期间内获得的收入和发生的费用,以及由此产生的净利润。

2. 利润表的作用

通过利润表数据的记录和比较,利润表可以为企业提供以下几个方面的重要信息。

(1) 盈利能力评估。利润表是评估企业盈利能力的重要工具。通过比较不同会计期间的利润表,可以了解企业的盈利水平,以及盈利能力的变化趋势,从而帮助管理者制订更有效的经营策略。

(2) 决策支持。利润表提供了企业经营活动的收入和费用明细,这为管理者提供了重要的决策支持。管理者可以根据利润表的数据,调整企业的经营方向、控制成本、优化产品结构,从而提高企业的盈利能力和竞争力。

(3) 外部沟通和投资者关系。利润表是企业财务报告的重要组成部分,也是企业与外部利益相关者沟通的重要工具之一。投资者、债权人、供应商等利益相关者可以通过利润表了解企业的盈利状况和经营情况,从而作出投资、授信或供应链合作等决策。

(4) 税收申报和合规性。利润表中的利润数据是企业税收申报和税务审计的重要依据之一。通过准确地填报利润表,企业可以确保自身的税收合规性,避免税务风险和罚款。

二、利润表在财务报告中的重要性

1. 经营绩效评估

利润表是评估企业经营绩效的主要指标之一。通过分析利润表,我们可以了解到企业在特定会计期间内的盈利情况,包括总收入、总成本、净利润等关键指标。这些数据能够反映企业经营活动的效率和盈利能力,帮助管理者及时调整经营策略,优化资源配置,提高企业的盈利水平。

2. 财务决策支持

利润表为管理者提供了制定财务决策的重要依据。通过分析利润表,管理者可以了解到企业各项费用的构成和变动趋势,判断企业在不同经营环境下的盈利状况,并基于此制定合理的财务策略和经营计划,以保障企业的长期健康发展。

3. 投资者分析和决策

对于投资者而言,利润表是评估企业投资价值的重要参考指标之一。投资者通过分析企业的利润表,可以了解到企业的盈利能力、稳定性和增长潜力,从而作出合理的投资决策。例如,投资者可以通过分析企业的净利润增长率、毛利率等指标,评估企业的盈利能力和竞争优势,选择具有潜力的投资标的。

4. 风险管理与控制

利润表是企业进行风险管理与控制的重要工具之一。通过对利润表数据的分析,管理者可以及时发现企业经营活动中存在的风险和问题,并采取相应的措施加以控制和应对,以确保企业的经营稳定性。

三、利润表分析的内容与方法

(一) 利润表分析的内容

1. 营业收入分析

利润表的第一部分通常是营业收入,这部分包括企业在特定会计期间内从主营业务和其他业务中获得的收入。分析营业收入可以了解企业的主要盈利来源,评估业务的稳定性和增长潜力。

2. 营业成本分析

营业成本是企业生产和销售产品或提供服务所发生的成本,包括原材料成本、人工成本、制造费用等。分析营业成本可以帮助管理者控制生产成本、提高生产效率、优化成本结构。

3. 营业利润分析

营业利润是企业在扣除营业收入和营业成本后获得的净利润,它反映了企业主营业务的盈利能力。分析营业利润可以评估企业的核心竞争力和盈利能力,为企业经营决策提供重要参考。

4. 净利润分析

净利润是扣除所有费用和税收后企业获得的最终净利润,它是企业经营活动的最终结果。分析净利润可以评估企业整体经营状况,包括盈利水平、财务稳定性和增长潜力。

(二) 利润表分析的方法

利润表分析可以采用多种方法,常见的水平分析、垂直分析、比率分析、共比分析在项目三已经详细介绍,本项目将介绍另外一种分析方法。

当业务分析时,我们会关注企业不同业务板块的营业收入、成本和利润情况,以评估它们的盈利能力和贡献度。

【例题 4-1】 鑫盛电子股份有限公司（以下简称鑫盛公司）拥有不同产品线的业务。鑫盛公司业务分析报告如表 4-2 所示。

表 4-2　鑫盛公司业务分析报告　　　　　　　　　　　单位：万元

业务板块	营业收入	营业成本	营业利润
智能手机	1 500	1 100	400
平板电脑	800	600	200
笔记本电脑	1 200	900	300
家用电器	600	450	150
配件销售	400	300	100
总计	4 500	3 350	1 150

要求：根据表 4-2 中的数据，分析鑫盛公司的业务。

【解析】

（1）智能手机业务。智能手机是鑫盛公司最主要的业务板块，该业务的营业收入为 1 500 万元，营业成本为 1 100 万元，营业利润为 400 万元。这表明智能手机业务在公司的盈利中起着重要作用，具有较高的盈利能力。

（2）平板电脑业务。平板电脑业务的营业收入为 800 万元，营业成本为 600 万元，营业利润为 200 万元。尽管平板电脑业务的规模不如智能手机业务大，但它依然对公司的盈利贡献可观，具有一定的盈利能力。

（4）笔记本电脑业务。笔记本电脑业务的营业收入为 1 200 万元，营业成本为 900 万元，营业利润为 300 万元。笔记本电脑业务在公司盈利中也占据重要地位，盈利能力较强。

（5）家用电器业务。家用电器业务的营业收入为 600 万元，营业成本为 450 万元，营业利润为 150 万元。家用电器业务虽然规模较小，但仍然对公司的盈利作出了一定贡献。

（6）配件销售业务。配件销售业务的营业收入为 400 万元，营业成本为 300 万元，营业利润为 100 万元。尽管配件销售业务的规模较小，但其利润率较高，对公司盈利的贡献也是不可忽视的。

通过以上业务分析，我们可以清晰地了解到鑫盛公司各业务板块的盈利情况和贡献度，为制订公司发展战略和经营决策提供了重要参考。

第二节　利润表的基本结构及项目分析

一、利润表的基本结构

分析利润表的基本结构可以帮助我们深入了解企业的盈利来源、费用构成及盈利水平。以下是对利润表基本结构的详细分析。

(一)利润表的项目

1. 经常性损益项目

经常性损益项目是指与企业日常经营活动相关的收入和费用。典型的经常性损益项目包括营业收入、营业成本、销售费用、管理费用、财务费用等,这些项目直接反映了企业在特定会计期间内的核心经营活动盈利状况。

2. 非经常性损益项目

非经常性损益项目是指与企业日常经营活动无关的收入和费用,通常是一次性的或偶发性的,如资产处置损益、重组费用、法律诉讼费用等,这些项目对企业的盈利状况具有一定的影响,但其发生频率较低,通常不反映企业长期盈利能力。

3. 综合性损益项目

综合性损益项目主要包括非所有者权益变动的其他综合收益,如重新计量的非流动资产处置损益、外币财务报表折算差额等,这些项目反映了经常性和非经常性损益以外的其他综合收益情况,对企业的财务状况和未来经营活动可能产生的影响提供了重要参考。

(二)利润表的关键指标及基本公式

利润表是企业财务报表的重要组成部分,它反映了企业在一定会计期间内的经营成果和盈利情况。了解利润表的基本公式是进行财务分析和决策的基础,下面将介绍利润表的关键指标及基本公式。

1. 营业收入

营业收入(operating revenue)是企业在一定会计期间内从主营业务和其他业务中所获得的收入总额。营业收入是利润表中的第一项,通常用 R 表示。

2. 营业成本

营业成本(operating costs)是企业在生产和销售产品或提供服务过程中发生的成本,包括直接成本和间接成本。它是与产生营业收入直接相关的费用,通常用 C 表示。

3. 营业利润

营业利润(operating profit)又称毛利润,是企业在营业收入扣除营业成本后获得的净利润。它反映了企业在经营活动中的盈利能力,通常用 OP 表示。其计算公式为:

$$OP = R - C$$

4. 净利润

净利润(net profit)是企业在扣除营业利润外的其他费用和税收后获得的最终净利润。它反映了企业的整体盈利能力,通常用 NP 表示。其计算公式为:

$$NP = OP - X$$

其中,X 表示其他费用和税收的总额。

5. 综合收益

综合收益(comprehensive income)是企业在一定会计期间内的综合盈利情况,包括除了净利润之外的其他收入和支出。综合收益反映了企业除经营活动外其他因素对盈利的影响,通常用 CI 表示。

6. 综合收益总额

综合收益总额（total comprehensive income）是企业在一定会计期间内的总体盈利情况，是净利润和综合收益之和，通常用 TCI 表示。其计算公式为：

$$TCI = NP + CI$$

综上所述，利润表的基本公式包括营业利润、净利润和综合收益总额等关键指标，这些指标反映了企业在一定会计期间内的盈利情况和经营绩效。深入理解这些公式对于财务分析和决策具有重要意义。

（三）利润表基本结构分析的操作步骤

步骤一，获取利润表数据。从企业的财务报表中获取利润表数据，包括营业收入、营业成本、营业利润等。

步骤二，审查利润表基本结构。仔细审查利润表的基本结构，包括主要的收入和费用项目，了解每个项目的含义和计算方法。

步骤三，计算关键指标。根据利润表数据，计算关键的财务指标，如毛利润率、净利润率等，以便更好地评估企业的盈利能力和经营状况。

步骤四，进行趋势分析。比较不同会计期间的利润表数据，进行趋势分析，评估企业的盈利能力和经营状况的变化趋势。

步骤五，进行比较分析。将企业的利润表数据与同行业其他企业或历史数据进行比较，评估企业在行业内的竞争地位和盈利水平。

步骤六，编制利润表分析报告。根据对利润表数据的分析结果，编制利润表分析报告，总结企业的盈利情况、经营绩效和存在的问题，并提出改进建议。

【例题 4-2】 盛达零售连锁有限公司（以下简称盛达公司）是一家零售企业。盛达公司 2023 年和 2022 年的利润表数据如表 4-3 所示。

表 4-3 盛达公司 2023 年和 2022 年的利润表数据　　　　　　　　　　单位：万元

项目	2023 年	2022 年
营业收入	2 500	2 200
营业成本	1 500	1 300
营业利润	1 000	900

要求：根据表 4-3 中的数据，分析盛达公司的利润表。

【解析】

（1）营业收入增长。2023 年盛达公司的营业收入较 2022 年有所增长，说明公司销售额有所提升，可能是由于市场需求增加或公司开展了更多的促销活动。

（2）营业成本增加。尽管盛达公司 2023 年的营业收入增加，但营业成本也有所增加，导致营业利润增长幅度较小，可能是由于原材料价格上涨或生产成本增加等。

（3）盈利能力提升。尽管 2023 年营业成本增加，但盛达公司的营业利润仍有所增长，表明公司的盈利能力有所提升，可能是由于管理效率的改善或产品销售结构的优化。

（4）趋势分析。通过比较盛达公司的 2022 年和 2023 年的利润表数据，可以发现营业收入、营业成本和营业利润均呈现增长趋势,但增长幅度有所不同。这需要公司进一步深入分析,找出增长的主要原因并制订相应的战略。

二、利润表的项目分析

(一)经常性损益项目分析

1. 营业收入

营业收入是指企业在正常经营活动中获得的收入总额,它直接反映了企业的销售业绩和市场表现。营业收入包括主营业务收入和其他业务收入。

1)形成方式

(1)主营业务收入。主营业务收入是企业主要产品或服务销售带来的收入,通常通过销售商品、提供服务等方式形成。主营业务收入的增长通常与企业的核心竞争力、市场需求、产品质量、价格策略等因素密切相关。

(2)其他业务收入。其他业务收入是企业非主营业务活动带来的收入,包括利息收入、租金收入、投资收益等。这些收入通常是企业多元化经营、资产租赁、投资等活动的结果。

2)分析方法

(1)主营业务收入分析:①趋势分析。比较不同期间的主营业务收入数据,分析其增长趋势,了解企业产品或服务销售情况的变化趋势,以及市场需求的变化。②市场比较分析。将企业的主营业务收入与同行业其他企业进行比较,了解企业在行业内的市场地位和竞争力,分析其收入水平的优势和劣势。

(2)其他业务收入分析:①业务来源分析。分析其他业务收入的来源,包括利息收入、租金收入、投资收益等,了解各项收入的构成,判断其稳定性和可持续性。②收入占比分析。计算其他业务收入在总营业收入中的占比,评估其对企业整体收入的贡献程度,判断企业多元化经营的效果。

3)操作步骤

主营业务收入分析:

步骤一,获取数据。从企业财务报表中获取主营业务收入数据,包括各会计期间的收入总额。

步骤二,趋势分析。比较不同会计期间的主营业务收入数据,计算其增长率,分析其增长趋势,了解企业产品销售情况的变化。

步骤三,市场比较分析。将企业主营业务收入与同行业其他企业进行对比,了解市场竞争情况,评估企业在行业内的地位。

其他业务收入分析:

步骤一,获取数据。从企业财务报表中获取其他业务收入数据,了解各项收入的来源和金额。

步骤二,业务来源分析。分析其他业务收入的来源,包括利息收入、租金收入、投资收益等,了解各项收入的构成。

步骤三,收入占比分析。计算其他业务收入在总营业收入中的占比,评估其对企业整体收入的贡献程度。

4) 金额多或少的影响

(1) 金额多的影响。主营业务收入增加可能意味着产品需求增加或市场份额扩大，而其他业务收入增加可能表明企业多元化经营效果良好或资产投资收益增加。

(2) 金额少的影响。主营业务收入减少可能表明市场竞争激烈或存在产品质量问题，其他业务收入减少可能表明企业多元化经营效果不佳或投资收益下降。

2. 营业成本

营业成本是指企业在生产或提供产品或服务的过程中直接发生的成本，包括主营业务成本和其他业务成本。

1) 形成方式

(1) 主营业务成本。主营业务成本是企业在生产或提供主营业务产品或服务的过程中直接发生的成本，包括原材料成本、直接人工成本、制造费用等。这些成本直接与主营业务的生产和销售相关。

(2) 其他业务成本。其他业务成本是企业在非主营业务活动中发生的成本，通常包括销售费用、管理费用、财务费用等。这些成本反映了企业经营管理的日常开支，与主营业务无直接关系。

2) 分析方法

(1) 主营业务成本分析：①成本构成分析。分析主营业务成本的构成，包括原材料成本、直接人工成本、制造费用等，了解各项成本占比情况。②成本效益分析。分析主营业务成本与销售收入之间的关系，计算成本收入比等指标，评估企业的成本效益。

(2) 其他业务成本分析：①业务相关性分析。分析其他业务成本与非主营业务活动的关联程度，了解各项成本与业务活动的直接关系。②成本控制分析。分析其他业务成本的增减变化，评估企业对非主营业务成本的控制效果，寻找降低成本的策略和措施。

3) 操作步骤

主营业务成本分析：

步骤一，获取数据。从企业财务报表中获取主营业务成本数据，包括各会计期间的成本总额及成本构成的详细数据。

步骤二，成本构成分析。对主营业务成本的构成进行分析，包括原材料成本、直接人工成本、制造费用等，计算各项成本在总成本中的占比。

步骤三，成本效益分析。将主营业务成本与相应的销售收入进行对比，计算成本收入比等指标，评估企业的成本效益情况。

其他业务成本分析：

步骤一，获取数据。从企业财务报表中获取其他业务成本数据，了解各项成本的金额和构成。

步骤二，业务相关性分析。分析其他业务成本与非主营业务活动的关联程度，判断各项成本与业务活动的直接关系。

步骤三，成本控制分析。分析其他业务成本的增减变化趋势，评估企业对非主营业务成本的控制效果，寻找降低成本的策略和措施。

4) 金额多或少的影响

(1) 金额多的影响。主营业务成本增加可能反映了原材料价格上涨或生产成本增加，其他业务成本增加可能是企业经营规模扩大或经营活动增加导致的。

(2) 金额少的影响。主营业务成本减少可能表明成本控制效果良好或生产效率提高，其他业务成本减少可能反映了企业对管理费用的有效控制。

3. 税金及附加

税金及附加是指企业在经营过程中应向政府部门缴纳的各类税费，包括所得税、城市维护建设税等。这些税费是企业必须承担的成本，直接影响了企业的净利润。

1) 形成方式

税金及附加的形成方式主要是企业根据国家税法规定，按照其应纳税的项目和税率计算并缴纳相应的税金和附加。税金及附加的种类和计算方式因国家法律法规而异，通常根据企业的销售收入、利润额或经营活动的性质等因素确定。

2) 分析方法

(1) 种类分析。对税金及附加的种类进行分析，包括所得税、城市维护建设税等，了解各项税费的构成。

(2) 税费负担分析。分析税金及附加在企业总成本中所占比例，计算税费负担率，评估税费对企业利润的影响程度。

3) 操作步骤

步骤一，获取数据。从企业财务报表中获取税金及附加的相关数据，包括各项税费的金额和种类。

步骤二，税费种类识别。根据数据识别税金及附加的具体种类，如增值税、所得税、城市维护建设税等。

步骤三，计算税费负担率。将税金及附加的总金额与企业总收入或净利润进行对比，计算税费负担率，即税金及附加占企业总收入或净利润的比例。

步骤四，影响因素分析。分析税费负担率的变化趋势，结合企业经营活动和税收政策的变化，评估各项税费对企业利润的影响程度。

4) 金额多或少的影响

(1) 金额多的影响。税金及附加金额增加可能是税收政策变化、企业利润增加或税率提高所致，这会降低企业净利润，增加财务成本。

(2) 金额少的影响。税金及附加金额减少可能是税收优惠政策、企业亏损或税率调整所致，这会提高企业净利润，降低财务成本。

4. 期间费用

期间费用是指企业在一定会计期间内发生的与经营活动直接相关的费用，主要包括销售费用、管理费用、财务费用等。这些费用反映了企业经营管理的日常开支。

1) 形成方式

期间费用主要是由企业在日常经营管理过程中产生的各项费用形成，包括人工成本、行政费用、利息支出等。这些费用通常与企业的经营活动和管理水平密切相关。

2) 分析方法

(1) 费用构成分析。分析各项期间费用的构成，包括人工成本、行政费用、利息支出等，了解各项费用的具体内容和占比情况。

(2) 费用效益分析。分析各项期间费用与企业经营业绩的关系，评估费用支出对企业利润的影响程度,判断费用的合理性和效益性。

3) 操作步骤

步骤一,费用构成分析:①获取数据。从企业财务报表中获取销售费用、管理费用、财务费用等期间费用的相关数据,包括各项费用的金额和构成。②费用分类识别。根据数据识别出各项期间费用的具体分类,如销售费用、管理费用、财务费用等。

步骤二,费用效益分析:①计算费用比例。将各项期间费用与企业总收入或净利润进行对比,计算费用占比,评估各项费用对企业财务状况的影响程度。②费用变化趋势分析。分析各项期间费用的变化趋势,了解费用支出的增减情况,评估费用管理的效果。

4) 金额多或少的影响

(1) 金额多的影响。期间费用增加可能是企业业务规模扩大、管理费用增加或利息支出增加所致,这可能会降低企业净利润,增加财务压力。

(2) 金额少的影响。期间费用减少可能是费用管控效果好、业务成本降低或利息支出减少所致,这可能会提高企业净利润,降低财务风险。

5. 所得税费用

所得税费用是指企业经营利润应交纳的所得税。它直接影响了企业的净利润和现金流,因此对其进行合理的分析和管理至关重要。

1) 形成方式

所得税费用的形成方式主要是企业根据国家税法规定,按照其应纳税的所得额和税率计算并缴纳相应的所得税。所得税的计算通常基于企业的利润额,根据税法规定的税率计算应缴纳的税额。

2) 分析方法

(1) 税法遵从性分析。分析企业的所得税计算是否符合国家税法规定,包括所得额的计算、税率的确定等,以确保企业的税务处理合规。

(2) 税负比率分析。计算所得税费用占净利润的比例,即税负比率,评估所得税对企业净利润的影响程度。

3) 操作步骤

步骤一,税法遵从性分析:①获取数据。从企业财务报表中获取所得税费用的相关数据,包括税前利润、应纳税所得额、税率等。②税法规定核对。根据国家税法规定,核对企业的所得税计算是否符合规定,包括计算所得额、确定适用税率等。

步骤二,税负比率分析:①计算税负比率。将所得税费用与企业的净利润进行对比,计算税负比率,即所得税费用占净利润的比例。②影响因素分析。分析税负比率的变化趋势,结合企业经营活动和税收政策的变化,评估所得税费用对企业净利润的影响程度。

4) 金额多或少的影响

(1) 金额多的影响。所得税费用增加可能是企业利润增加或税率提高所致,这会降低企业净利润,增加财务成本。

(2) 金额少的影响。所得税费用减少可能是税收优惠政策、企业亏损或税率调整所致,这会提高企业的净利润,降低财务成本。

(二) 非经常性损益项目分析

非经常性损益项目通常对企业的财务状况产生短期影响,需要额外关注和分析。

1. 投资收益

投资收益是指企业通过持有其他企业的股权、债权或其他金融资产而获得的收益,这些收益通常与企业的主营业务无直接关联,属于非经常性收益项目。

1) 形成方式

(1) 股权投资收益。企业通过购买其他企业的股权,如股票、股权投资基金等,获得其他企业的分红或股价增值带来的收益。

(2) 债权投资收益。企业通过购买债券等债权工具,获得利息收入或债券价格上涨带来的收益。

(3) 其他金融资产投资收益。包括持有证券、期货、外汇等金融资产所获得的利息、股息、汇兑收益等。

2) 分析方法

(1) 收益来源分析。对投资收益的来源进行分析,包括股权投资收益、债权投资收益、其他金融资产投资收益等,了解各种投资方式对企业收益的贡献。

(2) 收益率分析。计算投资收益的收益率,即投资收益与投资金额的比率,评估投资的效益和风险。

3) 操作步骤

步骤一,收益来源分析:①获取数据。从企业财务报表或投资组合报告中获取投资收益的相关数据,包括收益金额和来源。②投资分类。将投资收益按照不同的投资方式进行分类,如股权投资、债权投资、其他金融资产投资等。

步骤二,收益率分析:①计算收益率。根据投资收益和投资金额计算收益率,即投资收益与投资金额的比率,分析投资的效益水平。②风险评估。结合投资收益率和投资风险,评估投资的风险收益比,以确定投资是否符合企业的投资策略和风险偏好。

4) 金额多或少的影响

(1) 金额多的影响。投资收益增加可能是投资项目的盈利能力提高或投资市场行情好所致,这会增加企业的非经常性收入,提高财务绩效。

(2) 金额少的影响。投资收益减少可能是投资项目的盈利能力下降或投资市场行情不佳所致,这会减少企业的非经常性收入,对财务绩效产生不利影响。

2. 资产减值损失

资产减值损失是指企业因外部环境变化或内部因素导致资产的账面价值高于其可收回金额而产生的损失。这种损失通常是一次性的、非经常性的支出,但会直接影响企业的财务状况和偿债能力。

1) 形成方式

(1) 市场价值下跌。资产的市场价值下跌导致其账面价值高于可收回金额,如固定资产、存货等。

(2) 经营业绩恶化。企业的经营业绩下滑导致相关资产未来收益能力下降,使其账面价值需要减值。

2) 分析方法

(1) 资产评估分析。对资产进行评估,确定其可收回金额,分析资产减值的可能性和程度。

(2) 业务前景分析。分析企业的经营业绩及未来业务前景,评估资产减值的风险和影响。

3) 操作步骤

步骤一,资产评估分析:①获取数据。从企业财务报表中获取相关资产的账面价值和市场价值等数据,以及企业的经营业绩数据。②资产评估。对资产进行评估,确定其可收回金额,即预计未来现金流量的现值,以判断是否存在资产减值的迹象。

步骤二,业务前景分析:①分析业务前景。结合企业的经营业绩和未来业务前景,评估资产减值的风险和影响,判断资产减值是否会影响企业的盈利能力和偿债能力。②制订应对措施。若存在资产减值的迹象,企业应及时制定相应的应对措施,如调整资产结构、减少相关投资等,以降低资产减值带来的影响。

4) 金额多或少的影响

(1) 金额多的影响。资产减值损失金额增加可能是市场价值下跌或企业经营业绩恶化所致,这会减少企业的净资产和净利润,影响企业的盈利能力和偿债能力。

(2) 金额少的影响。资产减值损失金额减少可能是资产价值稳定或企业经营业绩改善所致,这会增加企业的净资产和净利润,提高企业的盈利能力和偿债能力。

3. 公允价值变动损益

公允价值变动损益是指企业持有的金融资产、金融负债或投资性房地产等项目的公允价值因市场波动而产生的变动所导致的损益。这种损益通常是非经常性的,与企业主营业务无直接关系,但会直接影响企业的财务状况和经营绩效。

1) 形成方式

(1) 金融资产和金融负债的公允价值变动。它包括股票、债券、期货、外汇等金融资产和金融负债的市场价值波动所导致的损益。

(2) 投资性房地产的公允价值变动。投资性房地产的市场价值波动所导致的损益,如房地产市场价格上涨或下跌。

2) 分析方法

(1) 市场趋势分析。分析市场对相关资产的预期和趋势,评估公允价值变动的可能性和程度。

(2) 风险管理分析。评估公允价值变动对企业的财务状况和经营绩效的影响,制订相应的风险管理策略。

3) 操作步骤

步骤一,市场趋势分析:①获取数据。从市场报价、交易记录等渠道获取相关资产的市场价值数据,包括投资性房地产、金融资产等。②市场趋势分析。分析市场对相关资产的预期和趋势,评估市场价格的变动对公允价值的影响程度,判断公允价值变动损益的可能性和程度。

步骤二,风险管理分析:①评估风险。结合市场趋势分析和企业的资产配置情况,评估公允价值变动对企业的财务状况和经营绩效的影响,确定风险的程度和影响范围。②制订应对策略。根据风险评估结果,制订相应的风险管理策略,包括对冲操作、资产配置调整等,以降低公允价值变动损益对企业的影响。

4) 金额多或少的影响

(1) 金额多的影响。公允价值变动损益金额增加可能是相关资产的市场价值上涨所致,这会增加企业的非经常性收益,提高企业的盈利能力。

(2) 金额少的影响。公允价值变动损益金额减少可能是相关资产的市场价值下跌所致,这会减少企业的非经常性收益,影响企业的盈利能力。

4. 营业外收入与营业外支出

营业外收入与营业外支出是指企业在日常经营以外的业务活动中发生的收入和支出。这些项目通常是非经常性的,与企业主营业务关系较远,但对企业财务状况产生直接影响。

1) 形成方式

(1) 营业外收入的形成方式包括处置非流动性资产,如出售固定资产、股权等;利息、股利收入,即通过持有其他企业的债权、股权而获取的利息和股利收入;政府补助,即政府为鼓励企业发展而提供的财政支持。

(2) 营业外支出的形成方式包括处置非流动性资产,如清理不再使用的固定资产;罚款和赔偿,因违规行为或法律诉讼而产生的罚款和赔偿支出;资产减值损失,资产价值下跌而导致的减值损失。

2) 分析方法

(1) 业务性质分析。分析营业外收入与营业外支出的具体业务性质,了解其来源和性质。

(2) 财务影响分析。评估营业外收入与营业外支出对企业财务状况的影响,包括对净利润、资产负债表等的影响。

3) 操作步骤

步骤一,业务性质分析:①获取数据。从企业财务报表中获取营业外收入与营业外支出的相关数据,包括金额和具体业务性质。②业务分类。将营业外收入与营业外支出进行分类,如处置资产收入、政府补助、罚款支出、资产减值损失等。

步骤二,财务影响分析:①计算影响。计算营业外收入与营业外支出对企业净利润的影响程度,分析其对财务指标的影响。②趋势分析。结合历史数据,分析营业外收入与营业外支出的变化趋势,评估企业的经营状况和风险。

4) 金额多或少的影响

(1) 金额多的影响。营业外收入增加可能是处置资产、政府补助等增加所致,这会提高企业的净利润和现金流入。而营业外支出增加可能是罚款、赔偿等支出增加所致,这会降低企业的净利润和现金流出。

(2) 金额少的影响。营业外收入减少可能是处置资产、政府补助等减少所致,这会降低企业的净利润和现金流入。而营业外支出减少可能是罚款、赔偿减少所致,这会提高企业的净利润和现金流出。

(三) 综合性损益项目分析

综合性损益项目包括营业利润、利润总额和净利润等重要财务指标,它们反映了企业在一定时期内经营活动所产生的盈利状况。

1. 营业利润

营业利润是指企业在正常经营活动中所取得的净利润,是企业核心经营活动所产生的盈利能力的体现。

1) 形成方式

营业利润的计算公式如下：

$$营业利润＝营业收入－营业成本－销售费用－管理费用－财务费用$$

2) 分析方法

（1）销售收入分析。分析销售收入的来源、构成和增长趋势，评估企业的销售业绩。

（2）成本费用分析。分析营业成本和营业费用的构成和变动情况，找出影响成本费用的因素。

3) 操作步骤

步骤一，销售收入分析：①获取销售数据。从企业财务报表或销售报表中获取销售收入数据，包括总销售额和销售量。②销售收入构成分析。对销售收入进行分类，如按产品线、客户类型等，以了解不同销售渠道和产品的贡献情况。

步骤二，成本费用分析：①获取成本费用数据。从企业财务报表或成本费用明细表中获取营业成本和营业费用的数据，包括原材料成本、人工成本、销售费用、管理费用等。②成本费用构成分析。对营业成本和营业费用进行分类和分解，分析各项成本费用的构成比例和变动情况，找出成本费用增减的原因。

4) 金额多或少的影响

（1）金额多的影响。营业利润增加可能是销售收入增加或成本费用降低所致，这会提高企业的盈利能力和经营效益。

（2）金额少的影响。营业利润减少可能是销售收入减少或成本费用增加所致，这会降低企业的盈利能力和经营效益。

2. 利润总额

利润总额是指企业在扣除各项税金及附加之前的总利润，是企业经营活动所产生的全部盈利额。

1) 形成方式

利润总额的计算公式如下：

$$利润总额＝营业利润＋投资收益＋营业外收入－营业外支出$$

2) 分析方法

（1）营业利润分析。分析营业利润的构成和变动情况，评估企业的核心经营活动盈利能力。

（2）营业外收入与营业外支出分析。分析营业外收入和营业外支出的来源和影响因素，评估其对利润总额的影响。

3) 操作步骤

步骤一，营业利润分析：①获取营业利润数据。从企业财务报表中获取营业利润数据，包括营业利润的金额和构成。②分析营业利润构成。将营业利润进行分类，如按产品线分类、按地区分类等，以了解不同业务板块的盈利能力和贡献。

步骤二，营业外收入与营业外支出分析：①获取营业外收入与营业外支出数据。从企业财务报表中获取营业外收入和营业外支出的数据，包括金额和具体业务性质。②分析营业外收入与营业外支出的影响。对营业外收入和营业外支出进行分析，分析其对利润总额的影响,评估其对企业盈利能力的影响程度。

4) 金额多或少的影响

(1) 金额多的影响。利润总额增加可能是营业利润增加或营业外收入增加所致,这会提高企业的净利润和经营效益。

(2) 金额少的影响。利润总额减少可能是营业利润减少或营业外支出增加所致,这会降低企业的净利润和经营效益。

3. 净利润

净利润是指企业在扣除各项费用和税金之后的实际盈利额。它是企业最终的利润指标,直接反映了企业的盈利能力和经营效益。

1) 形成方式

净利润的计算公式如下:

$$净利润 = 利润总额 - 所得税费用$$

2) 分析方法

(1) 利润总额分析。分析利润总额的构成和变动情况,评估企业的核心经营盈利能力。

(2) 所得税费用分析。分析所得税费用的构成和影响因素,评估其对净利润的影响程度。

3) 操作步骤

步骤一,利润总额分析:①获取利润总额数据。从企业财务报表中获取利润总额数据,包括利润总额的金额和构成。②分析利润总额构成。将利润总额进行分类,如按业务板块、产品线等,以了解不同业务部门对利润总额的贡献情况。

步骤二,所得税费用分析:①获取所得税费用数据。从企业财务报表或税务报表中获取所得税费用数据,包括金额和纳税情况。②分析所得税费用构成。对所得税费用进行分析,了解其构成和影响因素,评估其对净利润的影响程度。

4) 金额多或少的影响

(1) 金额多的影响。净利润增加可能是利润总额增加或所得税费用减少所致,这会提高企业的净利润和盈利能力。

(2) 金额少的影响。净利润减少可能是利润总额减少或所得税费用增加所致,这会降低企业的净利润和盈利能力。

例如,一家企业在某季度的利润总额减少了5%,同时所得税费用增加了10%。在此情况下,尽管利润总额减少了,但由于所得税费用的增加,净利润可能会下降更多,这会对企业的财务状况产生不利影响。

第三节 大数据在利润表分析中的应用

一、大数据在利润表分析中的作用

大数据技术在利润表分析中的应用可以为财务分析师和企业管理者提供更全面、更准确的数据支持,帮助他们更好地理解企业的盈利情况并制定相应的战略决策。

1. 数据采集与整合

企业利用大数据技术,可以自动采集、整合和处理企业数据,包括财务报表数据、交易数据、市场数据等。这些数据可以来自于企业内部系统、外部数据源,以及各种互联网渠道,使分析过程更加全面和深入。

2. 数据清洗与质量控制

大数据技术可以帮助企业清洗和修复数据中的错误和异常值,提高数据的质量和准确性。通过数据清洗和质量控制,可以有效地减少数据分析过程中的误差,保证分析结果的可靠性。

3. 预测分析与趋势预测

基于大数据技术的预测分析方法,可以利用历史数据和现有数据预测未来的利润走势和业绩表现。通过趋势预测,企业管理者可以及时发现潜在的风险和机会,作出相应的应对措施,保障企业的盈利能力。

4. 实时监控与反馈机制

大数据技术可以实现对企业利润状况的实时监控和分析,及时发现和解决问题。通过建立实时监控与反馈机制,企业管理者可以及时了解企业的盈利情况,作出及时的决策调整,提高企业的竞争力和盈利能力。

5. 可视化与报告分析

企业利用大数据技术,可以将利润表分析结果通过可视化的方式呈现,包括图表、报表、仪表盘等形式。通过可视化和报告分析,可以直观地展示企业的盈利情况和趋势,帮助管理者更好地理解数据,作出正确的决策。

二、大数据在利润表分析中的应用案例

(一) 利润表数据收集

利润表数据收集是利用各种途径和技术手段获取企业财务报表中的利润表数据的过程。它是进行利润表分析的首要步骤,数据的准确性和全面性对后续的分析工作至关重要。以下是利润表数据收集的一般步骤和方法。

1. 公司官方网站和证券交易所网站

公司官方网站上的投资者关系部分可以找到年报、季报等,这些财务报告包含利润表,可以将其下载下来进行分析。

证券交易所网站可以从披露选项里,找到上市公司披露的财务报告。如何从公司官网和证券交易所网站下载财务报告可参考项目三资产负债表。

2. 财务数据供应商

从专业的财务数据供应商那里找到利润表数据需要进行一系列的选择和购买过程,但这些供应商通常会提供丰富的数据和服务,帮助用户快速、方便地获取所需的财务信息。

步骤一,了解供应商的服务范围。有些供应商可能主要覆盖上市公司,而有些可能也包括了私营企业和中小型企业。

步骤二,浏览提供商网站。访问所选财务数据供应商的官方网站,浏览其提供的服务和产品。

步骤三,查询利润表数据。在供应商的网站或平台上,可以通过搜索或浏览财务报表相关的数据目录找到利润表数据。

步骤四,购买订阅服务。一般来说,用户需要购买相应的订阅服务才能获取财务数据。

步骤五,下载或访问数据。购买订阅服务后,用户可以通过供应商的网站或平台下载利润表数据,或者通过 API 接口访问数据。在获取数据时,需要注意数据的格式、范围和准确性。

3. 网络爬虫

可以通过上海证券交易所 XBRL 数据(http://listxbrl.sse.com.cn)采集上市公司行业财务报表。以下以下载佛山市海天调味食品股份有限公司(以下简称海天味业)利润表为例,介绍 A 股上市公司财务报表数据的获取。

步骤一,访问上海证交所网站。

步骤二,打开教学平台中的 Jupyter Notebook 工具,点击"file",进行新建,在[1]中输入代码。海天味业利润表的爬虫代码如图 4-1 所示。

```python
import csv
import requests

headers = {
    "Accept": "*/*",
    "Host": "listxbrl.sse.com.cn",
    "Content-Type":"application/x-www-form-urlencoded;charset=UTF-8",
    "Origin":"http://listxbrl.sse.com.cn",
    "Referer":"http://listxbrl.sse.com.cn/companyInfo/toCompanyInfo.do?stock_id=603288&report_period_id=5000",
    "User-Agent":"Mozilla/5.0 (Windows NT 10.0;WOW64) AppleWebKit/537.36 (KHTML, like Gecko) Chrome/86.0.4240.198 Safari/537.36",
    "X-Requested-With": "XMLHttpRequest"
}
reqData ={'report_year':'2021','stock_id':'603288','report_period_id':'5000'}#将对应股票代码修改为海天味业对应的股票代码
def get_data():
    url ="http://listxbrl.sse.com.cn/profit/showmap.do"
    content=requests.post(url=url,headers=headers,data=reqData).json()
    return content
def save_csv(data,path):
    name=["营业总收入(元)","营业收入(元)","金融资产利息收入(元)","已赚保费(元)","手续费及佣金收入(元)","营业总成本(元)",
          "营业成本(元)","金融资产利息支出(元)","手续费及佣金支出(元)","退保金(元)","赔付支出净额(元)","提取保险合同准备金净额(元)",
          "保单红利支出(元)","分保费用(元)","营业税金及附加(元)","销售费用(元)","管理费用(元)","财务费用(元)","资产减值损失(元)",
          "公允价值变动收益(元)","投资收益(元)","对联营企业和合营企业的投资收益(元)","汇兑收益(元)","营业利润(元)","营业外收入(元)",
          "营业外支出(元)","非流动资产处置净损失(元)","利润总额(元)","所得税(元)","净利润(元)","归属于母公司所有者的净利润(元)",
          "少数股东损益(元)","基本每股收益(元)","稀释每股收益(元)"]
    header_list=['指标/年份']
    for i in data["columns"][0]:
        header_list.append(i.get('title'))
    try:
        csvfile=open(path,"w",newline='',encoding='utf-8')
        writer=csv.writer(csvfile)
        writer.writerow(header_list)
        for index,num in enumerate(data['rows']):
            row_data=[]
            row_data.append(name[index])
            row_data.extend([num['value0'],num['value1'],
                            num['value2'],num['value3'],num['value4']])
            writer.writerow(row_data)
    except Exception as e:
        print("writer error==>",e)
save_csv(get_data(),"海天味业利润表.csv")#将贵州茅台修改为海天味业
print('爬取完成')
```

图 4-1 海天味业利润表的爬虫代码

步骤三,点击"运行"后,呈现运行结果。爬虫运行结果如图 4-2 所示。

	指标/年份	2021	2020	2019	2018	
1	营业总收入(元)	25,004,031,043.49	22,791,873,936.49	19,796,889,800.07	17,034,475,127.23	14,584,
2	营业收入(元)	25,004,031,043.49	22,791,873,936.49	19,796,889,800.07	17,034,475,127.23	14,584,
3	金融资产利息收入(元)	0	0	0	0	
4	已赚保费(元)	0	0	0	0	
5	手续费及佣金收入(元)	0	0	0	0	
6	营业总成本(元)	17,493,775,509.76	15,438,560,038.05	13,751,478,014.86	12,131,005,269.24	10,561,1
7	营业成本(元)	15,336,858,254.4	13,180,788,066.91	10,800,720,678.76	9,119,051,026.25	7,920,7
8	金融资产利息支出(元)	0	0	0	0	
9	手续费及佣金支出(元)	0	0	0	0	
10	退保金(元)	0	0	0	0	
11	赔付支出净额(元)	0	0	0	0	
12	提取保险合同准备金净...	0	0	0	0	
13	保单红利支出(元)	0	0	0	0	
14	分保费用(元)	0	0	0	0	
15	营业税金及附加(元)	218,259,965.29	211,339,161.22	203,349,591.81	189,988,335.01	159,
16	销售费用(元)	1,356,919,480.01	1,365,533,071.16	2,162,819,226.68	2,236,019,583.2	1,956,5
17	管理费用(元)	394,035,474.57	361,389,131.13	289,903,386.14	245,553,857.78	606,7
18	财务费用(元)	-584,217,366.43	-392,238,055.13	-292,740,159.04	-152,621,887.7	-82,0
19	资产减值损失(元)	0	0	-17,177,837.38	0	
20	公允价值变动收益(元)	128,204,782.84	138,909,941.49	172,686,041.08	0	
21	投资收益(元)	39,427,027.52	35,803,114.96	59,691,020.82	294,565,763.76	143,6
22	对联营企业和合营企业...	0	0	0	0	

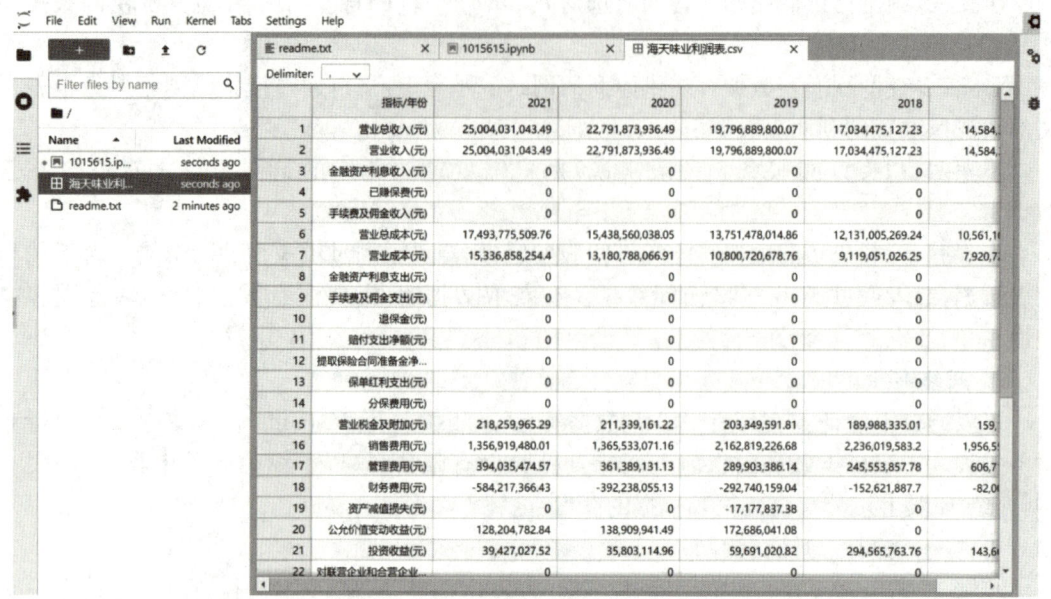

图 4-2　爬虫运行结果

步骤四，下载后通过 WPS 打开。海天味业利润表如图 4-3 所示。

	A	B	C	D	E	F
1	指标/年份	2021	2020	2019	2018	2017
2	营业总收入(元)	25, 004, 031, 043. 49	22, 791, 873, 936. 49	19, 796, 889, 800. 07	17, 034, 475, 127. 23	14, 584, 310, 896. 60
3	营业收入(元)	25, 004, 031, 043. 49	22, 791, 873, 936. 49	19, 796, 889, 800. 07	17, 034, 475, 127. 23	14, 584, 310, 896. 60
4	金融资产利息收入(元)	0	0	0	0	0
5	已赚保费(元)	0	0	0	0	0
6	手续费及佣金收入(元)	0	0	0	0	0
7	营业总成本(元)	17, 493, 775, 509. 76	15, 438, 560, 038. 05	13, 751, 478, 014. 86	12, 131, 005, 269. 24	10, 561, 100, 402. 42
8	营业成本(元)	15, 336, 858, 254. 40	13, 180, 788, 066. 91	10, 800, 720, 678. 76	9, 119, 051, 026. 25	7, 920, 728, 043. 51
9	金融资产利息支出(元)	0	0	0	0	0
10	手续费及佣金支出(元)	0	0	0	0	0
11	退保金(元)	0	0	0	0	0
12	赔付支出净额(元)	0	0	0	0	0
13	提取保险合同准备金净额(元)	0	0	0	0	0
14	保单红利支出(元)	0	0	0	0	0
15	分保费用(元)	0	0	0	0	0
16	营业税金及附加(元)	218, 259, 965. 29	211, 339, 161. 22	203, 349, 591. 81	189, 988, 335. 01	159, 108, 075. 40
17	销售费用(元)	1, 356, 919, 480. 01	1, 365, 533, 071. 16	2, 162, 819, 226. 68	2, 236, 019, 583. 20	1, 956, 552, 214. 37
18	管理费用(元)	394, 035, 474. 57	361, 389, 131. 13	289, 903, 386. 14	245, 553, 857. 78	606, 716, 187. 95
19	财务费用(元)	-584, 217, 366. 43	-392, 238, 055. 13	-292, 740, 159. 04	-152, 621, 887. 70	-82, 004, 118. 81
20	资产减值损失(元)	0	0	-17, 177, 837. 38	0	0
21	公允价值变动收益(元)	128, 204, 782. 84	138, 909, 941. 49	172, 686, 041. 08	0	0
22	投资收益(元)	39, 427, 027. 52	35, 803, 114. 96	59, 691, 020. 82	294, 565, 763. 76	143, 663, 576. 05
23	对联营企业和合营企业的投资收益(元)	0	0	0	0	0
24	汇总收益(元)	0	0	0	0	0

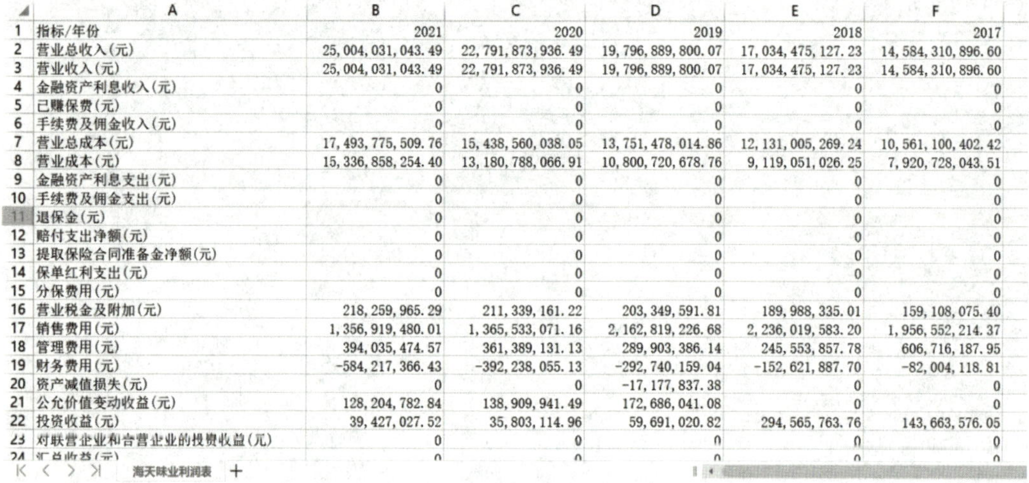

图 4-3　海天味业利润表

（二）利润表数据预处理

对下载的利润表进行数据预处理后，才能进行下一步分析。打开利润表后发现利息收入列存在空白值，并且字段的类型需要设置为数字。处理步骤如下：

步骤一，打开大数据分析平台，点击“仪表板”—“数据源”—“缓存数据集”，对“利润表2020QX”进行数据清理。数据源中的缓存数据集如图 4-4 所示，利润表数据如图 4-5 所示。

项目四 利润表分析

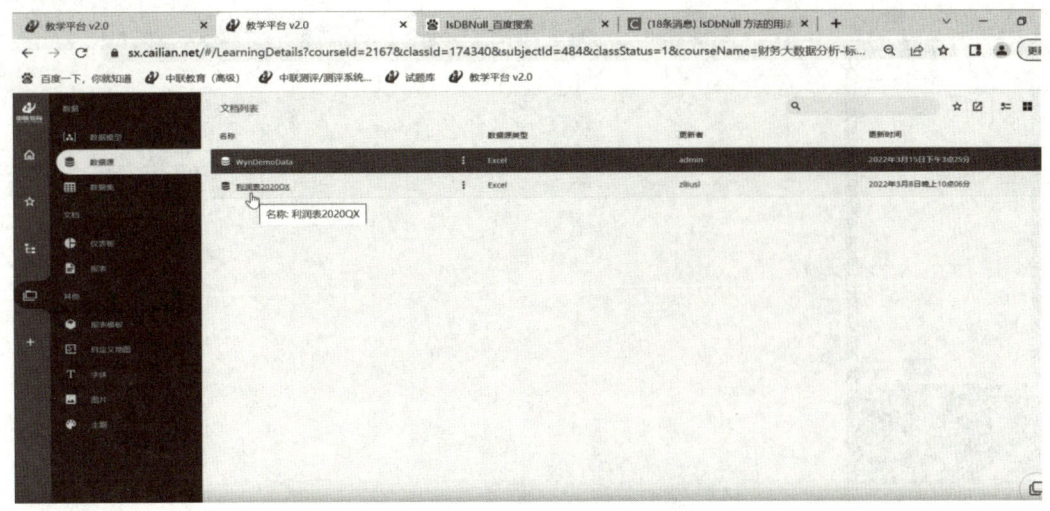

图 4-4 数据源中的缓存数据集

管理费用	研发费用	财务费用	财务费用:利息费用	财务费用:利息收入	资产减值损失	信用减值损失	其他业务成本
0000 66291000000	10086000000	9506000000	0		-26018000000	-2066000000	0
0000 55315000000	15746000000	24304000000	26528000000	3023000000	-23520000000	-341000000	0
000 28982939000	25522546000	7797699000	12423310000	3760919000	-328482000	-3341524000	0
1765510000...	0	0	0		0	77042000000	89621000000
1968480000...					202668000000	0	83243000000
000 22587118000	21837697000	5091680000	6467522000	2796493000	-5757741000	-2296106000	0
000 19038444000	18605952000	3252809000	5621495000	3684788000	-1023339000	-2701879000	0
211... 2181840498...	1339504438...	516918858.15	2179748060.66	2307766616.62	-3189619975.38	-1116245649.21	0
39714000000	0	0	0		12416000000	0	24018000000
1793080000...	0	0	0		0	193491000000	42050000000
1923480000...	0	0	0		0	164699000000	28926000000
1036890000...	0	0	0		3839000000	0	8521000000
351 19869751502	20093620466	8253809012	15960200189	10304778549	-341163890	-5309274652	0
1511490000...	0	0	0		0	118381000000	44770...

图 4-5 利润表数据

步骤二,点击"＋"创建文档,选择仪表板下准备数据,选择"创建缓存数据集",选择相关数据源,点击"确定"。创建缓存数据集如图 4-6 所示。

步骤三,把"利润表 2020"拖拽到设计区域,点击"字段列表"—"更多"—"添加计算字段"。添加计算字段如图 4-7 所示。

135

图 4-6 创建缓存数据集

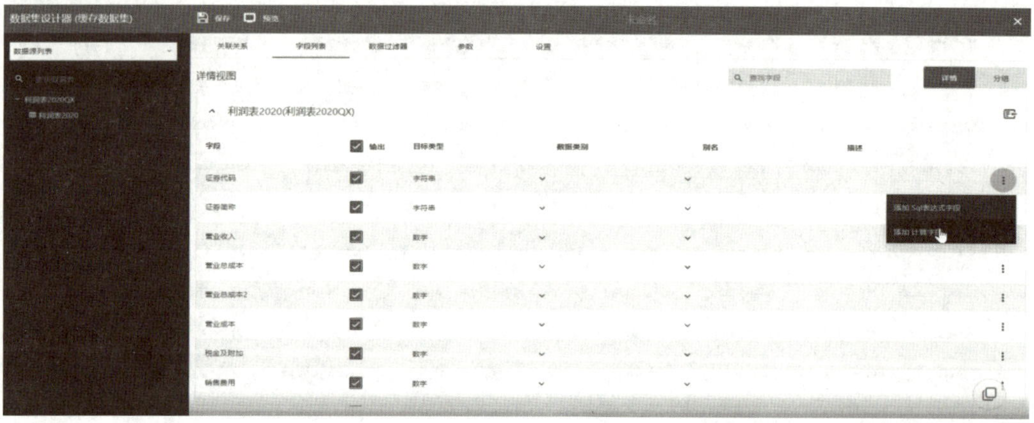

图 4-7 添加计算字段

步骤四,通过新增计算字段利息收入,字段类型设置为数字,在进行空白值替换时使用公式"IIF(IsDBNull([财务费用:利息收入]) or len([财务费用:利息收入])=0 or len([财务费用:利息收入])=1,0,[财务费用:利息收入])",点击"保存"。添加公式如图 4-8 所示。

其他的数据预处理方式可参考资产负债表的数据预处理方式。

(三) 数据可视化

本节使用中联大数据分析平台进行数据可视化,也可使用 Excel。

1. 利润表水平分析

1) 计算差额及变动率

步骤一,将康佳医疗 2018—2020 年的利润表导入数据分析平台中,计算各项目的差额,计算公式为"差额=本期金额-上期金额"。差额计算函数如图 4-9 所示。

步骤二,计算各项目的变动率。计算公式为"变动率=差额÷上期金额"。变动率计算函数如图 4-10 所示。

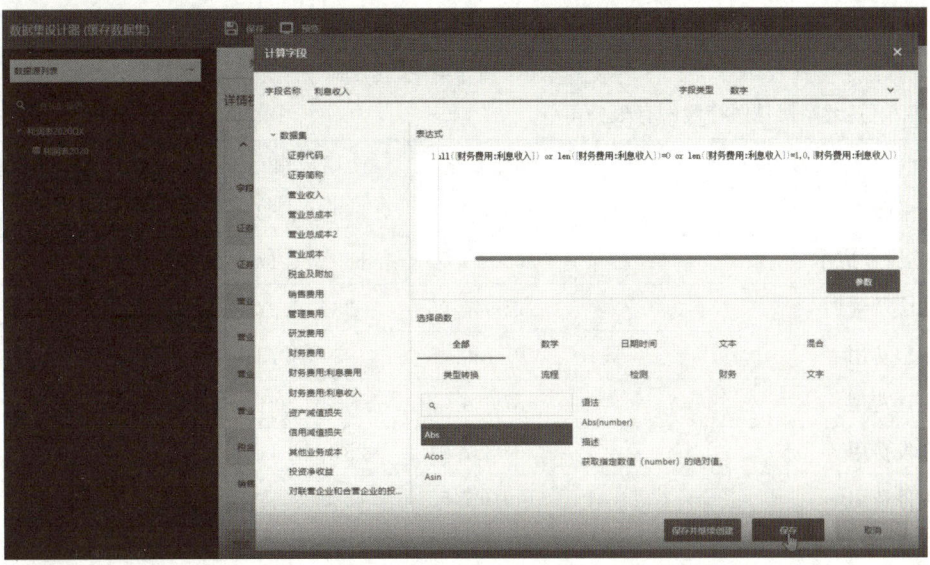

图 4-8 添加公式

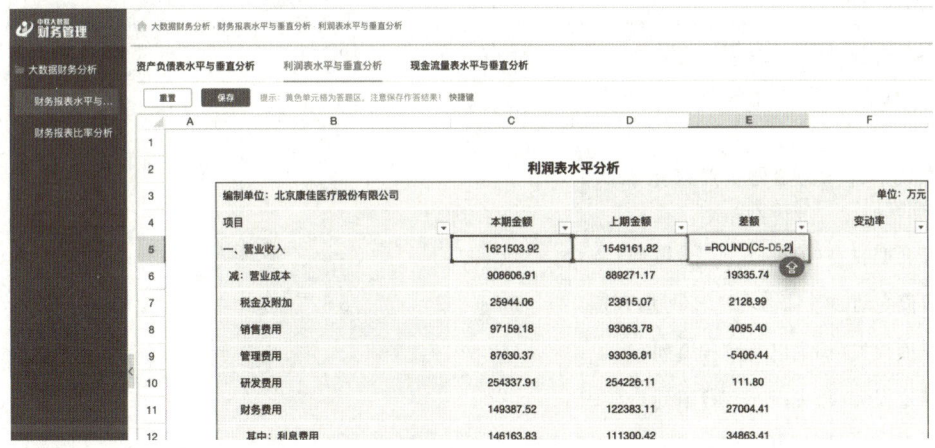

图 4-9 差额计算函数

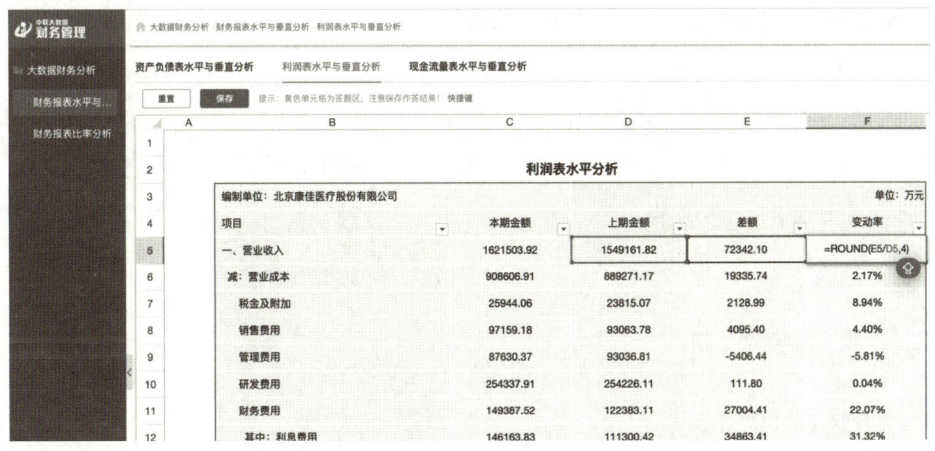

图 4-10 变动率计算函数

得出利润表水平分析如表4-4所示。

表4-4 利润表水平分析

编制单位：北京康佳医疗股份有限公司　　　　　　　　　　　　　　　　　　单位：万元

项目	本期金额	上期金额	差额	变动率
一、营业收入	1 621 503.92	1 549 161.82	72 342.10	4.67%
减：营业成本	908 606.91	889 271.17	19 335.74	2.17%
税金及附加	25 944.06	23 815.07	2 128.99	8.94%
销售费用	97 159.18	93 063.78	4 095.40	4.40%
管理费用	87 630.37	93 036.81	−5 406.44	−5.81%
研发费用	254 337.91	254 226.11	111.80	0.04%
财务费用	149 387.52	122 383.11	27 004.41	22.07%
其中：利息费用	146 163.83	111 300.42	34 863.41	31.32%
利息收入			0	0
加：其他收益	3 652.92	3 170.76	482.16	15.21%
投资收益(损失以"−"号填列)	14 225.13	16 531.60	−2 306.47	−13.95%
其中：对联营企业和合营企业的投资收益	10 273.02	12 422.48	−2 149.46	−17.30
以摊余成本计量的金融资产终止确认收益(损失以"−"号填列)			0	0
净敞口套期收益(损失以"−"号填列)			0	0
公允价值变动收益(损失以"−"号填列)	5 580.53	6 625.66	−1 045.13	−15.77%
信用减值损失(损失以"−"号填列)			0	0
资产减值损失(损失以"−"号填列)			0	0
资产处置收益(损失以"−"号填列)	−821.11	41.88	−862.99	−2 060.63%
二、营业利润(亏损以"−"号填列)	121 075.44	99 735.67	21 339.77	21.40%
加：营业外收入	3 287.99	1 906.87	1 381.12	72.43%
减：营业外支出	784.53	1 587.50	−802.97	−50.58%
三、利润总额(亏损总额以"−"号填列)	123 578.90	100 055.04	23 523.86	23.51%
减：所得税费用	71 906.83	69 902.49	2 004.34	2.87%
四、净利润(净亏损以"−"号填列)	51 672.07	30 152.55	21 519.52	71.37%
（一）持续经营净利润(净亏损以"−"号填列)	51 672.07	30 152.55	21 519.52	71.37%
（二）终止经营净利润(净亏损以"−"号填列)	0	0	0	0
五、其他综合收益的税后净额	0	0	0	0

(续表)

项目	本期金额	上期金额	差额	变动率
（一）不能重分类进损益的其他综合收益	0	0	0	0
……	0	0	0	0
（二）将重分类进损益的其他综合收益	0	0	0	0
……	0	0	0	0
六、综合收益总额	51 672.07	30 152.55	21 519.52	71.37％
七、每股收益	0	0	0	0
（一）基本每股收益	0	0	0	0
（二）稀释每股收益	0	0	0	0

2）利润表变动率分析

由表4-4可知，净利润增加21 519.52万元，变动率为71.37％，增长幅度较大，与2019年相比，2020年康佳医疗的营业收入、营业利润、利润总额、净利润都实现了增长，实现了较好的盈利。

根据表4-4，将变动率绝对值按照从大到小进行排序，点击Excel上的排序按钮。选出排名前3的变动项目，并罗列下来。影响利润总额的项目中变动率排名前3的项目如表4-5所示。

表4-5　影响利润总额的项目中变动率排名前3的项目　　　　　　　　　　　　单位：万元

序号	报表项目	本期数	上期数	变动率
1	资产处置收益	−821.11	41.88	−2 060.63％
2	营业外收入	3 287.99	1 906.87	72.43％
3	营业外支出	784.53	1 587.50	−50.58％

从表4-5可看出，资产处置收益大幅度降低，并由正值变为负值，说明可能公司经营能力下降，业绩出现下滑，导致公司收益下降；也可能公司经营能力没有下降，但净资产大幅增加。通过营业收入增加可以得出，公司经营能力并没有下降，说明净资产大幅增加。营业外收入大幅度提升，营业外支出大幅度下降，说明2020年主营业务之外的收入大幅度提升，营业外支出大幅度减少，这当然是好的现象。但需要进一步分析，营业外收入增加的因素是否稳定，是否可持续。

2. 利润表垂直分析

对利润表进行垂直分析，可以揭示各项利润及成本费用与收入的关系。

1）利润表垂直分析表计算

步骤一，计算利润表占营业收入的比重。计算公式为"结构＝各项目金额÷营业收入金额"。结构函数如图4-11所示。

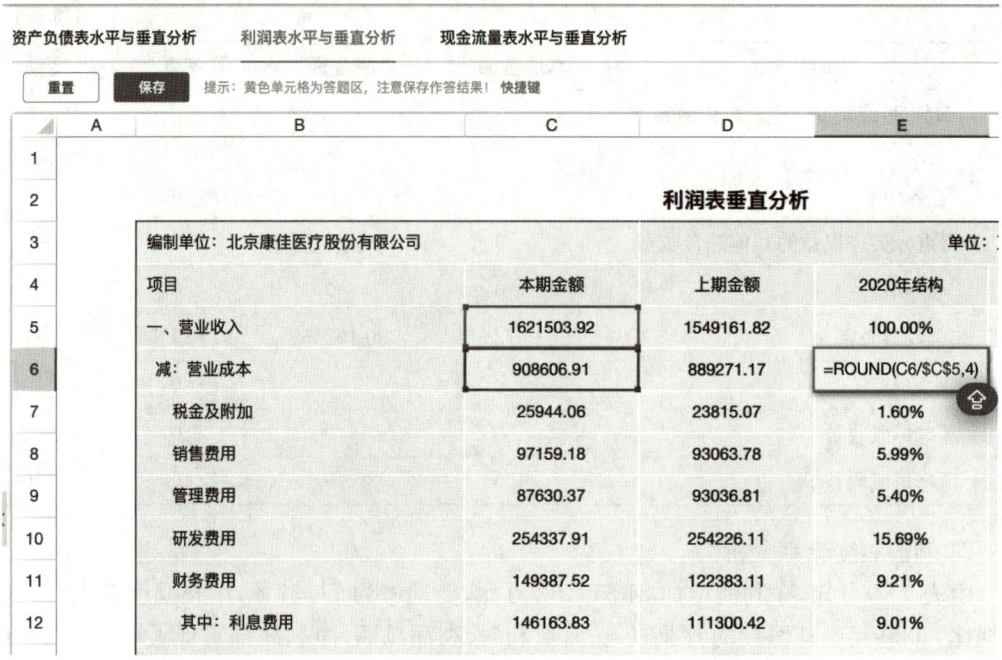

图 4-11 结构函数

步骤二,计算利润表中的结构变动,计算公式为"结构变动＝2020年结构－2019年结构"。变动函数如图 4-12 所示,利润表垂直分析如表 4-6 所示。

本期金额	上期金额	2020年结构	2019年结构	变动
1621503.92	1549161.82	100.00%	100.00%	0.00%
908606.91	889271.17	56.03%	57.40%	=ROUND(E6-F6,4)
25944.06	23815.07	1.60%	1.54%	0.06%
97159.18	93063.78	5.99%	6.01%	-0.02%
87630.37	93036.81	5.40%	6.01%	-0.61%
254337.91	254226.11	15.69%	16.41%	-0.72%
149387.52	122383.11	9.21%	7.90%	1.31%
146163.83	111300.42	9.01%	7.18%	1.83%
		0.00%	0.00%	0.00%

图 4-12 变动函数图

表 4-6 利润表垂直分析

编制单位：北京康佳医疗股份有限公司　　　　　　　　　　　　　　　　　　　单位：万元

项目	本期金额	上期金额	2020 年结构	2019 年结构	变动
一、营业收入	1 621 503.92	1 549 161.82	100.00%	100.00%	0
减：营业成本	908 606.91	889 271.17	56.03%	57.40%	−1.37%
税金及附加	25 944.06	23 815.07	1.60%	1.54%	0.06%
销售费用	97 159.18	93 063.78	5.99%	6.01%	−0.02%
管理费用	87 630.37	93 036.81	5.40%	6.01%	−0.61%
研发费用	254 337.91	254 226.11	15.69%	16.41%	−0.72%
财务费用	149 387.52	122 383.11	9.21%	7.90%	1.31%
其中：利息费用	146 163.83	111 300.42	9.01%	7.18%	1.83%
利息收入			0	0	0
加：其他收益	3 652.92	3 170.76	0.23%	0.20%	0.03%
投资收益（损失以"−"号填列）	14 225.13	16 531.60	0.88%	1.07%	−0.19%
其中：对联营企业和合营企业的投资收益	10 273.02	12 422.48	0.63%	0.80%	−0.17%
以摊余成本计量的金融资产终止确认收益（损失以"−"号填列）			0	0	0
净敞口套期收益（损失以"−"号填列）			0	0	0
公允价值变动收益（损失以"−"号填列）	5 580.53	6 625.66	0.34%	0.43%	−0.09%
信用减值损失（损失以"−"号填列）			0	0	0
资产减值损失（损失以"−"号填列）			0	0	0
资产处置收益（损失以"−"号填列）	−821.11	41.88	−0.05%	0	−0.05%
二、营业利润（亏损以"−"号填列）	121 075.44	99 735.67	7.47%	6.44%	1.03%
加：营业外收入	3 287.99	1 906.87	0.20%	0.12%	0.08%
减：营业外支出	784.53	1 587.50	0.05%	0.10%	−0.05%
三、利润总额（亏损总额以"−"号填列）	123 578.90	100 055.04	7.62%	6.46%	1.16%
减：所得税费用	71 906.83	69 902.49	4.43%	4.51%	−0.08%
四、净利润（净亏损以"−"号填列）	51 672.07	30 152.55	3.19%	1.95%	1.24%
（一）持续经营净利润（净亏损以"−"号填列）	51 672.07	30 152.55	3.19%	1.95%	1.24%
（二）终止经营净利润（净亏损以"−"号填列）	0	0	0	0	0
五、其他综合收益的税后净额	0	0	0	0	0

（续表）

项目	本期金额	上期金额	2020年结构	2019年结构	变动
（一）不能重分类进损益的其他综合收益	0	0	0	0	0
……	0	0	0	0	0
（二）将重分类进损益的其他综合收益	0	0	0	0	0
……		0	0	0	0	0
六、综合收益总额	51 672.07	30 152.55	3.19%	1.95%	1.24%
七、每股收益：	0	0	0	0	0
（一）基本每股收益	0	0	0	0	0
（二）稀释每股收益	0	0	0	0	0

2）利润表结构变动情况分析

由表4-6可知，营业利润、利润总额、净利润、综合收益总额在结构中的占比都提升了，说明与2019年相比，2020年康佳医疗的经营状况更为良好。营业成本、管理费用、研发费用都有所减少，一方面成本费用降低，说明公司管理效率提高，另一方面需要探索研发费用占比减少是否符合公司当前发展战略。2020年占营业收入比重排名前4的利润表项目如表4-7所示。

表4-7　2020年占营业收入比重排名前4的利润表项目　　　　　　　　　　　　　　单位：万元

序号	利润表项目	本期金额	本期结构	变动
1	营业成本	908 606.91	56.03%	−1.37%
2	研发费用	254 337.91	15.69%	−0.72%
3	财务费用	149 387.52	9.21%	1.31%
4	利润总额	123 578.90	7.62%	1.16%

根据表4-6，按照2020年各利润表项目占营业收入比重的绝对值由大到小进行排序，排名前4的项目为营业成本、财务费用、利润总额、研发费用。其中，营业成本占比降低说明管理效率提高；财务费用占比提升说明借款利息增加，结合资产负债表可知，主要是公司增加了长期借款所致，公司可进一步控制债务融资比重，提升利润；利润总额比重提升主要是因为营业利润占比提升，以及营业外收入的增加和营业外支出的减少，注意营业外收支的稳定性；研发费用占比减少，需要和公司发展战略相匹配。

3. 利润表趋势分析

根据企业连续几个阶段的利润表，进行指数计算，确定利润项目的变动趋势，对企业经营状况进行分析和预测。

步骤一，以营业收入为例，以2016年为基期，定基指数的计算公式为"定基指数＝某年营业收入÷2016年营业收入"；环比指数的计算公式为"环比指数＝某年营业收入÷上一年营业收入"。营业收入、利润总额及净利润项目趋势分析如表4-8所示。

表 4-8 营业收入、利润总额及净利润项目趋势分析　　　　　　　　　　单位：万元

项目	2016 年	2017 年	2018 年	2019 年	2020 年
营业收入	1 411 715.55	1 493 728.18	1 443 660.51	1 549 161.82	1 621 503.92
定基指数	100%	105.81%	102.26%	109.74%	114.86%
利润总额	99 482.99	100 001.21	108 478.65	100 055.04	123 578.90
定基指数	100%	100.52%	109.04%	100.58%	124.22%
净利润	28 816.38	29 786.44	30 456.50	30 152.55	51 672.07
环比指数	100%	103.37%	102.25%	99.00%	171.37%

步骤二，对营业收入、利润总额及净利润项目趋势进行分析。由表 4-8 可知，2016—2020 年营业收入、利润总额和净利润整体呈现上升趋势。其中 2018 年营业收入有所下降，可能受到了宏观环境的影响，商品的销售收入降低，但营业外收支的影响，让利润总额和净利润并没有下降。2019 年营业收入提高，但利润总额和净利润有所下降，可能由于营业外收支没有持续。康佳医疗 2020 年的营业收入、利润总额和净利润增长幅度最大，需要进一步分析原因。

课后练习题

一、单项选择题

1. 下列各项中,反映企业全部财务成果的指标是（　　）。
   A. 主营业务利润　　　　　　　　　B. 营业利润
   C. 利润总额　　　　　　　　　　　D. 净利润
2. 企业商品经营盈利状况最终取决于（　　）。
   A. 主营业务利润　　　　　　　　　B. 营业利润
   C. 利润总额　　　　　　　　　　　D. 投资收益
3. 销售品种构成变动会引起产品销售利润变动,主要是因为（　　）。
   A. 各种产品的价格不同
   B. 各种产品的单位成本不同
   C. 各种产品的单位利润不同
   D. 各种产品的利润率高低不同
4. 如果企业本年销售收入增长快于销售成本的增长,那么企业本年营业利润（　　）。
   A. 一定大于零
   B. 一定大于上年营业利润
   C. 一定大于上年利润总额
   D. 不一定大于上年营业利润
5. 下列各项中,影响产品价格高低的最主要因素是（　　）。
   A. 销售利润　　　　　　　　　　　B. 销售税金
   C. 产品成本　　　　　　　　　　　D. 财务费用

二、多项选择题

1. 下列各项中,影响主营业务利润的基本因素有（　　）。
   A. 销售量　　　　　　　　　　　　B. 单价
   C. 期间费用　　　　　　　　　　　D. 销售品种构成
2. 下列各项中,属于期间费用的有（　　）。
   A. 营业税费　　　B. 管理费用　　　C. 财务费用　　　D. 销售费用
3. 利润表综合分析应包括的内容有（　　）。
   A. 收入分析　　　　　　　　　　　B. 成本费用分析
   C. 利润额的增减变动分析　　　　　D. 利润结构变动分析
4. 财务费用项目分析的内容包括（　　）。
   A. 汇兑损失　　　B. 利息支出　　　C. 利息收入　　　D. 汇兑收益
5. 下列各项中,影响直接材料成本的因素有（　　）。
   A. 产品产量　　　B. 材料单耗　　　C. 材料单价　　　D. 材料配比

三、简答题

1. 大数据技术如何在利润表分析中发挥作用以提升企业的综合竞争力？结合实际案例进行阐述。
2. 如果你是一家新兴科技公司的财务经理，你将如何利用大数据技术分析利润表数据，帮助公司实现快速增长和持续盈利？提供具体的分析方法和策略建议。

四、实训题

请扫描二维码，完成本项目的实训题。

4-1　项目四实训题

项目五
现金流量表分析

 学习目标

知识目标
掌握现金流量表的相关内容。
能力目标
1. 能够熟练对现金量表进行水平分析、垂直分析、曲式分析。
2. 掌握大数据在现金流量表分析中的应用。
素质目标
1. 培养学生求真务实的工作态度,客观地反映企业经济业务。
2. 培养学生现金为王的意识。

 思政小课堂

在酒鬼酒股份有限公司(以下简称酒鬼酒)银行存款丢失案中,酒鬼酒发布重大事项公告,说其子公司存在农业银行的1亿元存款被犯罪嫌疑人分3次取走。酒鬼酒在发现存款丢失后,未及时披露相关信息,违反了信息披露的相关条例,收到了湖南证监局的警示函。湖南证监局认为酒鬼酒违反了信息披露的相关条例,并记入诚信档案。后来,酒鬼酒修正了业绩预告,但仍存在一定的经营问题。该案件涉及公司的财务管理和信息披露问题,需要公司加强内部控制和信息披露管理,确保财务信息的真实性和完整性。

货币资金是企业经营和发展的基础和保障,能够反映企业的经营状况和偿债能力,也是企业资产安全的重要保证。酒鬼酒作为上市公司,应当遵守证券业规定,及时发布货币资金变化情况,不欺骗广大股民和投资者。因此,企业应该加强货币资金的内部控制和管理,合理规划和使用货币资金,确保其安全性和合规性。我们在追求财富和创造社会价值的道路上,合法合规、立足自身、职业操守和社会效益都是至关重要的。只有通过合法合规的方式获取财富,才能确保财富的长期稳定和可持续性。同时,我们也应该坚守职业操守,保持诚信和正直,不做任何违反道德和法律的行为。

 **案例导入**

康佳医疗财务部为做好2020年公司财务报表分析工作,需要对公司的现金流表进行分析,以提升公司的综合竞争力。康佳医疗2018—2020年现金流量表如表5-1所示。

表 5-1　康佳医疗 2018—2020 年现金流量表

编制单位：北京康佳医疗股份有限公司　　　　　　　　　　　　　　　　　　单位：万元

项目	2020 年	2019 年	2018 年
一、经营活动产生的现金流量			
销售商品、提供劳务收到的现金	7 236 434.57	7 861 378.83	6 715 070.95
收到的税费返还	23 232.79	12 581.88	14 652.32
收到其他与经营活动有关的现金	3 467.12	5 109.75	3 319.48
经营活动现金流入小计	7 263 134.48	7 879 070.46	6 733 042.75
购买商品、接受劳务支付的现金	5 616 992.31	6 238 123.16	5 411 602.42
支付给职工以及为职工支付的现金	895 243.88	857 180.58	683 738.15
支付的各项税费	78 154.46	70 043.53	50 496.88
支付其他与经营活动有关的现金	93 671.26	60 807.79	48 189.80
经营活动现金流出小计	6 684 061.91	7 226 155.06	6 194 027.25
经营活动产生的现金流量净额	579 072.57	652 915.40	539 015.50
二、投资活动产生的现金流量			
收回投资收到的现金	38 034.10	26 116.25	19 447.10
取得投资收益收到的现金	25 619.95	13 687.56	13 685.29
处置固定资产、无形资产和其他长期资产收回的现金净额	−821.11	41.88	51.80
处置子公司及其他营业单位收到的现金净额	939.69	752.33	258.41
收到其他与投资活动有关的现金	186.32	137.53	290.88
投资活动现金流入小计	63 958.95	40 735.55	33 733.48
购建固定资产、无形资产和其他长期资产支付的现金	86 248.98	88 224.14	81 130.38
投资支付的现金	482 200.47	486 150.73	211 350.00
取得子公司及其他营业单位支付的现金净额	5 328.05	4 989.21	6 303.78
支付其他与投资活动有关的现金	951.64	714.04	555.07
投资活动现金流出小计	574 729.14	580 078.12	299 339.23
投资活动产生的现金流量净额	−510 770.19	−539 342.57	−265 605.75
三、筹资活动产生的现金流量			
吸收投资收到的现金	0	137 412.75	0
取得借款收到的现金	4 871.49	2 726.77	5 580.13
收到其他与筹资活动有关的现金	287.11	365.89	921.64
筹资活动现金流入小计	5 158.60	140 505.41	6 501.77
偿还债务支付的现金	96 249.90	71 503.52	15 020.00
分配股利、利润或偿付利息支付的现金	6 102.38	6 894.16	0

(续表)

项目	2020 年	2019 年	2018 年
支付其他与筹资活动有关的现金	3 921.25	4 255.04	3 552.69
筹资活动现金流出小计	106 273.53	82 652.72	18 572.69
筹资活动产生的现金流量净额	−101 114.93	57 852.69	−12 070.92
四、汇率变动对现金及现金等价物的影响	0	0	8 186.03
五、现金及现金等价物净增加额	−32 812.55	171 425.52	269 524.86
加:期初现金及现金等价物余额	686 786.88	515 361.36	245 836.50
六、期末现金及现金等价物余额	653 974.33	686 786.88	515 361.36

要求:

(1) 运用中联大数据分析平台,计算现金流量表各项目变动额及变动率,进行现金流量表各项目变动率分析,深入分析现金流量表中收入和支出情况。

(2) 运用中联大数据分析平台,进行现金流入结构分析和现金流出结构分析。

(3) 运用中联大数据分析平台,对经营活动产生的现金流量净额、投资活动产生的现金流量净额、筹资活动产生的现金流量净额和现金及现金等价物净增加额项目进行趋势分析。

第一节 现金流量表概述

一、现金流量表的概念

现金流量表是企业对外报送的三大财务报表之一,是以收付实现制为基础编制的。它反映企业一定会计期间内有关现金和现金等价物流入和流出信息的一张动态报表,表明企业获得现金和现金等价物的能力。

1. 现金流入量

现金流入量是指企业在一定时期内从各种经济业务中收进现金的数量,如销售商品提供劳务收到的现金,吸收投资收到的现金,借款收到的现金等。

2. 现金流出量

现金流出量是指企业在一定时期内为各种经济业务付出现金的数量。企业接受劳务、购置固定资产、偿还借款、对外投资等,都会使企业现金减少,这些减少的现金数量就是现金流出量。

二、现金流量表分析的目的

现金流量表分析的目的可以归纳为以下几个方面。

1. 分析企业现金变动情况及变动原因

资产负债表中货币资金项目反映了企业一定时期现金变动的结果,是静态的现金存量。

通过分析现金流量表,可以了解企业现金从哪里取得、现金将用于哪些方面,能从动态上了解现金的变动情况,并揭示现金变动的原因。

2. 判断企业获取现金的能力

财务分析者将现金流量表反映的经营活动现金流量与利润表、资产负债表结合起来分析,可以对企业通过经营活动产生现金的能力作出判断。

3. 评价企业盈利质量

利润是按权责发生制计算的,用于反映当期的财务成果。由于利润含有公司管理层大量的主观判断,容易被操纵,利润不代表企业真正实现的收益。账面上的利润满足不了企业的资金需要,盈利企业仍然有可能发生财务危机。高质量的盈利必须有相应的现金流入做保证,这就是为什么人们更重视现金流量的原因之一。分析现金流量表有助于发现企业真实的现金流量,从而评估企业的盈利质量,以防被盈余管理甚至是利润操纵所迷惑。

三、现金流量表分析的内容

现金流量表中的经营活动、筹资活动和投资活动产生的现金流量是我们研究的重点。在每项活动中,现金流量表又将现金的流入与流出明显区分开来。

1. 经营活动产生的现金流

经营活动是指企业投资活动和筹资活动以外的所有交易和事项。企业随着经营活动的开展将产生经营活动的现金流入量和经营活动的现金流出量。经营活动产生的现金流量包括购销商品、提供和接受劳务、经营性租赁、缴纳税款、支付劳动报酬、支付经营费用等活动形成的现金流入和流出。在权责发生制下,这些流入或流出的现金对应收入和费用的归属期不一定是本会计年度,但一定是在本会计年度收到或付出的。商业信用使营业收入与现金流入存在较大差异,能否真正实现收益,还取决于企业的收现能力。了解经营活动产生的现金流量,有助于分析企业的收现能力,从而全面评价其经济活动成效。

2. 投资活动产生的现金流

投资活动产生的现金流量包括收回投资本金和投资收益分得股利或利润所收到的现金、处置固定资产、无形资产和其他长期资产收回的现金净额、购置固定资或无形资产和其他长期资产而支付的现金、权益性投资所支付的现金等。其中,投资收益分得股利或利润而流入的现金,是以实际收到为准,而不是以权益归属或取得收款权为准。这与利润表中确认投资收益的标准不同。

企业投资活动中发生的各项现金流出,往往反映其为拓展经营所做的努力,可以从中大致了解企业的投资方向,一家企业从经营活动、筹资活动中获得现金是为今后发展创造条件。现金不流出,是不能为企业带来经济效益的。投资活动一般较少发生一次性、大量的现金流入,而发生大量现金流出,导致投资活动现金流量净额出现负数往往是正常的,这是为企业的长远利益及以后能有较高的盈利水平和稳定的现金流入打基础的。错误的投资决策也会导致事与愿违,因此企业会尽量要求投资项目如期产生经济效益和现金流入。

3. 筹资活动产生的现金流

筹资活动是指导致企业资本及债务构成和规模发生变化的活动,包括权益性的筹资和债务性的筹资事项。筹资活动产生的现金流量包括吸收投资、发行股票、分配利润、发行债券、向银行贷款、偿还债务等收到和支付的现金。其中，偿还债务支付的现金反映企业用现金支付的全部借款利息、债券利息，而不管借款的用途如何、利息的开支渠道如何，该项目不仅包括计入损益的利息支出，还包括计入在建工程的利息支出。因此，该项目比利润表中的财务费用能更全面地反映企业偿付利息的负担。

第二节　大数据在现金流量表分析中的应用

本节使用中联大数据分析平台进行分析，也可使用 Excel，在使用 Excel 时需使用 ROUND 函数，以确保有效小数位数相同。

一、现金流量表水平分析

（一）计算现金流量表各项目变动额及变动率

步骤一，将康佳医疗 2018—2020 年现金流量表导入中联大数据分析平台。

步骤二，计算现金流量表各项目变动额，计算公式为"变动额＝本期金额－上期金额"。变动额函数如图 5-1 所示。

图 5-1　变动额函数

步骤三，计算现金流量表各项目变动率，计算公式为"变动率＝变动额÷上期金额"。变动率函数如图 5-2 所示。

图 5-2 变动率函数

(二)现金流量表各项目变动率分析

康佳医疗 2020 年现金流量表水平分析如表 5-2 所示。

表 5-2 康佳医疗 2020 年现金流量表水平分析

编制单位:北京康佳医疗股份有限公司   单位:万元

项目	2020 年	2019 年	增加额	比值
一、经营活动产生的现金流量				
销售商品、提供劳务收到的现金	7 236 434.57	7 861 378.83	−624 944.26	−7.95%
收到的税费返还	23 232.79	12 581.88	10 650.91	84.65%
收到其他与经营活动有关的现金	3 467.12	5 109.75	−1 642.63	−32.15%
经营活动现金流入小计	7 263 134.48	7 879 070.46	−615 935.98	−7.82%
购买商品、接受劳务支付的现金	5 616 992.31	6 238 123.16	−621 130.85	−9.96%
支付给职工以及为职工支付的现金	895 243.88	857 180.58	38 063.30	4.44%
支付的各项税费	78 154.46	70 043.53	8 110.93	11.58%
支付其他与经营活动有关的现金	93 671.26	60 807.79	32 863.47	54.04%
经营活动现金流出小计	6 684 061.91	7 226 155.06	−542 093.15	−7.50%
经营活动产生的现金流量净额	579 072.57	652 915.40	−73 842.83	−11.31%
二、投资活动产生的现金流量				
收回投资收到的现金	38 034.10	26 116.25	11 917.85	45.63%
取得投资收益收到的现金	25 619.95	13 687.56	11 932.39	87.18%
处置固定资产、无形资产和其他长期资产收回的现金净额	−821.11	41.88	−862.99	−2 060.63%

(续表)

项目	2020年	2019年	增加额	比值
处置子公司及其他营业单位收到的现金净额	939.69	752.33	187.36	24.90%
收到其他与投资活动有关的现金	186.32	137.53	48.79	35.48%
投资活动现金流入小计	63 958.95	40 735.55	23 223.40	57.01%
购建固定资产、无形资产和其他长期资产支付的现金	86 248.98	88 224.14	−1 975.16	−2.24%
投资支付的现金	482 200.47	486 150.73	−3 950.26	−0.81%
取得子公司及其他营业单位支付的现金净额	5 328.05	4 989.21	338.84	6.79%
支付其他与投资活动有关的现金	951.64	714.04	237.60	33.28%
投资活动现金流出小计	574 729.14	580 078.12	−5 348.98	−0.92%
投资活动产生的现金流量净额	−510 770.19	−539 342.57	28 572.38	−5.30%
三、筹资活动产生的现金流量				
吸收投资收到的现金	0	137 412.75	−137 412.75	−100.00%
取得借款收到的现金	4 871.49	2 726.77	2 144.72	78.65%
收到其他与筹资活动有关的现金	287.11	365.89	−78.78	−21.53%
筹资活动现金流入小计	5 158.60	140 505.41	−135 346.81	−96.33%
偿还债务支付的现金	96 249.90	71 503.52	24 746.38	34.61%
分配股利、利润或偿付利息支付的现金	6 102.38	6 894.16	−791.78	−11.48%
支付其他与筹资活动有关的现金	3 921.25	4 255.04	−333.79	−7.84%
筹资活动现金流出小计	106 273.53	82 652.72	23 620.81	28.58%
筹资活动产生的现金流量净额	−101 114.93	57 852.69	−158 967.62	−274.78%
四、汇率变动对现金及现金等价物的影响				
五、现金及现金等价物净增加额	−32 812.55	171 425.52	−204 238.07	−119.14%
加：期初现金及现金等价物余额	686 786.88	515 361.36	171 425.52	33.26%
六、期末现金及现金等价物余额	653 974.33	686 786.88	−32 812.55	−4.78%

由表 5-2 可知，康佳医疗 2020 年现金及现金等价物净增加额比 2019 年降低了 204 238.07 万元，降低率为 119.14%。经营活动、筹资活动产生的现金流量净额较 2019 年分别减少了 73 842.83 万元、158 967.62 万元，降低率分别为 11.31%、274.78%。投资活动产生的现金流量净额比 2019 年增长了 28 572.38 万元，增长率 530%，表明康佳医疗 2020 年获取现金的能力有所下降。

二、现金流量表垂直分析

现金流量表垂直分析又称现金流量表结构分析,即分析企业取得的现金来自哪些方面,用在哪些地方,其现金余额是由哪些现金流构成的,占总量的百分比是多少。通过现金流入结构分析,可以了解企业的现金是从哪里取得的,应采用何种措施增加现金等;通过现金流出结构分析,可以了解企业现金流出的原因,以及企业偿债能力和支付能力。

(一)现金流入结构分析

步骤一,计算各现金流入项目占现金总流入比重,本期占总流入比重计算公式为"本期占总流入比重=本期金额÷现金总流入",上期占总流入比重计算公式为"上期占总流入比重=上期金额÷现金总流入"。本期占总流入比重函数如图5-3所示,上期占流入比重函数如图5-4所示。

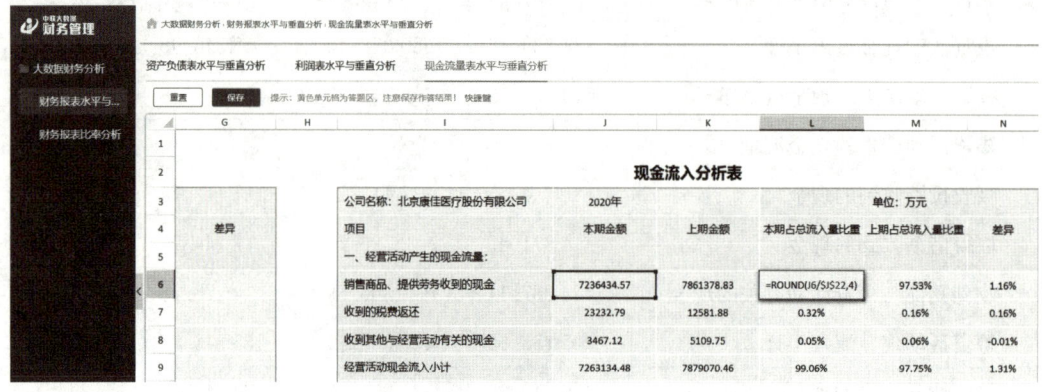

图5-3 本期占总流入比重函数

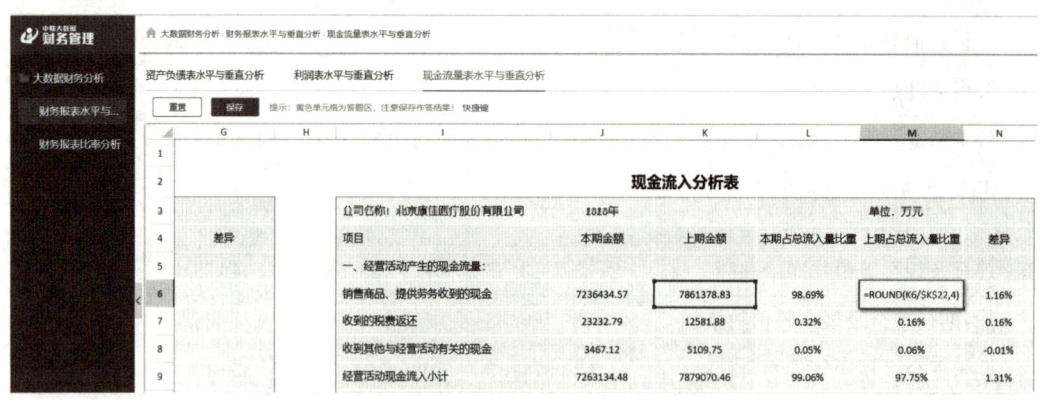

图5-4 上期占总流入比重函数

步骤二,计算各现金流入项目占现金总流入比重的变动。计算公式为"差异=本期总流入比重－上期占总流入比重"。差异函数如图5-5所示。

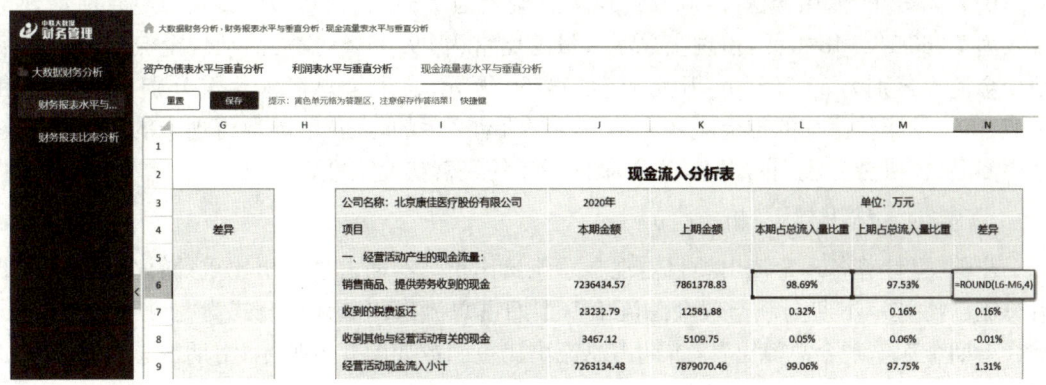

图 5-5　差异函数

康佳医疗 2020 年现金流入结构分析如表 5-3 所示。

表 5-3　康佳医疗 2020 年现金流入结构分析　　　　　　　　　　　　　　单位:万元

项目	本期金额	上期金额	本期占总流入比重	上期占总流入比重	差异
一、经营活动产生的现金流量					
销售商品、提供劳务收到的现金	7 236 434.57	7 861 378.83	98.69％	97.53％	1.16％
收到的税费返还	23 232.79	12 581.88	0.32％	0.16％	0.16％
收到其他与经营活动有关的现金	3 467.12	5 109.75	0.05％	0.06％	−0.01％
经营活动现金流入小计	7 263 134.48	7 879 070.46	99.06％	97.75％	1.31％
二、投资活动产生的现金流量					
收回投资收到的现金	38 034.10	26 116.25	0.52％	0.32％	0.20％
取得投资收益收到的现金	25 619.95	13 687.56	0.35％	0.17％	0.18％
处置固定资产、无形资产和其他长期资产收回的现金净额	−821.11	41.88	−0.01％	0.00％	−0.01％
处置子公司及其他营业单位收到的现金净额	939.69	752.33	0.01％	0.01％	0
收到其他与投资活动有关的现金	186.32	137.53	0	0	0
投资活动现金流入小计	63 958.95	40 735.55	0.87％	0.51％	0.36％
三、筹资活动产生的现金流量					
吸收投资收到的现金	0	137 412.75	0	1.70％	−1.70％
取得借款收到的现金	4 871.49	2 726.77	0.07％	0.03％	0.04％
收到其他与筹资活动有关的现金	287.11	365.89	0	0	0
筹资活动现金流入小计	5 158.60	140 505.41	0.07％	1.74％	−1.67％
现金总流入	7 332 252.03	8 060 311.42	100.00％	100.00％	0

由表 5-3 可知,康佳医疗 2020 年现金总流入为 7 332 252.03 万元,其中经营活动现金流入为 7 263 134.48 万元,占现金总流入量的比重为 99.06%;投资活动现金流入和筹资活动现金流入分别为 63 958.95 万元和 5 158.60 万元,占现金总流入比重分别为 0.87% 和 0.07%,可见康佳医疗的现金流入主要是经营活动产生的,经营活动取得现金的主要方式是销售商品、提供劳务收到的现金,表明康佳医疗的经营状况正常。

(二)现金流出结构分析

步骤一,计算各现金流出项目占现金总流出比重。本期占总流出比重计算公式为"本期占总流出比重＝本期金额÷现金总流出",上期占总流出比重计算公式为"上期占总流出比重＝上期金额÷现金总流出"。本期占总流出比重函数如图 5-6 所示,上期占总流出比重如图 5-7 所示。

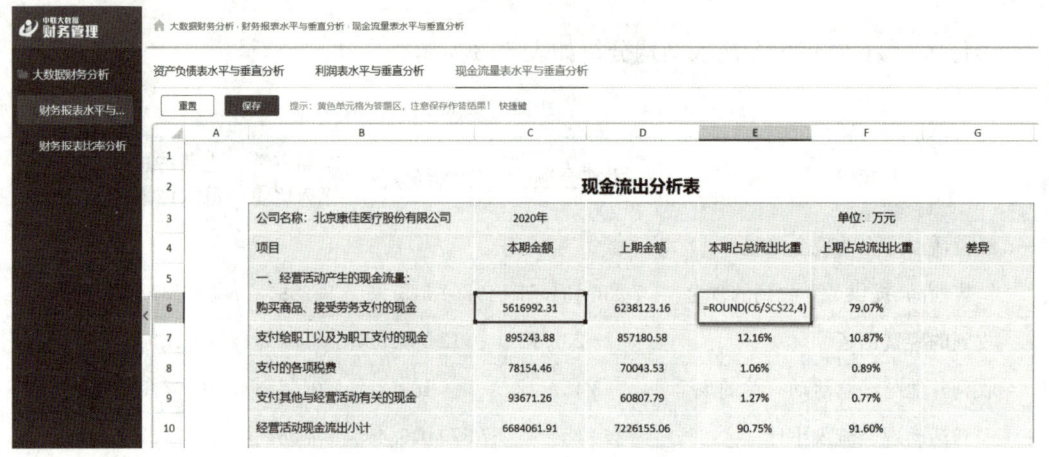

图 5-6　本期占总流出比重函数

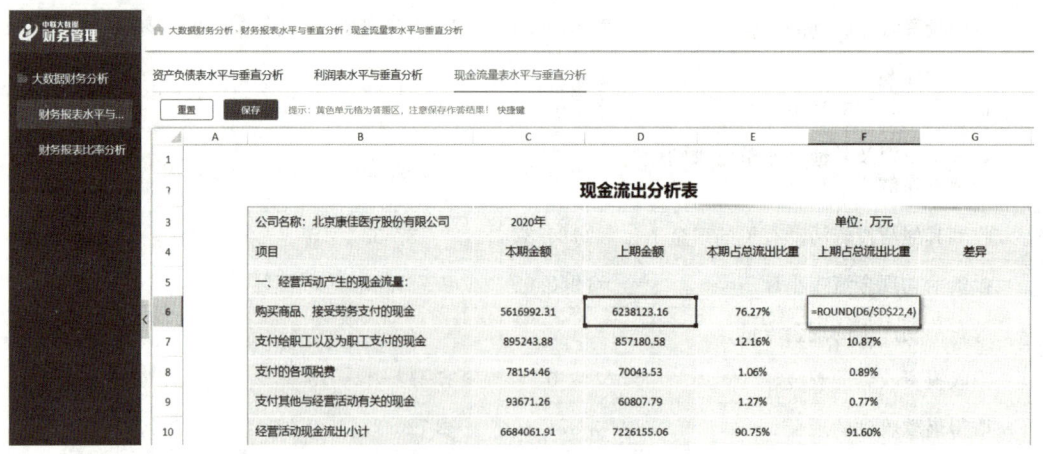

图 5-7　上期占总流出比重函数

步骤二,计算各现金流出项目占现金总流出比重变动,计算公式为"差异＝本期占总流出比重－上期占总流出比重"。差异函数如图 5-8 所示。

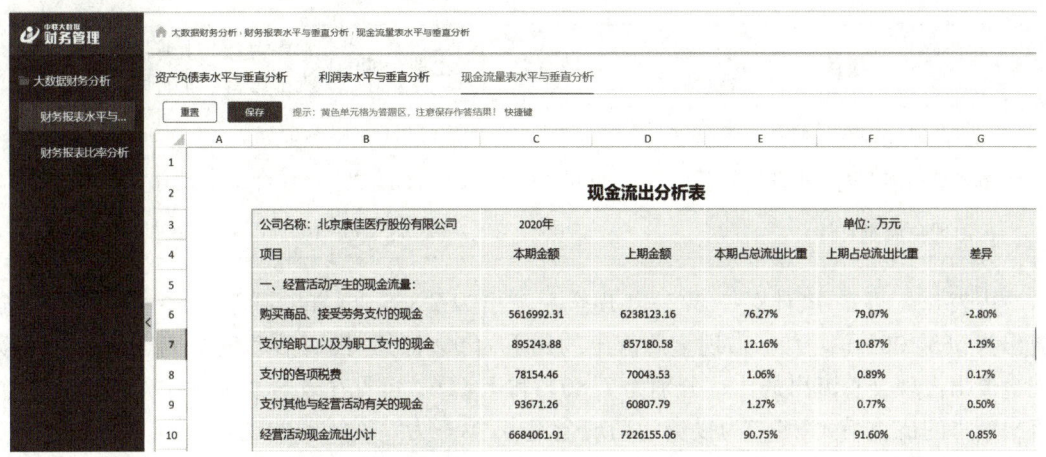

图 5-8　差异函数

康佳医疗 2020 年现金流出结构分析如表 5-4 所示。

表 5-4　康佳医疗 2020 年现金流出结构分析　　　　　　　　　　　　　　　单位:万元

项目	本期金额	上期金额	本期占总流出比重	上期占总流出比重	差异
一、经营活动产生的现金流量					
购买商品、接受劳务支付的现金	5 616 992.31	6 238 123.16	76.27%	79.07%	−2.80%
支付给职工以及为职工支付的现金	895 243.88	857 180.58	12.16%	10.87%	1.29%
支付的各项税费	78 154.46	70 043.53	1.06%	0.89%	0.17%
支付其他与经营活动有关的现金	93 671.26	60 807.79	1.27%	0.77%	0.50%
经营活动现金流出小计	6 684 061.91	7 226 155.06	90.75%	91.60%	−0.85%
二、投资活动产生的现金流量					
购建固定资产、无形资产和其他长期资产支付的现金	86 248.98	88 224.14	1.17%	1.12%	0.05%
投资支付的现金	482 200.47	486 150.73	6.55%	6.16%	0.39%
取得子公司及其他营业单位支付的现金净额	5 328.05	4 989.21	0.07%	0.06%	0.01%
支付其他与投资活动有关的现金	951.64	714.04	0.01%	0.01%	0
投资活动现金流出小计	574 729.14	580 078.12	7.80%	7.35%	0.45%
三、筹资活动产生的现金流量					
偿还债务支付的现金	96 249.90	71 503.52	1.31%	0.91%	0.40%
分配股利、利润或偿付利息支付的现金	6 102.38	6 894.16	0.08%	0.09%	−0.01%

(续表)

项目	本期金额	上期金额	本期占总流出比重	上期占总流出比重	差异
支付其他与筹资活动有关的现金	3 921.25	4 255.04	0.05%	0.05%	0
筹资活动现金流出小计	106 273.53	82 652.72	1.44%	1.05%	0.39%
流出现金流量总计	7 365 064.58	7 888 885.90	100.00%	100.00%	0

由表 5-4 可知,康佳医疗 2020 年现金总流出为 7 365 064.58 万元,其中经营活动现金流出为 668 4061.91 万元,占现金总流出的比重为 90.75%,投资活动现金流出和筹资活动现金流出占现金总流出的比重分别为 7.80%和 1.44%,可见在现金总流出中经营活动现金流出所占的比重最大,第二为投资活动现金流出,第三为筹资活动的现金流出。在现金流出结构中购买商品、接受劳务支付的现金和支付给职工以及为职工支付的现金占比最大,分别为 76.27%和 12.16%,说明康佳医疗的现金流出主要用于公司的经营活动。

三、现金流量表趋势分析

现金流量表趋势分析是通过连续多年时期的历史资料,对企业各项活动的现金流量进行指数计算,分析其变动趋势,评价和预测企业未来现金流入、现金流出的变动状况及发展趋势。

根据康佳医疗 2018—2020 年的现金流量表数据,对经营活动产生的现金流量净额、投资活动产生的现金流量净额、筹资活动产生的现金流量净额和现金及现金等价物净增加额项目进行趋势分析。具体步骤如下:

步骤一,计算 2018—2020 年的环比指数,计算公式(以 2020 年经营活动产生的现金流量净额环比指数为例)为"2020 年环比指数=2020 年经营活动产生的现金流量净额÷2019 年经营活动产生的现金流量净额",即用本年经营活动产生的现金流量净额除以上年经营活动产生的现金流量净额。

步骤二,计算 2018—2020 年定基指数,以 2018 年作为基数,计算公式(以 2020 年经营活动产生的现金流量净额定基指数为例)为"2020 年定基指数=2020 年经营活动产生的现金流量净额÷2018 年经营活动产生的现金流量净额",即用各年经营活动产生的现金流量净额除以 2018 年经营活动产生的现金流量净额。

现金流量趋分析如表 5-5 所示。

表 5-5 现金流量趋势分析　　　　　　　　　　　　　　　　单位:万元

项目	2018 年	2019 年	2020 年
经营活动产生的现金流量净额	539 015.50	652 915.40	579 072.57
定基指数	100.00%	121.13%	107.43%
环比指数	−121.13%	121.13%	88.69%
投资活动产生的现金流量净额	−265 605.75	−53 9342.57	−510 770.19

（续表）

项目	2018 年	2019 年	2020 年
定基指数	100.00%	203.06%	192.30%
环比指数		203.06%	94.70%
筹资活动产生的现金流量净额	−12 070.92	57 852.69	−101 114.93
定基指数	100.00%	−479.27%	837.67%
环比指数		−479.27%	−174.78%
现金及现金等价物净增加额	269 524.86	171 425.52	−32 812.55
定基指数	100.00%	63.60%	−12.17%
环比指数		63.60%	−19.14%

由表 5-5 可知，康佳医疗 2018 年和 2019 年的现金及现金等价物净增加额均为正数，而 2020 年为负数。相对于 2018 年，2020 年现金及现金等价物净增加额项目的定基指数为 −12.17%；相对于 2019 年，2020 年现金及现金等价物净增加额项目的环比指数为 −19.14%，表明康佳医疗的现金及现金等价物净增加额呈现下降趋势。

从经营活动产生的现金流量净额近 3 年的趋势来看，康佳医疗 2018—2020 年的经营活动产生的现金流量净额均大于零，且呈现增长趋势，表明公司经营活动现金流量的稳定性和再生性较好，自我适应能力较强，经营活动现金存量充足；但 2020 年投资活动产生的现金流量净额与 2018 年相比增加了 192.30%，从而导致公司产生了大量的现金流出；并且筹资活动产生的现金流量净额除 2019 年外，每年均呈现净流出现象，2020 年的净流出量与 2018 年相比更是增长了 837.67%，从而导致了康佳医疗的现金及现金等价物净增加额呈现下降趋势。

课后练习题

一、单项选择题

1. 下列各项中,属于经营活动产生的现金流量的是( )。
   A. 销售商品收到的现金　　　　　　　　B. 发行债券收的现金
   C. 发生筹资费用所支付的现金　　　　　D. 分得股利所收到的现金
2. 下列各项中,不影响企业的现金流量的是( )。
   A. 取得短期借款　　　　　　　　　　　B. 支付现金股利
   C. 偿还长期借款　　　　　　　　　　　D. 以固定资产对外投资
3. 企业偿还的长期借款利息,在编制现金流量表时,应作为( )项目填列。
   A. 偿还债务所支付的现金
   B. 分配股利、利润或偿付利息所支付的现金
   C. 补充资料
   D. 偿还借款所支付的现金
4. 应收票据贴现属于( )。
   A. 经营活动产生的现金流量　　　　　　B. 投资活动产生的现金流量
   C. 筹资活动产生的现金流量　　　　　　D. 不涉及现金收支的筹资活动
5. 现金流量表是以( )为基础编制的。
   A. 现金　　　　B. 营运资金　　　　C. 流动资金　　　　D. 全部资金

二、多项选择题

1. 下列各项中,属于筹资活动现金流量的项目有( )。
   A. 偿还债券利息支出的现金　　　　　　B. 分配股利支付的现金
   C. 清偿应付账款支付的现金　　　　　　D. 偿还长期借款支付的现金
2. 下列各项中,属于经营活动产生的现金流量的有( )。
   A. 销售商品、提供劳务收到的现金　　　B. 向银行抵押贷款收到的现金
   C. 偿付银行贷款本息　　　　　　　　　D. 支付职工薪酬产生的现金流出
3. 通过现金流量分析,可以评价企业的( )。
   A. 支付能力　　　　　　　　　　　　　B. 偿债能力
   C. 获利能力　　　　　　　　　　　　　D. 经营质量
4. 企业的现金流量分为( )。
   A. 经营活动的现金流量　　　　　　　　B. 投资活动的现金流量
   C. 筹资活动的现金流量　　　　　　　　D. 借款活动的现金流量
5. 现金流量表中的现金包括( )。
   A. 库存现金　　　　　　　　　　　　　B. 银行存款
   C. 其他货币资金　　　　　　　　　　　D. 现金等价物

三、简答题
1. 请简述现金流量表的概念及主要作用。
2. 现金流量净额是负数说明什么问题?

四、实训题
请扫描二维码,完成本项目的实训题。

5-1 项目五实训题

项目六
财务指标分析

 学习目标

知识目标
1. 理解财务指标分析在大数据财务分析中的重要性。
2. 掌握财务指标分析的基本概念和方法。
3. 了解各种常见的财务指标及其计算公式。
4. 熟悉财务指标的含义和作用。
5. 掌握如何通过财务指标分析评估企业的财务状况。

能力目标
1. 能够准确计算各种财务指标。
2. 学会分析财务指标的变化趋势及其原因。
3. 能够根据财务指标分析结果作出合理的财务决策。
4. 培养运用大数据进行财务分析的能力。
5. 提高对财务数据的解读和分析能力。

素质目标
1. 培养学生对财务分析的兴趣和热情,激发学生对财务管理领域的探索欲望。
2. 培养学生严谨、细致的工作态度和职业道德,提高学生的职业素养。
3. 使学生认识到财务指标分析在企业管理和决策中的重要性,树立正确的财务观念。

思政小课堂

对企业经营数据进行分析,能够反映出企业自主研发、追求卓越的精神。在经济全球化背景下,改革开放的深入与发展,使人民生活水平提高、需求变大,市场环境由传统的卖方市场转变成买方市场,企业的目光不再局限于传统的产品与服务,品牌的塑造成为企业的核心,拥有统治地位的品牌就等同于拥有市场,品牌战略的实施是时代进程推动下企业的必然选择。竞争虽然残酷,但它是获得成长的必要途径,面对日益残酷的竞争,要积极调整状态,不畏竞争,敢闯敢赢。

资料来源:赵惠蓉.课程思政与专业教育融合在《财务报表分析》教学中的应用研究[J].产业与科技论坛.2023,22.

第一节 偿债能力分析

康佳医疗(所属证监会行业名称为:医药制造业)召开战略会议,公司董事会想要了解公司的发展趋势,将偿债能力指标、运营能力指标、盈利能力指标及发展能力指标与行业均值和标杆企业进行对比,综合评价公司的偿债能力、运营能力、盈利能力及发展能力情况。因此,让财务部对公司相关财务指标进行分析。

要求:

(1) 结合康佳医疗的资产负债表与大数据分析平台中上市公司财务报表等资料,从速动比率、流动比率、权益乘数(采用期末数)和资产负债率4个方面对康佳医疗2018—2020年的偿债能力进行趋势分析。

(2) 结合康佳医疗的资产负债表、利润表与大数据分析平台中上市公司财务报表等资料,从总资产周转率、固定资产周转率(采用固定资产对应数值计算)、应收账款周转率(采用应收票据与应收账款的合计数计算)、存货周转率(采用营业收入计算)和流动资产周转率5个方面对康佳医疗2018—2020年的营运能力进行趋势分析。

(3) 结合康佳医疗的资产负债表、利润表与大数据分析平台中上市公司财务报表等资料,从销售毛利率、营业利润率、营业净利率和净资产收益率4个方面对康佳医疗2018—2020年的盈利能力进行趋势分析。

(4) 结合康佳医疗的资产负债表与大数据分析平台中上市公司财务报表等资料,从营业收入增长率、营业利润增长率、总资产增长率和资本保值增值率4个方面对康佳医疗2018—2020年的发展能力进行趋势分析。

(5) 将康佳医疗2020年偿债能力指标、营运能力指标、盈利能力指标及发展能力指标与2020年行业均值和标杆企业(以各指标排名第一的企业为标杆企业)指标进行对比,并进行可视化呈现。

(6) 根据上述结果,对康佳医疗偿债能力、运营能力、盈利能力及发展能力进行分析。

说明:

(1) 计算结果均保留2位小数。

(2) 在运用大数据分析工具计算行业均值时,剔除证券简称中包含 *ST 和 u 的公司。

(3) 计算营运能力指标时,分子采用当期数值,分母采用期初和期末的平均值;计算周转天数时,1年按360天计算。

(4) 行业均值运用示例如下:某行业有 A、B 两家企业,则该行业资产负债率均值=(A资产负债率+B资产负债率)÷2。

一、偿债能力概述

（一）偿债能力的含义

偿债能力是指企业偿还到期债务（包括本息）的能力。一个企业的偿债能力影响到该企业的生存状况，偿债能力分析可以帮助企业在社会中提前站稳脚跟，它是财务分析中不可或缺的一个模块。企业的偿债能力具有两个方面的含义，一方面，偿债能力反映了企业能够承受负债的最大限度，是企业筹集资金过程中不得不考虑的主要因素；另一方面，偿债能力越强，表明企业具有较好的声誉和价值，受投资者信任的程度也就越强。偿债能力能够反映企业的收益和风险，让相关利益者辨别是否有利可得，债务是否能够清偿。偿债能力分析包括短期偿债能力分析和长期偿债能力分析。

（二）偿债能力分析的意义

偿债能力作为反映企业财务状况和经营能力的重要标志，通过分析企业偿债能力的变化，可以评估企业的健康状况和发展潜力，并据此来指导财务管理工作和企业战略发展规划工作。

（1）对于投资者而言，偿债能力分析有助于评估企业资产清偿债务的能力，从而判断投资风险和潜在收益。

（2）对于企业经营者而言，偿债能力分析可以帮助他们了解企业的资金状况，优化融资结构，降低融资成本，并及时发现和解决经营中的问题，确保生产经营的顺利进行。

（3）对于债权人而言，偿债能力分析是评估贷款风险和决定借贷策略的重要依据，它直接关系到债权资金及其利息是否能按时收回。

总的来说，偿债能力分析是企业财务管理和决策中的重要组成部分，对于各利益相关者来说都具有重要的参考价值。

（三）偿债能力分析的相对性

企业的健康持续发展以安全性为基本前提，以稳健性为可靠保障。企业的安全性应包括两方面的内容：一是安排好到期的财务负担；二是相对稳定的现金流入和盈利。两者不可偏废，如果仅满足于能偿还到期债务，企业还算不上安全。真正安全的企业应在安排好到期财务负担的同时，有相对稳定的现金流入和盈利。从根本上讲，安全性要求企业必须具有某时点上的债务偿还能力（即静态性），而这个偿还能力又是平时盈利及现金流入的积累（即动态性）。稳健性要求企业对经营活动中的不确定因素持谨慎态度，充分估计可能的风险和损失，即以资本保持为核心对企业偿债能力加以保护。

二、短期偿债能力分析

短期偿债能力是指企业流动资产对流动负债及时足额偿还的保证程度，是衡量企业当前财务能力，特别是流动资产变现能力的重要标志。

（一）影响短期偿债能力的基本因素

1. 流动资产的规模与质量

流动资产的主要项目包括货币资金、交易性金融资产、应收款项和存货等。一般来说，流动资产越多,企业短期偿债能力越强。但在正常情况下,流动负债将以现金偿还,应特别关注流动资产的质量,即资产的流动性和变现能力。

流动性是指资产转换为现金所需要的时间。资产转换为现金所需要的时间越短,则资产的流动性越强。变形能力是指资产能否很容易地、不受损失地转换为现金。如果流动资产的预计出售价格与实际出售价格的差额很小,则认为变现能力较强。

1) 货币资金

货币资金是指企业拥有的,以货币形式存在的资产,包括现金、银行存款和其他货币资金等。货币资金是企业资金运动的起点和终点,是企业生产经营的先决条件。货币资金作为资产负债表中的首位,是流动性最强的资金。一般来说,企业货币资金拥有量标志着其偿债能力的强弱,货币资金充裕,表明企业财务状况良好。但上市公司持有的股票不属于货币资金。

2) 交易性金融资产

交易性金融资产是企业购入的各种随时变现的、持有时间不超过1年的有价证券及不超过1年的其他投资,包括股票和债券等。交易性金融资产作为变现能力较强的流动资产,在分析时应注意2个方面:一是注意股票和债券投资在企业金融资产投资中的分类,避免企业为指标计算的需要将同一批证券在某个年度列为交易性金融资产,而在另一个年度又列为其他金融资产;二是注意交易性金融资产的合理价值与变现能力的确定。

3) 应收款项

应收款项主要包括应收票据、应收账款与其他应收款等。应收款项是未来预期收入,在一定程度上存在不确定性,会不可避免地产生应收款项价值评估问题。在分析时应注意结合财务报表附注中的有关项目,如应收款项的明细资料。

注意事项:

(1) 应收款项需经一定的时间才能收回。企业在等待回款时要付出一定(有时甚至很大)代价的,如催款费用、贷款利息等。

(2) 应收款项最终可能全部无法收回或部分无法收回。对此,有的企业根据《企业会计制度》等,事先对可能发生的坏账采用备抵法进行会计处理;但目前仍有企业采用直接转销法处理坏账业务。在进行分析时,必须考虑不同的会计政策对企业应收账款、应收票据及其他应收款项目的影响。

(3) 销售政策的影响。采用分期收款、现销和赊销销售方式的企业,应收账款余额会有较大不同。同时,这3种销售方式也预示着不同的收款风险。

(4) 应收账款具有一定的固定性,即只要企业的信用政策不变,企业总会保持一定的应收账款余额。也就是说,企业只可能通过调整信用政策来调整应收账款余额,但事实上不能期待应收账款全部收回偿还债务。

4) 存货

不同企业存货的类别不同,占流动资产的比重也不同。对于制造业企业来说,存货的比重一般较高,往往占流动资产的一半以上,因此在偿债能力分析中存货是重要因素。在分析时应关注存货的计价问题。

2. 流动负债的规模与质量

流动负债的主要项目包括短期借款、交易性金融负债、应付款项、应付职工薪酬和应交税费等。流动负债的规模是影响企业短期偿债能力的重要因素,流动负债规模越大,企业在短期内偿还债务的负担就越重。同时,在分析企业短期偿债能力时,也要考虑流动负债的具体构成情况。

一般来说,企业的所有债务都是要偿还的,但并非所有债务都需要在到期时立即偿还。也就是说,有的债务存在固定的支付日期,有的债务需要估计支付日期,债务偿还的强制程度和紧迫性被称为负债的质量。例如,企业的短期借款、应付票据、应交税费等流动负债都有约定的到期日,需要到期立即偿还;而与企业有长期合作关系的供应商的负债往往具有时间弹性,如应付账款、预收款项等。一般情况下,时间刚性强的债务会对企业造成实际的偿债压力,而时间刚性弱的债务会减轻企业的偿债压力。因此,在分析企业短期偿债能力时,不仅要考虑流动负债的规模,还要考虑流动负债的质量。

3. 企业的经营现金流量水平

现金是流动性最强的资产,大多数短期债务都需要通过现金来偿还。因此,现金流入和流出的数量会直接影响企业的流动性和短期偿债能力。在3类现金流量中,经营活动带来的现金流量在各期之间相对稳定,能够持续地满足企业的现金支付,因此经营活动现金流量与企业流动性和短期偿债能力的关系最为密切。当企业经营业绩好时,就会有持续、稳定的现金流入,保障了债权人的权益;当企业经营业绩较差时,其现金的流入不足以抵补现金的流出,导致营运资金缺乏,偿债能力下降。

(二) 短期偿债能力分析的指标

企业短期偿债能力分析主要采用比率分析法,衡量指标主要包括流动比率、速动比率和现金比率。

1. 流动比率

流动比率是流动资产与流动负债的比率。它表示企业每1元流动负债有多少流动资产作为偿还的保证,反映了企业的流动资产偿还流动负债的能力。流动比率的计算公式为:

$$流动比率 = 流动资产 \div 流动负债$$

一般情况下,流动比率越高,企业短期偿债能力越强。因为,流动比率较高,不仅表明企业拥有较多的营运资金抵偿短期债务,而且表明企业可以变现的资产数额较大,债权人的风险较小。但是,过高的流动比率并不都是好现象。

流动比率一般维持在2为正常数值,表示流动资产是流动负债的两倍,即使流动资产有一半在短期内不能变现,也能保证全部的流动负债得以偿还。但是,由于行业性质不同,流动比率的实际标准也不同。所以,在分析流动比率时,应将其与同行业平均流动比率、企业历史流动比率进行比较,得出更合理的结论。

2. 速动比率

速动比率是企业速动资产与流动负债的比率。它是衡量企业在某一时点上运用随时可变现资产偿付到期债务的能力,是对流动比率的补充。速动资产包括货币资金、交易性金融资产、应收票据、应收账款和其他应收款项等流动资产。

速动比率的高低能直接反映企业的短期偿债能力强弱,它是对流动比率的补充,并且比流动比率反映得更加直观可信。如果流动比率较高,但流动资产的流动性却很低,则企业的短期偿债能力仍然不高。在流动资产中有价证券一般可以立刻在证券市场上出售,转化为现金、应收账款、应收票据等项目,可以在短时期内变现。而存货、预付款项、待摊费用等项目变现时间较长,特别是存货很可能发生积压、滞销、残次、冷背等情况,其流动性较差。因此,流动比率较高的企业,并不一定偿还短期债务的能力很强,而速动比率能避免这种情况。速动比率的计算公式为:

$$速动比率 = 速动资产 \div 流动负债$$

其中:速动资产＝流动资产－存货－预付款项－待摊费用。

或:速动资产＝货币资金＋交易性金融资产＋应收票据＋应收账款＋其他应收款。

速动比率一般维持在1为正常数值。它表示企业的每1元流动负债就有1元易于变现的流动资产来抵偿,短期偿债能力有可靠的保证。若速动比率过低,表明企业的短期偿债风险较大;速动比率过高,表明企业在速动资产上占用资金过多,会增加企业投资的机会成本。

3. 现金比率

现金比率又称现金资产比率,是现金资产与流动资产的比率。它是在企业因大量赊销而形成大量应收账款时,考察企业变现能力的指标。在速动资产中,流动性最强、可直接用于偿债的资产被称为现金资产。

现金资产包括货币资金、交易性金融资产等。它与其他速动资产有所区别,是可以直接偿债的资产,不像速动资产需要等待一定时间才能转换为现金。现金比率的计算公式为:

$$现金比率 = (货币资金 + 交易性金融资产) \div 流动负债$$

现金比率反映企业的即时付现能力(即随时可以还债的能力)。现金比率与速动比率均可用于补充流动比率分析。在测试企业短期偿债能力方面,现金比率比速动比率更为严格。但在企业所有的资产类项目中,只有现金资产是非获利性资产,企业过多地储备现金或银行活期存款,意味着企业正在失去这些资金用于其他项目可获得的盈利。这不仅会给企业带来较高的资金机会成本,还意味着企业盈利能力在未来会下降。

因此,在一般情况下,企业会尽量减少现金余额,即保持较低的现金比率。企业保持一定的、合理的现金比率是很有必要的。合理的现金储备及比率,不仅可以使企业有效地把握未来获利机会,还是企业偿债时的有效支付手段。运用现金比率时,还应考虑到企业持有的现金中可能会有特定用途的资金,如上市公司募集资金、银行限制性条款中规定的最低存款余额等,不能用于偿还债务。因此,企业的现金比率应维持的水平应视企业的经营战略和当期的财务状况及经营活动规模而定,并力求全面考虑。

【例题6-1】 M公司成立于2005年9月23日,位于北京市海淀区,是一家具有自主研发能力的国家高新技术企业。M公司业务涉及微电子及计算机行业,主要研发生产微电子器件、微波组件、通信系统集成等产品。M公司于2010年11月18日登陆新三板市场,对于上市13年的公司来说,其营运能力和偿债能力仍有待提升。M公司2019—2023年短期偿债能力指标如表6-1所示,M公司2020—2023年环比增长率如表6-2所示,M公司2019—2023年应收账款相关指标如表6-3所示。

表 6-1　M 公司 2019—2023 年短期偿债能力指标

项目	2019 年	2020 年	2021 年	2022 年	2023 年
流动比率	2.67	2.55	2.59	1.91	2.00
速动比率	1.76	1.33	1.27	0.95	0.93
现金比率	0.28	0.32	0.05	0.04	0.03

表 6-2　M 公司 2020—2023 年环比增长率

项目	2020 年	2021 年	2022 年	2023 年
流动资产	0.46	−0.01	0.60	0.31
流动负债	0.53	−0.03	1.17	0.25

表 6-3　M 公司 2019—2023 年应收账款相关指标　　　　　　　　　　　　　金额单位:万元

项目	2019 年	2020 年	2021 年	2022 年	2023 年
应收账款平均余额	39 591 037.08	8 398 534.57	88 890 088.43	146 297 319.1	189 960 842.2
应收账款周转率	3.51	3.58	3.03	2.09	1.33

要求:分析 M 公司的短期偿债能力。

【解析】

(1) 流动比率分析。由表 6-1 可知,2019—2023 年 M 公司流动比率整体呈下降趋势,说明短期偿债能力有逐渐减弱的迹象,2022—22023 年越来越接近行业平均值,优势不如 2019—2021 年明显。尽管在 2021—2023 年有小幅度提升,这是因为这两个阶段流动负债的环比增长率明显低于流动资产的环比增长率。但纵向比较发现每年流动比率都高于 1,即假设企业流动资产全部变现,其流动负债完全可以被全部偿还,只是稳定性不高,不及 2021 年之前的水平。

注意:在计算该指标时,往往忽略定性分析,如资产的构成变化及资产在现在时点的变现能力,是用历史成本作定量分析,由此得出的结果与企业实际情况不完全符合,存在偏差。

(2) 速动比率分析。速动比率作为流动比率的补充指标,考虑了积压存货的不易变现性,能更准确地反映企业短期偿债能力的水平。速动比率越高,说明企业偿债能力保障性越强。速动比率一般合理值为 1,由表 6-1 可知,M 公司的速动比率在 2019—2021 年均高于 1,而后 2 年低于合理值,主要是由于流动负债大幅度增长,公司负债水平不稳定,存在一定的经营风险。

(3) 现金比率分析。现金比率从现金流动角度直观反映了企业立即偿还流动负债的现金能力,其行业平均值为 0.2。由表 6-1 可知,M 公司现金比率在 2020 年出现小幅度提升,主要是因为现金资产所占比重大幅度降低,说明公司资金利用率有所上升,可见 M 公司在 2020 年进行了调整,改善了资金利用状况。而 2021—2023 年现金比率逐年下降,且在行业平均值以下,说明公司减少了闲置资金,提高了资金使用效率。但 2022—2023 年均低于 0.05,说明留存资金没有控制在合理范围内,导致公司资金安全性不高,尽管闲置能力充分发挥作用,但留存资金后备不足,对公司的偿债能力产生一定的影响。

三、长期偿债能力分析

长期偿债能力是指企业偿还长期负债的能力。它是反映企业财务状况稳定与否及安全程度高低的重要标志,其分析指标主要包括以下3项。

1. 资产负债率

资产负债率又称负债比率,是企业的负债总额与资产总额的比率。它表示企业资产总额中,债权人提供资金所占的比重,以及企业资产对债权人权益的保障程度。其计算公式为:

$$资产负债率=(负债总额÷资产总额)×100\%$$

资产负债率高低对企业的债权人和所有者具有不同的意义。对债权人而言,资产负债率越低越好,资产负债率越低,其债权的保障程度就越高。对所有者而言,最关心的是投入资本的收益率。只要企业的总资产收益率高于借款的利息率,举债越多,即负债比率越大,所有者的投资收益就越大。一般情况下,企业负债规模应控制在一个合理的水平,资产负债率应控制在一定的标准内。

2. 产权比率

产权比率是负债总额与所有者权益总额的比率,是企业财务结构稳健与否的重要标志。其计算公式为:

$$产权比率=(负债总额÷所有者权益总额)×100\%$$

产权比率反映了所有者权益对债权人权益的保障程度,即在企业清算时债权人权益的保障程度。该指标越低,表明企业的长期偿债能力越强,债权人权益的保障程度越高,承担的风险越小,但企业不能充分地发挥负债的财务杠杆效应。

3. 利息保障倍数

利息保障倍数是企业息税前利润与利息费用的比率,是衡量企业偿付负债利息能力的指标。其计算公式为:

$$利息保障倍数=税息前利润÷利息费用$$

其中,利息费用是指本期发生的全部应付利息,包括流动负债的利息费用,长期负债中进入损益的利息费用,以及进入固定资产原价中的资本化利息。

利息保障倍数越高,说明企业支付利息费用的能力越强;该比率越低,说明企业越难以保证用经营所得及时、足额地支付负债利息。因此,它是判断企业是否举债经营,衡量其偿债能力强弱的主要指标。若要合理地确定企业的利息保障倍数,需将该指标与其他企业,特别是同行业平均水平进行比较。应以指标最低年份的数据作为参照物,但在一般情况下,利息保障倍数不能低于1。

【例题6—2】 承[例题6—1],根据M公司2020—2023年的财务报告的数据,计算该公司2020—2023年的资产负债率、产权比率和利息保障倍数,计算结果如表6-4所示。

表 6-4　M 公司 2019—2022 年长期偿债能力指标

项目	2020 年	2021 年	2022 年	2023 年
资产负债率	56.51%	59.57%	66.58%	64.94%
产权比率	0.43	0.33	0.40	0.35
利息保障倍数	114.53	17.80	27.78	13.14

要求:分析 M 公司的长期偿债能力。

【解析】

(1) 资产负债率分析。由表 6-4 可知,M 公司的资产负债率 2020—2022 年均有所提升,2022—2023 年该指标有所下降,总体来说呈上升趋势。其中,资产负债率最高为 2022 年的 66.58%,可能是由于公司为了资金正常运作加大了负债的融资力度。经过 1 年的经营,公司发展状况良好,资金较 2022 年更加充足,减少了流动资金需求,降低了公司的负债融资,使得 2023 年资产负债率有所下降。一般认为,资产负债率的适宜水平为 40%~60%,M 公司资产负债率 2022—2023 年相对较高。因此,从长远角度考虑,M 公司的长期偿债能力可能会受到负债的影响。

(2) 产权比率分析。由表 6-4 可知,2020—2023 年,M 公司的产权比率经历了先下降后上升再下降的变化。产权比率能够衡量企业财务杠杆的大小,该指标越低,表明企业的长期偿债能力越强,债权人权益的保障程度越高,承担的风险越小。纵观 4 年数据,2021 年产权比率最小,企业中所有者权益所占比例要高于负债比重,为了生产经营将资金利用程度最大化,经过 1 年时间公司降低了所有者权益的比重,加大了负债融资力度,这与 2022 年资产负债率分析相吻合。公司负债比重加大,为了降低长期还债压力,经过 1 年的发展公司又降低了负债融资比重。

(3) 利息保障倍数分析。由表 6-4 可知,M 公司 2020 年的利息保障倍数远超其他年份,这可能是因为:一是公司 2020 年经营状况良好;二是市场竞争严重加剧,导致从 2021 年开始,该指标远低于 2020 年。2021—2023 年,M 公司的利息保障倍数先上升再降低。该指标反映了企业对利息的承担能力,利息保障倍数的界限通常为 3,由此而看,M 公司的长期偿债能力较强,偿还利息有保障。

四、数据处理

1. 准备数据

打开中联大数据分析平台,点击左侧创建文档,选择仪表板下的"准备数据",点击"进入"。准备数据如图 6-1 所示。

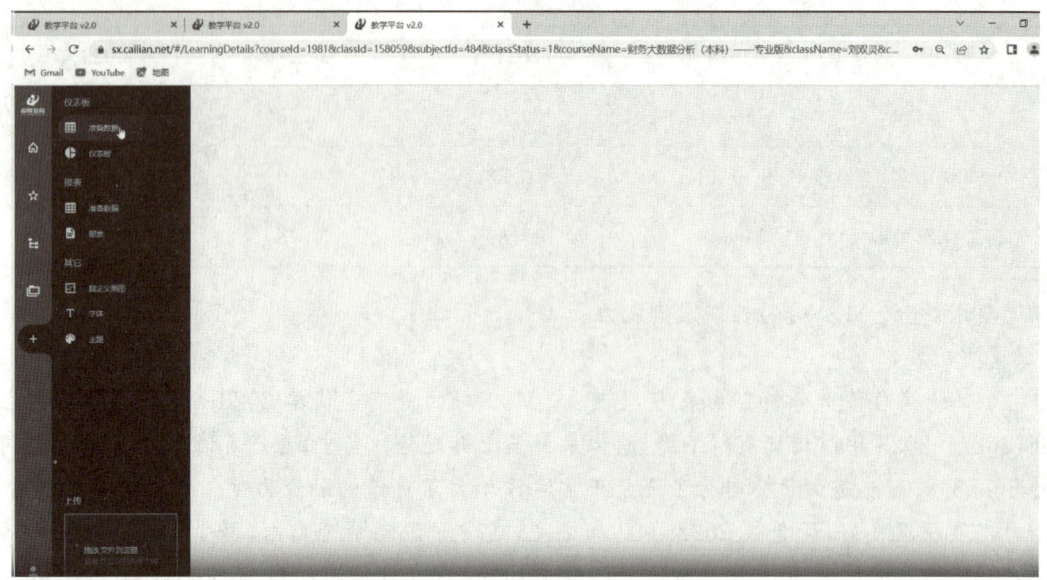

图 6-1 准备数据

2. 创建缓存数据集

点击"缓存数据集",选择"创建"。创建缓存数据集如图 6-2 所示。

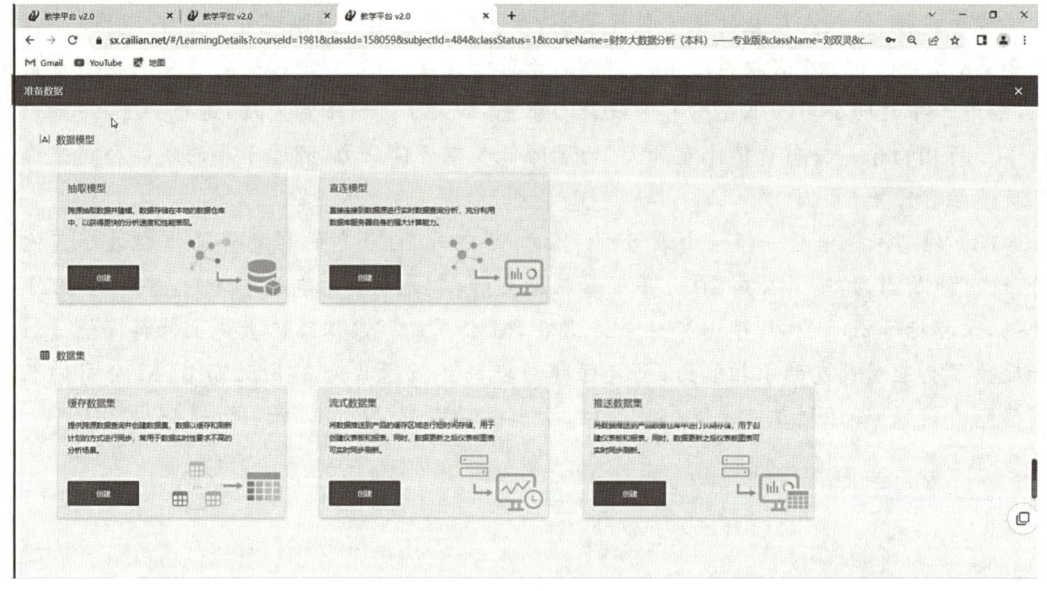

图 6-2 创建缓存数据集

3. 数据关联

根据需要,选择可以运用的相关数据源,点击数据源列表下拉框,选择数据源后,点击"确定"。需要计算 2020 年所属证监会行业资产负债率、流动比率、速动比率、权益乘数等相关指标,因此要运用 2020 年资产负债表和行业分类两个数据源。数据关联如图 6-3 所示。

项目六 财务指标分析

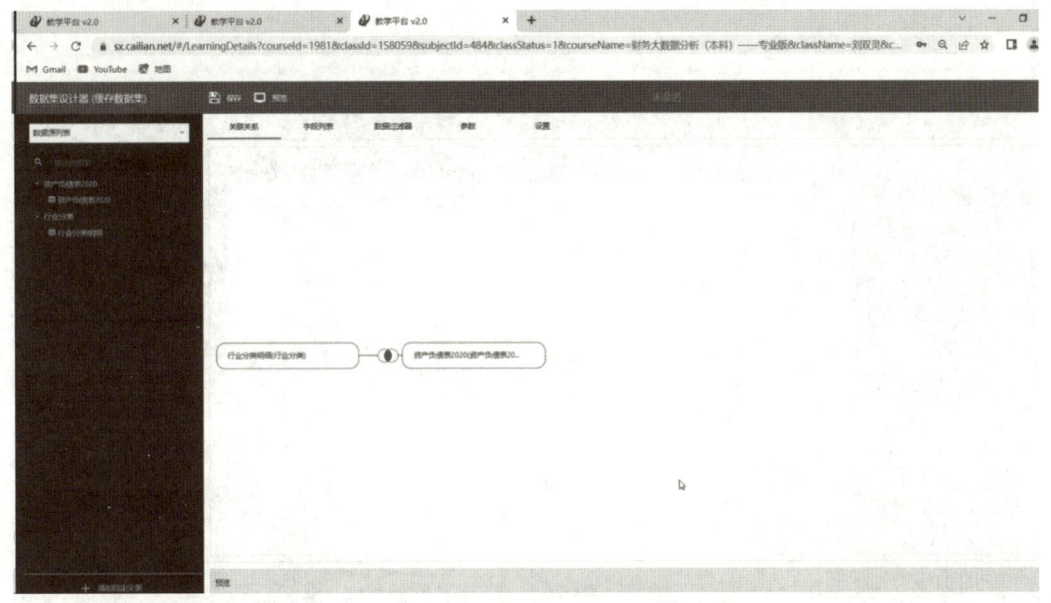

图 6-3 数据关联

4. 添加缓存数据集计算字段

2020年资产负债表与行业分类明细中没有资产负债率、流动比率等相关字段,因此需要添加字段。点击字段列表,点击"更多",添加计算字段。添加计算字段如图 6-4 所示。

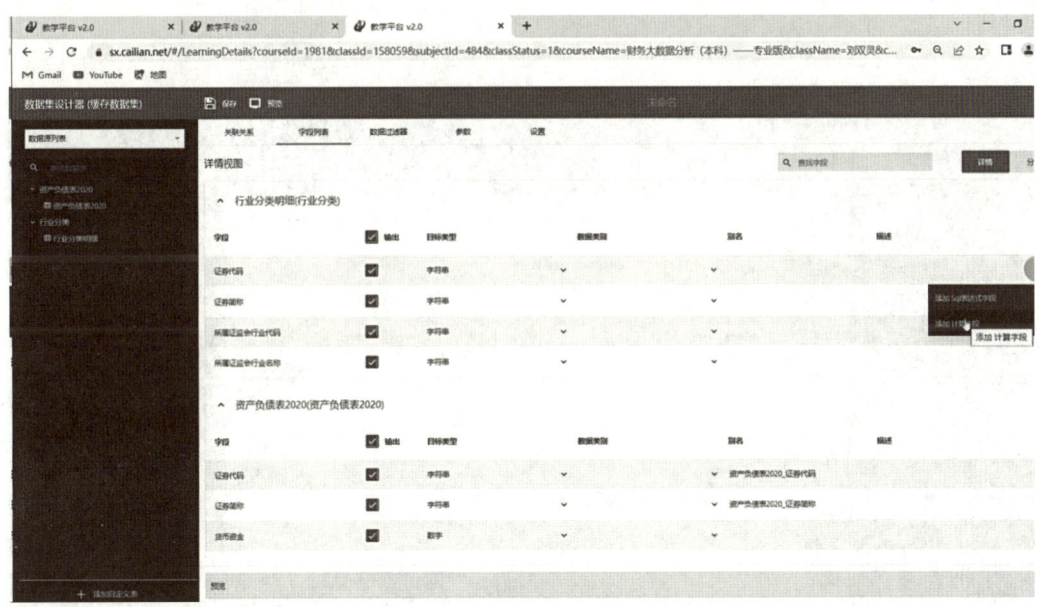

图 6-4 添加计算字段

步骤一,添加资产负债率计算字段。字段名称输入"资产负债率",字段类型选择"数字",表达式输入"[负债合计]/[资产合计]",点击"保存",并继续创建。添加资产负债率计算字段如图 6-5 所示。

173

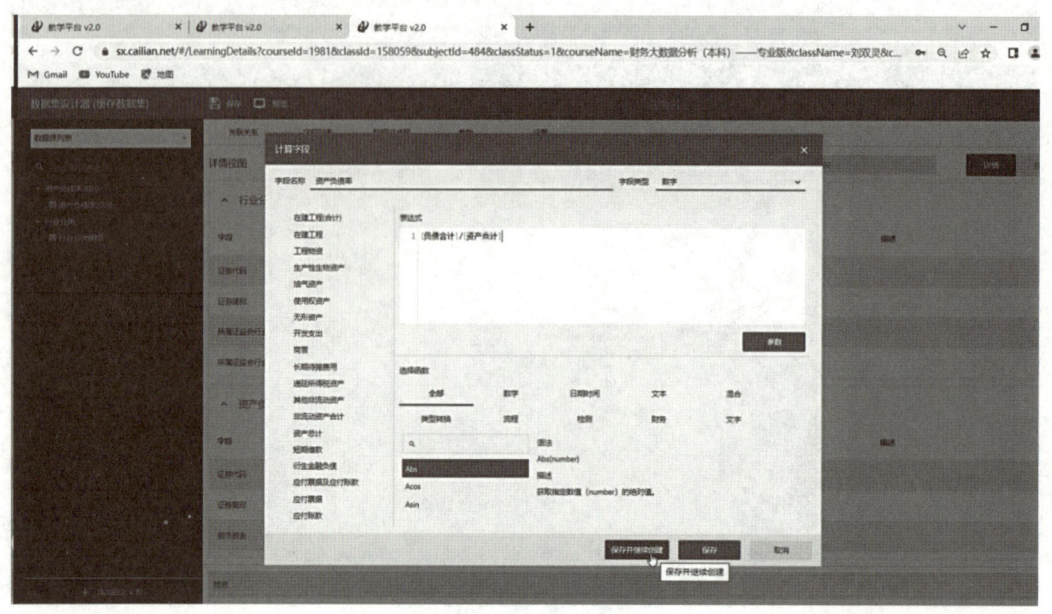

图 6-5　添加资产负债率计算字段

步骤二,添加流动比率计算字段。字段名称输入"流动比率",字段类型选择"数字",表达式输入"[流动资产合计]/[流动负债合计]",点击"保存",并继续创建。添加流动比率计算字段如图 6-6 所示。

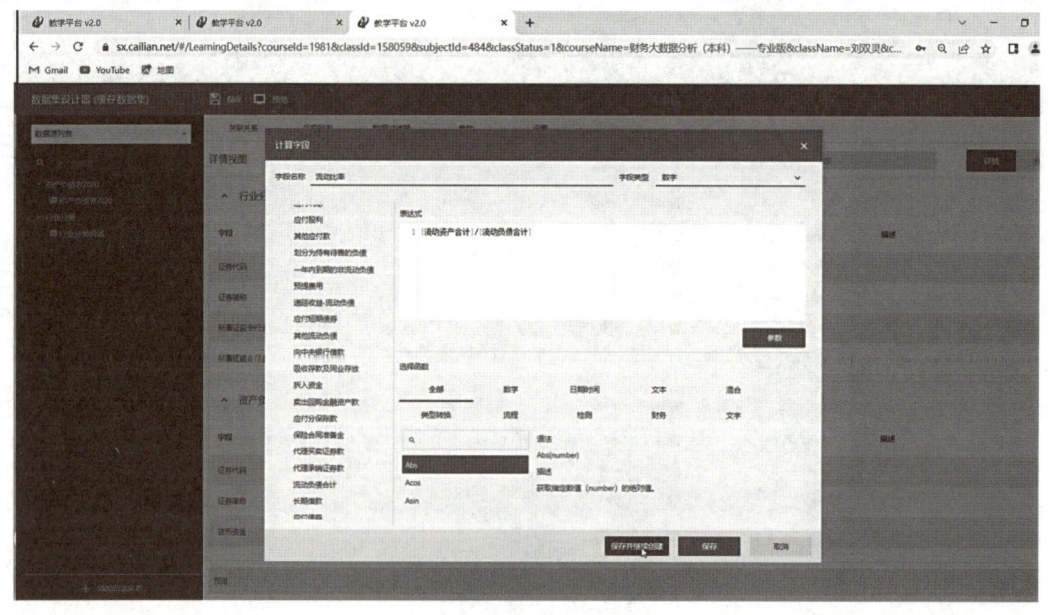

图 6-6　添加流动比率计算字段

步骤三,添加权益乘数计算字段。字段名称输入"权益乘数",字段类型选择"数字",表达式找到"[流动资产合计]/[所有者权益合计]",点击"保存",并继续创建。添加权益乘数计算字段如图 6-7 所示。

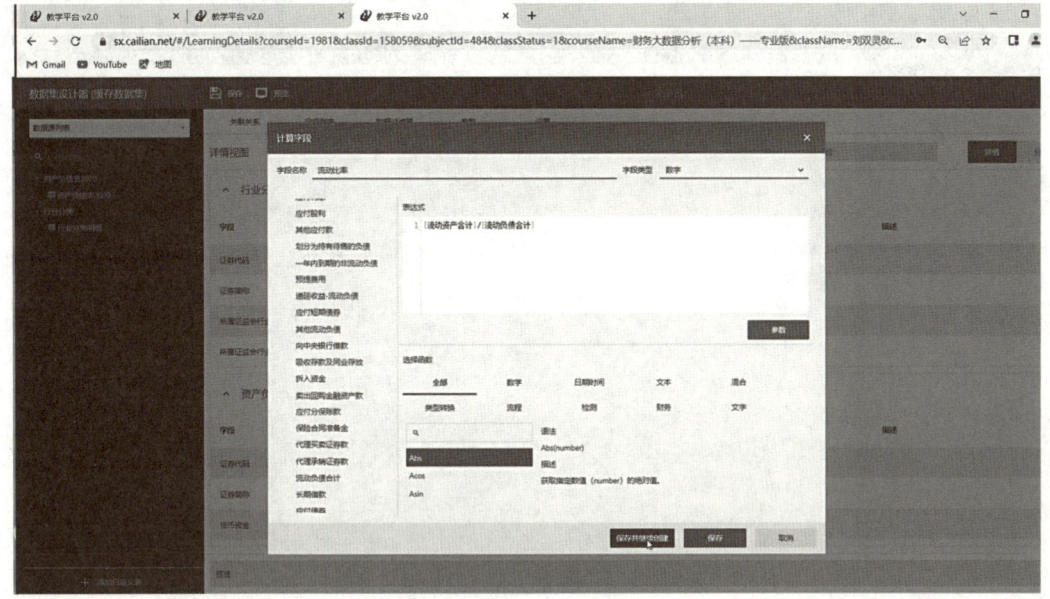

图 6-7　添加权益乘数计算字段

步骤四,添加速动比率计算字段。字段名称输入"速动比率",字段类型选择"数字",表达式输入"([流动资产合计]-[存货])/[流动负债合计]",点击"保存",并继续创建。添加速动比率计算字段如图 6-8 所示。

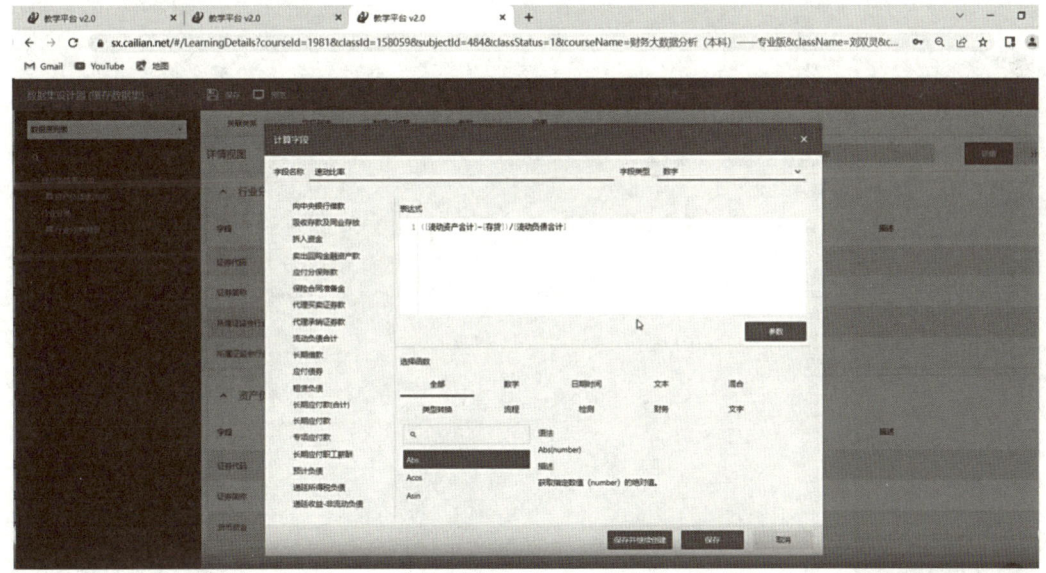

图 6-8　添加速动比率计算字段

以上 4 个字段添加完成后,点击"保存"。保存添加字段如图 6-9 所示。

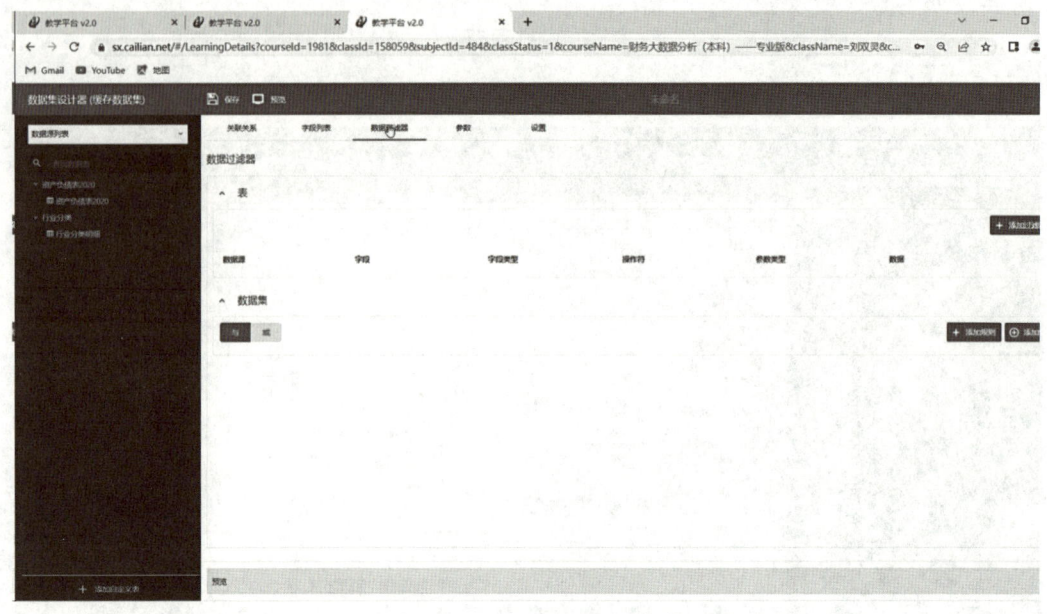

图 6-9　保存添加字段

5. 添加过滤条件

根据需要,添加相关过滤条件的添加。由于需要计算同行业资产负债率、流动比率、权益乘数、速动比率等相关偿债能力行业均值和行业标杆企业,应先添加规则。

步骤一,点击"数据过滤器",筛选所属证监会行业名称为医药制造行业公司。添加规则如图 6-10 所示。

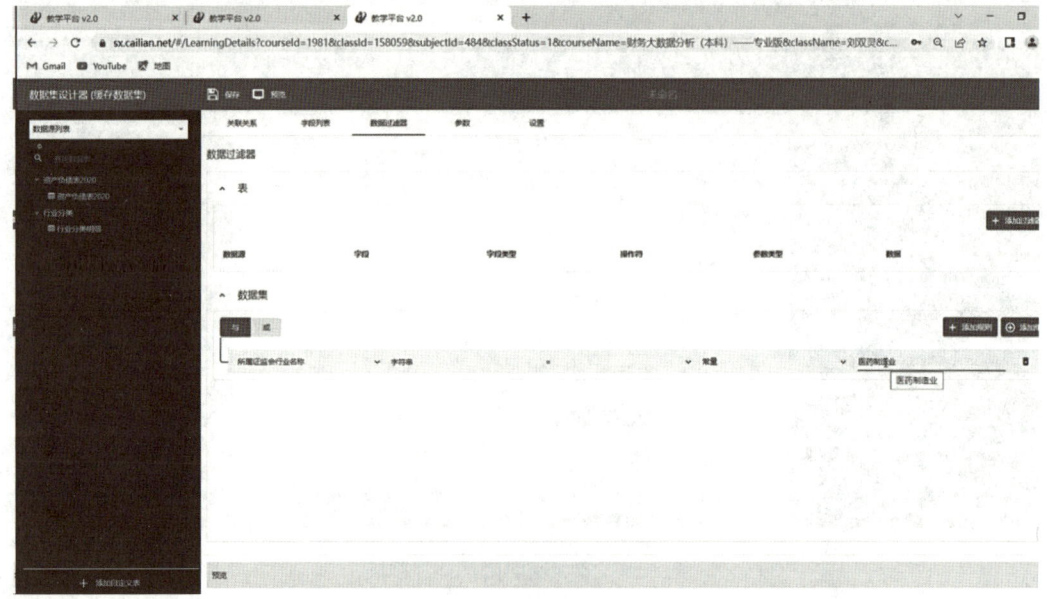

图 6-10　添加规则

步骤二,筛选证券简称中不包含﹡ST的公司,选择"证券简称",选择"不包含"—"﹡ST"。筛选证券简称中不包含﹡ST的公司如图6-11所示。

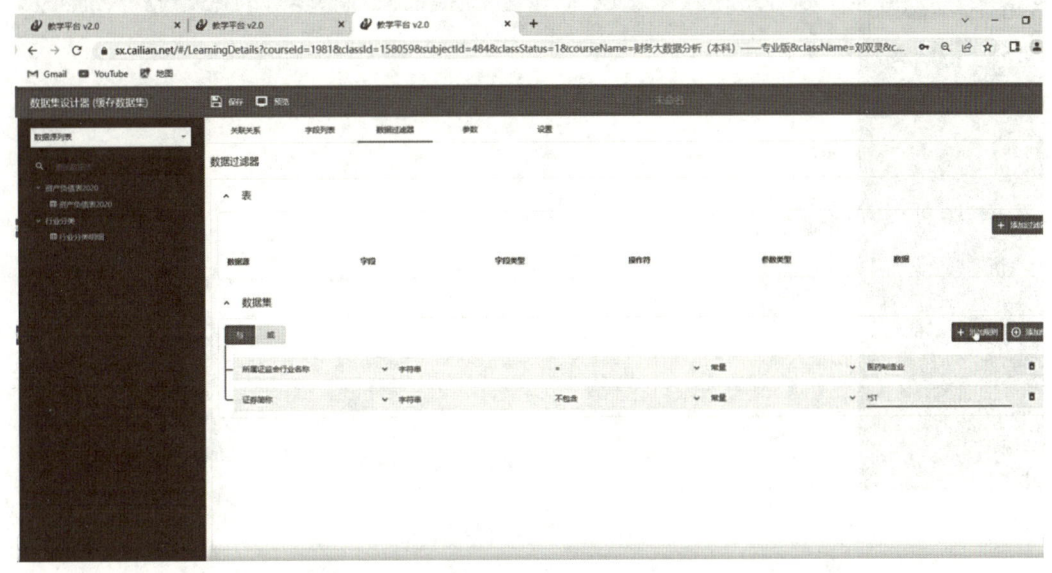

图 6-11　筛选证券简称中不包含﹡ST的公司

步骤三,筛选证券简称中不包含u的公司,通过预览,若有没有相关数值,说明过滤条件添加错误。筛选证券简称中不包含u的公司如图6-12所示。

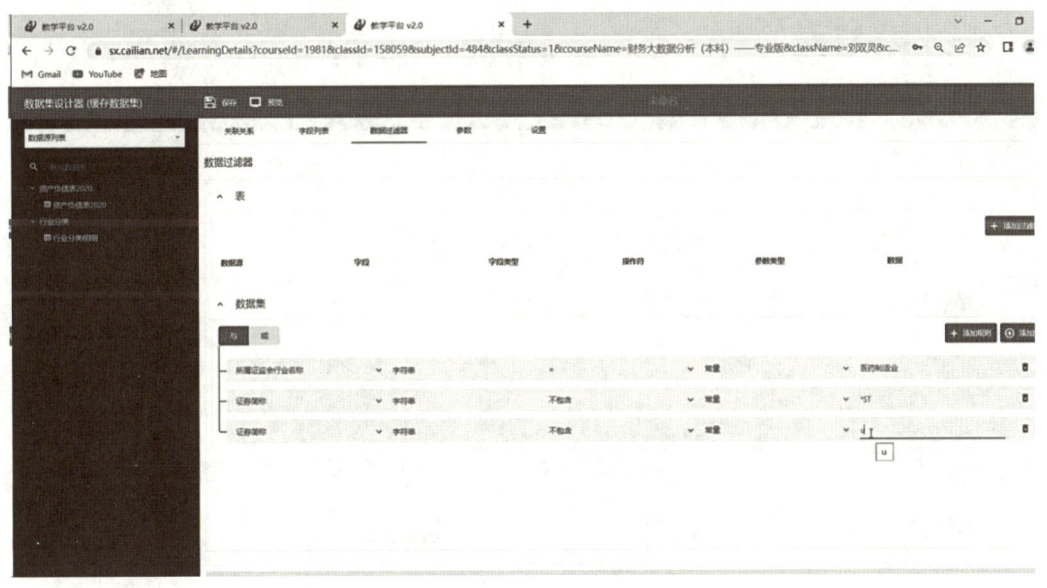

图 6-12　筛选证券简称中不包含u的公司

步骤四,设置保存。添加完成后,命名为"医药制造业偿债能力分析仪表板数据集",点击"保存"。设置保存如图6-13所示。

177

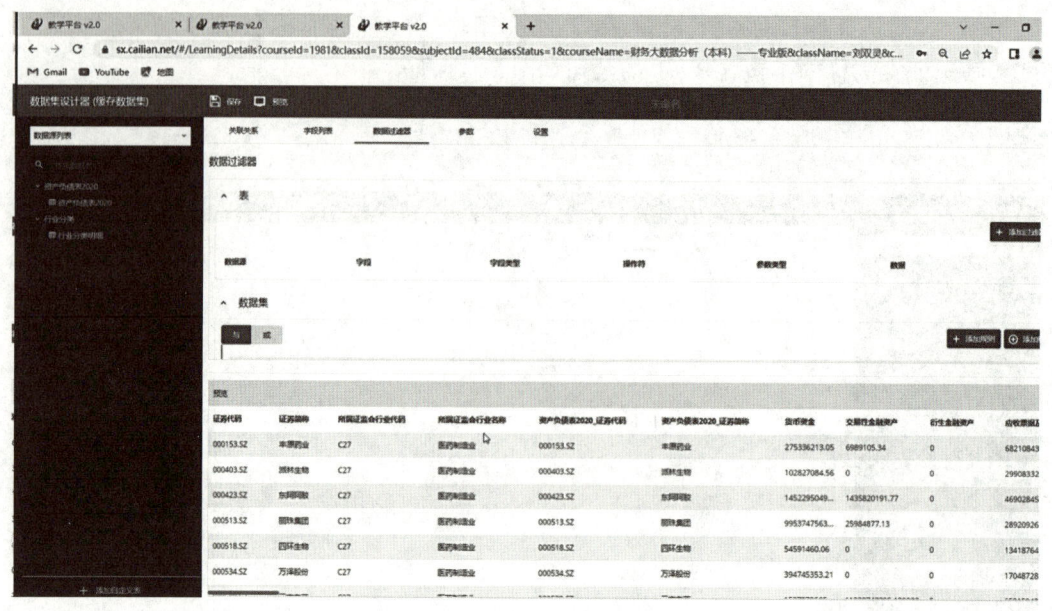

图 6-13 设置保存

6. 创建偿债能力数据集

采用同样的方法,对康佳医疗的偿债能力进行数据集的创建。点击"创建",选择"仪表板"—"准备数据",选择"缓存数据集",点击"创建"。根据需要,选择可以运用的相关数据列表。创建偿债能力数据集如图 6-14 所示。

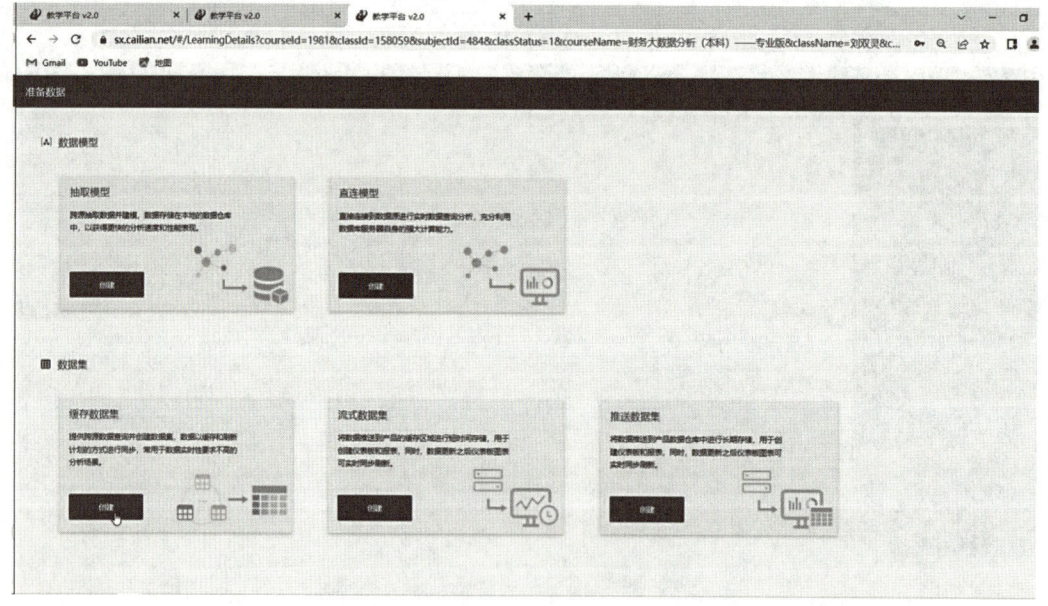

图 6-14 创建偿债能力数据集

7. 添加偿债能力数据集计算字段

选择"康佳医疗资产负债表",点击"确定"。将资产负债表拖拽至右侧中的区域。由于资产负债表中没有资产负债率等相关数据,需要添加字段列表。添加计算字段如图 6-15 所示。

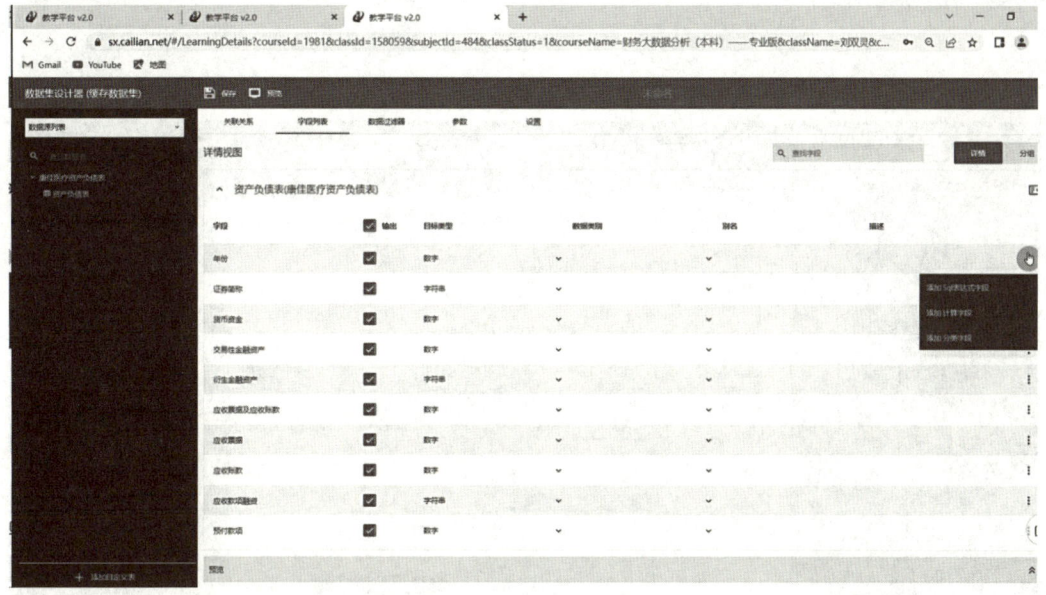

图 6-15　添加计算字段

步骤一,添加资产负债率计算字段。点击字段列表,点击"更多",点击"添加计算字段",将字段名称命名为"资产负债率",字段类型选择"数字",表达式输入"[负债]/[资产合计]",点击"保存",并继续创建。添加资产负债率计算字段如图 6-16 所示。

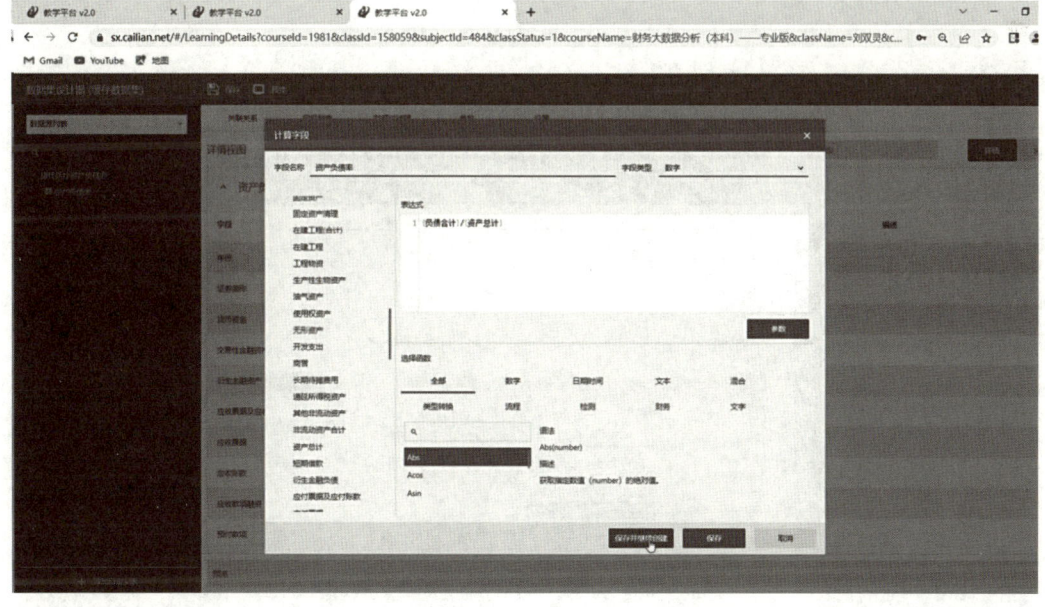

图 6-16　添加资产负债率计算字段

步骤二,添加流动比率计算字段。字段名称输入"流动比率",字段类型选择"数字",表达式输入"[流动资产合计]/[流动负债合计]",点击"保存",并继续创建。添加流动比率计算字段如图6-17所示。

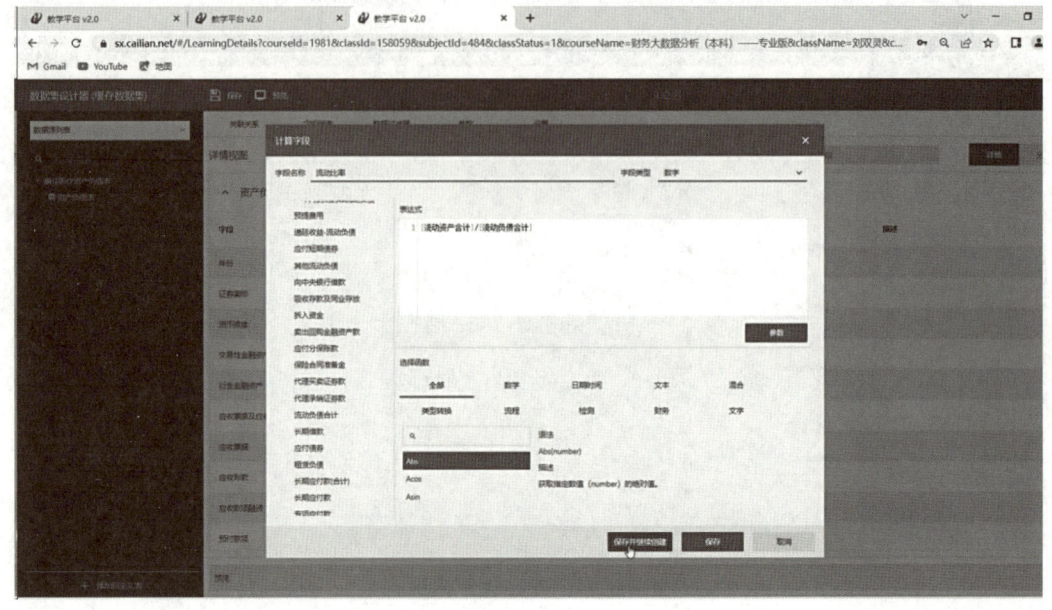

图6-17　添加流动比率计算字段

步骤三,添加权益乘数计算字段。字段名称输入"权益乘数",字段类型选择"数字",表达式输入"[资产总计]/[所有者权益合计]",点击"保存",并继续创建。添加权益乘数计算字段如图6-18所示。

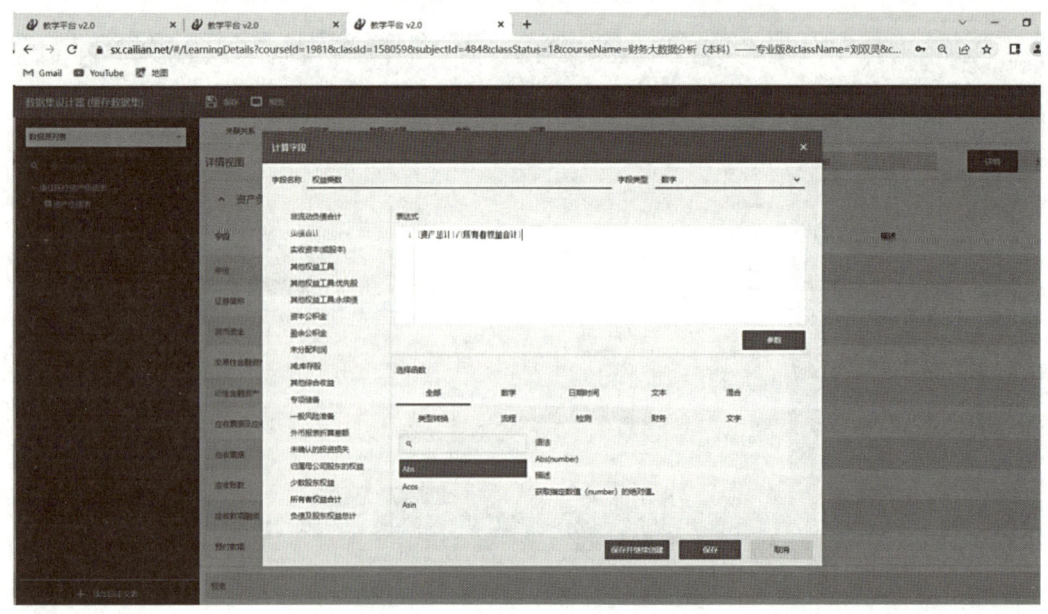

图6-18　添加权益乘数计算字段

步骤四,创建速动比率计算字段。字段名称输入"速动比率",字段类型选择"数字",表达式输入"([流动资产合计]−[存货])/[流动负债合计]",点击"保存",并继续创建。添加速动比率计算字段如图 6-19 所示。

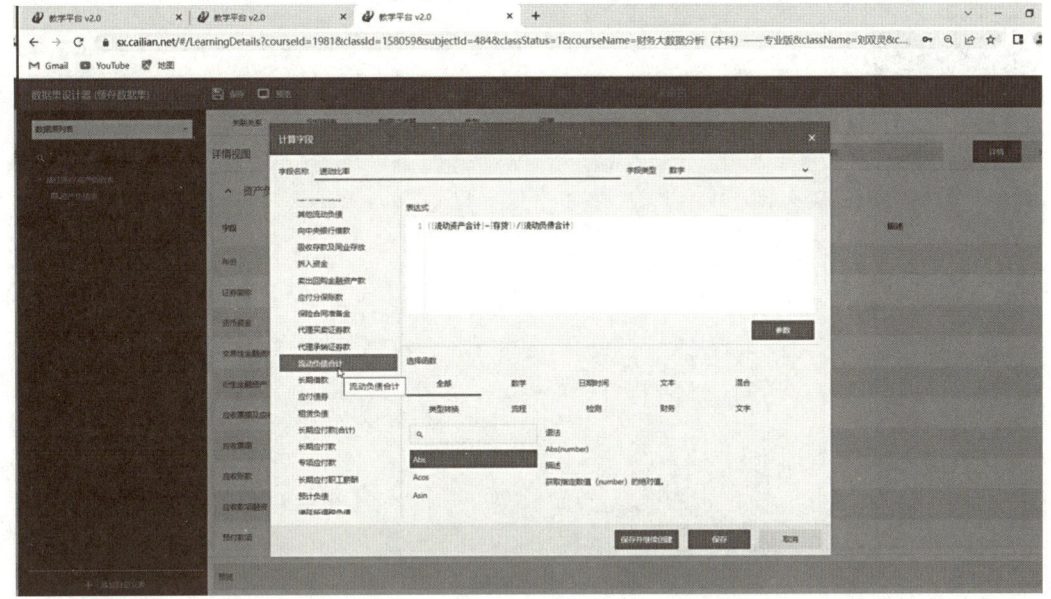

图 6-19　添加速动比率计算字段

以上 4 个计算字段添加完毕后,点击"保存",将其命名为"康佳医疗偿债能力数据集",点击"保存"。设置保存如图 6-20 所示。

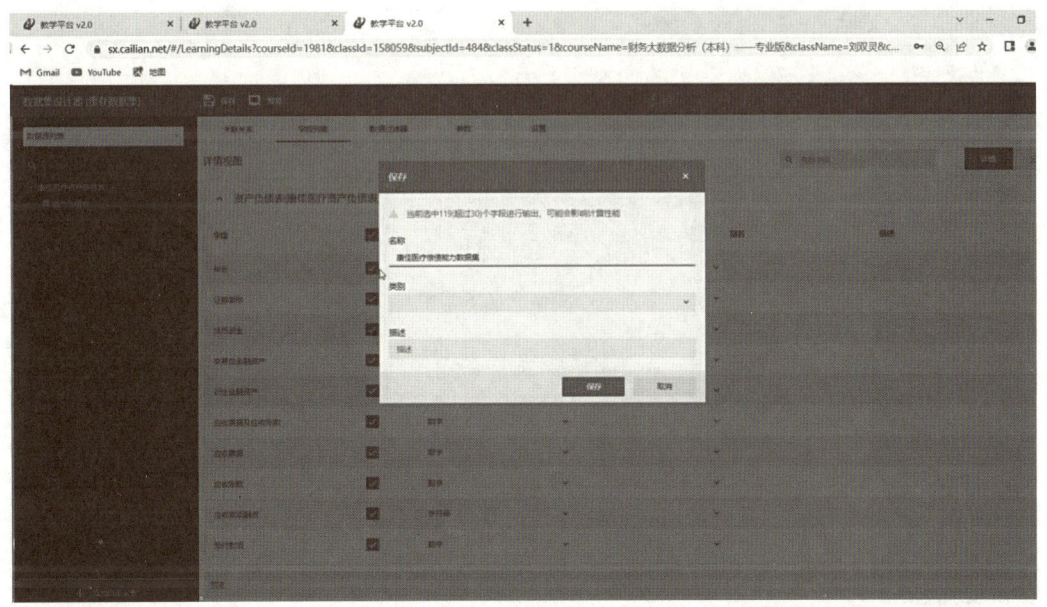

图 6-20　设置保存

点击"文档类型"—"数据集",查看创建的 2 个偿债能力数据集。若发现有错误,可以点击相应的数据集,点击右上角编辑,进行修改。查看数据集如图 6-21 所示。

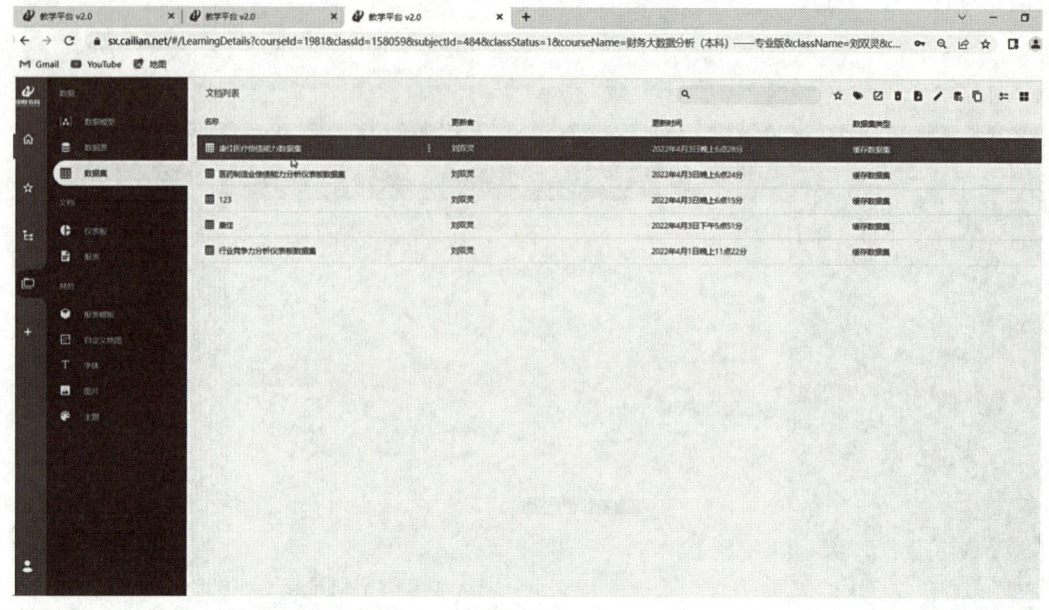

图 6-21　查看数据集

8. 创建偿债能力分析仪表板

点击中联大数据分析平台,创建文档,选择"仪表板",点击"进入"。创建偿债能力分析仪表板如图 6-22 所示。

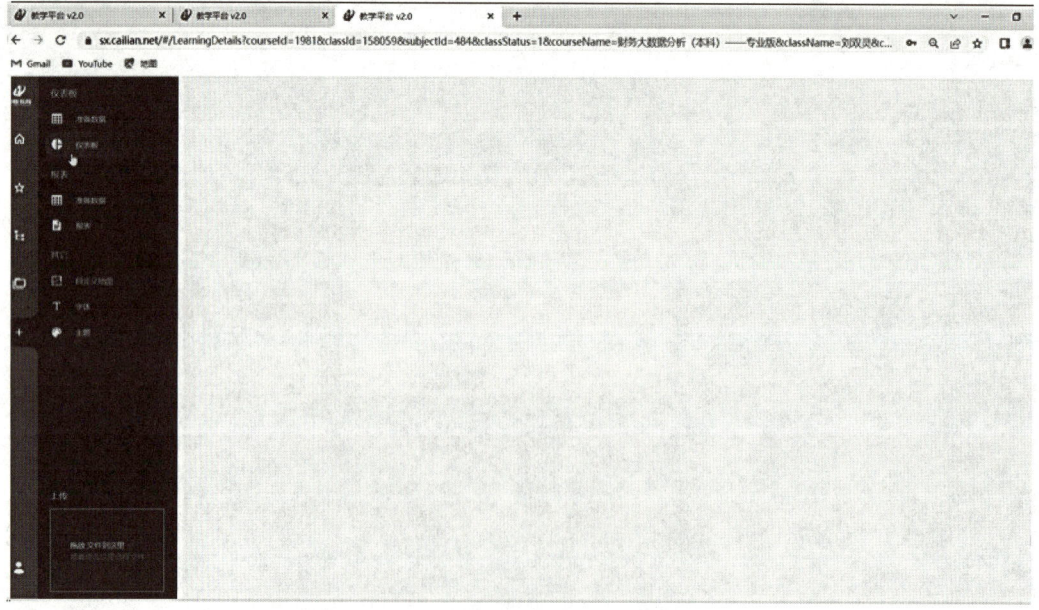

图 6-22　创建偿债能力分析仪表板

9. 标题设置

步骤一,根据需求,进行标题设置。点击"容器组件",选择副文本,将副文本拖拽至右侧区域。标题设置如图 6-23 所示。

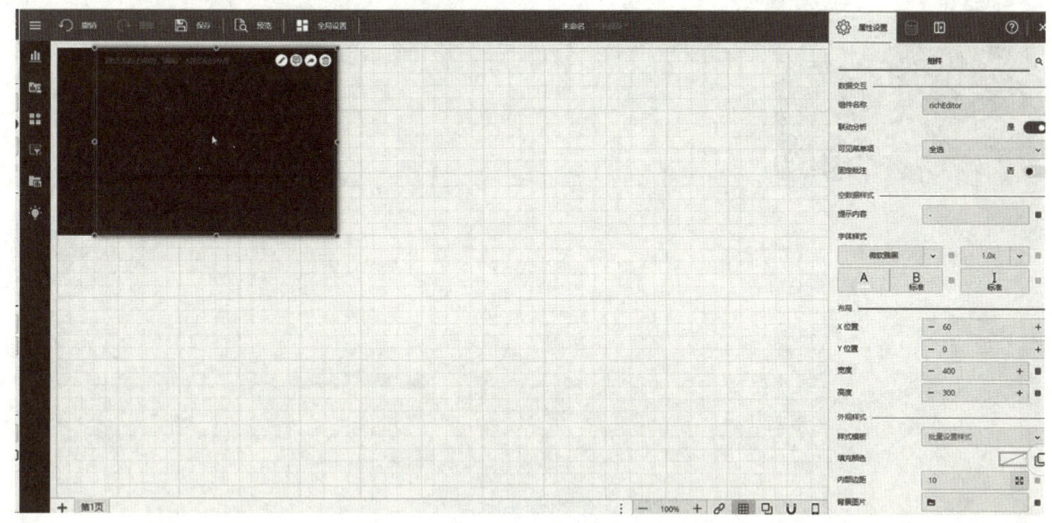

图 6-23　标题设置

步骤二,字体设置。点击右上角编辑,进行标题的设置,如"康佳医疗偿债能力分析可视化展示",全选标题,在右侧设置字体颜色、大小、粗细、是否居中等。字体设置如图 6-24 所示。

图 6-24　字体设置

步骤三,背景图片设置。点击右侧,选择"背景图片",选择一个共享图片,点击"确定"。同时,可以将文本框拖拽至适合的大小。背景图片设置如图 6-25 所示。

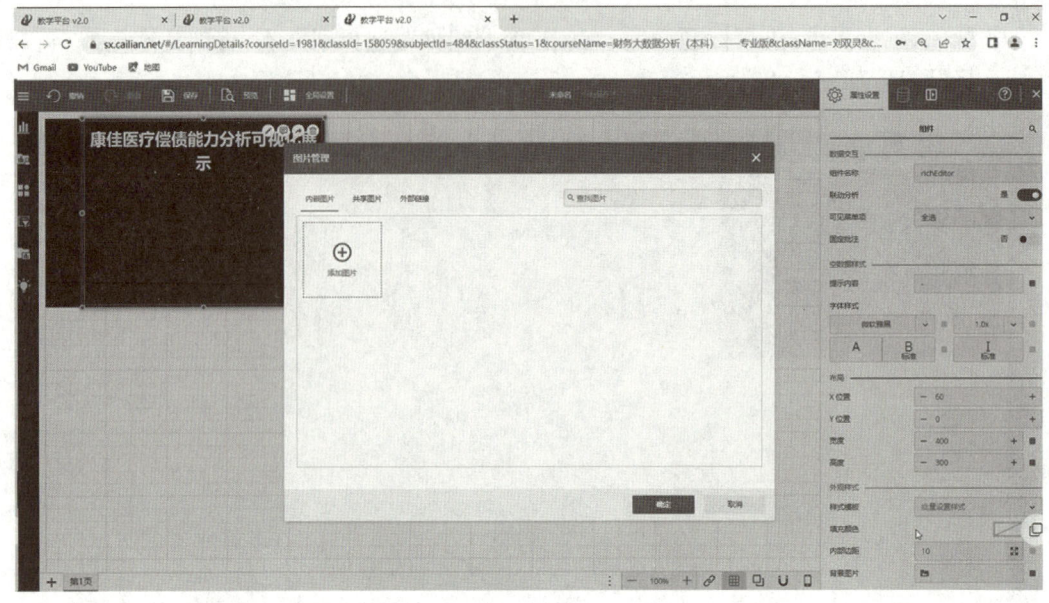

图 6-25　背景图片设置

10. 选择可视化图形

根据需要,选择相应的图形。以柱状图为例,将柱状图拖拽至右侧仪表板的设计区域,绑定数据集,选择"康佳医疗偿债能力数据集",分类选择"年份"。选择可视化图形如图 6-26 所示。

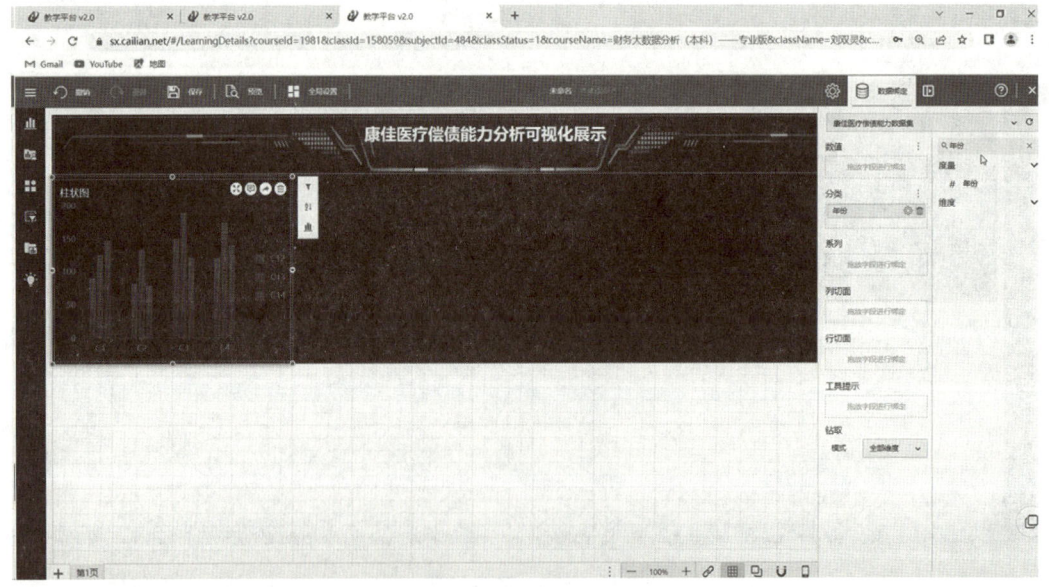

图 6-26　选择可视化图形

11. 设置数字格式

将年份拖拽至分类框中,数值选择"速动比率"。将速动比率的数字格式,设置为"百分比",点击"确定"。设置数字格式如图6-27所示。

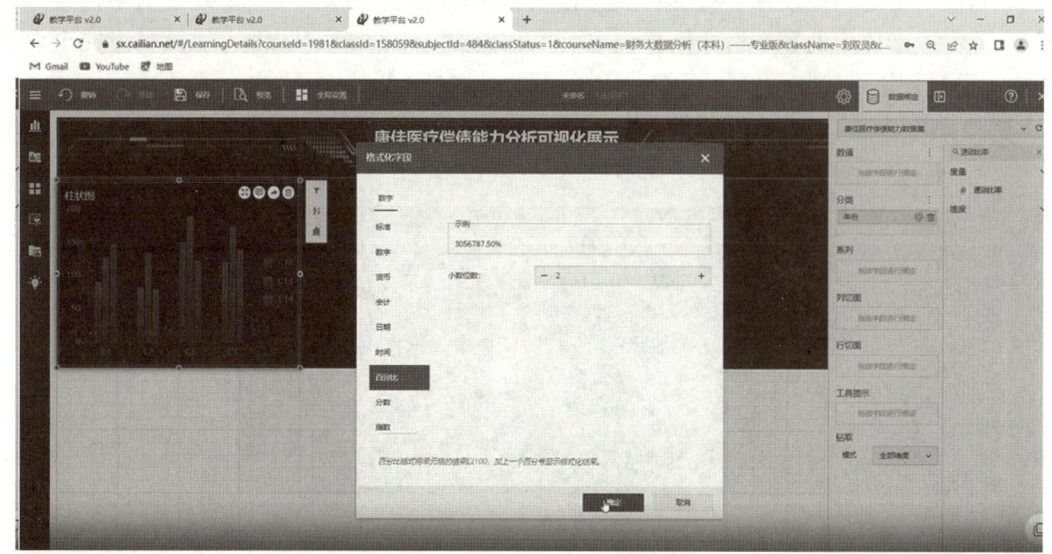

图6-27 设置数字格式

12. 属性设置

将速动比率拖拽至数值框中,点击右上角属性设置,继续进行设计,如设置标签。属性设置如图6-28所示。

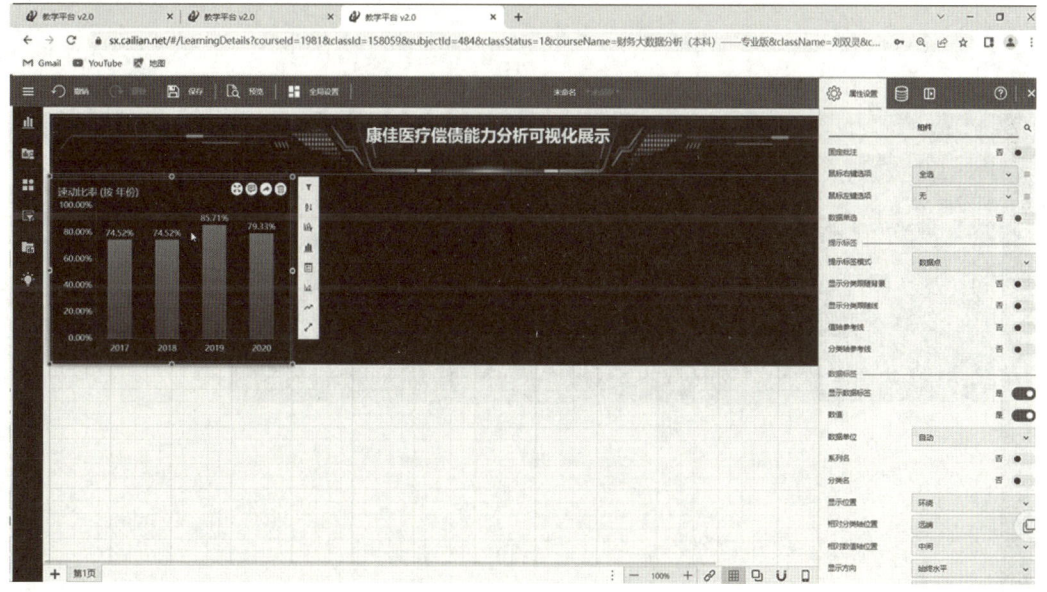

图6-28 属性设置

13. 同行业对比分析

将康佳医疗的速动比率与行业均值和标杆企业数值进行对比,并进行医药制造业速动比率的相关设计。选择柱状图,并拖拽至右侧中的区域,绑定数据集,选择"医药制造业偿债能力分析仪表板数据集"。

步骤一,行业均值设计。将所属证监会行业名称拖拽至分类框中,在搜索框中搜索速动比率,并将速动比率的数字格式同样设置为"百分比",点击"确定",将速动比率拖拽至数值框中。设置数字格式如图 6-29 所示,选择速动比率如图 6-30 所示。

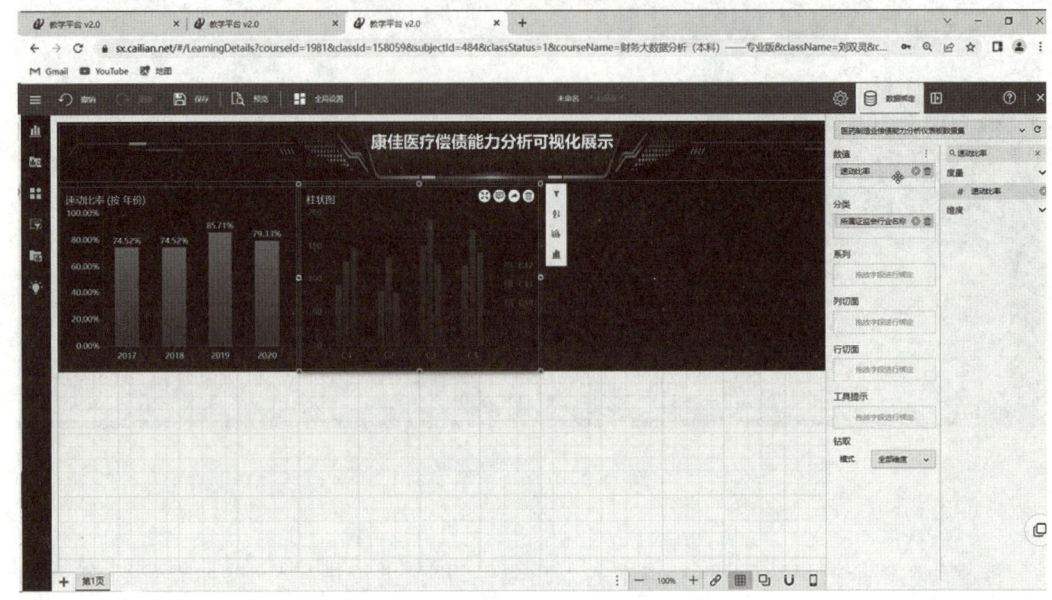

图 6-29　设置数字格式

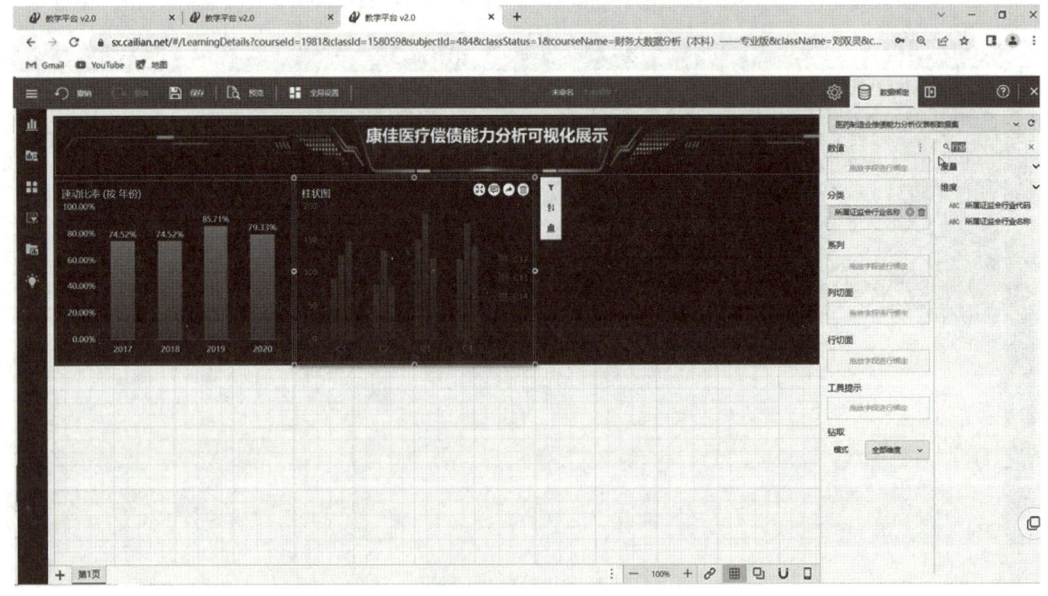

图 6-30　选择速动比率

步骤二,计算公式设置。点击"设置",设置速动比率的计算公式,选择"聚合计算"—"平均数",点击"属性设置",选择"标签"—"是"。设置计算公式如图 6-31 所示。

图 6-31 设置计算公式

步骤三,仪表板设计。设计医药制造业的标杆企业仪表板,将柱状图拖拽至右侧区域,绑定医药制造业偿债能力分析仪表板数据集。分类选择"证券简称",将证券简称拖拽至分类框中;数值选择"速动比率",并将其拖拽至数值框中。此时,医药制造业上市公司的速动比率已经在仪表板中显示。点击右上角属性设置,选择"标签"—"是"。选择证券简称如图6-32,选择速动比率如图 6-33 所示,标签设置如图 6-34 所示。

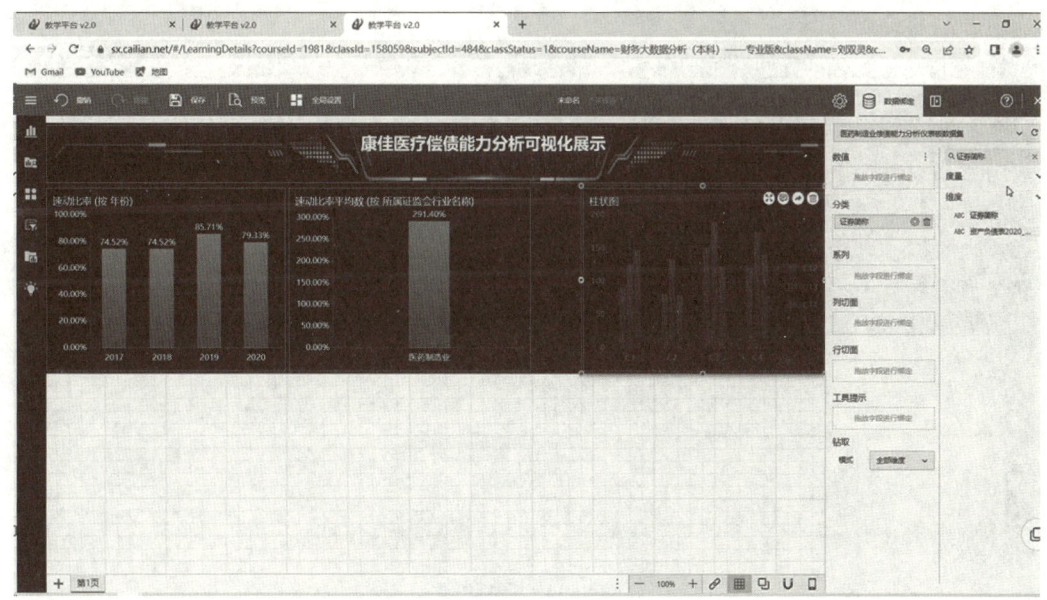

图 6-32 选择证券简称

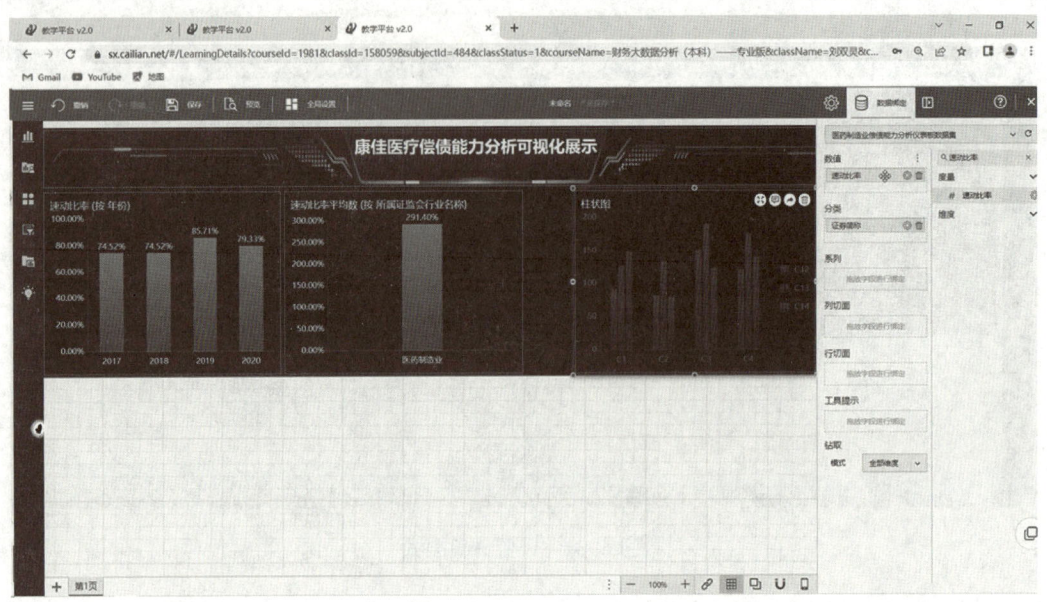

图 6-33 选择速动比率

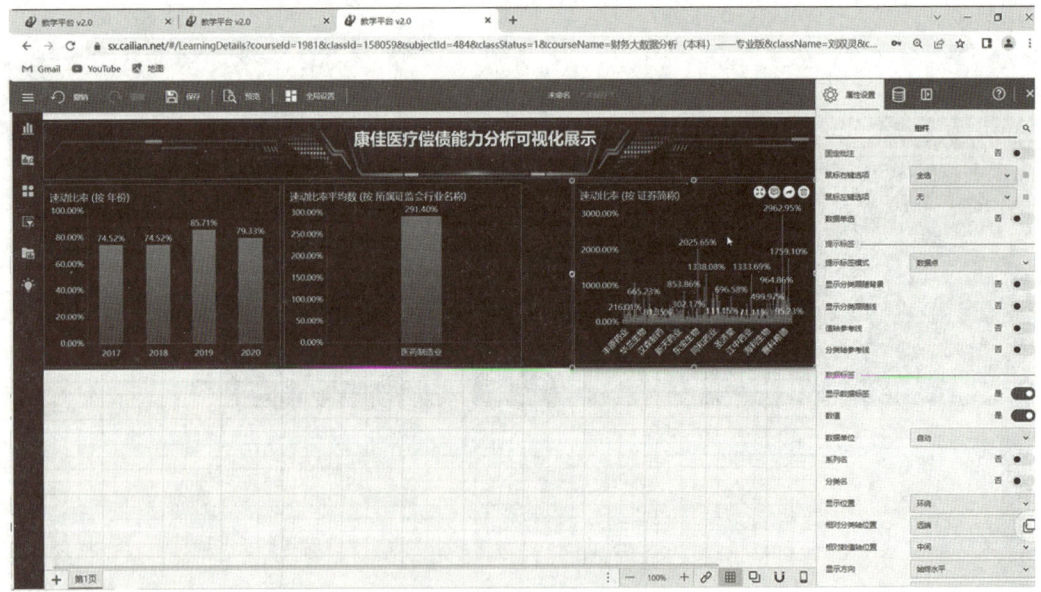

图 6-34 标签设置

步骤四,数据排序。将速动比率按照"降序"排序,点击"确定"即可。数据排序如图 6-35 所示。

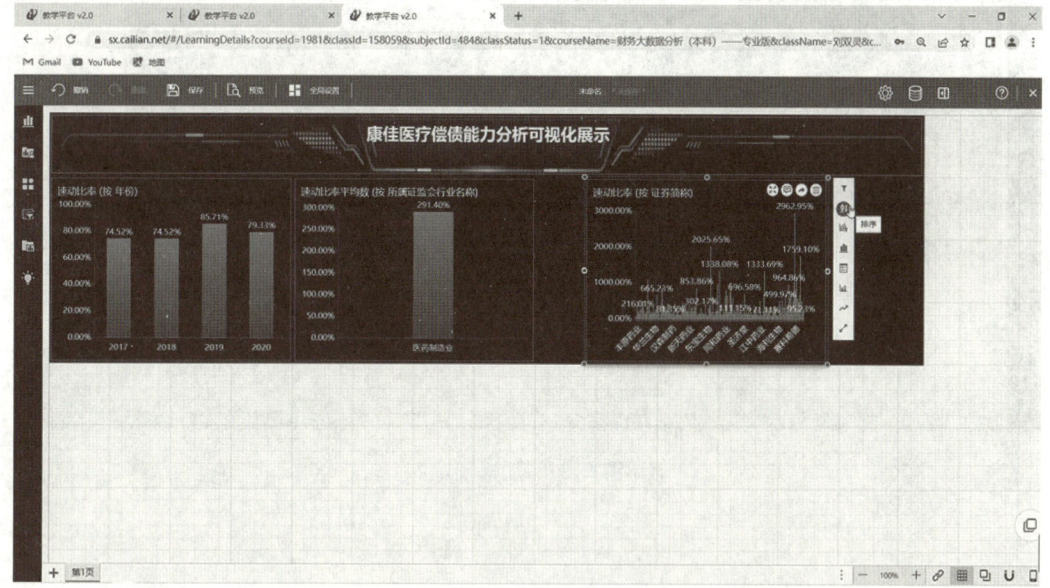

图 6-35　数据排序

步骤五,数据筛选。继续进行显示设置,选择排名前 10 的公司。数据筛选如图 6-36 所示。

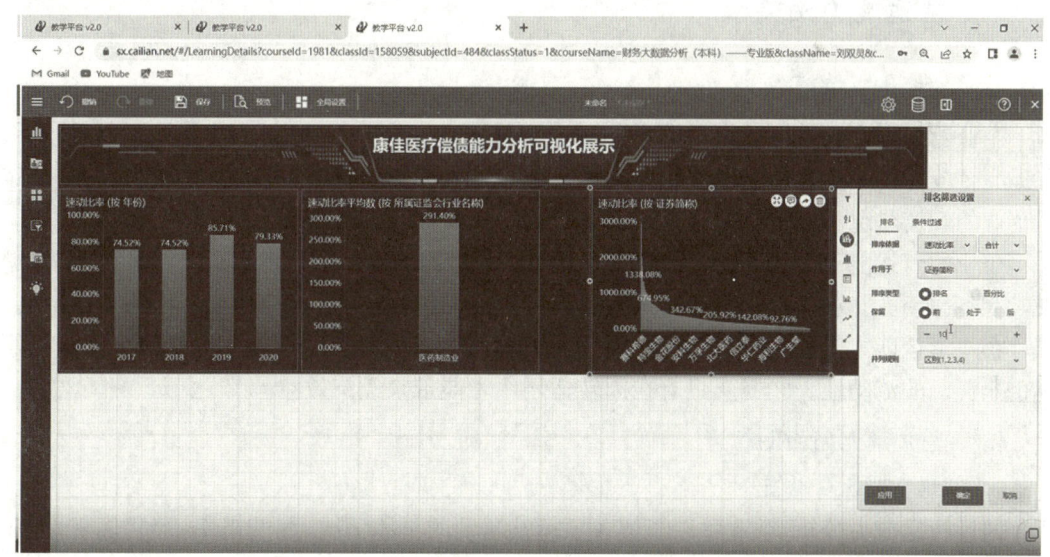

图 6-36　数据筛选

步骤六,图形预览。采用同样的方法对其他几个指标进行仪表板的设计,点击"预览"。图形预览如图 6-37 所示。

图 6-37　图形预览

第二节　营运能力分析

一、营运能力相关概念

(一)营运能力的含义

企业营运资产的主体是流动资产和固定资产。营运资产在企业资产中所占比重较大，在提高企业经济效益方面发挥着重要作用。因此，企业营运资产的利用及其能力大小，决定了企业的经营状况和经济效益。

企业的营运能力主要是指企业资产运用、循环效率的高低。一般来说，经营资产周转越快，说明资金利用效率越高，企业管理人员的经营能力越强。

企业营运能力与偿债能力和盈利能力之间有着密切的联系：①资产周转的快慢直接影响企业资产的流动性。②资产只有在周转运用中才能带来经济效益。

(二)营运能力分析的意义

1. 了解企业运营状况

通过营运能力分析，企业可以了解各项运营活动的具体情况，如产销率、存货周转率、应收账款周转率等指标，从而评估企业当前的运营效率和效益。这有助于企业发现自身存在的问题和不足，为改进运营模式和提高经营效益指明方向。

2. 制定合理的发展战略

营运能力分析可以帮助企业了解自身的优势和劣势，从而制定更加合理的发展战略。例如，如果企业发现自身存货周转率较低，可能存在库存积压的问题，因此可以考虑采用更加精准的采购策略和生产计划来提高存货周转率,制定更加稳健的发展战略。

3. 提高企业的整体绩效

营运能力分析不仅可以帮助企业了解各项运营活动的效率和效益,还可以帮助企业了解整体绩效水平。通过对各项运营指标的分析,企业可以不断提高自身的经营效益和竞争力,实现可持续发展。

二、营运能力分析的指标

(一) 应收账款周转率

应收账款周转率又称应收账款周转次数,是一定时期内商品或产品主营业务收入净额与平均应收账款余额的比值,是反映应收账款周转速度的指标。其相关计算公式如下:

$$应收账款周转率(次数)=赊销净额 \div 平均应收账款余额$$

$$平均应收账款余额=(应收账款年初数+应收账款年末数) \div 2$$

$$应收账款周转天数=360 \div 应收账款周转率=应收账款平均余额 \div (赊销净额 \div 360 天)$$

应收账款包括应收账款净额和应收票据等全部赊销账款。应收账款净额是指扣除坏账准备后的余额,应收票据如果已向银行办理了贴现手续,则不应包括在应收账款余额内。

应收账款周转率反映了企业应收账款变现速度的快慢及管理效率的高低,周转率高表明:①收账迅速,账龄较短。②资产流动性强,短期偿债能力强。③可以减少收账费用和坏账损失,从而相对增加企业流动资产的投资收益。同时,借助应收账款周转期与企业信用期限的比较,还可以评价购买单位的信用程度,以及企业原定的信用条件是否适当。但是,在评价一个企业应收账款周转率是否合理时,应与同行业的平均水平相比较而定。

(二) 存货周转率

存货周转率又称存货周转次数,是企业一定时期内的营业成本与存货平均余额的比率,它是反映企业的存货周转速度和销货能力的指标,也是衡量企业生产经营中存货营运效率的综合性指标。其相关计算公式如下:

$$存货周转率(次数)=销货成本 \div 存货平均余额$$

$$存货平均余额=(存货年初数+存货年末数) \div 2$$

$$存货周转天数=360 \div 存货周转率=(平均存货 \times 360) \div 销货成本$$

存货周转速度快慢,不仅能反映企业采购、出库、生产、销售等环节管理工作状况的好坏,而且对企业的偿债能力及盈利能力产生决定性的影响。一般来说,存货周转率越高越好,存货周转率越高,表明存货变现的速度越快,周转额越大,资金占用水平越低。存货占用水平低,存货积压的风险就越小,企业的变现能力及资金使用效率就越好。但是,在存货周转率分析中,应注意剔除因存货计价方法不同产生的影响。

(三) 总资产周转率

总资产周转率是企业在一定时期内的营业收入与总资产平均余额的比率。它可以用来反映企业全部资产的利用效率,其高低取决于营业收入和总资产平均余额 2 个因素。其相关计算公式如下:

总资产周转率＝营业收入÷总资产平均余额

总资产平均余额＝（期初资产总额＋期末资产总额）÷2

总资产周转率反映了企业全部资产的使用效率。总资产周转率高，说明全部资产的经营效率高，取得的收入多；总资产周转率低，说明全部资产的经营效率低，取得的收入少，最终会影响企业的盈利能力。企业应采取各项措施来提高企业的资产利用程度，如提高销售收入或处理多余的资产。

（四）固定资产周转率

固定资产周转率是企业一定时期内的营业收入与固定资产平均净值的比率，它是反映企业固定资产周转情况，从而衡量固定资产利用效率的指标。其相关计算公式如下：

固定资产周转率＝营业收入÷固定资产平均净值

固定资产平均净值＝（期初固定资产净值＋期末固定资产净值）÷2

固定资产周转天数＝计算期天数÷固定资产周转率

固定资产周转率高，不仅表明企业充分利用了固定资产，而且表明企业固定资产投资得当，固定资产结构合理，能够充分发挥其效率；反之，固定资产周转率低，表明固定资产使用效率不高，提供的生产成果不多，企业的营运能力欠佳。

在实际分析固定资产周转率时，应剔除某些因素的影响。一方面，固定资产的净值随着折旧计提而逐渐减少，因固定资产更新，净值会突然增加；另一方面，由于折旧方法不同，固定资产净值缺乏可比性。

【例题 6-3】 21世纪绿色低碳出行方式深入人心，国内外的汽车制造商陆续推出以纯电动为主的汽车，并不断追加投资，攻克技术瓶颈，掀起了新能源汽车发展的热潮。其中，国内甲汽车制造公司自开始接触新能源汽车时就坚持走自主研发的道路，至今已初步具备自主研制可靠节能环保的新型能源电动汽车电池产品的能力。

甲汽车公司2019—2023年营运能力指标如表6-5所示，行业主流水平车企营运能力指标如表6-6所示。

表6-5 甲汽车公司2019—2023年营运能力指标

项目	2019年	2020年	2021年	2022年	2023年
应收账款周转率	2.262	2.571	2.741	3.678	5.580
存货周转率	4.605	4.706	4.120	4.432	5.030
固定资产周转率	2.614	2.966	2.708	2.977	3.711
总资产周转率	0.656	0.698	0.655	0.790	0.870

表6-6 行业主流水平车企营运能力指标

主流行业	应收账款周转率	存货周转率	固定资产周转率	总资产周转率
上汽集团	16.689	10.898	8.581	0.828
广汽集团	13.018	9.389	4.091	0.506
北汽蓝谷	0.560	3.239	1.283	0.210

(续表)

主流行业	应收账款周转率	存货周转率	固定资产周转率	总资产周转率
长安汽车	55.097	13.673	4.061	0.820
长城汽车	29.152	10.657	4.754	0.828
均值	14.855	9.571	4.554	0.638

要求：分析甲汽车公司的营运能力水平。

【解析】

(1) 应收账款周转率分析。应收账款周转率是反映企业应收账款周转速度的指标，该指标数值越小，说明企业资金回笼所需的时间越长而且期间更易产生坏账，应收账款周转率偏低会导致短期偿债能力变弱并带来偿债危机和失信的风险。由表6-5可知，该汽车公司应收账款周转率一直呈上升趋势，但是为了抢占市场企业会采取松弛的销售策略和激进的营销策略，致使销售人员使用宽松信贷政策虽然提高了销量但坏账比例也随之增加。这导致该公司应收账款周转率达不到行业主流水准的原因，随之带来资金周转危机。

(2) 存货周转率分析。存货周转率在企业整个生产经营过程中占据了生产和销售2个环节，所以，对存货周转率的分析至关重要。一般来说，存货周转率越高资产流动性越强。表6-5显示，疫情带来的经济波动致使该公司2021年存货周转率出现暴跌直到2023年才恢复到比2019年高0.425的水平。该汽车公司与行业主流水平相比存货周转率偏低，可能是因为汽车市场占有率偏低，一方面全球经济不景气限制了大众的购买欲望，造成汽车的需求市场萎缩；另一方面品牌知名度和市场基础弱，导致市场占有率不容乐观。

(3) 固定资产周转率分析。固定资产周转率代表生产设备转化为社会财富的效率，这个转化比例越高说明企业获利能力越强。由表6-5可知，该公司固定资产周转率除了在2021年出现短暂下跌，总体一直呈上升趋势。但截至2023年年末，与行业主流水平相比，仍存在0.843的差距，因此推断该公司用于固定资产投资的资金并没有得到妥善处理。对于固定资产这一基数庞大的资产，如果不能得到妥善处理会造成严重的资源浪费，致使公司在竞争激烈的新能源行业竞争中逐渐丧失竞争力。

(4) 总资产周转率分析。总资产周转率是指企业一定时期主营业务收入净额同资产总额的比值，能全面反映企业盈利能力和资产的利用效率。总资产周转率越大代表企业的利润产出能力越强。表6-5显示，2019—2023年总资产周转率增长幅度较为平缓，并不能和其他主流企业拉开差距，无法在行业竞争中展现明显的竞争优势将阻碍公司的进一步发展。

三、数据处理

1. 准备数据

打开中联大数据分析平台，点击左侧创建文档，选择仪表板下"准备数据"，点击"进入"。创建缓存数据集，点击"缓存数据集"，选择"创建"。创建缓存数据集如图6-38所示。

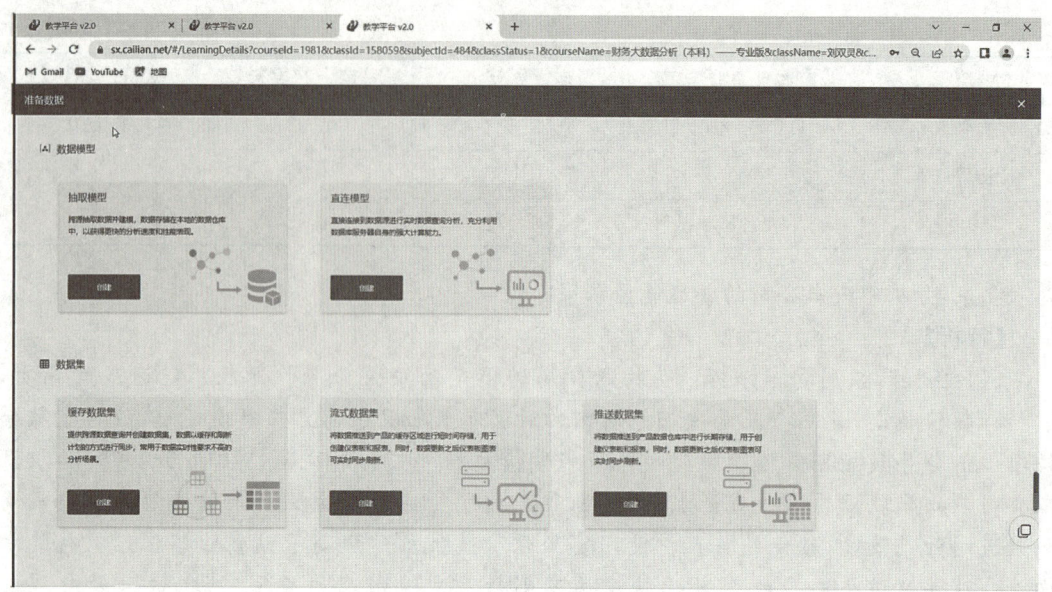

图 6-38　创建缓存数据集

2. 数据关联

根据需要，选择可以运用到的相关数据源，点击数据源列表下拉框，创建康佳医疗营运能力分析数据集，选择"康佳医疗证券简称"，需要计算的指标为总资产周转率、流动资产周转率、固定资产周转率、应收账款周转率和存货周转率等。运用的数据源包括康佳医疗 2017—2020 年的资产负债表、2018—2020 年的利润表，点击"确定"。并将证券简称拖拽至右侧中的空白区域，将"康佳医疗利润表 2020"拖拽至右侧中的区域，与证券简称进行数据连接，点击"保存"。数据关联如图 6-39 所示。

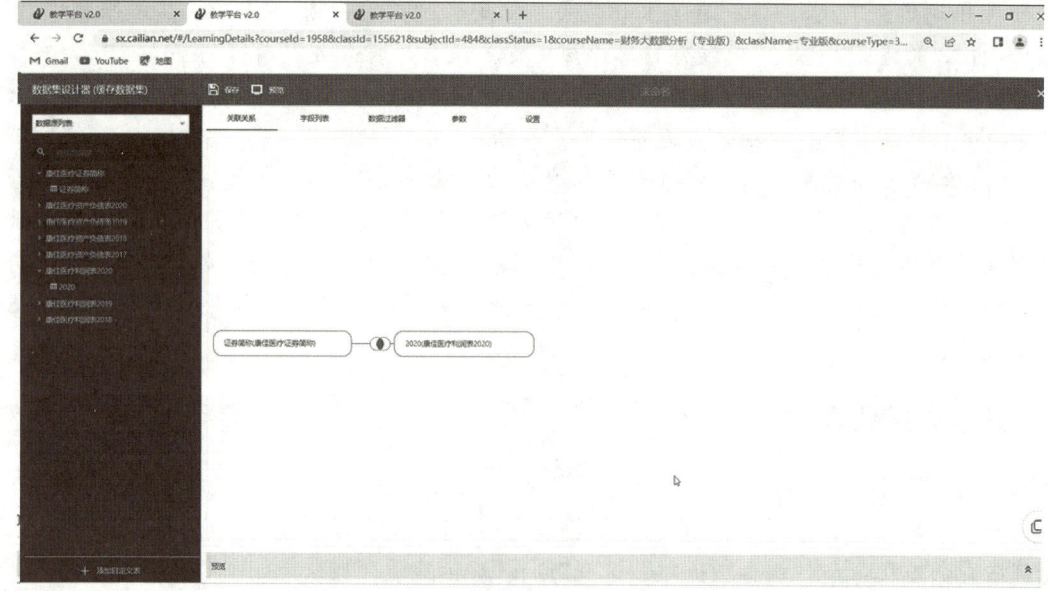

图 6-39　数据关联

采用同样的方法,将 2018—2020 年的利润表、2017—2020 年的资产负债表与证券简称进行数据链接。

3. 添加缓存数据集计算字段

由于总资产周转率等相关指标,在资产负债表和利润表中均没有相关字段,需要进行字段的添加,点击字段列表,点击"更多"—"添加计算字段"。添加计算字段如图 6-40 所示。

图 6-40　添加计算字段

步骤一,添加总资产周转率 2020 年计算字段,字段名称输入"总资产周转率 2020",字段类型选择"数字",表达式输入"[营业收入]＊2/([资产总计]＋[2019_资产总计])",点击"保存",并继续创建。添加总资产周转率 2020 年计算字段如图 6-41 所示。

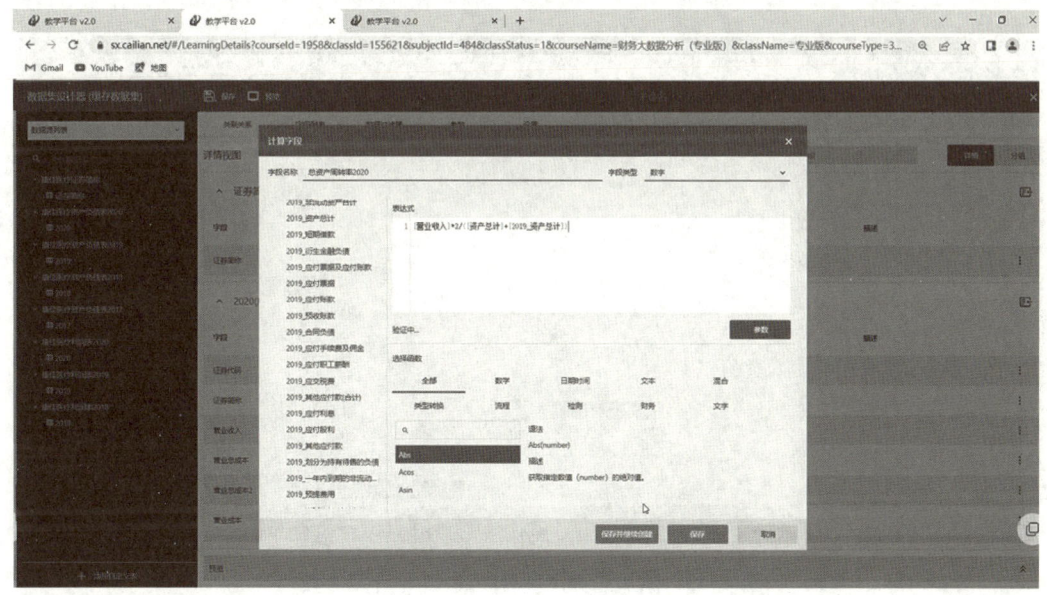

图 6-41　添加总资产周转率 2020 年计算字段

步骤二,添加总资产周转率 2019 年计算字段。字段名称输入"总资产周转率 2019",字段类型选择"数字",表达式输入"[2019_营业收入]＊2/([2019_资产总计]＋[2018_资产总计])"点击"保存",并继续创建。添加总资产周转率 2019 年计算字段如图 6-42 所示。

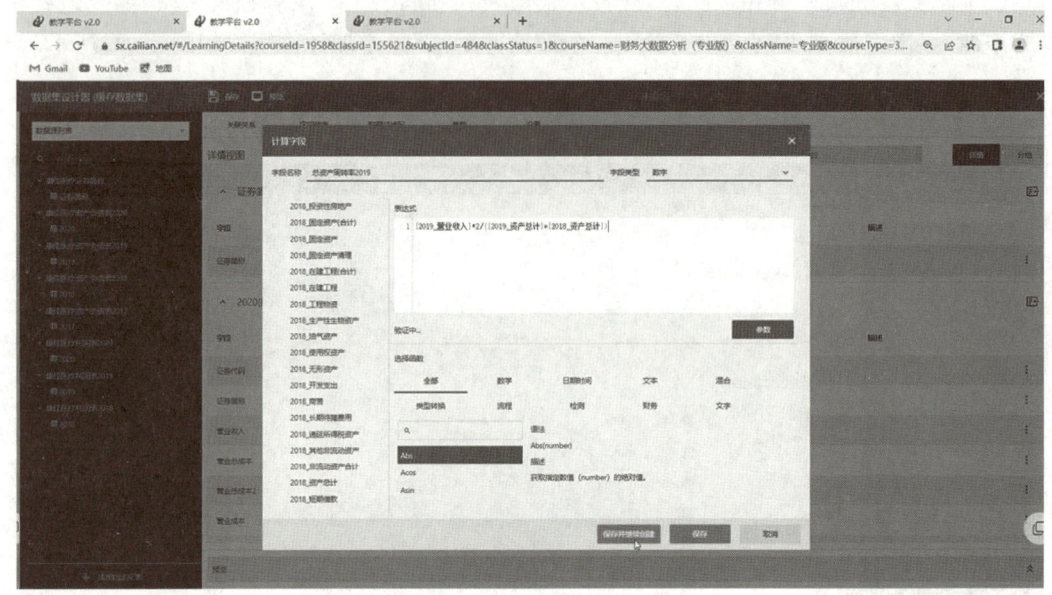

图 6-42　添加总资产周转率 2019 年计算字段

步骤三,添加总资产周转率 2018 年计算字段。字段名称输入"总资产周转率 2018",字段类型选择"数字",表达式输入"[2018_营业收入]＊2/([2018_资产总计]＋[2017_资产总计])",点击"保存",并继续创建。添加总资产周转率 2018 年计算字段如图 6-43 所示。

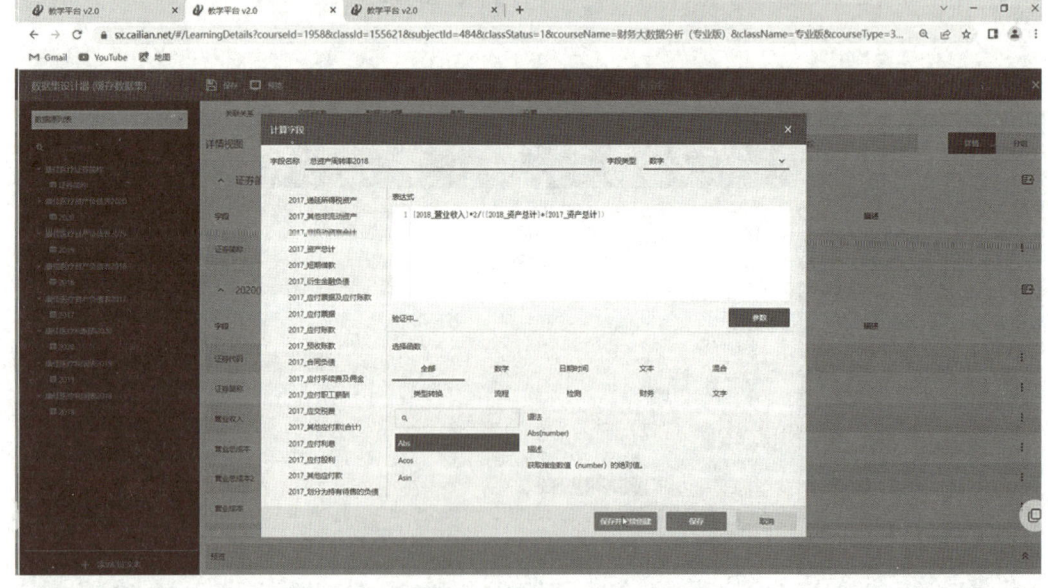

图 6-43　添加总资产周转率 2018 年计算字段

同样的方法，添加流动资产周转率、固定资产周转率、应收账款周转率和存货周转率等的相关指标表达式，点击"保存"。将数据集命名为"康佳医疗营运能力分析"，点击"保存"。保存数据集如图 6-44 所示。

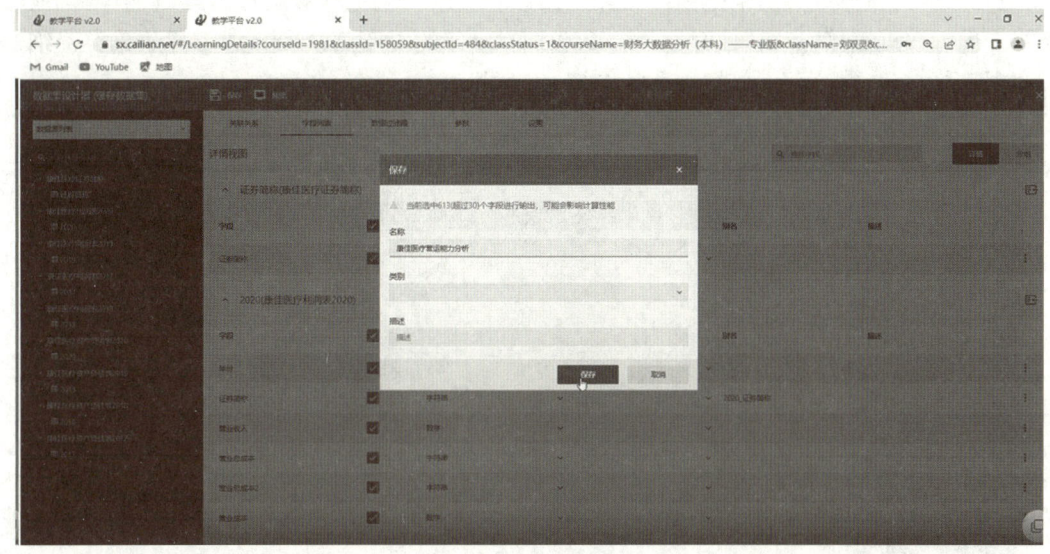

图 6-44　保存数据集

4. 创建行业营运能力数据集

步骤一，将康佳医疗的营运能力与行业均值及标杆企业进行对比，创建"医药制造业营运能力分析数据集"。点击左侧创建文档，选择仪表板下"准备数据"，点击"进入"。选择"缓存数据集"，点击"创建"。创建行业营运能力数据集如图 6-45 所示。

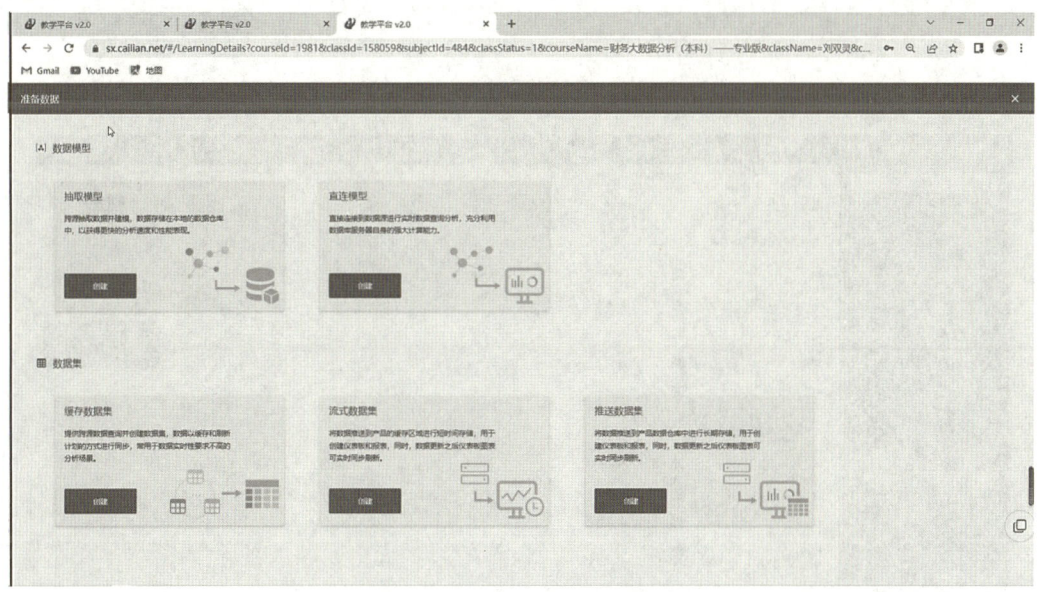

图 6-45　创建行业营运能力数据集

步骤二，根据需要，选择相应的数据源，点击"确定"。我们要计算2020年行业均值和标杆企业总资产周转率等相关指标，因此运用的数据源主要包括行业分类、2020年利润表、2019—2020年资产负债表。

步骤三，将行业分类明细拖拽至右侧空白区域，将2020年利润表拖拽至右侧，与行业分类明细进行数据链接，点击"保存"。将2019—2020年的资产负债表分别与行业分类明细进行数据链接，点击"保存"。数据关联如图6-46所示。

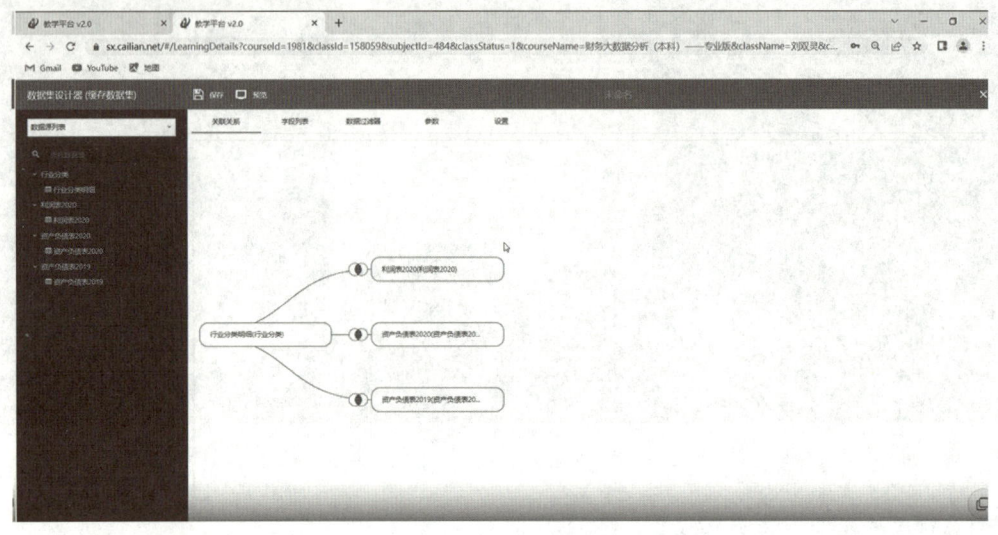

图6-46 数据关联

5. 添加行业营运能力数据集计算字段

由于总资产周转率等相关指标，在资产负债表和利润表中均没有相关字段，需要进行字段的添加。点击字段列表，点击"更多"，并添加计算字段。添加计算字段如图6-47所示。

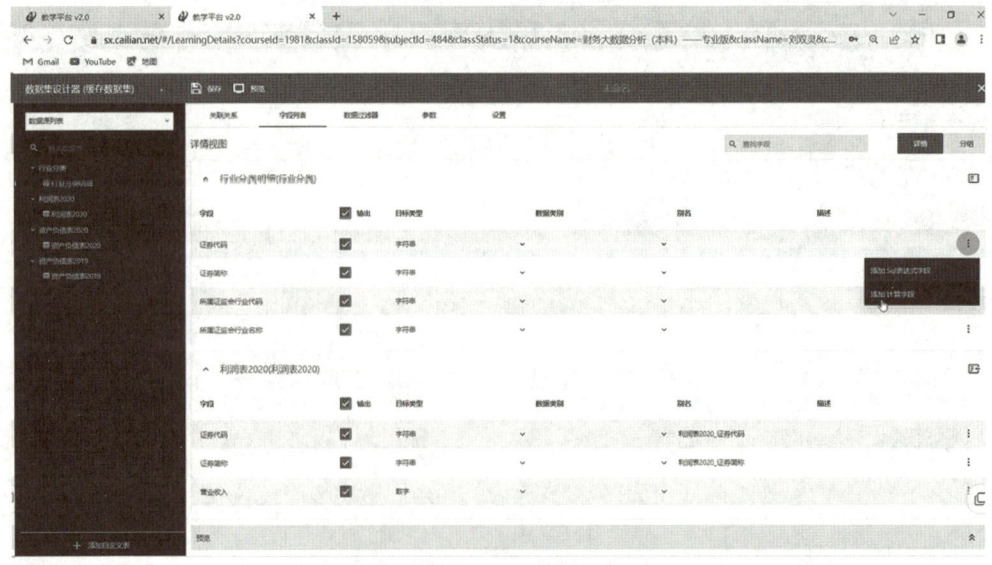

图6-47 添加计算字段

步骤一,添加总资产周转率计算字段。字段名称输入"总资产周转率",字段类型选择"数字",表达式输入"[营业收入]＊2/([资产总计]＋[资产负债表2019_资产总计])",点击"保存",并继续创建。添加总资产周转率计算字段如图6-48所示。

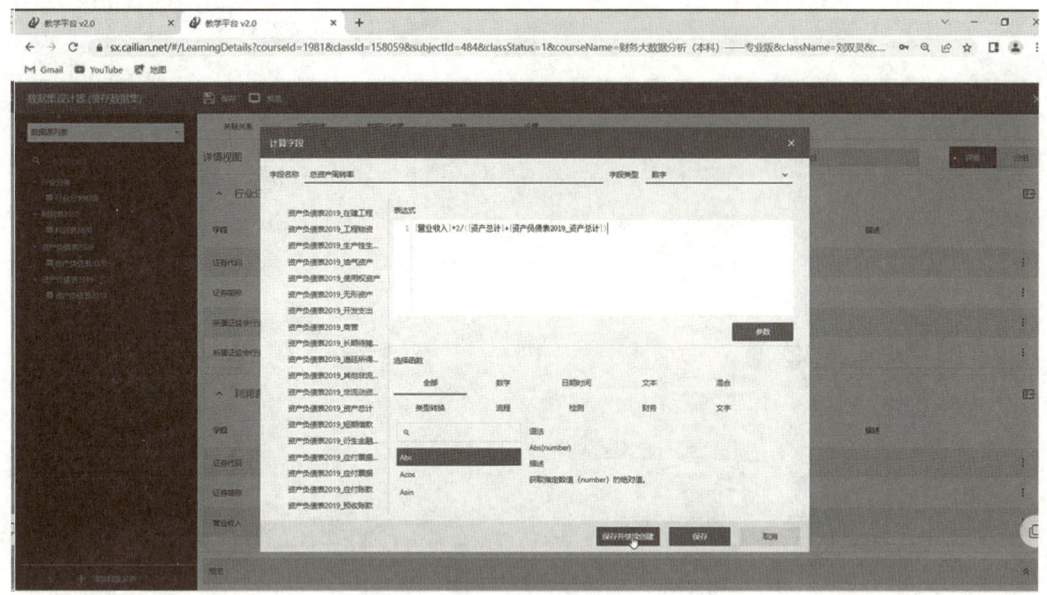

图6-48　添加总资产周转率计算字段

步骤二,添加流动资产周转率计算字段。字段名称输入"流动资产周转率",字段类型选择"数字",表达式输入"[营业收入]＊2/([流动资产总计]＋[资产负债表2019_流动资产合计])",点击"保存",并继续创建。添加流动资产周转率计算字段如图6-49所示。

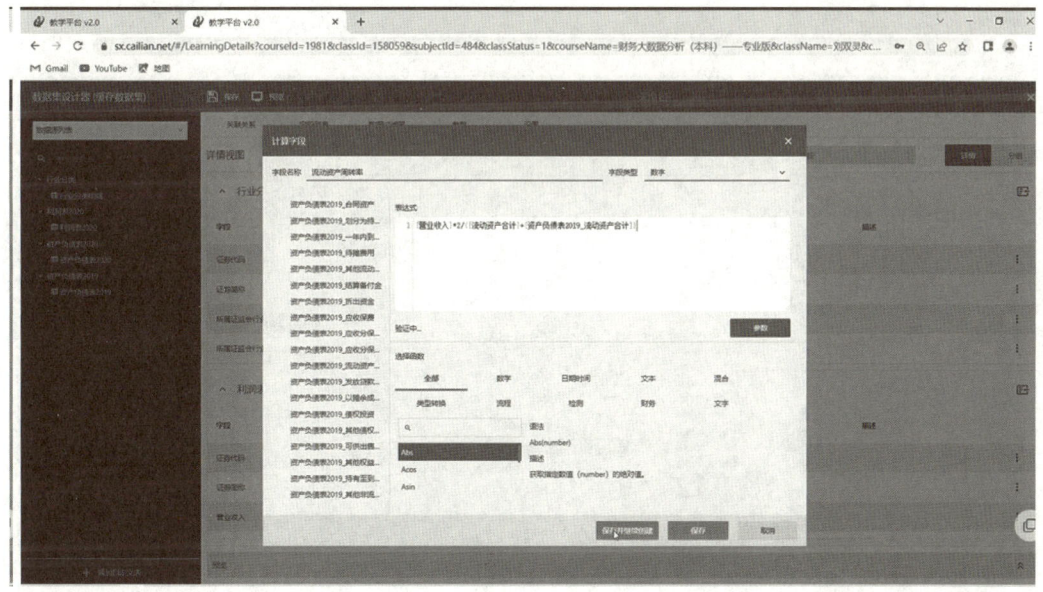

图6-49　添加流动资产周转率计算字段

步骤三,添加固定资产周转率计算字段。字段名称输入"固定资产周转率",字段类型选择"数字",表达式输入"[营业收入]＊2/([固定资产]＋[资产负债表2019_固定资产])",点击"保存",并继续创建。添加固定资产周转率计算字段如图6-50所示。

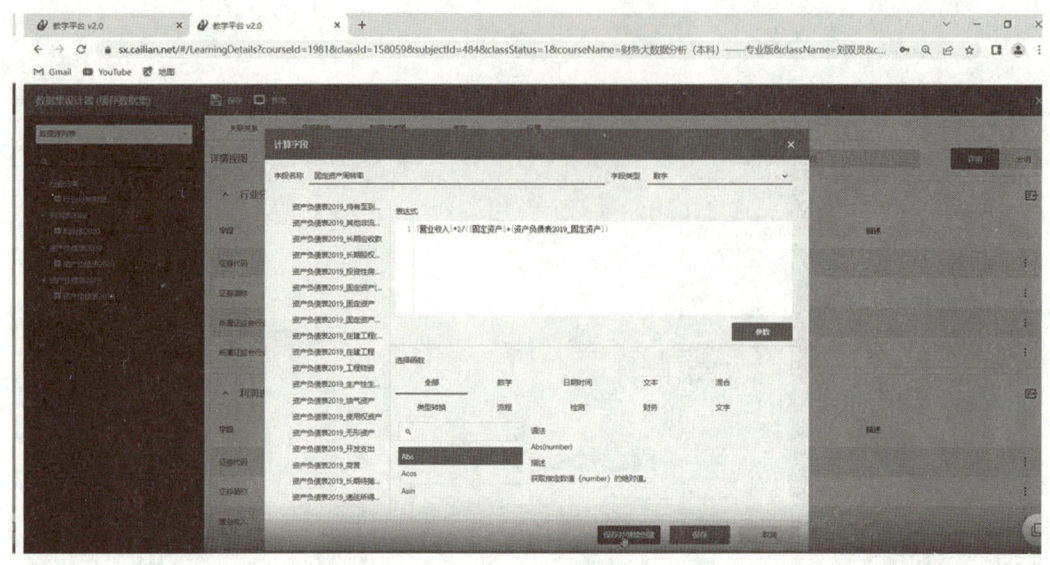

图6-50　添加固定资产周转率计算字段

步骤四,添加应收账款周转率计算字段。字段名称输入"应收账款周转率",字段类型选择"数字",表达式输入"[营业收入]＊2/([应收票据及应收账款]＋[资产负债表2019_应收票据及应收账款])",点击"保存",并继续创建。添加应收账款周转率计算字段如图6-51所示。

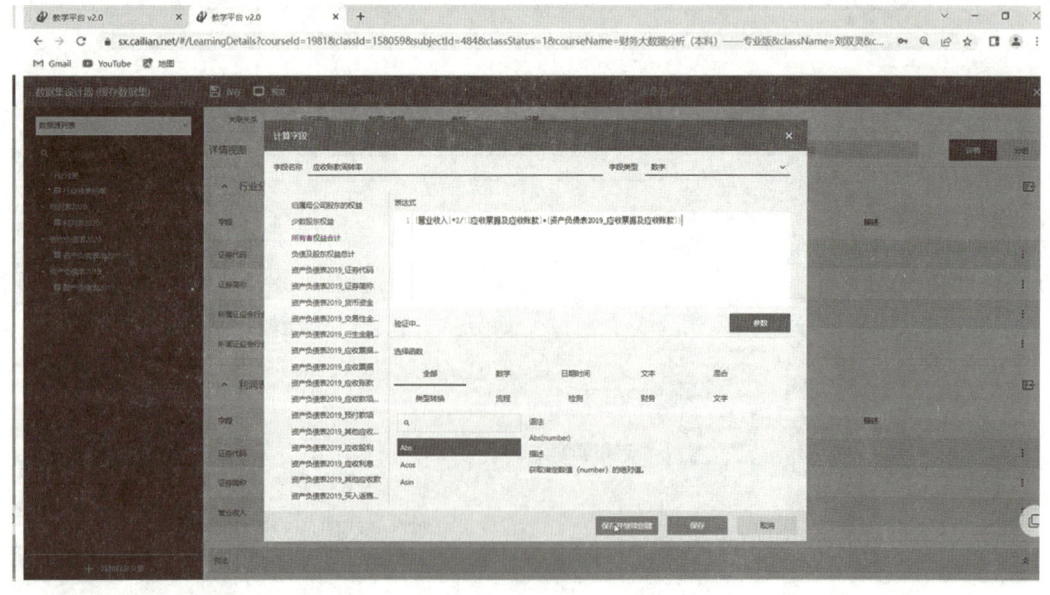

图6-51　添加应收账款周转率计算字段

步骤五,添加存货周转率计算字段。字段类型选择"数字",表达式输入"[营业收入]*2/([存货]+[资产负债表2019_存货])",全部添加完成后,点击"保存"。添加存货周转率计算字段如图6-52所示。

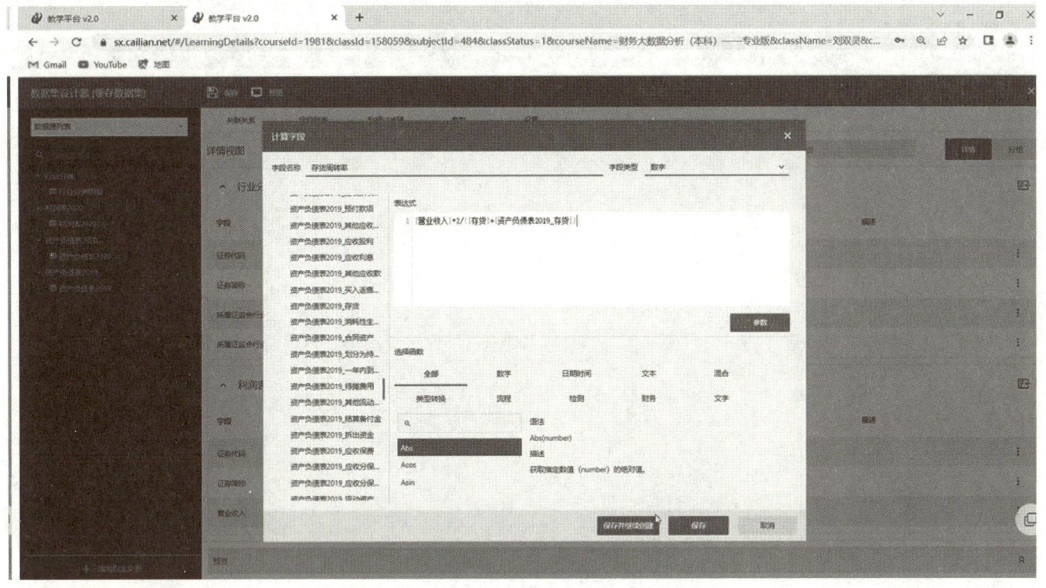

图6-52　添加存货周转率计算字段

6. 添加过滤条件

由于计算的是医药制造业相关行业营运指标的行业均值和行业标杆企业,要设置数据过滤器。

步骤一,先添加规则,筛选所属证监会行业名称为医药制造业。筛选证监会行业名称如图6-53所示。

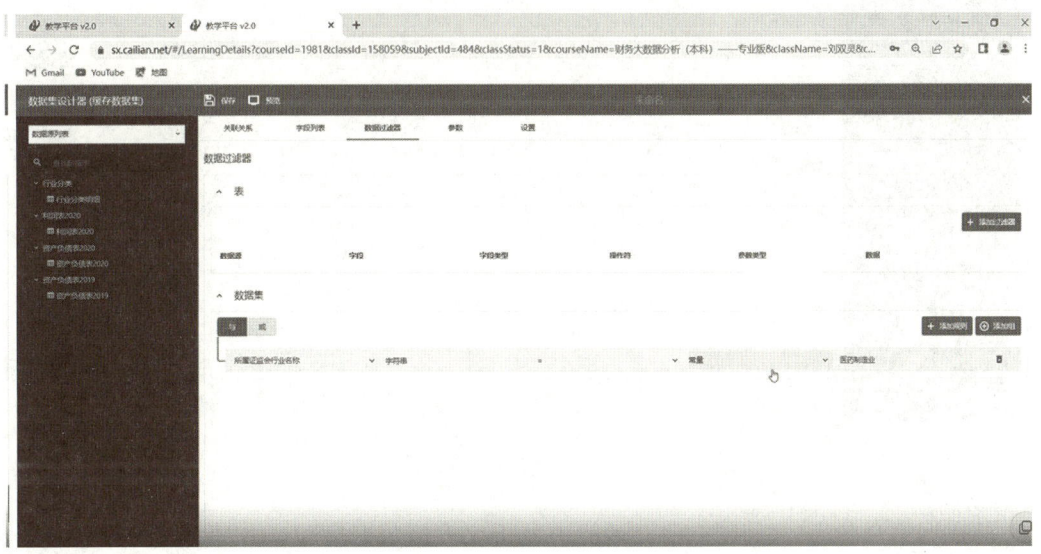

图6-53　筛选证监会行业名称

201

步骤二,筛选证券简称中不包含＊ST的公司。选择"证券简称",选择不包含＊ST。筛选证券简称如图6-54所示。

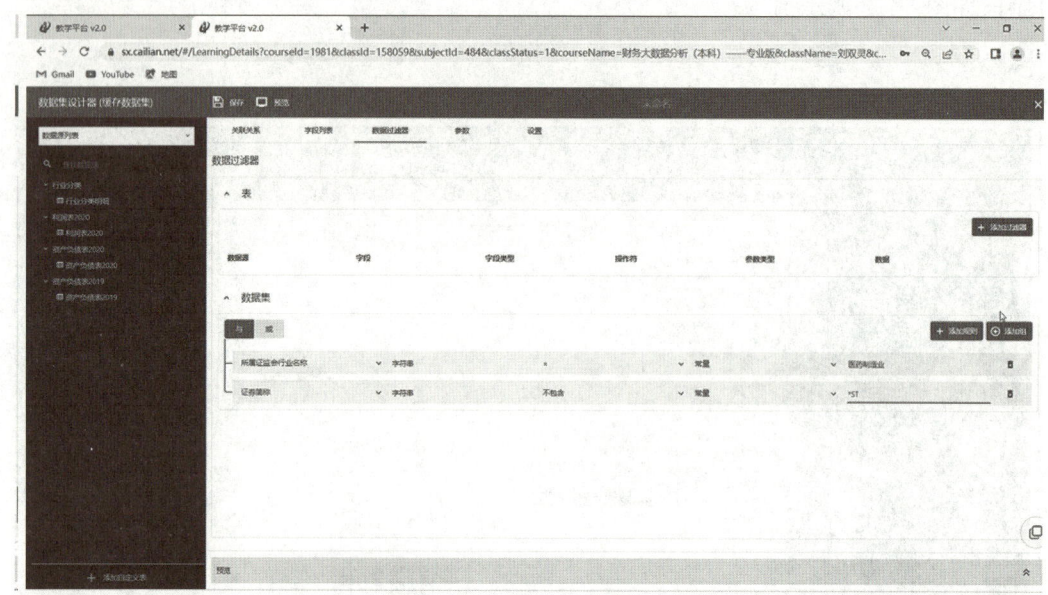

图6-54 筛选证券简称

步骤三,筛选证券简称中不包含u的公司。选择"证券简称",选择不包含"u",点击"保存"。筛选证券简称如图6-55所示。

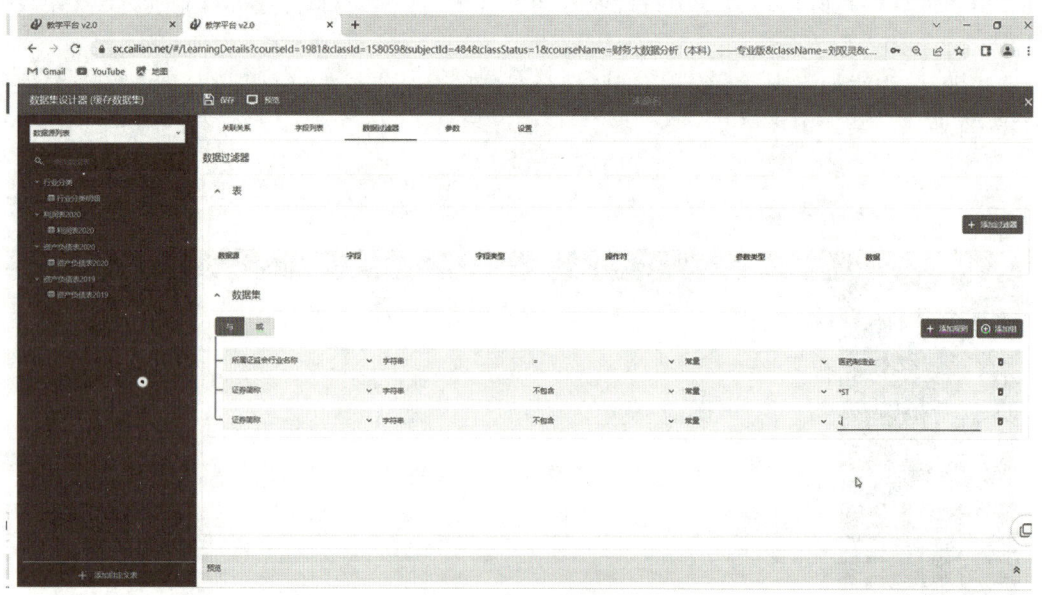

图6-55 筛选证券简称

将数据集命名为"医药制造业营运能力分析仪表板数据集",点击"保存"。保存数据集如图6-56所示。

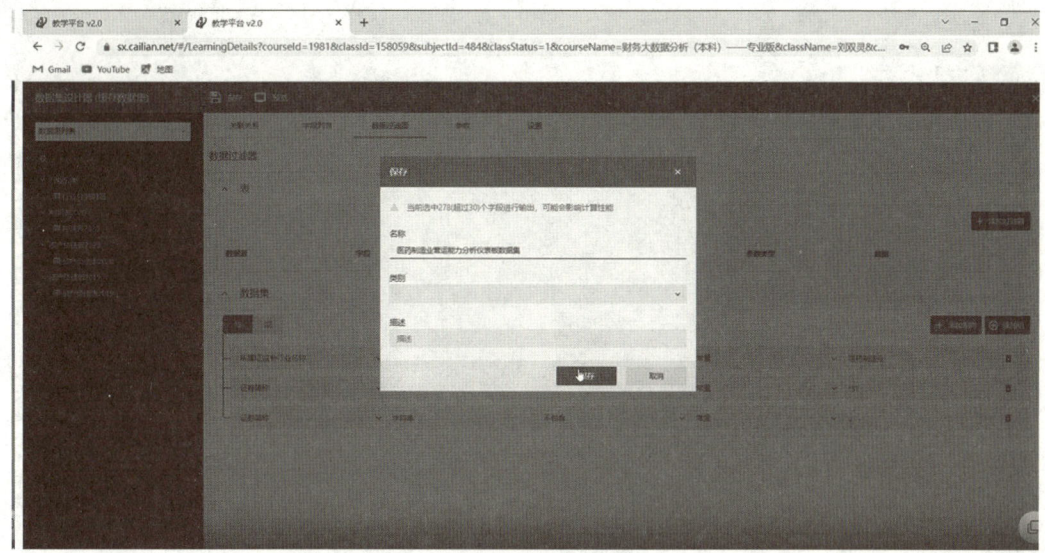

图 6-56 保存数据集

7. 创建营运能力分析仪表板

点击中联大数据分析平台,创建文档,选择"属性设置"—"仪表板",点击"进入"。点击"容器＆组件",选择"副文本",将副文本拖拽至右侧仪表板设计框中。创建营运能分析仪表板如图 6-57 所示。

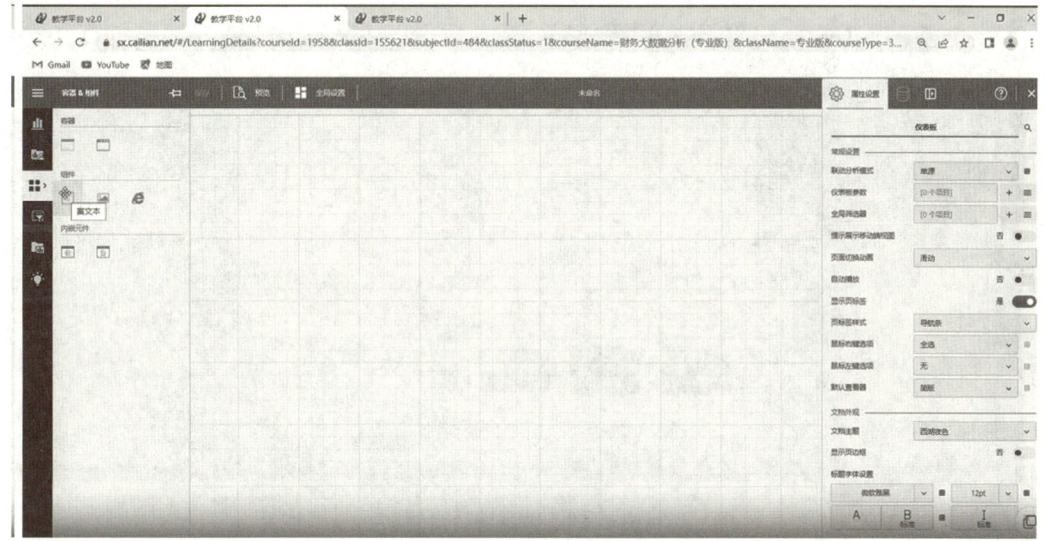

图 6-57 创建营运能分析仪表板

8. 标题设置

步骤一,字体设置。点击右上角编辑,进行标题的设置,如"康佳医疗营运能力分析可视化展示",全选标题,在右侧进行字体颜色、大小、粗细、是否居中等的设置(字体居中、加粗、大小设置为 2.0)。字体设置如图 6-58 所示。

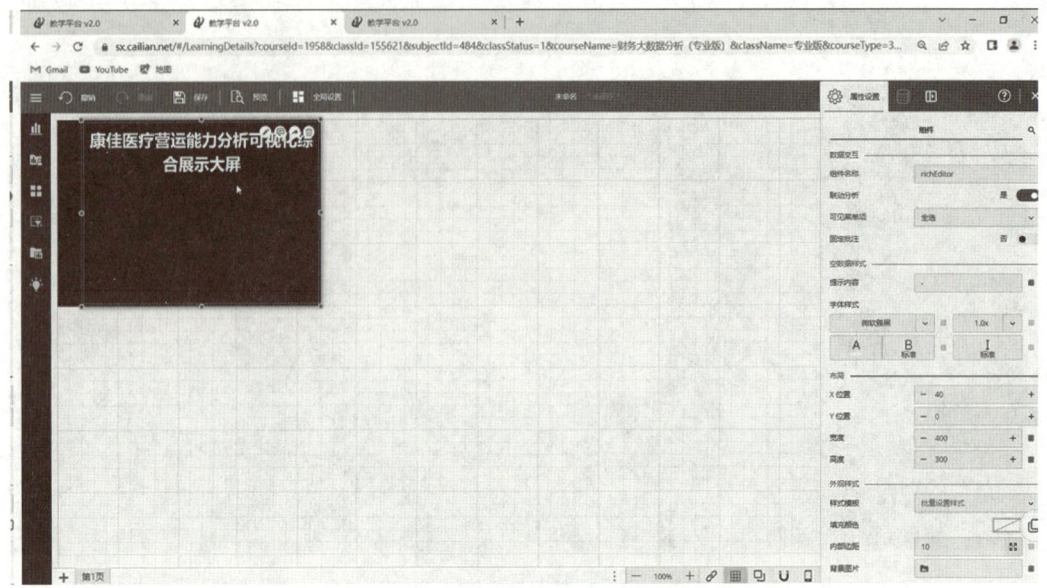

图 6-58 字体设置

步骤二,背景图片设置。点击右侧,选择"背景图片",选择一个共享图片(动画标题1007),点击"确定"。背景图片设置如图 6-59 所示。

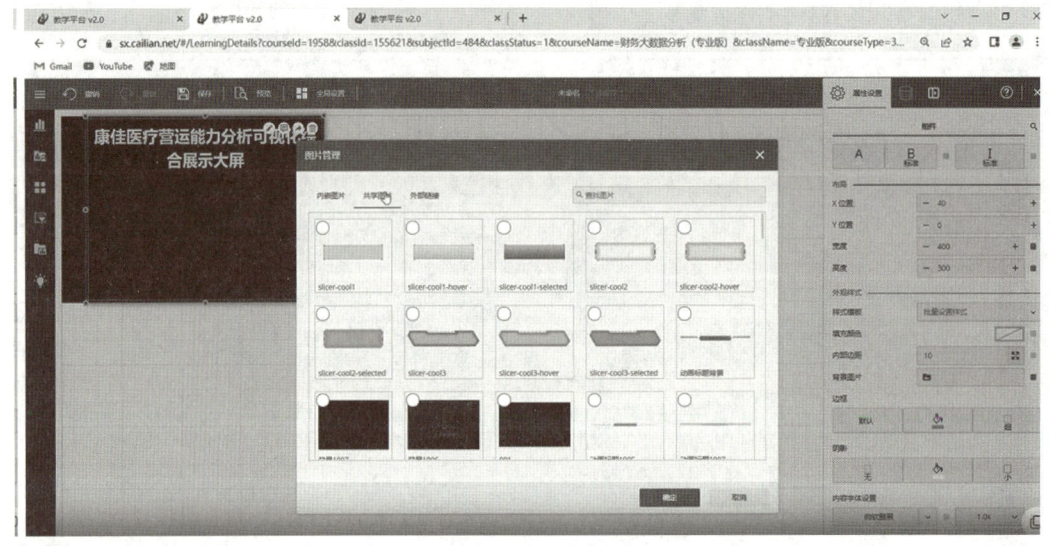

图 6-59 背景图片设置

步骤三,文本框优化。选中仪表板,通过拖拽,将文本框拖拽至适合的大小。文本框优化如图 6-60 所示。

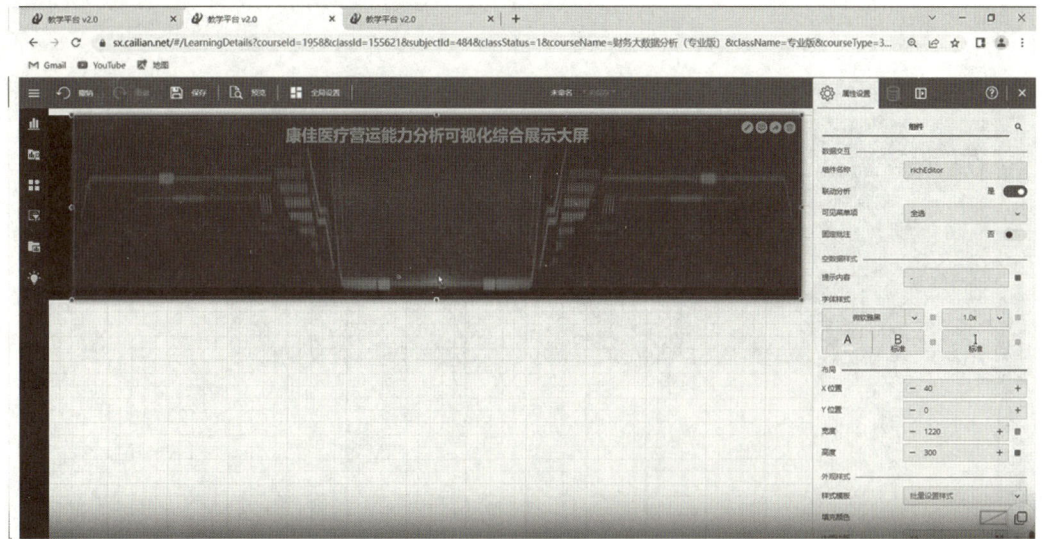

图 6-60 文本框优化

9. 选择可视化图形

选择数据可视化,选择"柱状图",将柱状图拖拽至右侧仪表板的设计区域。选择可视化图形如图 6-61 所示。

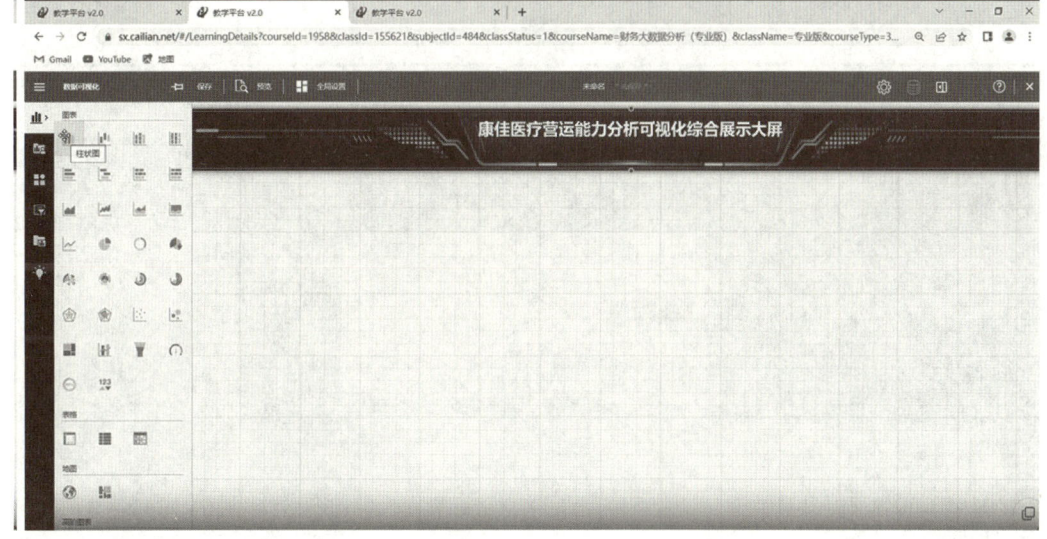

图 6-61 选择可视化图形

10. 绑定数据集

在搜索框中输入"康佳医疗营运债能力分析",分类选择按照证券简称进行分类。绑定数据集如图 6-62 所示。

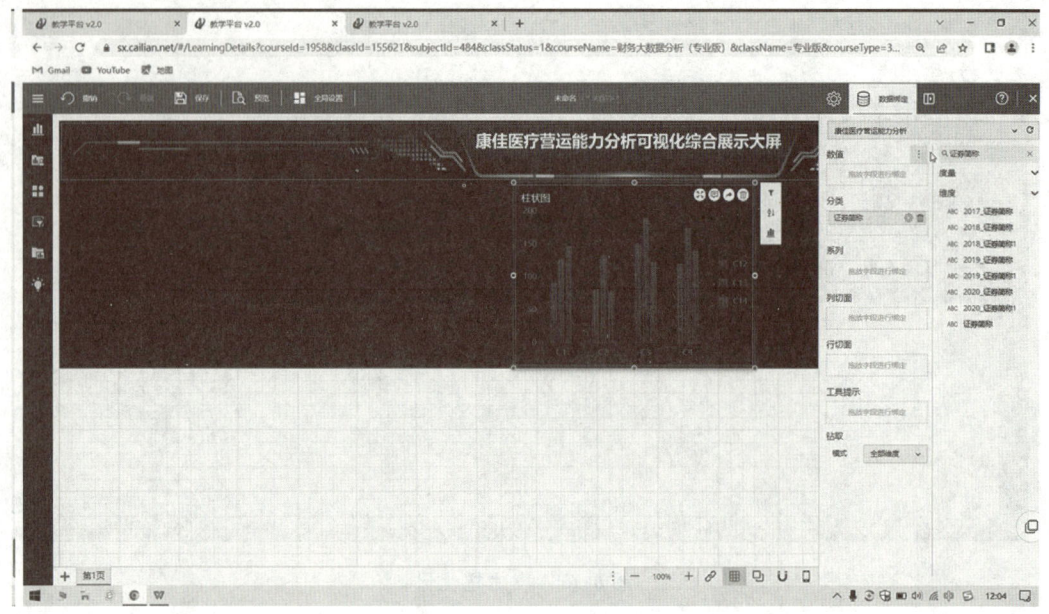

图 6-62　绑定数据集

11. 设置数字格式

搜索"总资产周转率",分别对 2018—2020 年的总资产周转率进行格式的设定,选择"数字",点击"确定"。设置数字格式如图 6-63 所示。

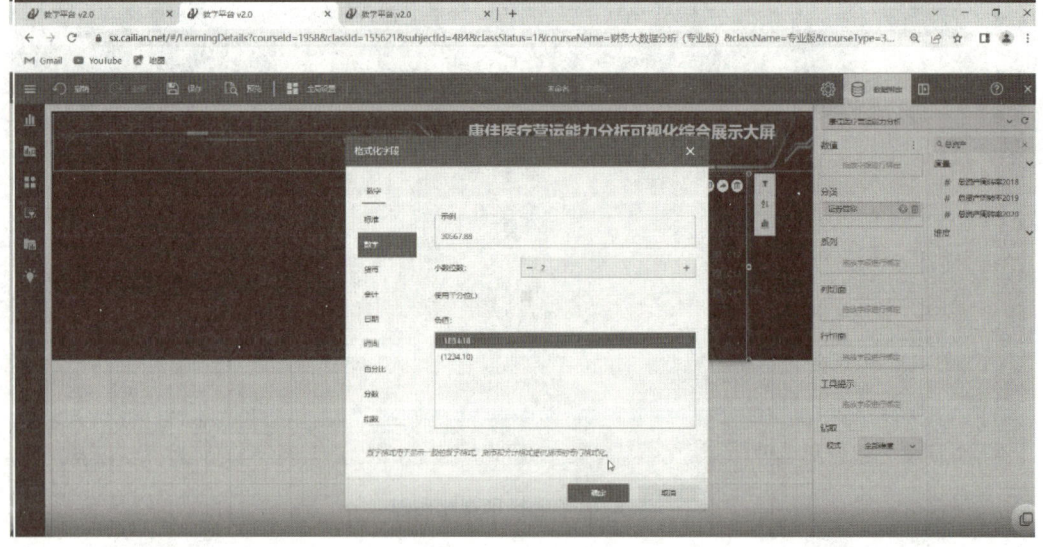

图 6-63　设置数字格式

依次将 2018—2020 年的总资产周转率拖拽至数值框中。填充总资产周转率数值如图 6-64 所示。

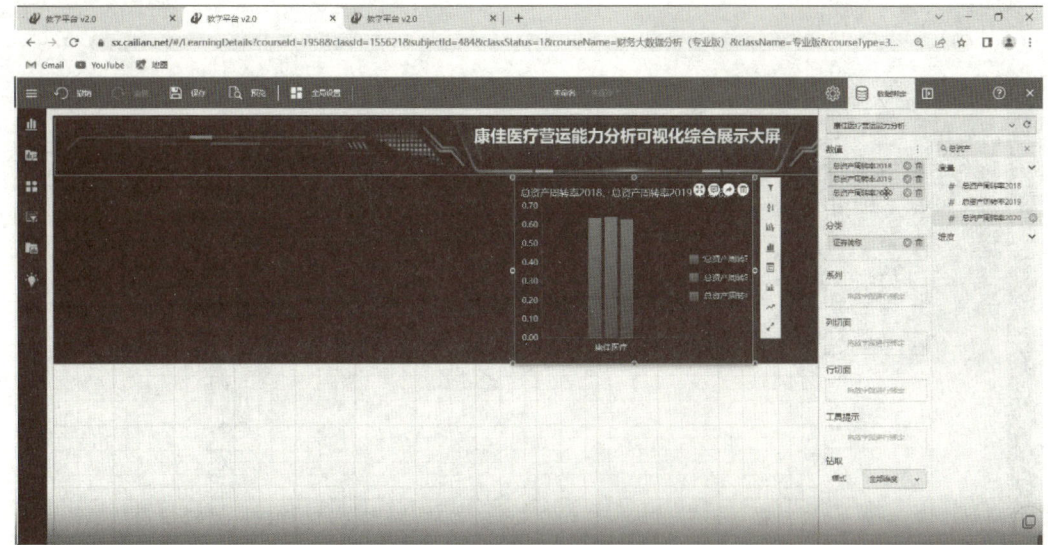

图 6-64　填充总资产周转率数值

12. 属性设置

选择"显示数据标签",选择"是"。点击右上角属性设置,继续进行设计,如设置标签。此时,2018—2020 年总资产周转率已经显示在仪表板中。显示数据标签如图 6-65 所示。

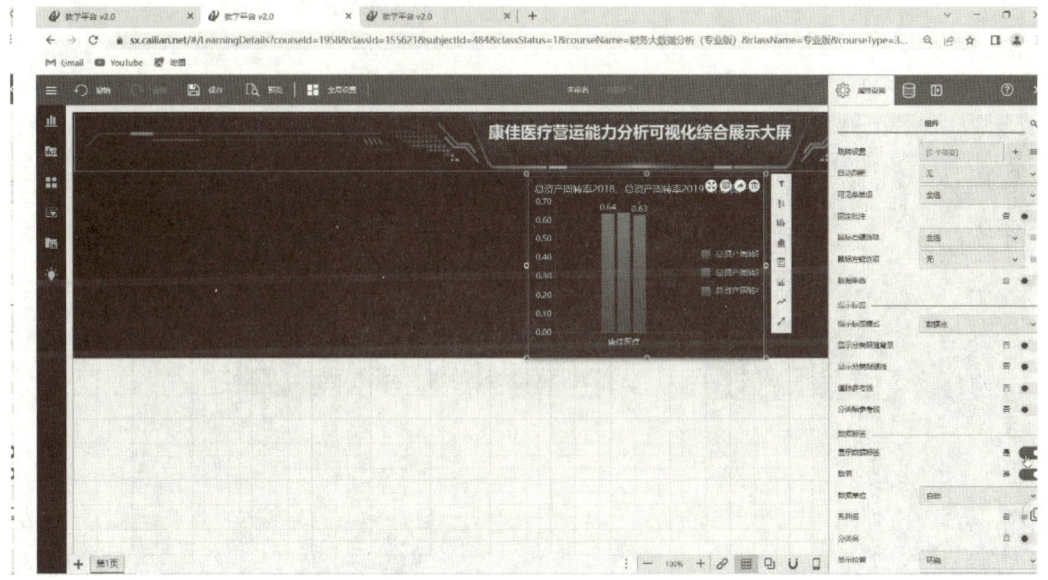

图 6-65　显示数据标签

13. 行业对比分析

将康健医疗 2020 年的总资产周转率与行业总资产周转率平均值和标杆企业总资产周转率进行对比分析。将康佳医疗总资产周转率拖拽至仪表板左侧,选择"数据可视化",选择"柱状图",并拖拽至右侧中的区域。选择数据可视化图形如图 6-66 所示。

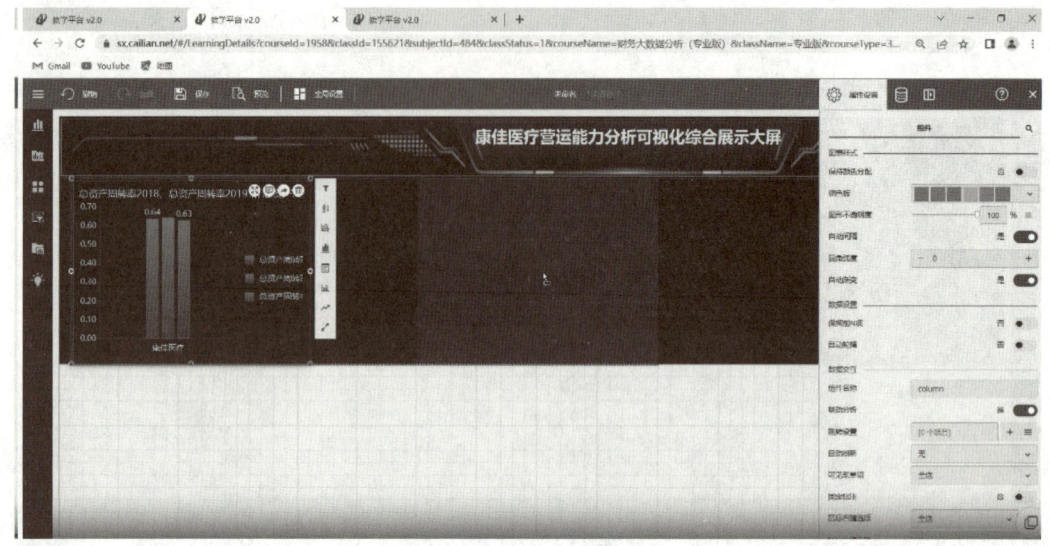

图 6-66　选择数据可视化图形

步骤一,设计行业均值。搜索"医药制造业营运能力分析仪表板数据集",先设计医药制造业总资产周转率行业均值仪表板。输入行业,将所属证监会行业名称拖拽至分类框中,搜索总资产周转率,将总资产周转率数据格式设置为"数字",点击"确定"。数字格式设置如图6-67 所示。

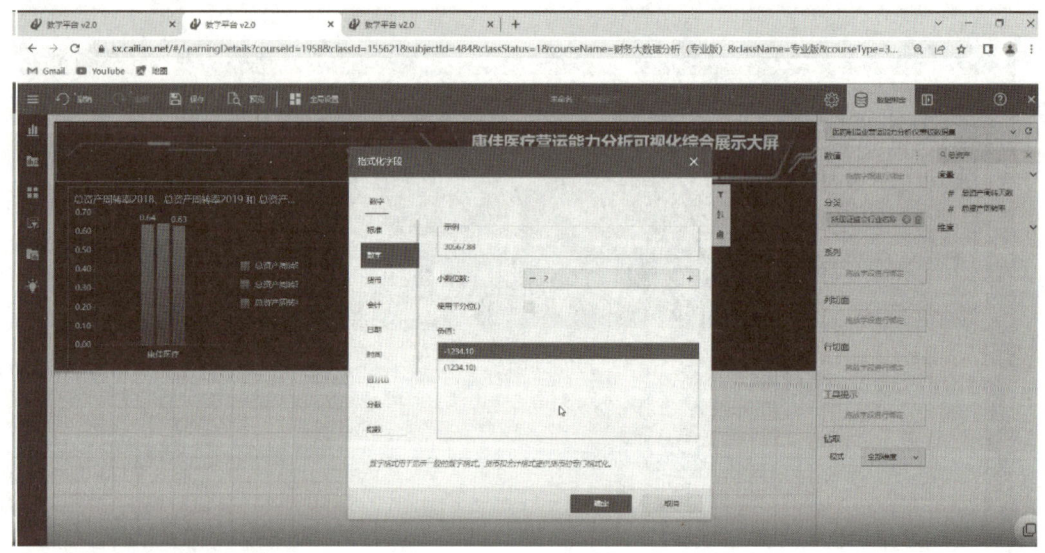

图 6-67　数字格式设置

将总资产周转率拖拽至数值框中,点击"设置",选择"聚合运算"—"平均数"。运算设置如图 6-68 所示。

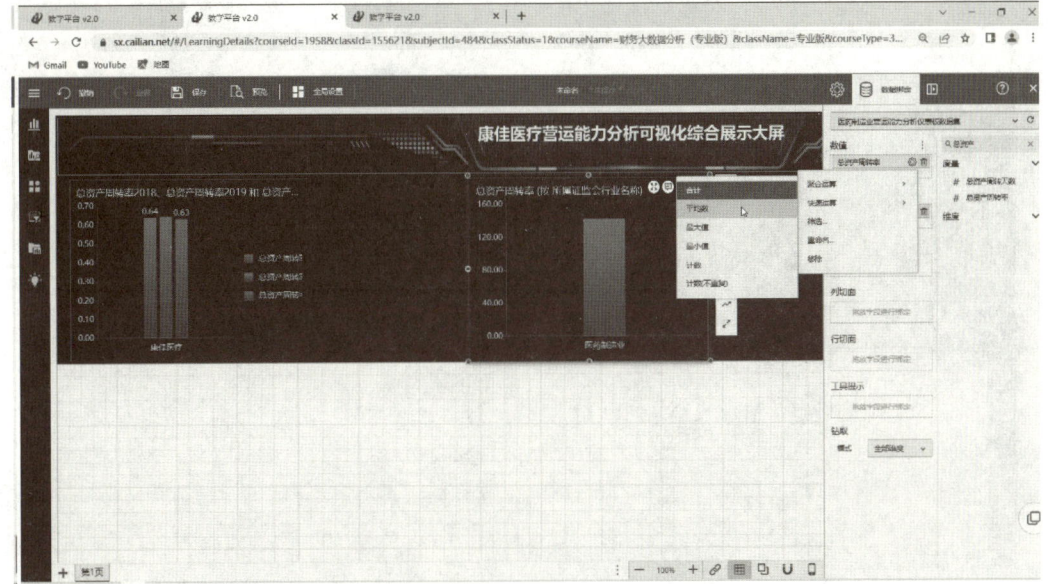

图 6-68　运算设置

步骤二，属性设置。选择"显示数据标签"，选择"是"。此时，康佳医疗所属证监会行业名称对应的总资产周转率已经自动显示。显示数据标签如图 6-69 所示。

图 6-69　显示数据标签

步骤三，仪表板设计。选择"数据可视化"，选择"柱状图"，将柱状图拖拽至右侧中的区域。选择数据可视化图形如图 6-70 所示。

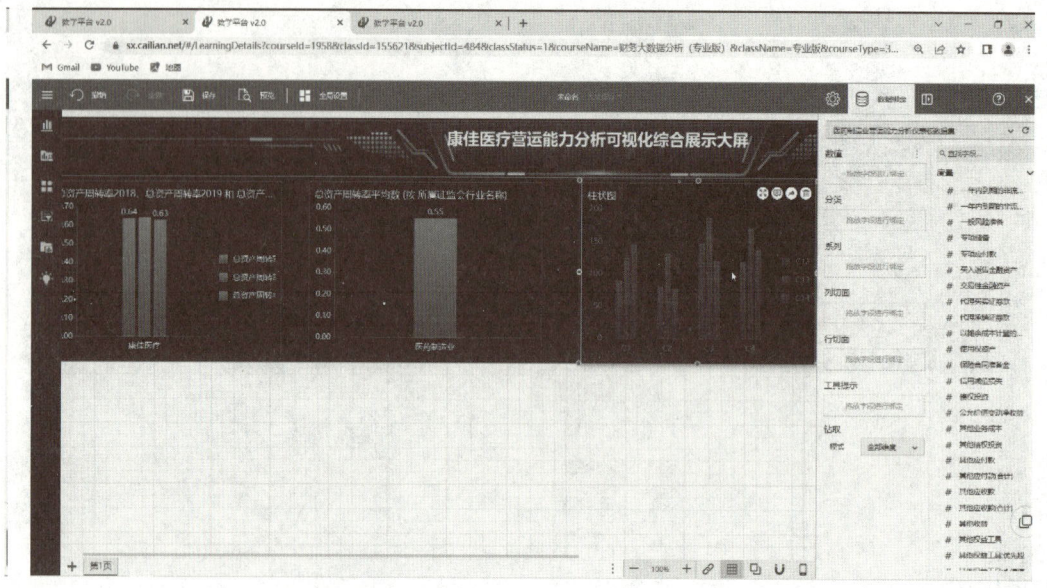

图 6-70　选择数据可视化图形

采用同样的方法,与医药制造业营运能力分析仪表板的数据进行绑定。将证券简称拖拽至分类框中,搜索总资产周转率,将总资产周转率拖拽至数值框中。数据绑定如图 6-71 所示。

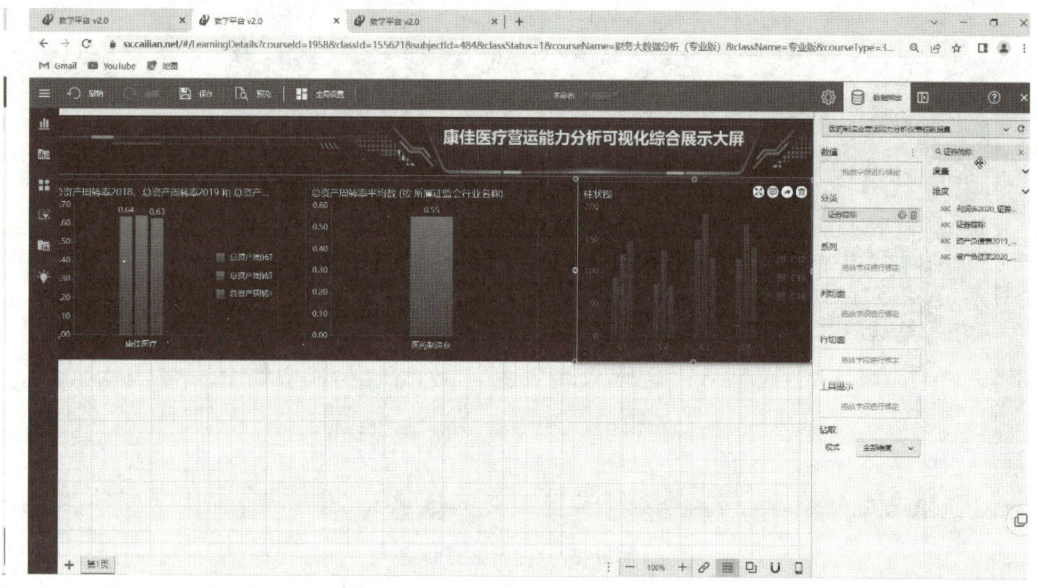

图 6-71　数据绑定

步骤四,数据排名。点击"排序",添加"排序",按照计算结果,总资产周转率以降序排列,点击"确定"。数据排列如图 6-72 所示。

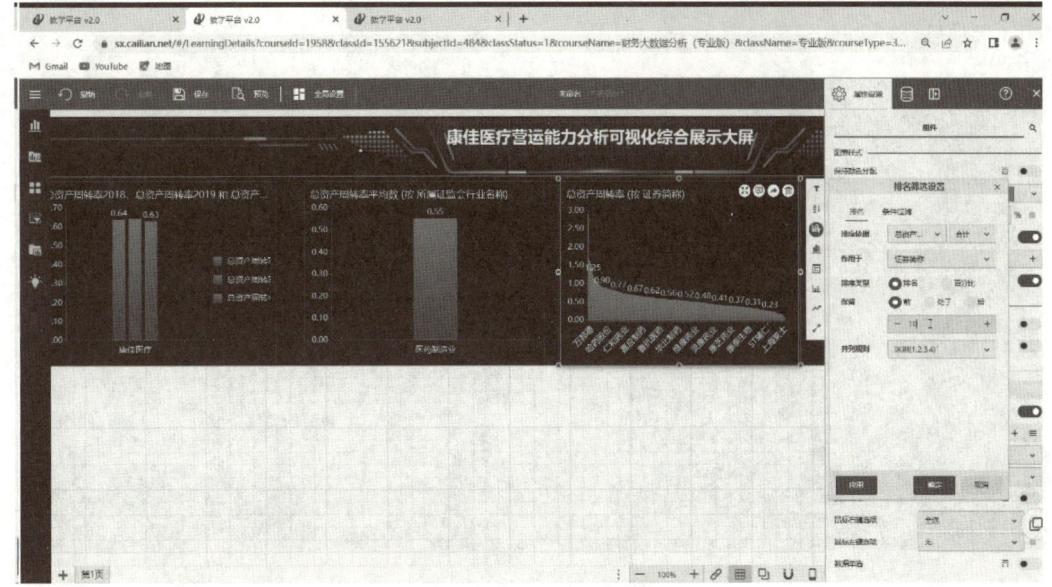

图 6-72　数据排列

步骤五，数据筛选。添加"排名筛选"，只显示排名前 10 的企业，点击"确定"。数据筛选如图 6-73 所示。

图 6-73　数据筛选

通过拖拽，美化仪表板。采用同样的方法，将其他营运能力指标进行仪表板的设计。美化仪表板如图 6-74 所示。

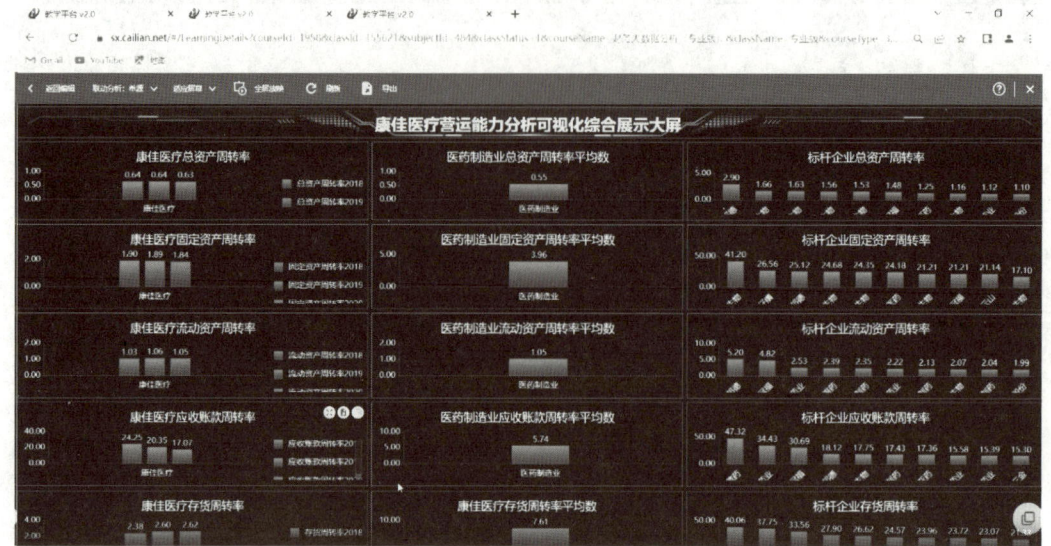

图 6-74 美化仪表板

第三节 盈利能力分析

一、盈利能力概述

（一）盈利能力的含义

盈利能力是企业依据自身拥有的资源而获取利润及经济资源流入的能力，有助于企业减少各项成本、减弱企业的经营及财务风险，是提高企业综合收益的重要体现，对企业的运营及长远发展具有重要的作用。追求利润最大化是企业的动力所在，因此，盈利能力分析是企业财务报表分析的重点。盈利能力的强弱是一个相对的概念，即利润是相对于一定的资源投入、一定的收入而言的。企业经营业绩的好坏最终可通过盈利能力的强弱来反映。无论是企业的管理层、投资者、债权人，还是其他利益相关者都非常关心企业的盈利能力。

提高企业盈利能力，必须从提高生产经营收益、提高资产运营效率、提高资本运营收益这3个重要途径入手，挖掘各自的潜力，以提高企业整体的盈利能力和盈利水平。因此，从信息使用者的角度来看，盈利能力的评价可以从经营盈利能力、资产盈利能力、资本盈利能力等3个方面评价，评价时须考虑与同行业的比较。

（二）盈利能力分析的意义

（1）对于企业投资者和潜在投资者来说，盈利能力分析有助于他们判断企业获取利润的能力，从而作出投资决策。因为企业盈利能力的强弱直接影响到投资者的股息收入和股票价格。

(2) 对于企业债权人而言,盈利能力分析可以传递资金安全的信息,因为企业利润是债权安全性的保障和企业偿债的主要来源。

(3) 对于企业管理当局,盈利能力分析是衡量业绩、发现问题及履行和承担经营责任的重要工具。

(4) 盈利能力分析还能帮助政府机构了解企业盈利水平,从而预测税收收入的实现情况。

对企业的盈利能力进行分析评价,有助于对企业未来的成长进行展望,评估企业的市场地位及价值,增强企业的总体竞争实力,从而有益于企业经营管理者作出有利于企业良好发展的重大决策,为企业日后的持续稳定发展作出合理规划。

(三) 盈利能力的相对性

盈利能力是一个相对概念,不能仅凭企业获得利润的多少来判断其盈利能力大小,因为企业利润水平还受到企业规模、行业水平等要素的影响。所以,应该用利润率指标而非利润的绝对数量来衡量盈利能力,这样可削弱企业规模因素影响。

计算出的利润率与行业平均水平相比,利润率越高,企业盈利能力越强;利润率越低,企业盈利能力越弱。

二、盈利能力分析

(一) 经营盈利能力分析

经营盈利能力是指实现每1元营业额或消耗每1元资金取得的利润的多少,是以销售收入为基础的盈利水平分析,属于投入与产出的比较。评价经营盈利能力的指标主要有销售毛利率、营业利润率和营业净利率。

1. 销售毛利率

销售毛利率是销售毛利额与营业收入之间的比率。销售毛利率指标主要考查企业商品在市场上竞争能力的强弱,如果企业的销售毛利率指标高,说明这个企业的商品在市场上竞争能力强;相反,则说明企业商品的竞争能力弱。

在分析销售毛利率及其变动时,一般先将报告期的实际值与日值比较,此外还必须与行业均值和行业先进企业相比较;可以进一步分析产生差距的原因,以评价企业的盈利能力。在实务中,也经常使用销售毛利率、销售净利率等指标来分析企业经营业务的获利水平。

销售毛利率的计算公式为:

$$销售毛利率 = 销售毛利额 \div 销售收入 \times 100\%$$

其中:销售毛利额 = 营业收入 − 营业成本。

2. 营业利润率

营业利润率是企业一定时期营业利润总额与营业收入的比率。营业利润率指标比销售毛利率指标更加全面,因为企业在主营业务不景气的情况下,往往会利用自身条件,开展多方面的劳务服务,以补充主营业务的不足,维持盈利能力在一定水平上的稳定性和持久性。营业利润率越高,表明企业市场竞争力越强,发展潜力越大,盈利能力越强。

营业利润率的计算公式为：

$$营业利润率 = 营业利润总额 \div 营业收入 \times 100\%$$

其中：营业利润总额＝营业收入－营业成本－费用。

3. 营业净利率

营业净利率是净利润与营业收入的比率，它反映企业营业收入创造净利润的能力。营业净利率是企业销售的最终获利能力指标，在分析该比率时，应注意营业收入包含主营业务收入和其他业务收入，利润形成也并非都由营业收入产生，还受到投资收益、营业外收支等因素的影响。从营业净利率的指标关系看，净利额与营业净利率呈正比关系，而营业收入额与营业净利呈反比关系。通过分析营业净利率的升降变动，可以促进企业在扩大营业收入的同时，注意改进经营管理，提高盈利水平。一般来说，营业净利率越高，说明企业的获利能力越强。

营业净利率的计算公式为：

$$营业净利率 = 净利润 \div 营业收入 \times 100\%$$

【例题6-4】 乙企业在2021—2023年与营业收入相关的盈利能力指标数据如表6-7所示。

表6-7 2021—2023年乙企业盈利能力数据指标

项目	2021年	2022年	2023年
营业利润率	20.22	19.13	19.32
销售净利率	16.55	14.99	14.15

要求：分析乙企业的经营盈利能力。

【解析】

由表6-7可知，乙企业2021—2023年营业利润率的变动不大，并且总体呈现下降趋势，说明乙企业在商品销售获取利润的渠道受到了一定的影响，营业利润逐渐降低。而乙企业的销售净利率出现了连续下滑的情况，这表明乙企业在扩大销售额的同时，没有及时跟进改善企业的经营管理能力。

（二）资产盈利能力分析

资产盈利能力可以衡量资产的使用效益，从总体上反映投资效果。一个企业的资产盈利能力如果高于社会的平均资产利润率和行业平均资产利润率，企业就会更容易吸收投资，企业的发展就会处于更有利的位置。评价资产盈利能力的指标主要有总资产报酬率、总资产净利率、成本费用利润率等。

1. 总资产报酬率

总资产报酬率又称总资产收益率，是企业一定时期内获得的报酬总额与平均资产总额的比率。它表示企业包括净资产和负债在内的全部资产的总体获利能力，用以评价企业运用全部资产的总体获利能力，是评价企业资产运营效益的重要指标。

总资产报酬率的计算公式为：

$$总资产报酬率 = 息税前利润总额 \div 平均资产总额 \times 100\%$$

其中：息税前利润总额＝利润总额＋利息支出。

通常,在计算总资产报酬率时,息税前利润总额要包括利息支出,这是因为:①总资产从融资渠道来讲又分为产权性融资和债务性融资两个部分,产权性融资的成本是股利,以税后利润付,其数额包含在利润总额中,为保持一致,债务性融资的成本(利息)也应当包含进去。②利息支出的本质是企业纯收入的分配,属于企业创造利润的一部分。

一般情况下总资产报酬率指标越高,表明企业投入产出的水平越高,企业的全部资产的总体运营效益越高。但在上市公司的公开资料中,利息支出一般没有公开,因此在计算该指标时,也可以不包括利息支出。此时,该指标也可称为总资产利润率。

2. 总资产净利率

总资产净利率是企业净利润与平均总资产的百分比。该指标反映的是企业运用全部资产所获得利润的水平,即企业每占用1元的资产平均能获得多少元的利润。

总资产净利率的计算公式为:

$$总资产净利率 = 净利润 \div 平均资产总额 \times 100\%$$

其中:平均资产总额=(期初资产总额+期末资产总额)÷2。

通常,总资产净利率越高,表明企业的资产利用效率越高,反映企业注重增加收入和节约资金两个方面,体现出企业管理水平的高低。同时,利用该指标可以与企业历史资料、计划、同行业平均水平或先进水平进行对比,分析形成差异的原因。还可以分析经营中存在的问题,提高销售利润率,加速资金周转。

3. 成本费用利润率

成本费用利润率是企业一定时期利润总额与成本费用总额的比率。它反映企业投入的生产成本及费用的经济效益,同时也反映企业降低成本所取得的经济效益。该指标表明每付出一元成本费用可获得多少利润,体现了经营耗费所带来的经营成果。

成本费用利润率的计算公式为:

$$成本费用利润率 = 利润总额 \div 成本费用总额 \times 100\%$$

其中:成本费用总额=营业成本+营业税金及附加+销售费用+管理费用+财务费用。

通常,成本费用利润率越高,表明企业为取得利润而付出的代价越小,成本费用控制得越好,盈利能力越强,反映企业的经济效益越好;成本费用利润率越高,单位产品的成本费用越低。如果价格不变,成本费用利润率可以反映企业成本费用的耗费水平。

成本费用利润率下降,主要由于成本增加过快或利润增幅过慢,成本增加过快主要由于人工、材料、生产等方面,成本的增长利润增幅过慢主要来自于服务、产品等方面利润的下降。一个行业只要存在足够的利润,就会导致涌进该行业的公司大幅增加,这提高了原材料等的需求,导致价格上升;同时产出产品或服务多了,竞争加大,利润下降。

【例题6-5】 2021—2023年乙企业盈利能力数据指标如表6-8所示。

表6-8 2021—2023年乙企业盈利能力数据指标

项目	2021年	2022年	2023年
总资产净利率	6.15	6.26	6.45
成本费用率	25.11	27.43	29.32

要求：分析乙企业的资产盈利能力。

【解析】

由表6-8可知，乙企业2023年的总资产净利率最高，且一直处于较为稳定的上升趋势。这说明乙企业的资产运营和管理能力相对较强，在企业投入生产之后可以获取较高的收益，并且管理模式较为规范和稳定，处于一个相对较高的水平。

而企业的成本费用利润率在2021—2023年的变动较为稳定，这表明乙企业在维持成本费用不变的情况下可以获取更多的利润，也表明其资产获取收益的能力得到了一定提高。

(三) 资本盈利能力分析

资本盈利能力又称股东权益盈利能力。股东投资的目的是获得投资报酬。一个企业投资报酬的高低会直接影响现有投资者是否继续投资并追加投资，潜在的投资者是否进行投资。评价资本盈利能力的指标主要有净资产收益率和市盈率等。

1. 净资产收益率

净资产收益率(ROE)又称股东权益收益率，是净利润与平均股东权益的百分比，是企业税后利润除以净资产得到的百分比率。该指标反映股东权益的收益水平，用以衡量企业运用自有资本的效率。指标值越高，说明投资带来的收益越高。

净资产收益率的计算公式为：

$$净资产收益率 = 净利润 \div 平均净资产 \times 100\%$$

或：

$$净资产收益率 = 净利润 \div 所有者权益$$

其中：平均净资产＝(所有者权益年初数＋所有者权益年末数)÷2。

所有者权益又称净资产，是企业总资产中扣除负债所余下的部分，是股本、资本公积、盈余公积、未分配利润之和，代表了股东对企业的所有权，反映了股东在企业资产中享有的经济利益。

影响净资产收益率的因素主要有总资产报酬率、负债利息率、资本结构和所得税税率等。

(1) 总资产报酬率。净资产是企业全部资产的一部分，因此净资产收益率受企业总资产报酬率的影响。在负债利息率和资本构成等条件不变的情况下，总资产报酬率越高，净资产收益率就越高。

(2) 负债利息率。在资本结构一定情况下，当负债利息率变动使总资产报酬率高于负债利息率时，将对净资产收益率产生有利影响；反之，在总资产报酬率低于负债利息率时，将对净资产收益率产生不利影响。

(3) 资本结构。当总资产报酬率高于负债利息率时，提高负债与所有者权益之比，将使净资产收益率提高；反之，降低负债与所有者权益之比，将使净资产收益率降低。

(4) 所得税税率。净资产收益率的分子是净利润即税后利润，因此所得税税率的变动会引起净资产收益率的变动。通常，所得税税率提高，净资产收益率下降；反之，则净资产收益率上升。

净资产收益率是企业盈利能力的核心指标，也是杜邦财务分析体系的核心指标，更是投资人做投资决策时关注的重点。一般来说，净资产收益率越高，所有者和债权人的权益保障程度越高。如果企业的净资产收益率在一段时间内持续增长，说明权益资本盈利能力稳定上升。一般来说，企业年均净资产收益率高于15%就是非常优秀的企业了。

但净资产收益率不是一个越高越好的概念，因为它可以反映企业净资产(股权资金)的收益水平,但并不能全面反映一个企业的资金运用能力。因此,在分析时要注意企业的财务风险,需要综合考察利润、资产、现金流等各个方面的情况。

【例题 6-6】 2021—2023 年乙企业净资产收益率及行业均值如表 6-9 所示。

表 6-9 2021—2023 年乙企业净资产收益率及行业均值

项目	2021 年	2022 年	2023 年
乙企业净资产收益率	21.68	20.67	18.49
行业均值	14.02	16.36	15.02

要求:分析乙企业的资本盈利能力。

【解析】

由表 6-9 可知,2021—2023 年,乙企业的净资产收益率基本处在一个相对稳定的水平,虽然在 2023 年有一定程度的下降,但总的来说,乙企业的净资产收益率相对行业均值,仍处于较高水平,并且获利能力总体呈现正向趋势。

2. 市盈率

市盈率又称本益比、股价收益比率或市价盈利比率,是股票价格除以每股收益的比率,或以企业市值除以年度股东应占溢利。它是通过企业股票的市场行情,间接评价企业盈利能力的指标。

市盈率的计算公式为:

$$市盈率 = 股价 \div 每股收益$$

或:

$$市盈率 = 市值 \div 净利润$$

公式中,普通股每股市价通常采用年度平均价格(全年各日收盘价的算术平均数)。为简化计算,并增强指标的实时性,普通股每股市价可采用报告日前一日的实际价格。

假设某股票的市价为 24 元,而过去 12 个月的每股盈利为 3 元,则市盈率为 8。该股票被视为有 8 倍的市盈率,即每付出 8 元可分享 1 元的盈利。投资者计算市盈率,主要用来比较不同股票的价值。理论上,股票的市盈率越低,越值得投资。比较不同行业、不同国家、不同时段的市盈率是不大可靠的,比较同类股票的市盈率较有实用价值。

一般认为,如果股票的市盈率过低,表示企业的价值被低估;如果股票的市盈率过高,表示股票价格具有泡沫,价值被高估。但市盈率的高低并不是绝对的,不同行业的市盈率有所不同。例如,银行业、钢铁业的市盈率较低,未来成长的空间有限;互联网、高新科技业未来前景可观,众人纷纷出高价买入,因此市盈率较高。分析市盈率时,需要通过同行业进行对比才有意义。

【例题 6-7】 2019—2023 年乙企业每股收益及交易价格如表 6-10 所示。

表 6-10 2019—2023 年乙企业每股收益及交易价格

项目	2019 年	2020 年	2021 年	2022 年	2023 年
每股收益	1.64	1.90	2.54	3.06	3.47
交易价格	14.43	22.63	24.91	27.60	28.19

要求：分析乙企业的资本盈利能力。

【解析】

由表 6-10 可知，2019—2023 年，乙企业的单股交易价格在逐年提高，表明乙企业的股票在投资市场有着较高的认可度。乙企业每股收益在 2019—2023 年呈稳定且连续的增长趋势，5 年内交易价格提升了 13.76 元，这说明乙企业的收益仍然非常可观，具有较强的盈利能力。

三、数据处理

1. 准备数据

打开中联大数据分析平台，点击左侧创建文档，选择"仪表板"—"准备数据"，点击"进入"。点击"缓存数据集"，选择"创建"。创建缓存数据集如图 6-75 所示。

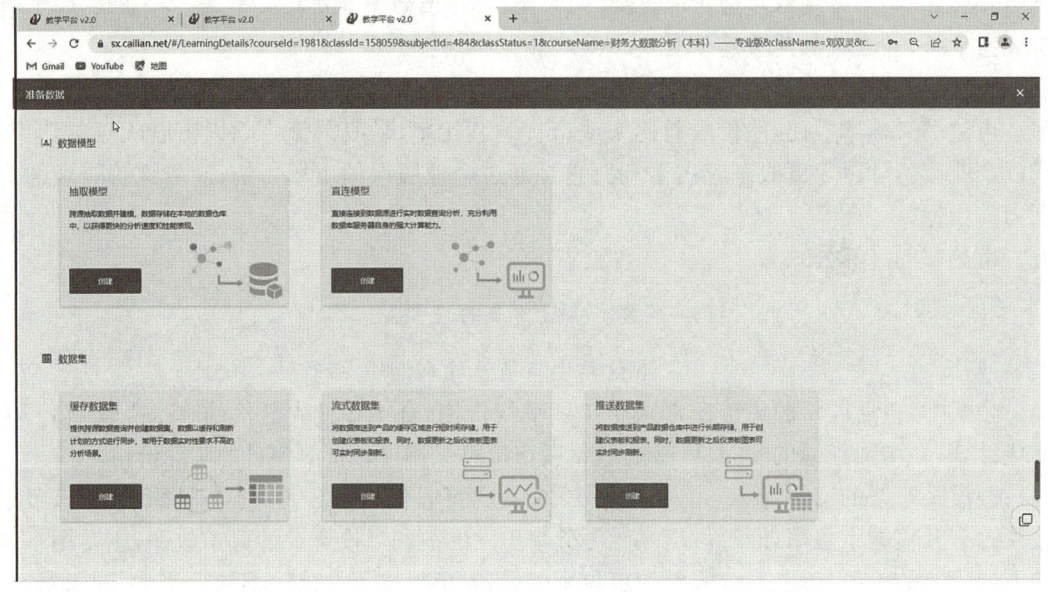

图 6-75　创建缓存数据集

根据需要，我们要对康佳医疗的盈利能力指标进行分析。将康佳医疗盈利能力指标与行业标杆企业和行业均值进行对比，需要创建两个仪表板数据集。

2. 数据关联

先创建康佳医疗盈利能力仪表板数据集，点击数据源列表下拉框，依次选择康佳医疗证券简称、2017—2020 年的利润表、2017—2020 年的资产负债表，点击"确定"。将证券简称拖拽至右侧中的空白区域，分别将 2017—2020 年的利润表、2017—2020 年的资产负债表与证券简称进行数据关联，点击"保存"。数据关联如图 6-76 所示。

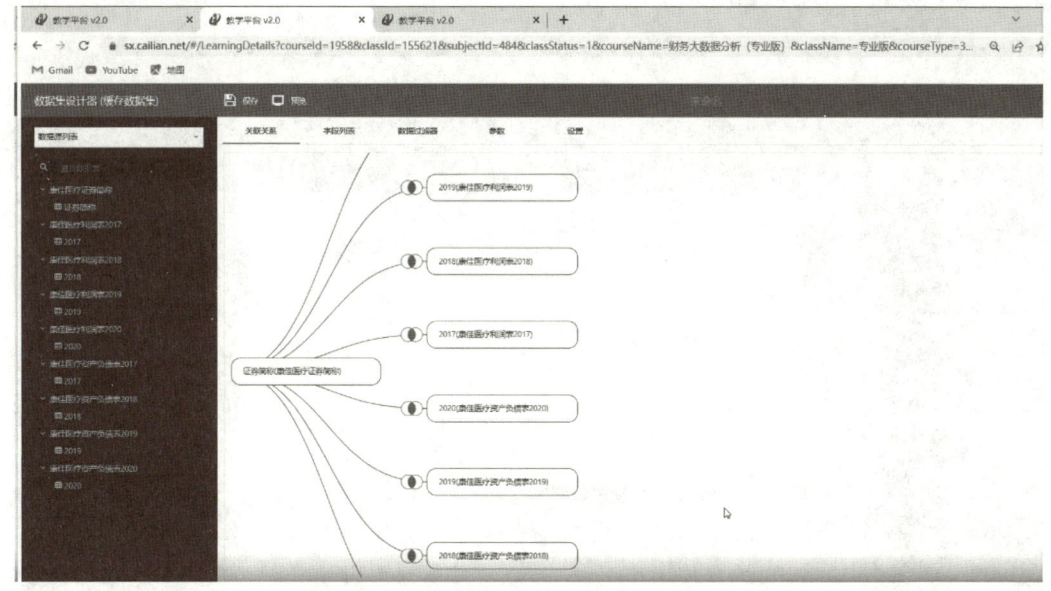

图 6-76　数据关联

3. 添加缓存数据集计算字段

根据需要，分析销售毛利率、营业利润率、营业净利率、净资产收益率等相关指标。但资产负债表和利润表中均没有相关字段，因此接下来需要进行字段的添加，点击字段列表，点击"更多"—"添加计算字段"。添加计算字段如图 6-77 所示。

图 6-77　添加计算字段

步骤一，添加销售毛利率计算字段。字段名称输入"销售毛利率2020"，字段类型选择"数字"，表达式输入"（[营业收入]－[营业成本]）/[营业收入]"，点击"保存"，并继续创建。

添加销售毛利率计算字段如图6-78所示。

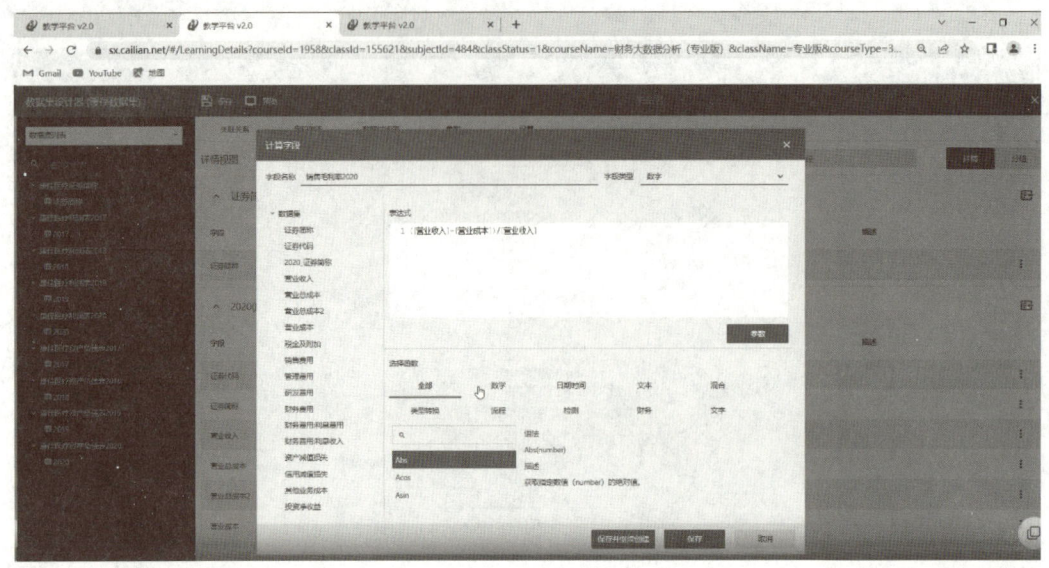

图6-78 添加销售毛利率计算字段

步骤二，添加营业利润率计算字段。字段名称输入"营业利润率2020"，字段类型选择"数字"，表达式输入"[营业利润]/[营业收入]"，点击"保存"，并继续创建。添加营业利润率计算字段如图6-79所示。

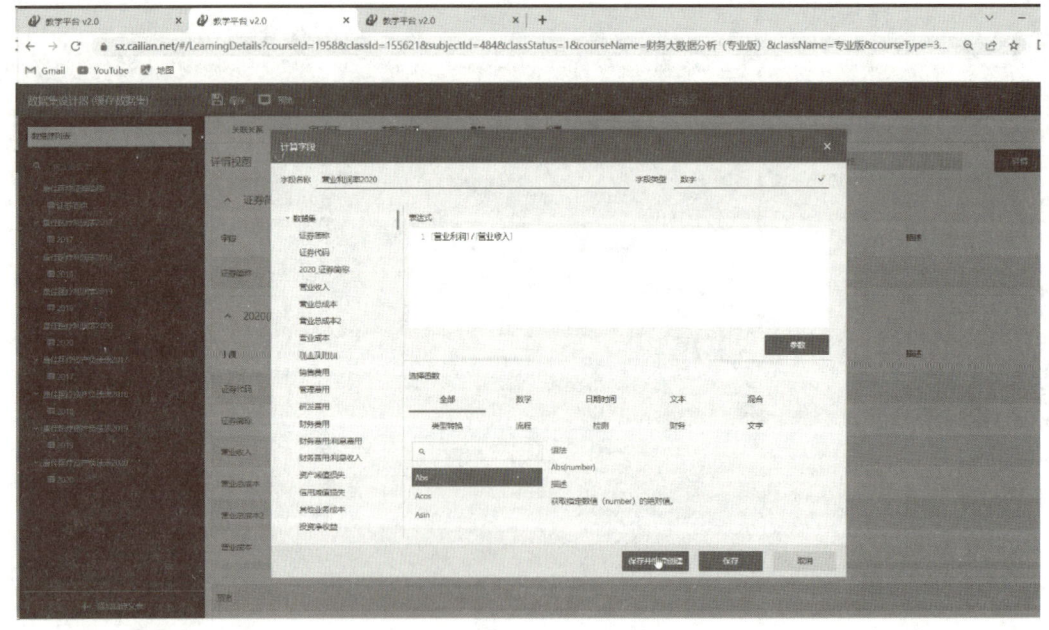

图6-79 添加营业利润率计算字段

步骤三，添加营业净利率计算字段。即"营业净利率"，字段名称输入"营业净利率2020"，字段类型选择"数字"，表达式输入"[净利润]/[营业收入]"，点击"保存"，并继续创建。添加营业净利率计算字段如图6-80所示。

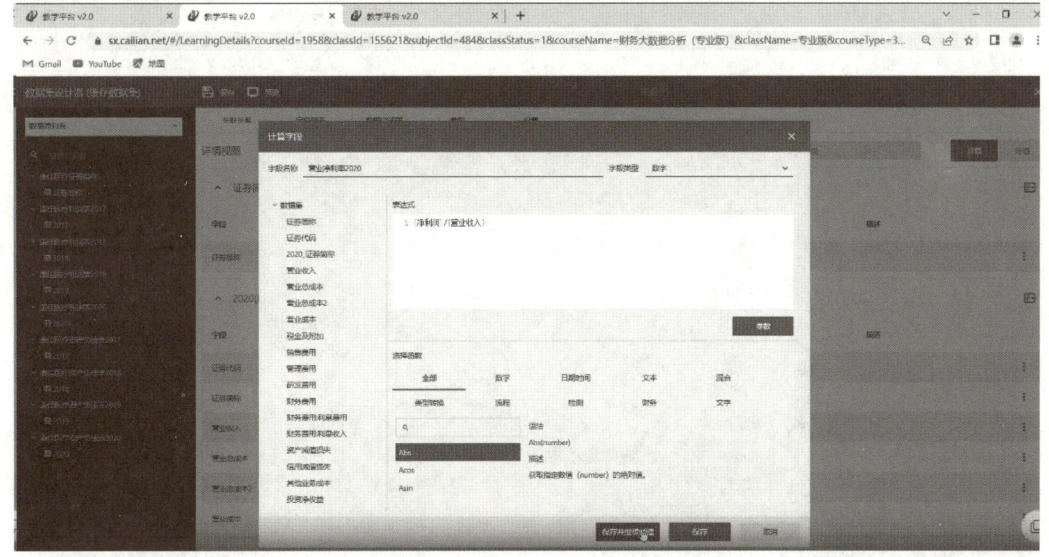

图6-80　添加营业净利率计算字段

步骤四,添加净资产收益率计算字段。字段名称输入"净资产收益率2020",字段类型选择"数字",表达式输入"[净利润]＊2/([所有者权益合计]＋[2019_所有者权益合计])",点击"保存",并继续创建。添加净资产收益率计算字段如图6-81所示。

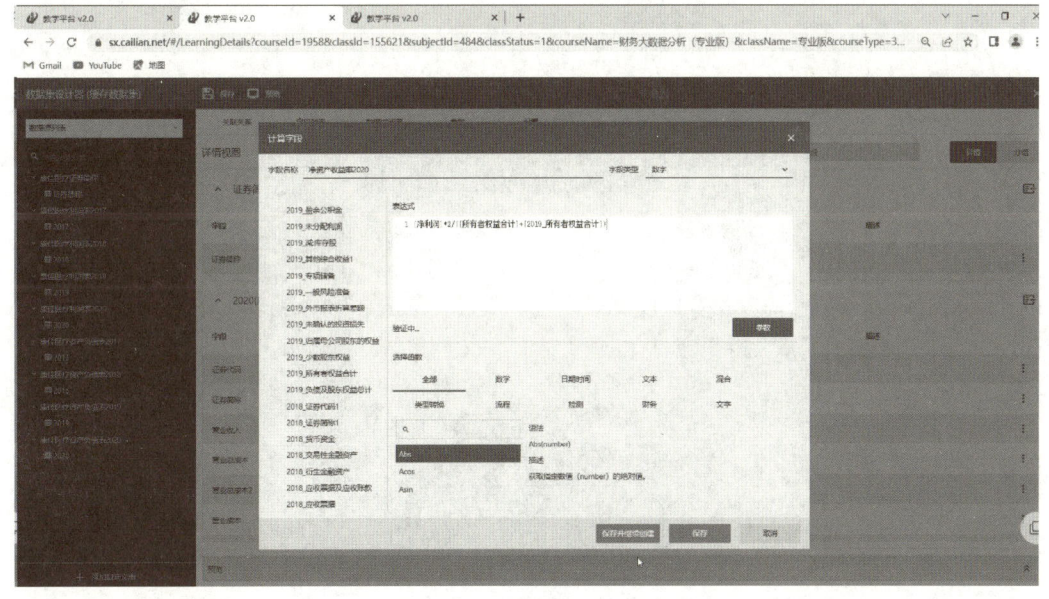

图6-81　添加净资产收益率计算字段

步骤五,添加总资产净利率计算字段。字段名称输入"总资产收益率2020",字段类型选择"数字",表达式输入"[净利润]＊2/([资产总计]＋[2019_资产总计])",点击"保存",并继续创建。添加总资产净利率计算字段如图 6-82 所示。

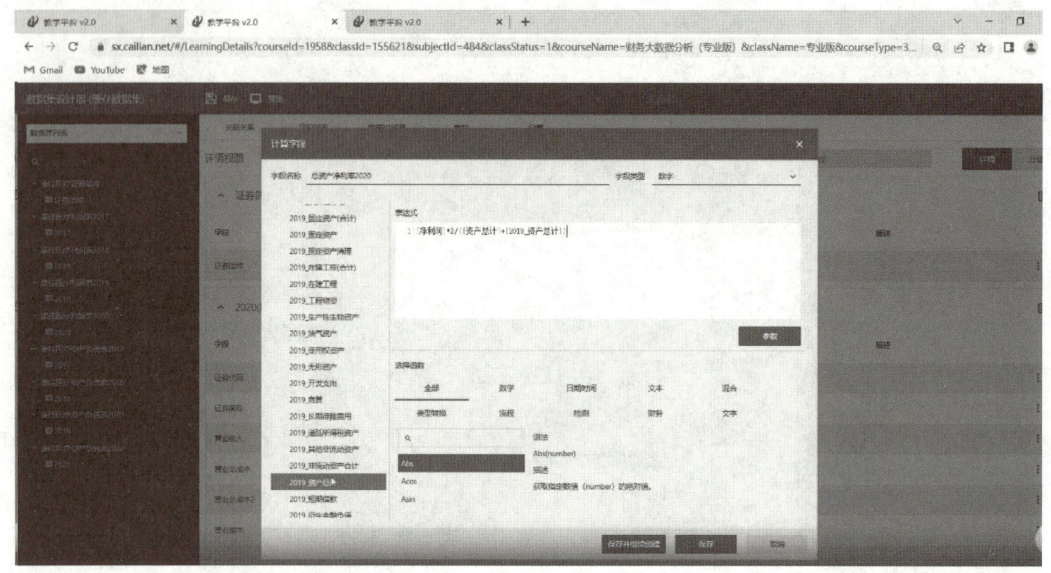

图 6-82　添加总资产净利率计算字段

采用同样的方法，继续添加上述 5 个盈利能力相关指标 2018—2019 年的计算字段，点击"保存"。将数据集命名为"康佳医疗盈利能力分析仪表板数据集"，点击"保存"。保存数据集如图 6-83 所示。

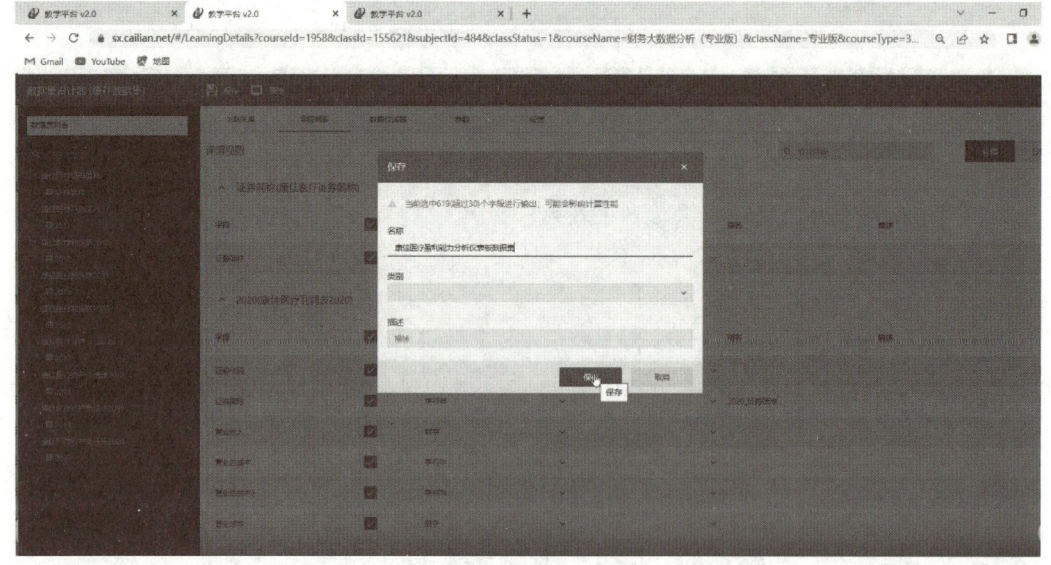

图 6-83　保存数据集

4. 创建行业盈利能力数据集

点击左侧创建文档，选择"仪表板"—"准备数据"，点击"进入"。选择"缓存数据集"，点击"创建"。创建缓存数据集如图 6-84 所示。

项目六　财务指标分析

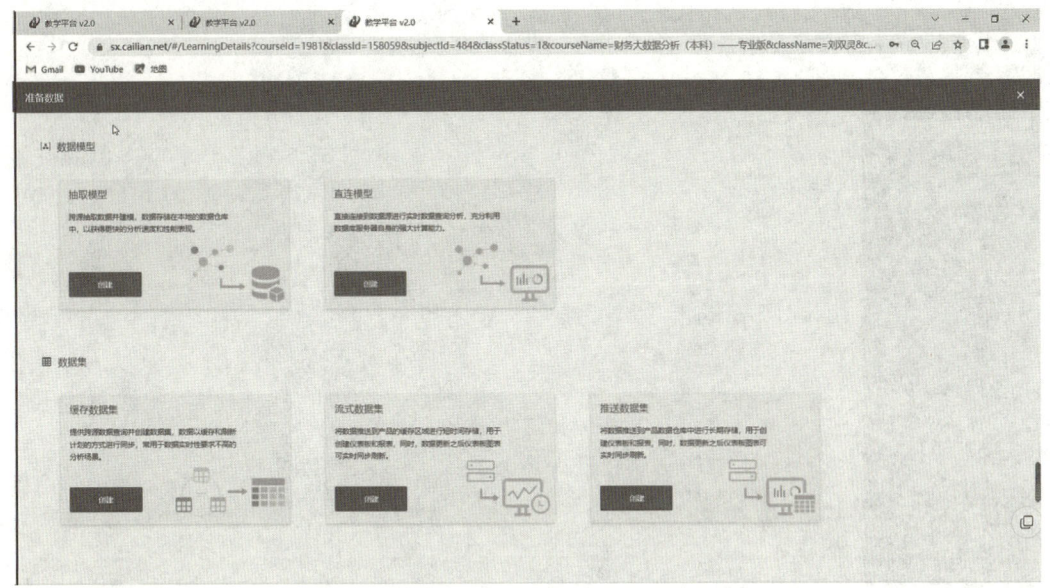

图 6-84　创建缓存数据集

根据需要，选择相应的数据源。我们要计算 2020 年医药制造业盈利能力等相关指标，因此运用的数据源主要包括行业分类、2019—2020 年利润表、2019—2020 年资产负债表，点击"确定"。接下来，进行数据关联，将行业分类明细拖拽至右侧空白区域，分别将 2019—2020 年利润表、2019—2020 年资产负债表，与行业分类明细进行数据链接，点击"保存"。数据关联如图 6-85 所示。

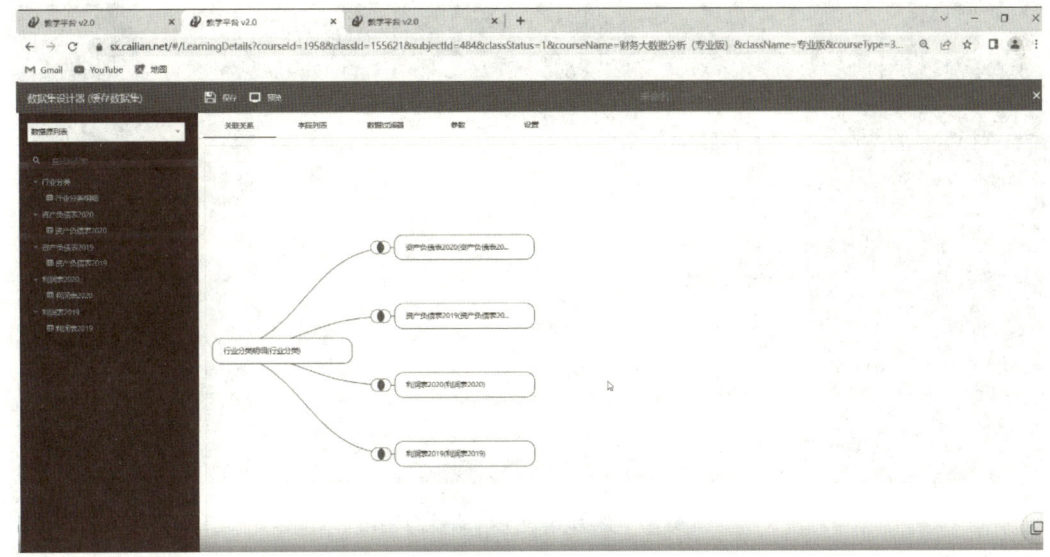

图 6-85　数据关联

5. 添加行业盈利能力数据集计算字段

点击字段列表，点击"更多"—"添加计算字段"。添加计算字段如图 6-86 所示。

223

图 6-86　添加计算字段

步骤一，添加销售毛利率计算字段。字段名称输入"总销售毛利率"，字段类型选择"数字"，表达式输入"（[营业收入]－[营业成本]）/[营业收入]"，点击"保存"，并继续创建。添加销售毛利率计算字段如图 6-87 所示。

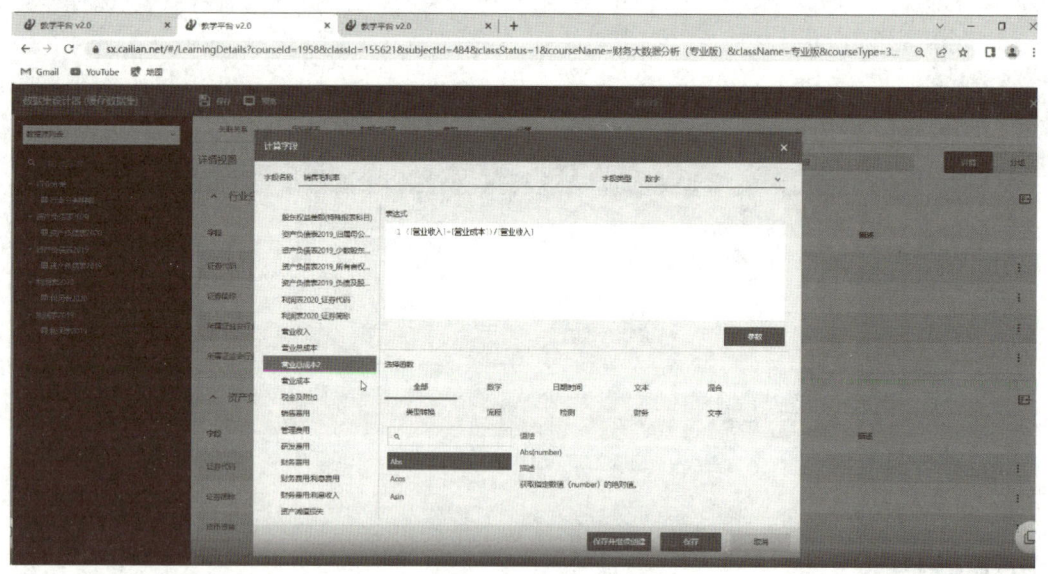

图 6-87　添加销售毛利率计算字段

步骤二，添加营业利润率计算字段。字段名称输入"营业利润率"，字段类型选择"数字"，表达式输入"[营业利润]/[营业收入]"，点击"保存"，并继续创建。添加营业利润率计算字段如图 6-88 所示。

项目六 财务指标分析

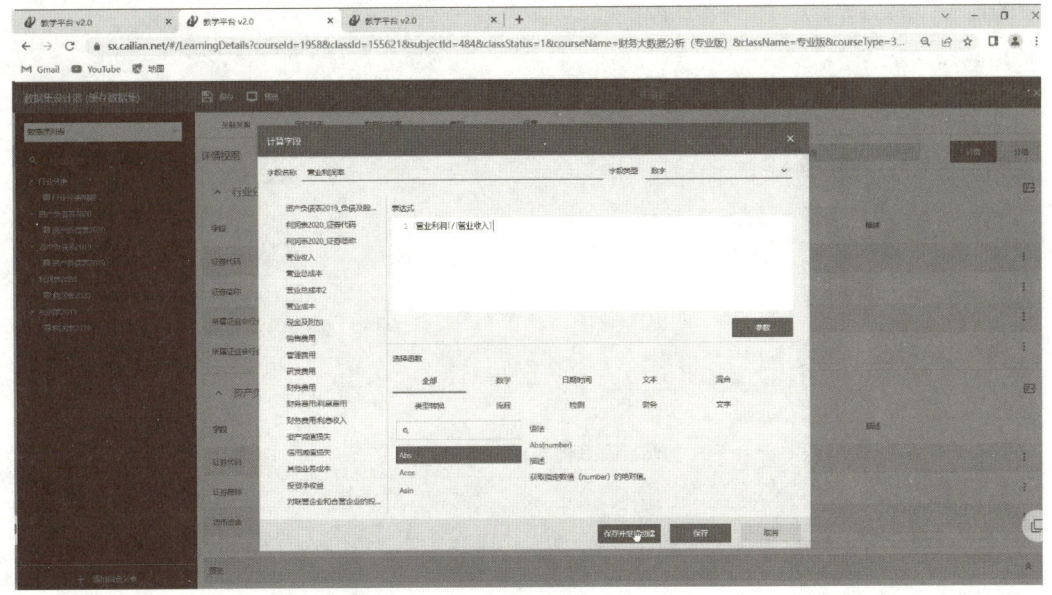

图 6-88 添加营业利润率计算字段

步骤三,添加营业净利率计算字段。字段名称输入"营业净利率",字段类型选择"数字",表达式输入"[净利润]/[营业收入]",点击"保存",并继续创建。添加营业净利率计算字段如图 6-89 所示。

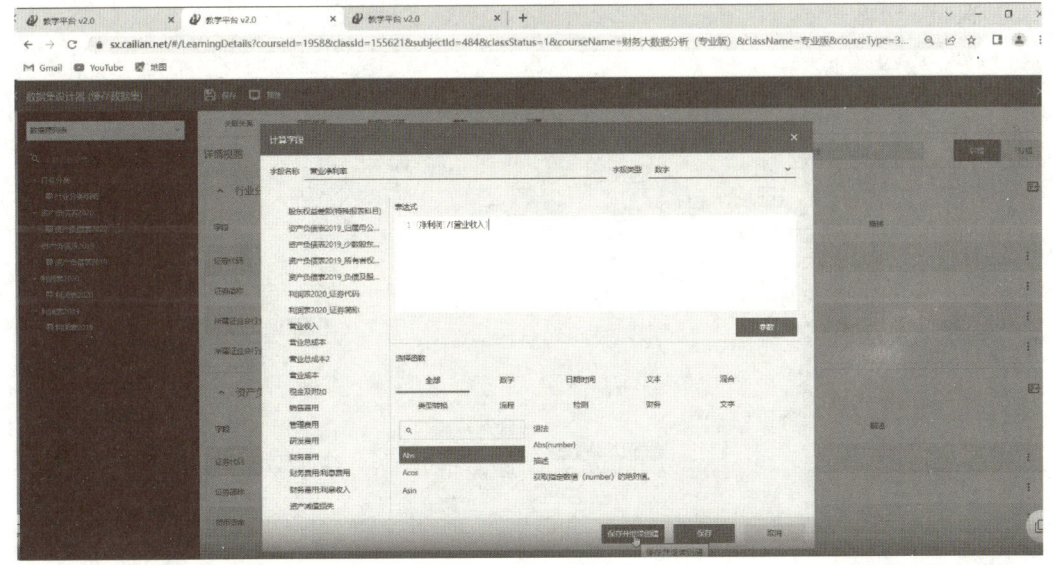

图 6-89 添加营业净利率计算字段

步骤四,添加净资产收益率率计算字段。字段名称输入"净资产收益率",字段类型选择"数字",表达式输入"[净利润]＊2/([资产负债表 2019_资产所有者]＋[所有者权益合计])",,点击"保存",并继续创建。添加净资产收益率率计算字段如图 6-90 所示。

225

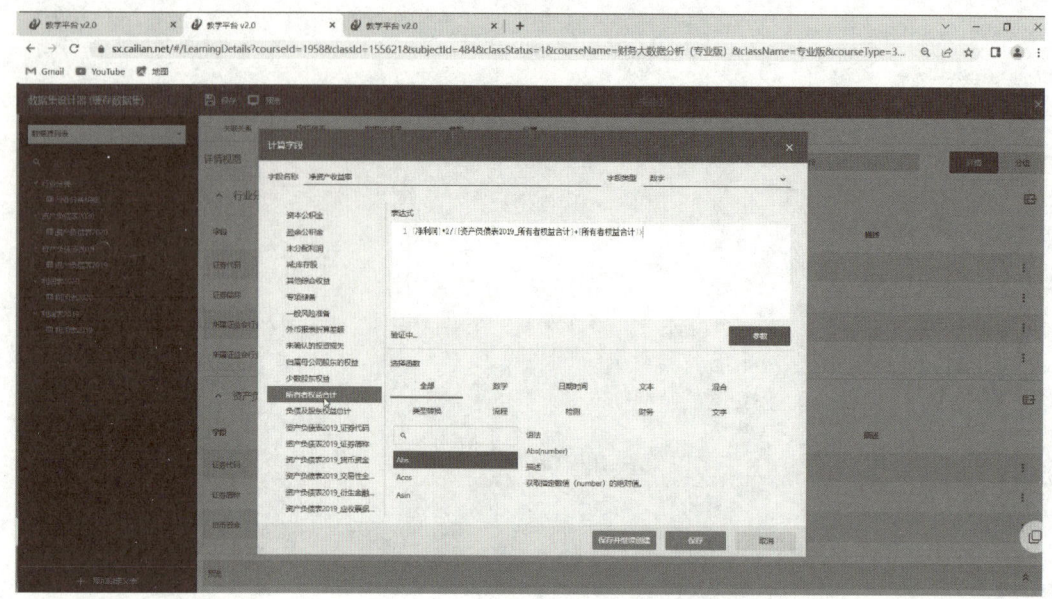

图 6-90　添加净资产收益率率计算字段

步骤五,添加总资产净利率计算字段。字段名称输入"总资产净利率",字段类型选择"数字",表达式输入"［净利润］＊2/(［资产总计］＋［资产负债表2019_资产总计］)",全部添加完成后,点击"保存"。添加总资产净利率计算字段如图6-91所示。

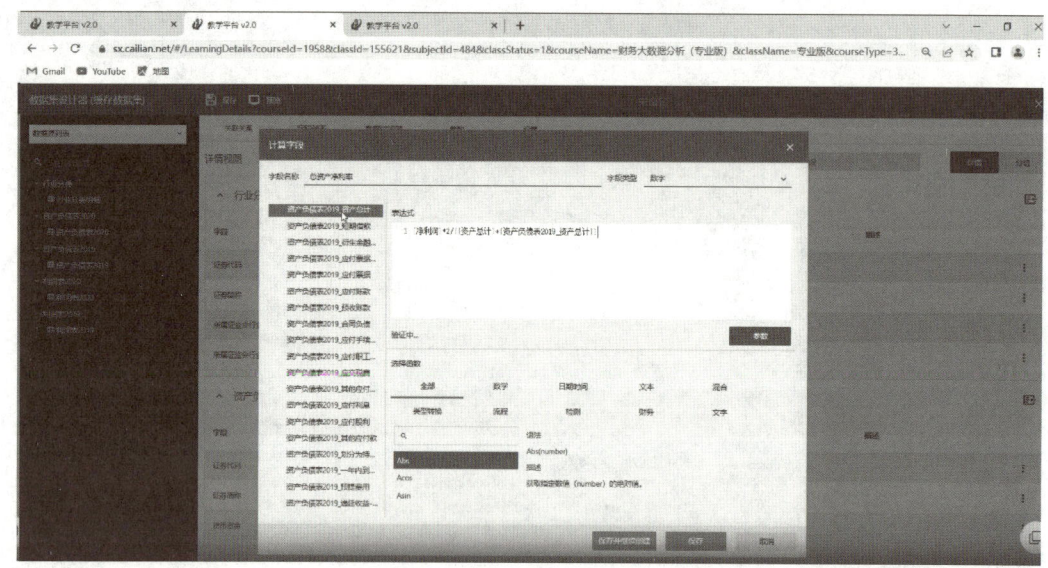

图 6-91　添加总资产净利率计算字段

6. 添加过滤条件

步骤一,设置数据过滤器。点击"添加规则",筛选所属证监会行业名称为医药制造业。筛选所属证监会行业名称如图6-92所示。

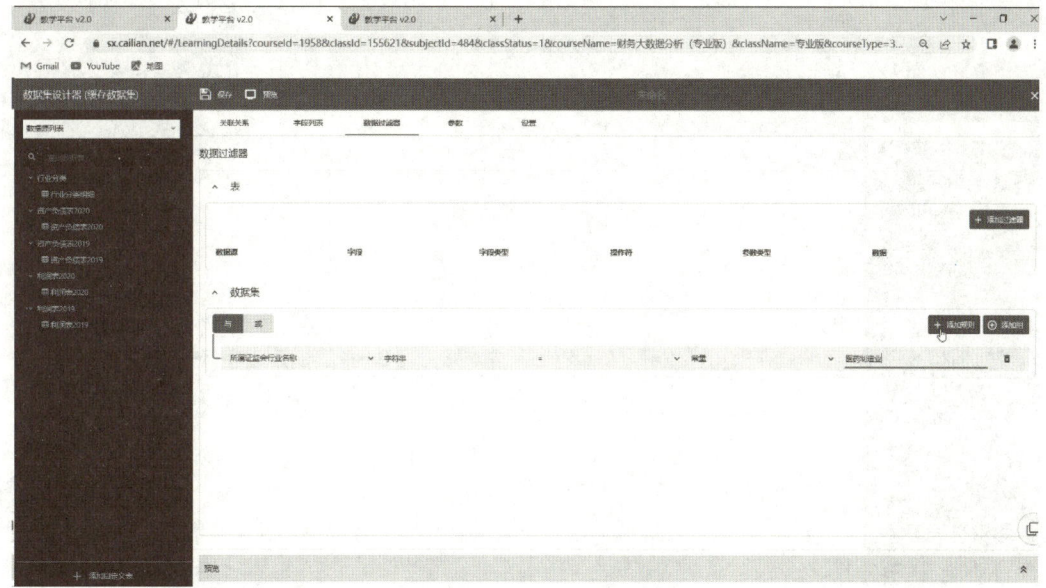

图 6-92 筛选所属证监会行业名称

步骤二,筛选证券简称中不包含 * ST 的公司。选择"证券简称",选择不包含 * ST 的公司。筛选证券简称中不包含 * ST 的公司如图 6-93 所示。

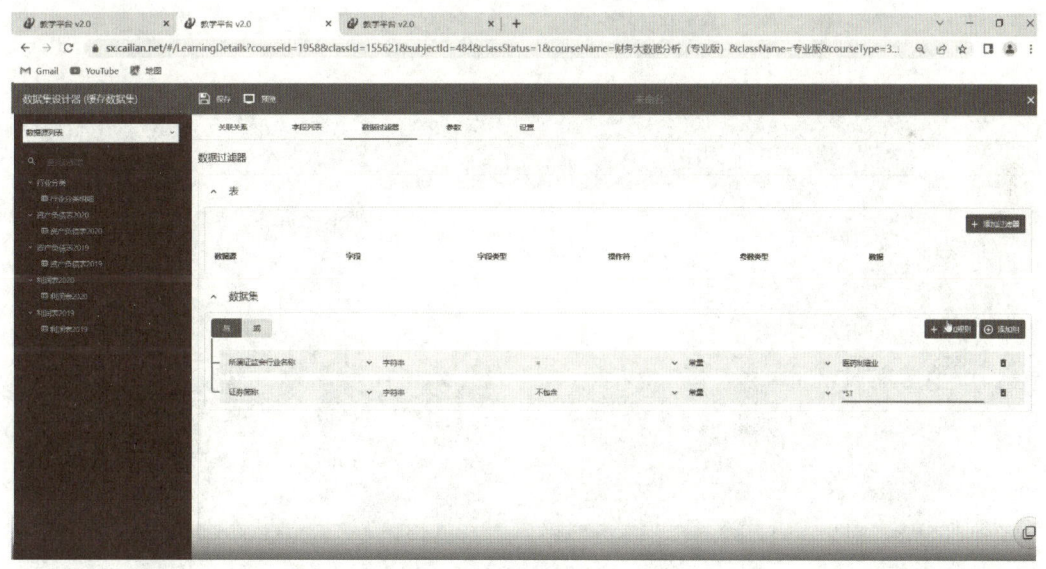

图 6-93 筛选证券简称中不包含 * ST 的公司

步骤三,筛选证券简称中不包含 u 的公司。选择"证券简称",选择不包含 u 的公司,点击"保存"。筛选证券简称中不包含 u 的公司如图 6-94 所示。

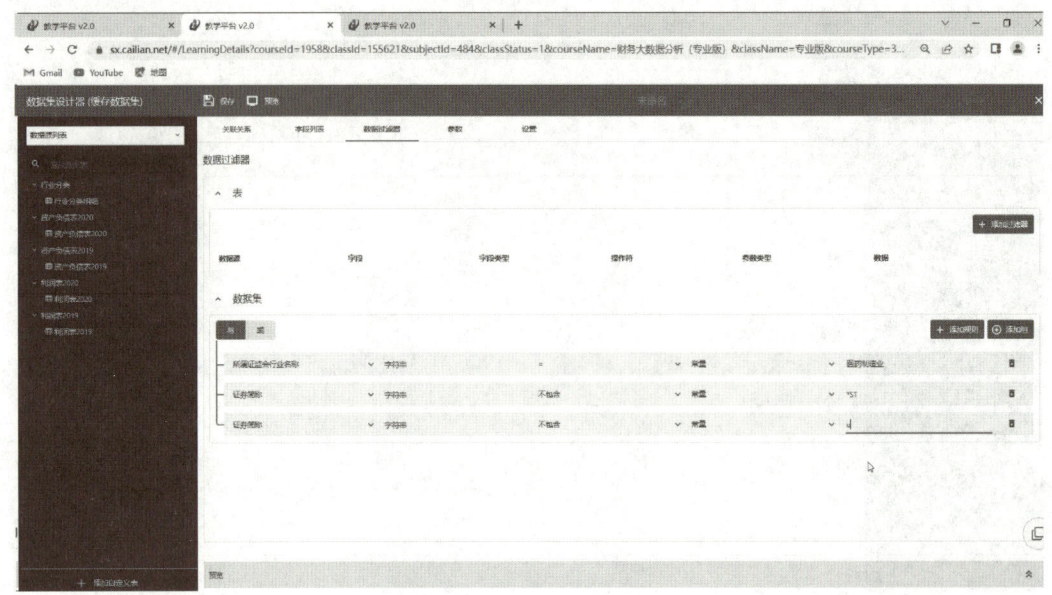

图 6-94　筛选证券简称中不包含 u 的公司

将数据集的名称命名为"医药制造业盈利能力分析仪表板数据集",点击"保存",即创建完毕。保存数据集如图 6-95 所示。

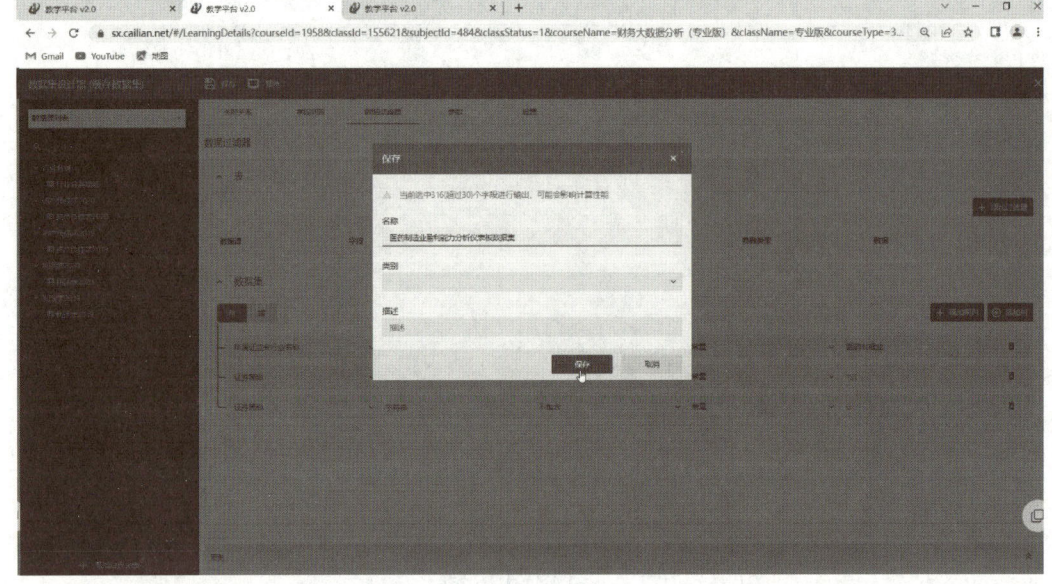

图 6-95　保存数据集

7. 创建盈利能力分析仪表板

点击中联大数据分析平台,创建文档,选择"属性设置"—"仪表板",点击"进入"。创建分析仪表板如图 6-96 所示。

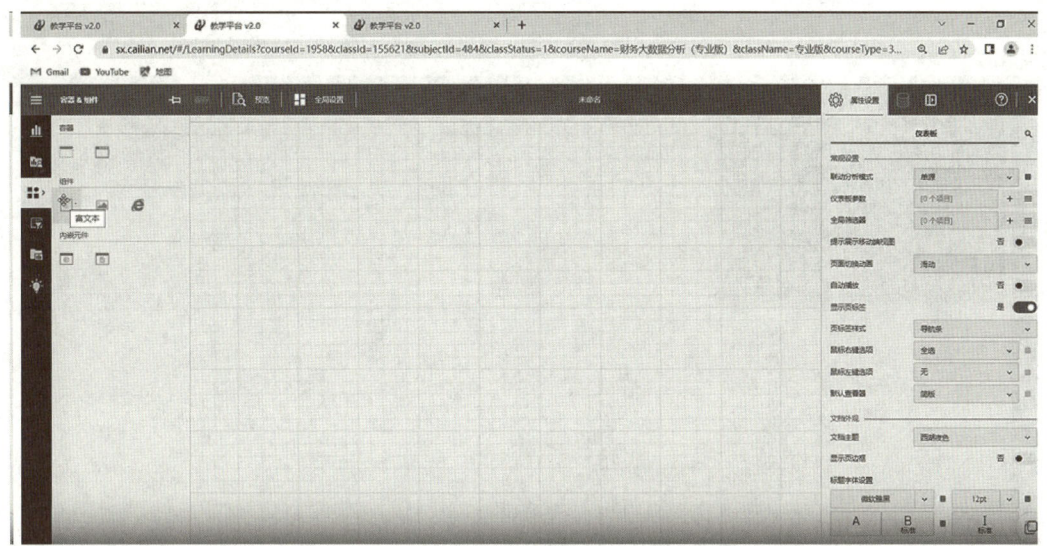

图 6-96　创建分析仪表板

8. 标题设置

点击"容器组件",选择"副文本",将副文本拖拽至右侧仪表板设计框中。选择容器组件如图 6-97 所示。

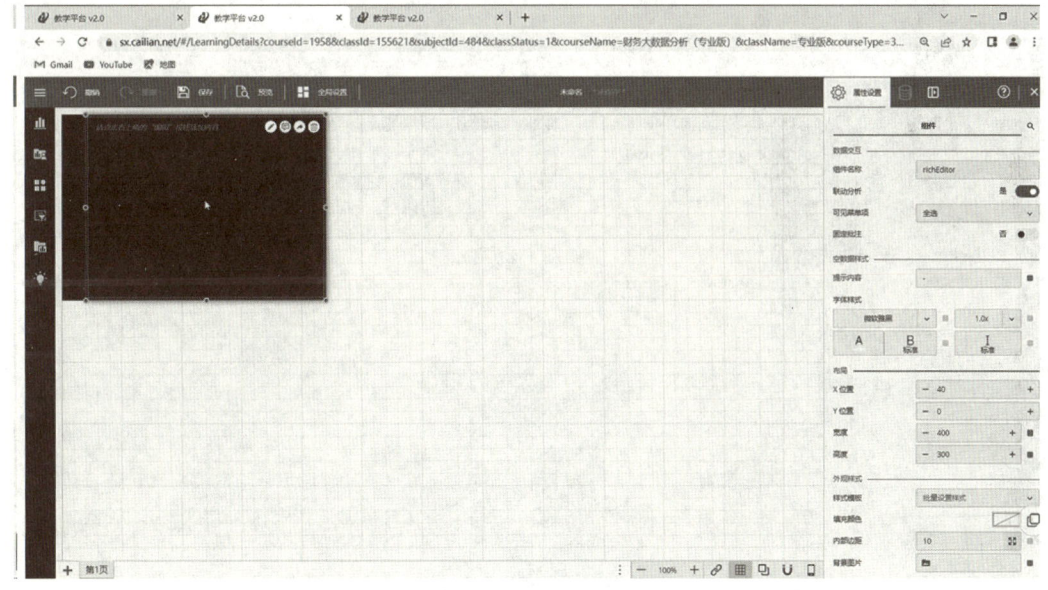

图 6-97　选择容器组件

步骤一,字体设置。点击右上角编辑,进行标题的设置,标题为"康佳医疗盈利能力分析可视化展示",全选标题,在右侧进行字体颜色、大小、粗细、是否居中等的设置(字体居中、加粗、大小设置为 2.0)。字体设置如图 6-98 所示。

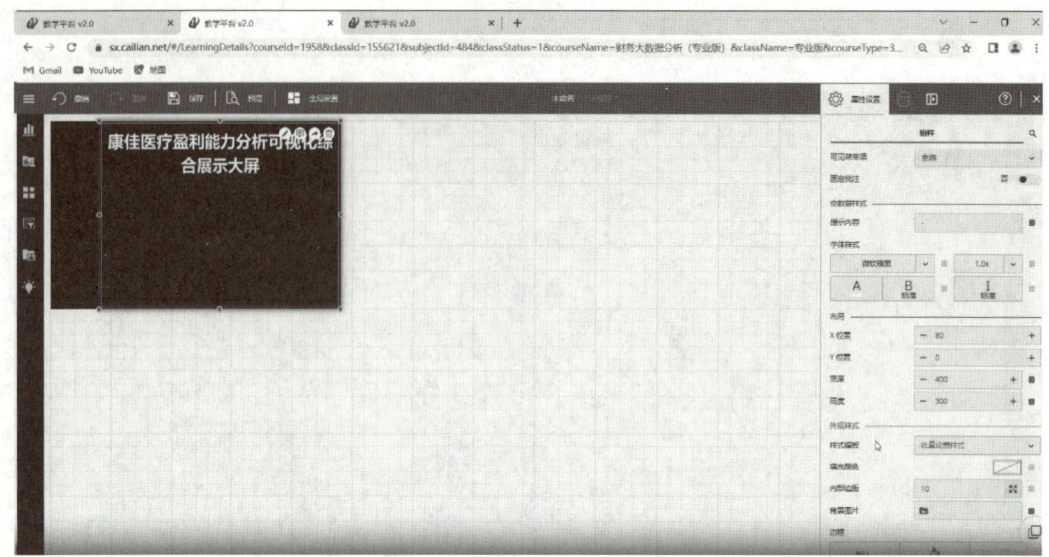

图 6-98　字体设置

步骤二,背景图片设置。点击右侧,选择"背景图片",选择一个共享图片(主标题背景3),点击"确定"。背景图片设置如图 6-99 所示。

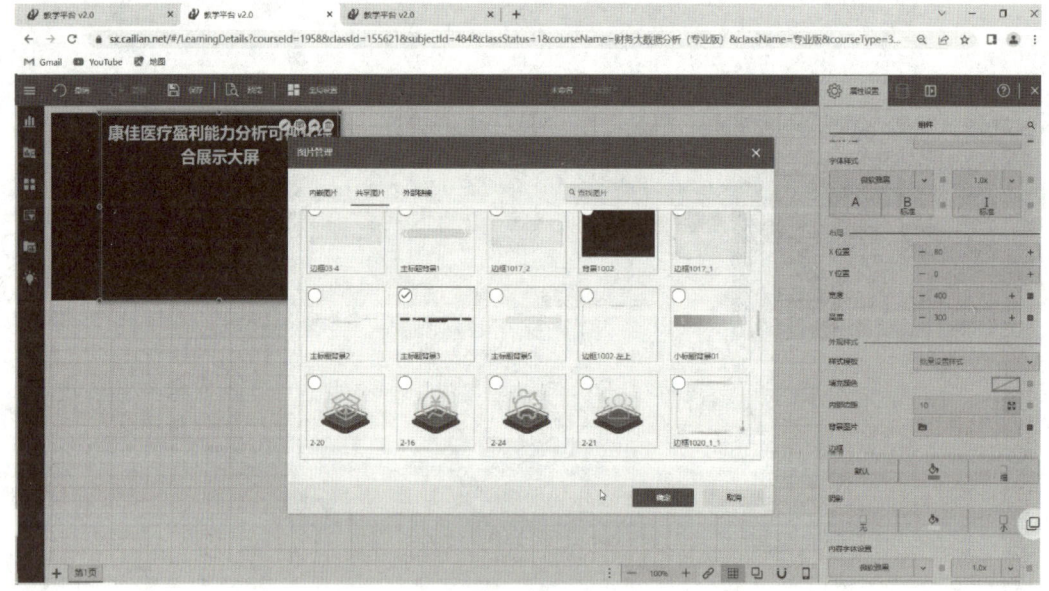

图 6-99　背景图片设置

选中仪表板,通过拖拽,将文本框拖拽至适合的大小。

9. 选择可视化图形

继续进行康佳医疗盈利能力指标仪表板的设计。根据需要,选择相应可视化图形。选择数据可视化,选择"柱状图",将柱状图拖拽至右侧仪表板的设计区域。选择可视化图形如图 6-100 所示。

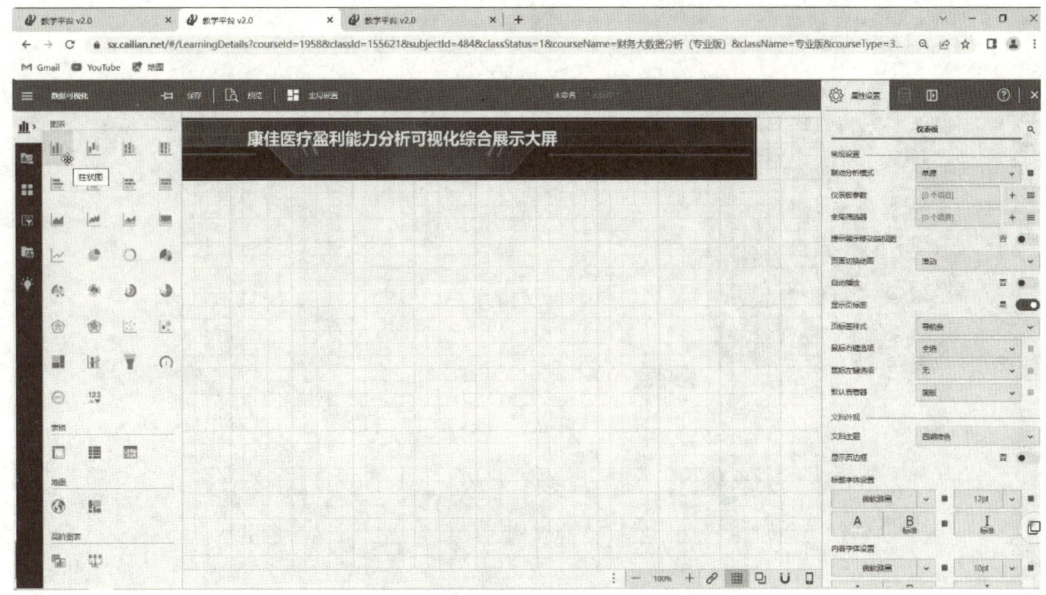

图 6-100　选择可视化图形

10. 绑定数据集

在搜索框中输入"康佳医疗盈利能力分析仪表板数据集"，按照证券简称进行分类。将证券简称拖拽至分类框中。数据分类如图 6-101 所示。

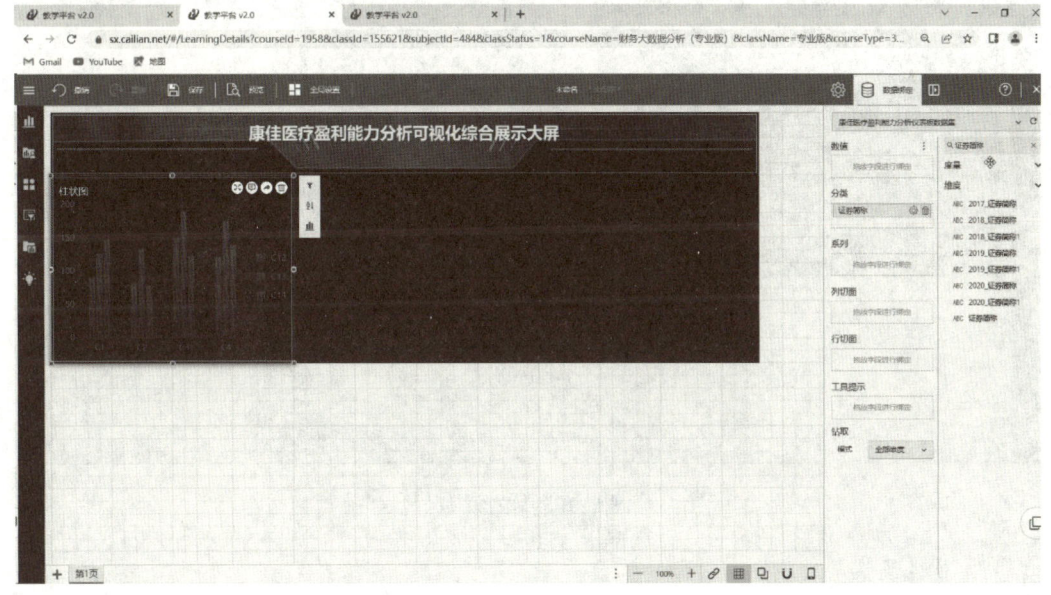

图 6-101　数据分类

11. 绑定数值

搜索"销售毛利率"，分别对 2018—2020 年的销售毛利率进行格式的设定，选择"百分比"，点击"确定"。设置数据格式如图 6-102 所示。

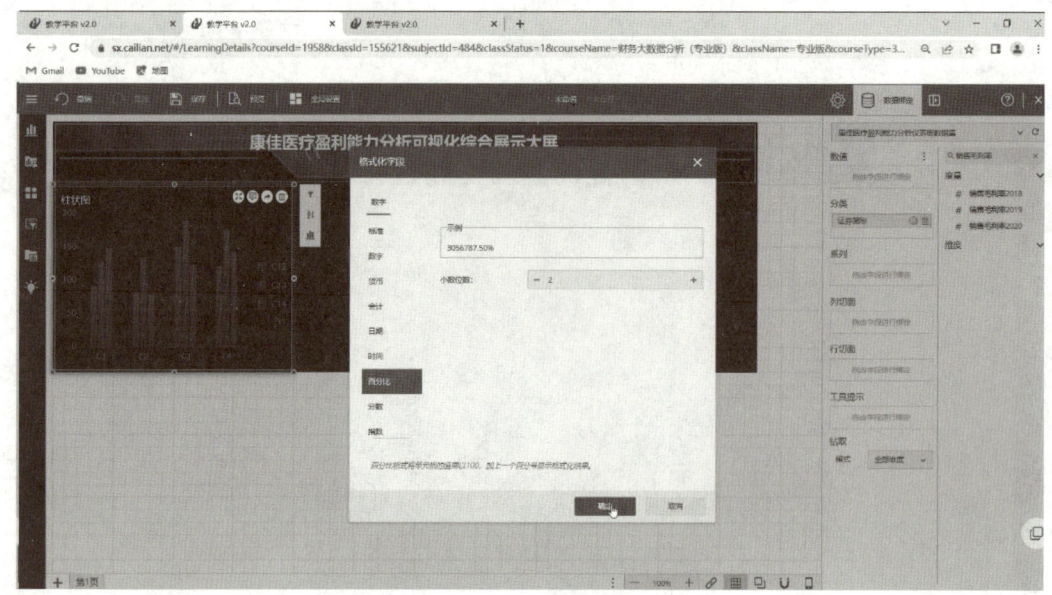

图 6-102　设置数据格式

依次将 2018—2020 年的销售毛利率拖拽至数值框中。数据绑定如图 6-103 所示。

图 6-103　数据绑定

12. 属性设置

步骤一，标签设置。选择"显示数据标签"，选择"是"。点击"属性设置"，继续进行设计。此时，2018—2020 年销售毛利率已经显示在仪表板中，搜索医药制造业盈利能力分析仪表板数据集，分类选择"所属证监会行业名称"，并将其拖拽至分类框中。标签设置如图 6-104、图 6-105 所示。

项目六　财务指标分析

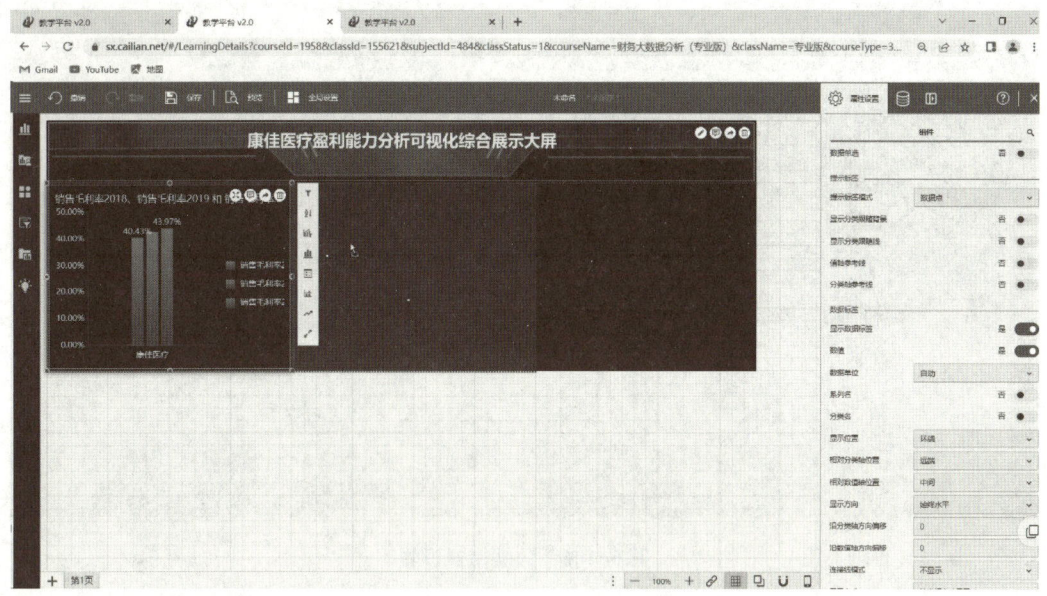

图 6-104　标签设置

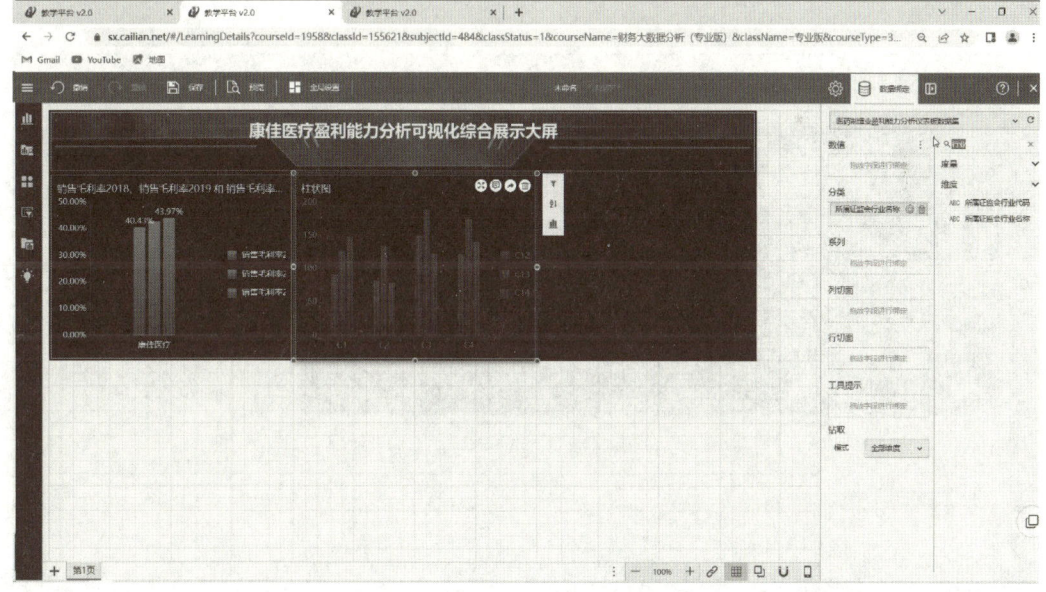

图 6-105　标签设置

步骤二，数据格式设置。搜索"销售毛利率"，将销售毛利率数据格式设置为百分比，点击"确定"。数据格式设置如图 6-106 所示。

233

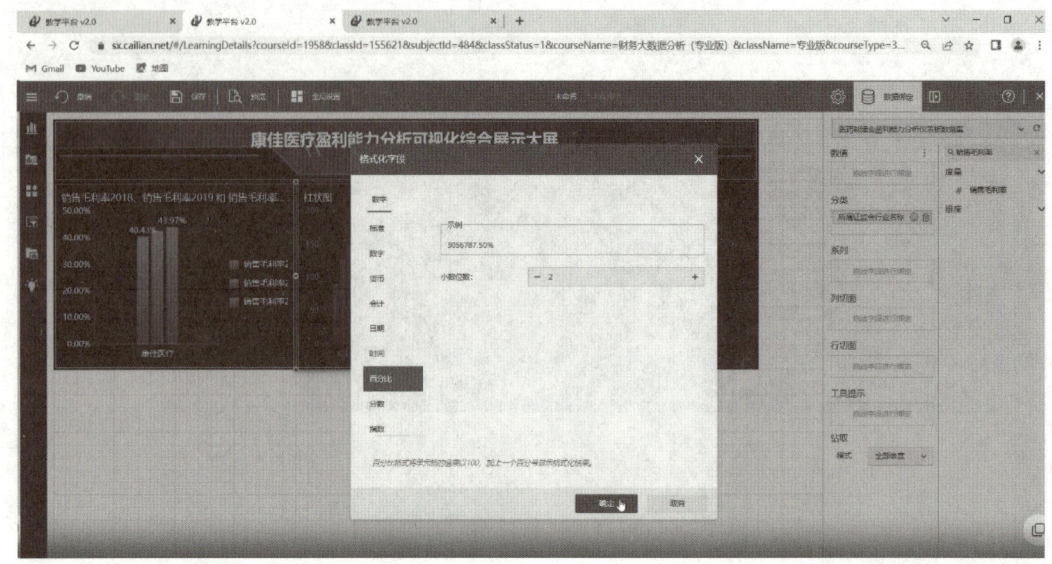

图 6-106 数据格式设置

步骤三,运算设置。将销售毛利率拖拽至数值框中,点击"设置",选择"聚合运算",进行平均数的运算。运算设置如图 6-107 所示。

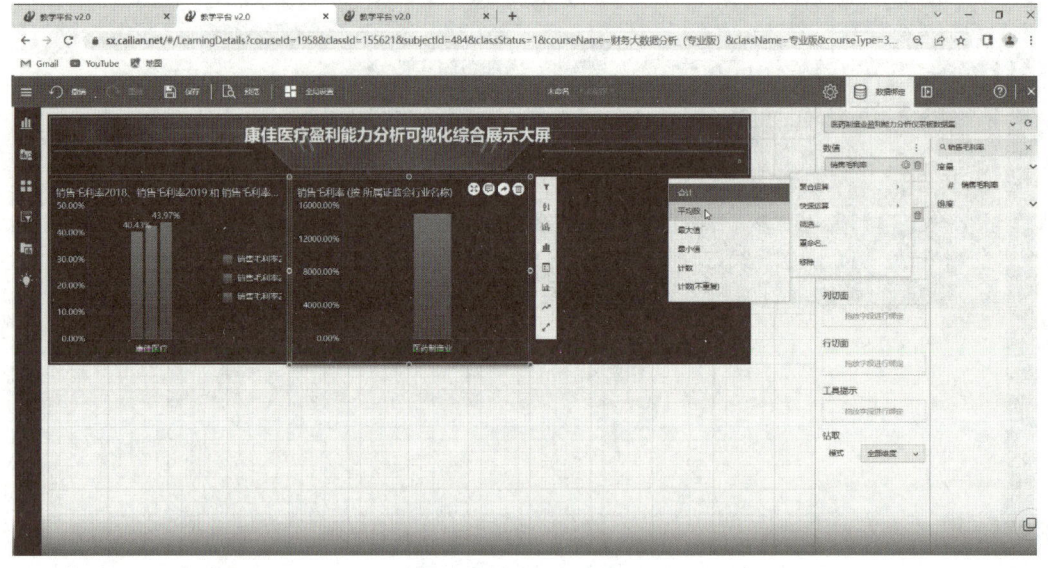

图 6-107 运算设置

步骤四,行业数据显示设置。选择"显示数据标签",选择"是",销售毛利率的行业均值即可显示在仪表板中。行业数据显示设置如图 6-108 所示。

图 6-108　行业数据显示设置

13. 同行业对比分析

步骤一,数据可视化。选择"数据可视化",将柱状图拖拽至右侧中的区域,绑定医药制造业盈利能力分析仪表板数据集。按照证券简称进行分类,将"证券简称"拖拽至分类框中。行业对比分析如图 6-109 所示。

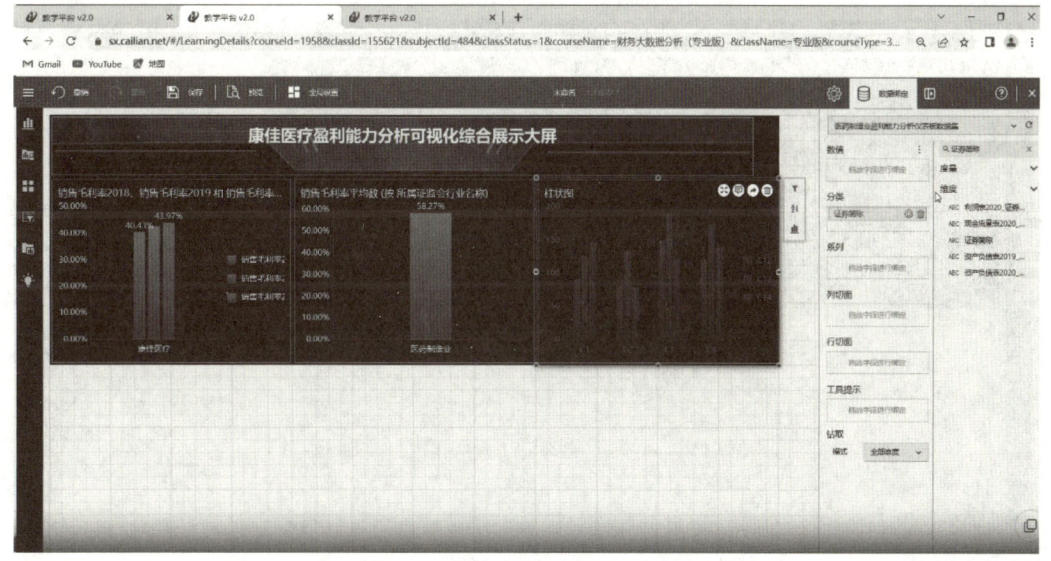

图 6-109　行业对比分析

步骤二,数据绑定。搜索"销售毛利率",将"销售毛利率"拖拽至数值框中。数据绑定如图 6-110 所示。

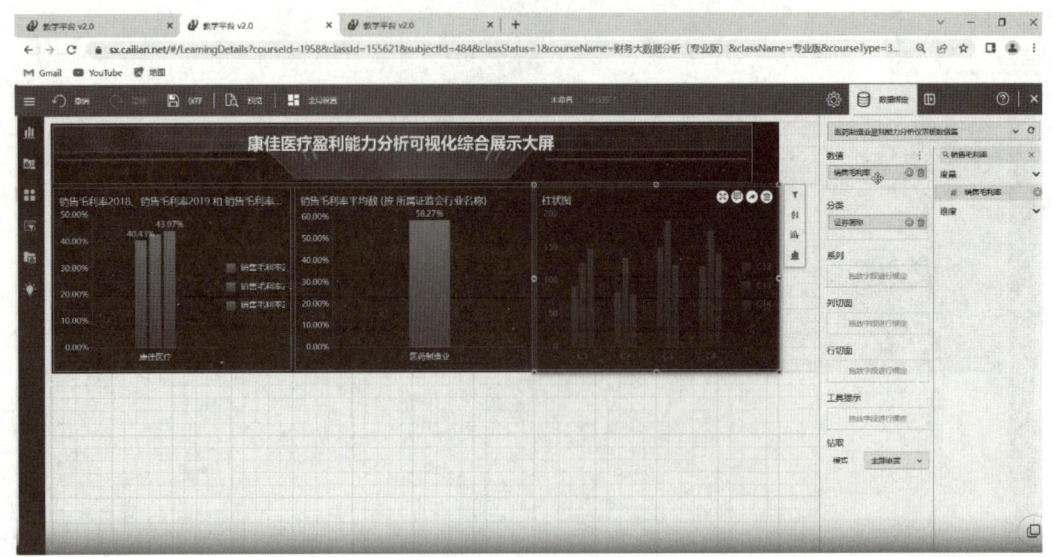

图 6-110　数据绑定

步骤三，设置数据标签。点击"属性设置"，选择"显示数据标签"，点击"是"。设置数据标签如图 6-111 所示。

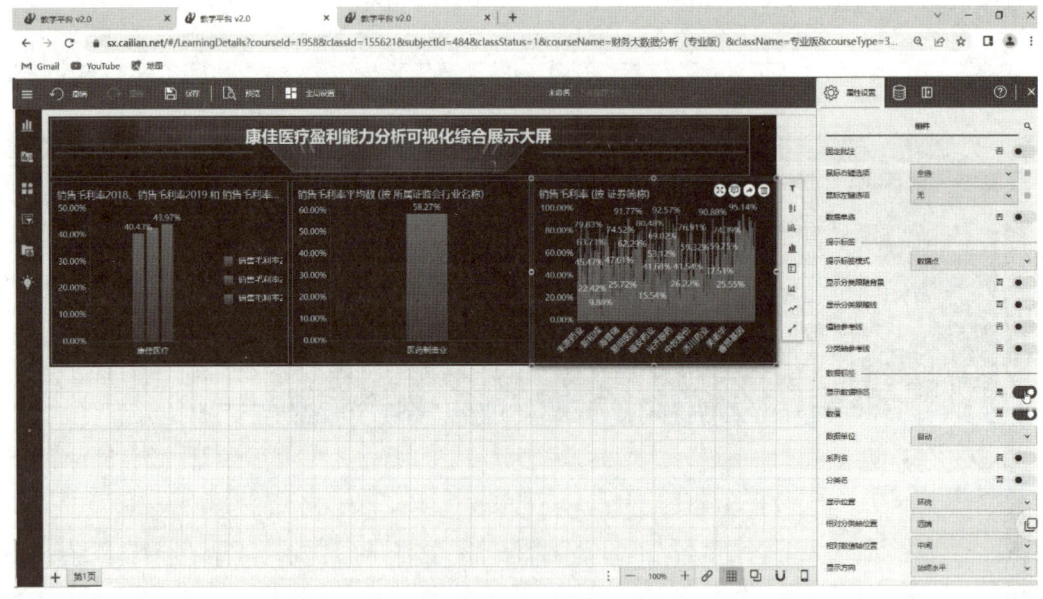

图 6-111　设置数据标签

步骤四，数据排列。对同行业企业的销售毛利率进行排序，选择"排序"，按照计算结果进行排序，对销售毛利率按照降序排列。数据排列如图 6-112 所示。

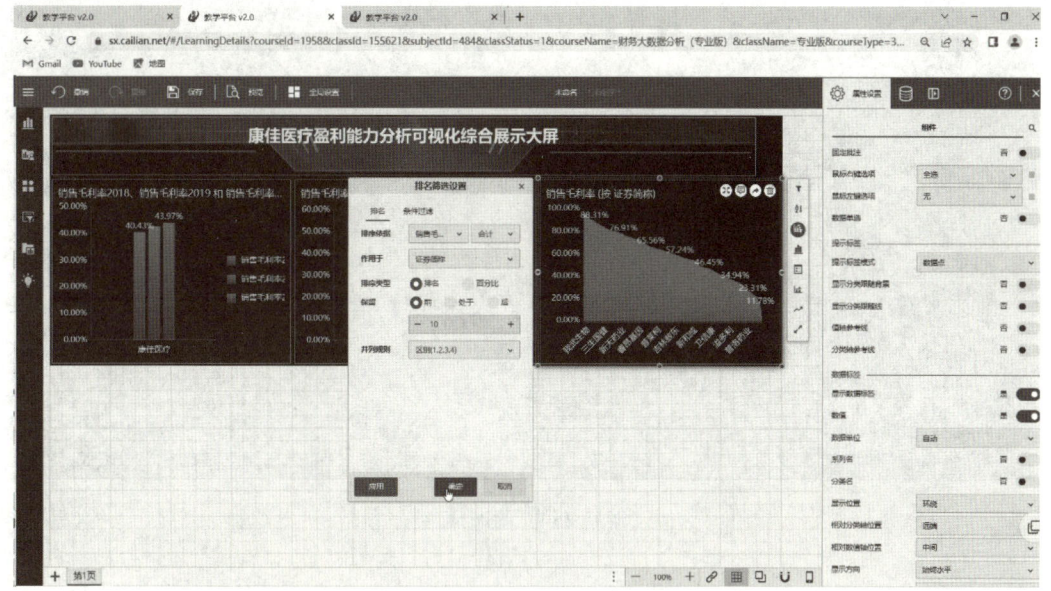

图 6-112　数据排列

步骤五，数据筛选。按照只显示前 10 的企业进行排名筛选，点击"确定"。此时，销售毛利率排名前 10 的企业已经显示在仪表板中。数据筛选如图 6-113 所示。

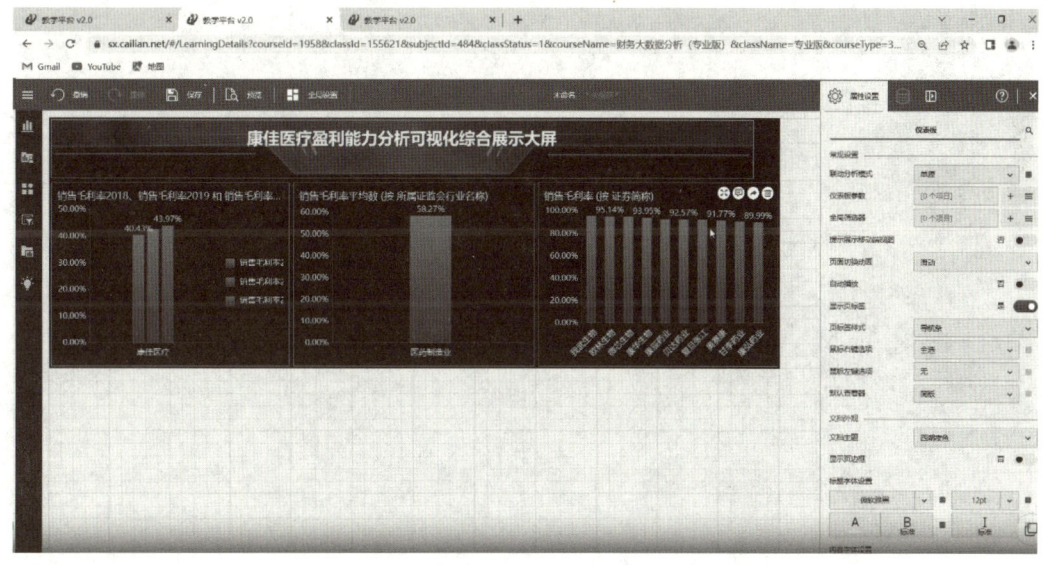

图 6-113　数据筛选

14. 图形预览

采用同样的方法，设计营业利润率、营业净利率、净资产收益率和总资产收益率进行仪表板，点击"预览"。图形预览如图 6-114 所示。

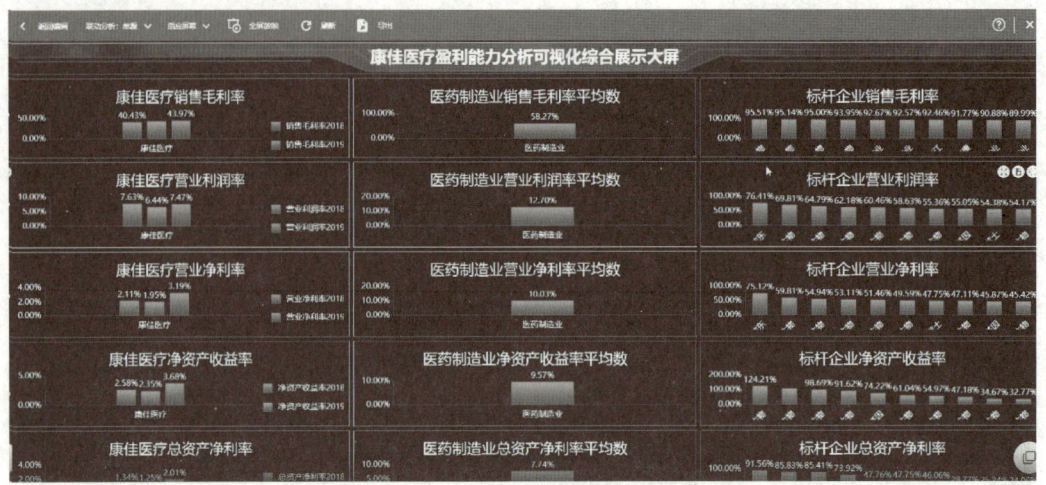

图 6-114　图形预览

对创建的康佳医疗盈利能力分析可视化综合展示大屏进行保存,将其命名为"康佳医疗盈利能力分析可视化综合展示大屏",点击"确定"。保存数据集如图 6-115 所示。

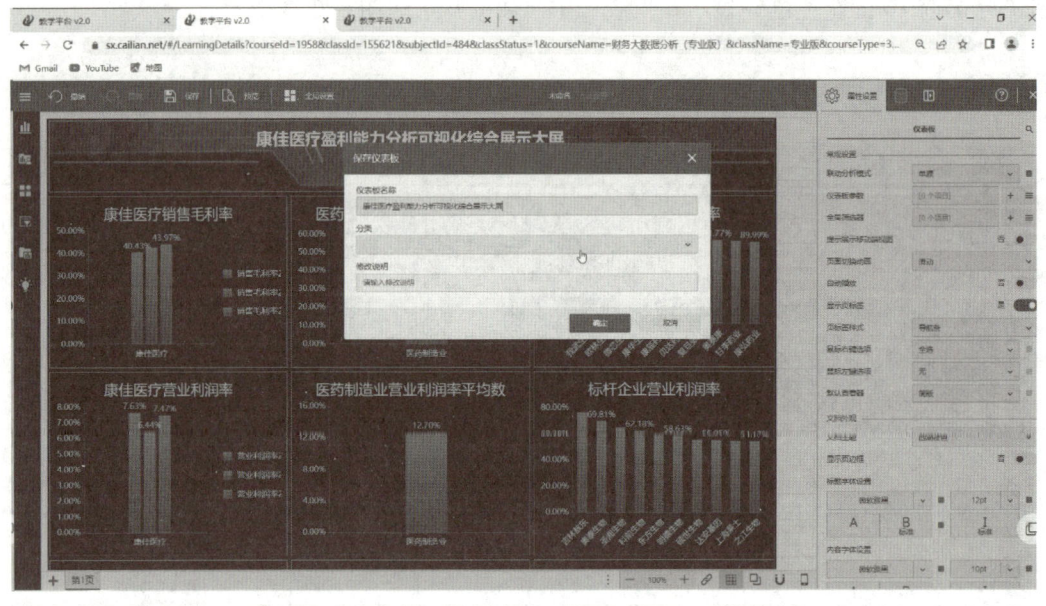

图 6-115　保存数据集

选择"文档类型",选择"仪表板",即可找到刚才创建的仪表板数据集。

第四节 发展能力分析

一、发展能力概述

（一）发展能力的含义

发展能力又称成长能力，是指企业扩大规模、壮大实力的潜在能力。企业是以盈利为目标的，其一切生产经营活动的出发点都是盈利。企业只有不断发展，才能使企业保持动态生存，才能保证企业不断提高生存质量。

对企业的发展能力进行分析有很强的现实意义，它不仅有利于企业改善其管理、提高竞争力，而且进一步满足了财务报表使用者的需求，提供了对决策有用的信息。

（二）发展能力分析的意义

1. 对企业经营管理的意义

从企业自身来看，对企业发展能力进行分析可以克制经营者的短期行为使经营者重视企业的持续发展，客观上促进改善企业经营管理；此外，发展能力分析可以促进企业提高竞争力，有助于提高企业持续发展能力和未来价值，使企业在未来市场占据有利地位，增强企业的形象意识，提高核心竞争力。

2. 对政府管理部门的意义

政府管理部门通过发展能力分析可以了解企业未来发展潜能，进行相应的宏观调控，并加强监督管理。

3. 对股东的意义

从股东角度来看，股东对企业进行投资，希望长期获得持续的回报，而不局限于眼前利益。因此，股东在关注企业当期投资回报水平的同时，需要更多地关注企业的生存能力和持续发展能力，只有未来具有发展潜能的企业才能真正地带来高回报，才具有投资价值。

4. 对债权人的意义

从债权人角度来看，债权人在关注企业偿债能力的同时，也关注企业的持续经营状况，只有企业有良好的成长性，债权人的债权才有保障。

5. 对外部投资者的意义

发展能力分析为外部投资者提供了制订投资计划、安排投资资金决策等有用信息。发展能力分析就是通过对财务报表信息的解读，清晰地反映企业的持续发展能力和未来价值，满足外部投资者进行投资决策的需要。

二、发展能力分析的指标

从财务分析的角度上看，发展能力分析与盈利能力分析不同。盈利能力分析是对企业过去与目前的盈利水平与同行业相比较而作出的一种客观评价，它是一种静态分析；而企业发展能力分析是一种动态分析，它是在盈利能力分析的基础上，对企业未来发展趋势与价值增长的一种判断。

衡量企业发展能力的指标主要有营业收入增长率、营业利润增长率、净利润增长率、资本保值增值率、所有者权益增长率、总资产增长率和技术投入比率等。

(一) 营业收入增长率

营业收入增长率反映的是相对化的营业收入增长情况,与绝对量的销售额相比,消除了企业规模的影响,更能反映企业的发展情况。营业收入增长率是衡量企业经营状况和市场占有能力、预测企业经营业务拓展趋势的重要指标,也是企业扩张增量和存量资本的重要前提。不断增加的营业收入,是企业生存的基础和发展的条件。

营业收入增长率的计算公式为:

$$营业收入增长率=本年营业收入增长额÷上年营业收入×100\%$$

其中:本年营业收入增长额=本年营业收入-上年营业收入。

成长性强的企业,营业收入增长率可能较大。处于成熟期的企业,营业收入增长率可能较低,但是凭借其已经占领的强大的市场份额,也能保持稳定而丰厚的利润。处于衰退期的企业,营业收入增长率可能为负数,通常是危险信号的红灯,应予充分重视。该指标能反映企业未来的发展前景。

【例题 6-8】 甲公司 2021—2023 年营业收入数据指标如表 6-11 所示。

表 6-11 甲公司 2021—2023 年营业收入数据指标　　　　　单位:元

项目	2021 年	2022 年	2023 年
本期营业收入增长额	973 055 418.65	-439 615 097.76	-1 230 982 197.97
上期营业收入增长额	309 998 134.61	973 055 418.65	-439 615 097.76
营业收入增长率	42.70%	-13.52%	-43.77%

要求:分析甲公司的发展能力。

【解析】

由表 6-11 可知,甲公司 2021 年的营业收入增长率为正值,说明甲股份有限公司的销售规模正在增长,2022 年营业收入增长率却转为负增长,2023 年该指标进一步下滑到了-43.77%,这说明甲公司的产品所占领的市场份额开始缩减,占有率出现了明显下降。

(二) 营业利润增长率

营业利润增长率又称销售利润增长率,是企业本期营业利润增加额与上期营业利润的比率,它反映企业营业利润的增减变动情况。

营业利润增长率的计算公式为:

$$营业利润增长率=本年营业利润增长额÷上年营业利润总额×100\%$$

其中:本年营业利润增长额=本年营业利润-上年营业利润。

营业利润增长率越高,说明企业商品销售额提供的营业利润越多,企业的盈利能力越强;反之,该比率越低,企业盈利能力越弱。

【例题 6-9】 甲公司 2021—2023 年营业利润数据如表 6-12 所示。

表 6-12　甲公司 2021—2023 年营业利润数据　　　　　　　　　　单位:元

项目	2021 年	2022 年	2023 年
本期营业利润增长额	−166 909 757.13	−735 585 384.79	−39 264 039 102.00
上期营业利润增长额	−23 487 815.18	−166 909 757.13	−735 585 384.79

要求:分析甲公司的发展能力。

【解析】

由表 6-12 可知,甲公司 2021—2023 年的营业利润增长率都为负值,尤其是 2022 年,其营业利润增长率为−826.26%,这意味着该公司当年的利润出现严重下滑,进而体现出公司发展潜力的严重不足。

(三) 净利润增长率

净利润增长率是企业本期净利润增加额与上期净利润的比率。净利润增长率反映了企业实现价值最大化的扩张速度,是综合衡量企业资产营运与管理业绩,以及成长状况和发展能力的重要指标。

净利润增长率的计算公式为:

$$净利润增长率 = 本期净利润增长额 \div 上期净利润 \times 100\%$$

其中:本年营业利润增长额=本年营业利润−上年营业利润。

净利润增长率越高表明企业盈利能力越强;反之,盈利能力越弱。

【例题 6-10】　甲公司 2021—2023 年净利润数据如表 6-13 所示。

表 6-13　甲公司 2021—2023 年净利润数据　　　　　　　　　　单位:元

项目	2021 年	2022 年	2023 年
本期净利润增长额	−135 352 144.49	−843 186 901.62	−332 228 087.26
上期净利润增长额	−39 177 163.58	−135 352 144.49	−843 186 901.62
净利润增长率	−46.25%	−536.01%	−48.44%

要求:分析甲公司的发展能力。

【解析】

由表 6-13 可知,甲公司 2021—2023 年的净利润增长率整体呈下降趋势。销售收入是净利润的重要来源,营业收入增长率与净利润增长率呈同向变动。净利润支撑着公司的长期发展,可见,该公司长期发展能力堪忧。

(四) 资本保值增值率

资本保值增值率是企业期末所有者权益总额与期初所有者权益总额的比率。资本保值增值率表示企业当年资本在企业自身努力下的实际增减变动情况,是评价企业财务效益状况的辅助指标。

资本保值增值率的计算公式为:

$$资本保值增值率 = 期末所有者权益总额 \div 期初所有者权益总额 \times 100\%$$

其中:期末所有者权益总额＝期初所有者权益＋本期利润。

资本保值增值率反映了投资者投入企业资本的保全性和增长性,该指标越高,表明企业的资本保全状况越好,所有者的权益增长越好,债权人的债务越有保障,企业发展后劲越强。一般情况下,资本保值增值率大于1,表明所有者权益增加,企业增值能力较强。但在实际分析时,应考虑企业利润分配情况及通货膨胀因素对其的影响。

(五) 所有者权益增长率

所有者权益增长率是一个重要的财务指标,它反映了企业在某一期间内所有者权益的增加幅度。该比率能够体现企业资本的积累情况,从而反映企业的成长能力。

所有者权益增长率的计算公式为:

$$所有者权益增长率＝本年所有者权益增长额 \div 年初所有者权益 \times 100\%$$

其中:本年所有者权益增长额＝年末所有者权益－年初所有者权益。

所有者权益增长率的高低直接关系到股东的盈亏,因此是股东和投资者非常关心的指标。它反映了企业管理者对于资金运作的效率和企业的成长潜力,反映企业当年资本的积累能力。所有者权益增长率越高,表明企业的资本积累越多,应对风险、持续发展的能力越强。

【例题 6-11】 甲公司 2021—2023 年所有者权益数据如表 6-14 所示。

表 6-14 甲公司 2021—2023 年所有者权益数据   单位:元

项目	2021 年	2022 年	2023 年
本期所有者权益增长额	－460 708 452.21	－797 494 837.07	－1 040 449 742.37
上期所有者权益增长额	403 444 534.45	－460 708 452.21	－797 494 837.07
所有者权益增长率	－16.53%	－34.27%	－68.02%

要求:分析甲公司的发展能力。

【解析】

由表 6-14 可知,2021—2023 年甲公司所有者权益逐年下降。而该指标通过反映企业年度资本的升降及企业留存的资本额来判定企业发展能力水平,同时这也是企业的生产规模扩大的动力来源之一。因此,可以看出甲公司应对风险、持续发展的能力呈下降趋势。

(六) 总资产增长率

总资产的规模和增长状况表明了企业的实力和发展速度,也是体现企业价值和实现企业价值扩大的重要手段。在实践中,处在高速发展的企业,其总资产规模都在稳定且持续增长,因此总资产增长率是衡量企业增长能力的重要指标。

总资产增长率的计算公式为:

$$总资产增长率＝本年资产增长额 \div 年初资产总额 \times 100\%$$

其中:本年资产增长额＝年末资产总额－年初资产总额。

总资产增长率越高,表明企业一个经营周期内资产经营规模扩张的速度越快。但是,企业也不能盲目扩张,要注意资产质和量的关系,真正从扩张上增强企业后续发展能力。

【例题 6-12】 甲公司 2021—2023 年总资产数据如表 6-15 所示。

表 6-15　甲公司 2021—2023 年总资产数据　　　　　　　　　　　单位:元

项目	2021 年	2022 年	2023 年
本期总资产增长额	−321 133 960.10	−2 829 535 859.83	−822 689 465.95
上期总资产增长额	3 076 475 071.34	−321 133 960.10	−2 829 535 850.83
总资产增长率	−4.06%	−34.27%	−17.31%

要求:分析甲公司的发展能力。

【解析】

由表 6-14 可知,甲公司总资产增长率在 2021—2023 年呈现下降趋势,整体上看基本和所有者权益增长率的变化趋于同步。因此在分析期内,甲公司发展能力严重不足,且缺乏后劲。投资者对甲公司的前景不太乐观而撤资,导致总资产增长率下降,公司的发展能力进一步下滑。

(七) 技术投入比率

科技创新是企业在市场竞争中保持竞争优势、不断发展壮大的前提。技术投入比率是评价企业持续发展能力的重要指标,它反映了研发投入占营业收入的比重。

技术投入比率的计算公式为:

$$技术投入比率 = 本年度研发投入 \div 本年度营业收入$$

技术投入比率越高,表明企业对新技术的投入越多,企业对市场的适应能力越强,未来竞争优势越明显,发展前景越好。

三、数据处理

1. 准备数据

打开中联大数据分析平台,点击左侧创建文档,选择"仪表板"—"准备数据",点击进入。点击"缓存数据集",选择"创建"。创建缓存数据集如图 6-116 所示。

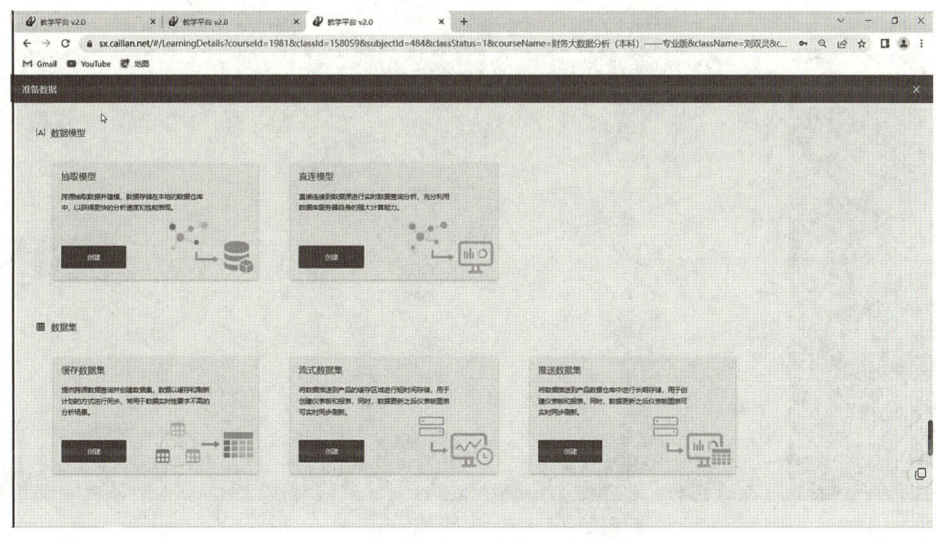

图 6-116　创建缓存数据集

2. 数据关联

根据需要,选择可以运用的相关数据源,包括康佳医疗 2017—2020 年资产负债表、2017—2020 年利润表等,点击"确定",点击数据源列表下拉框,先创建康佳医疗发展能力分析仪表板数据集,选择康佳医疗证券简称,需要计算的指标为营业收入增长率、总资产增长率、资本保值增值率和营业利润增长率等。

将证券简称拖拽至右侧中的空白区域,将康佳医疗资产负债表 2017—2020、康佳医疗利润表 2017—2020 与证券简称进行数据连接后,点击"保存"。数据关联如图 6-117 所示。

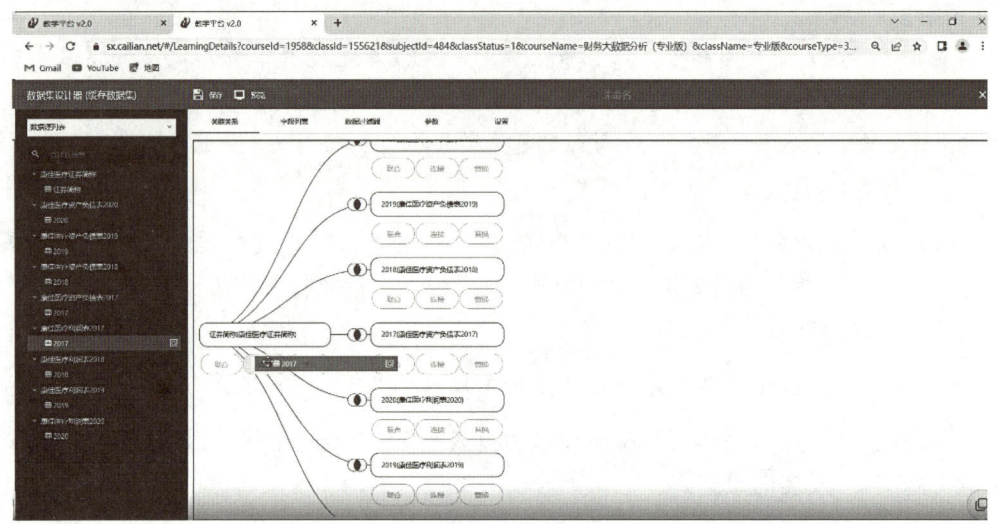

图 6-117 数据关联

3. 添加缓存数据集计算字段

点击字段列表,点击"更多"—"添加计算字段"。添加计算字段如图 6-118 所示。

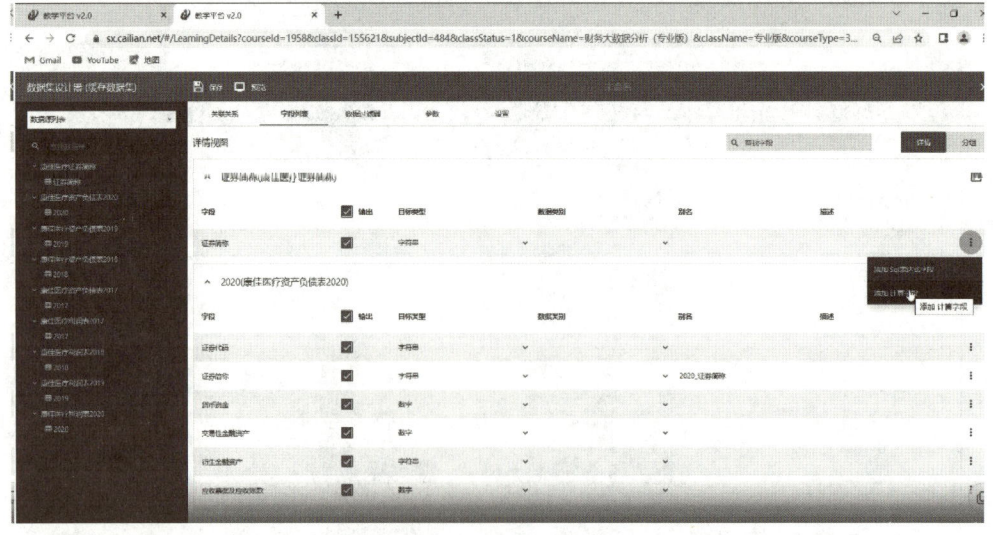

图 6-118 添加计算字段

步骤一,添加营业收入增长率2020年计算字段。字段类型选择"数字",表达式输入"([营业收入]－[2019_营业收入])/[2019_营业收入]",点击"保存",并继续创建。添加营业收入增长率2020年计算字段如图6-119所示。

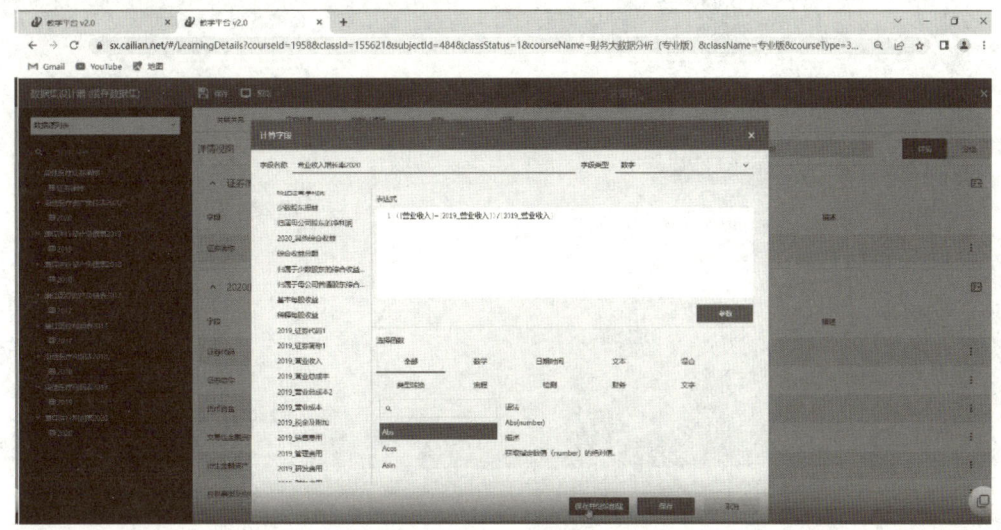

图6-119　添加营业收入增长率2020年计算字段

步骤二,添加营业利润增长率2020年计算字段。字段类型选择"数字",表达式输入"([营业利润]－[2019_营业利润])/[2019_营业利润]",点击"保存",并继续创建。添加营业利润增长率2020年计算字段如图6-120所示。

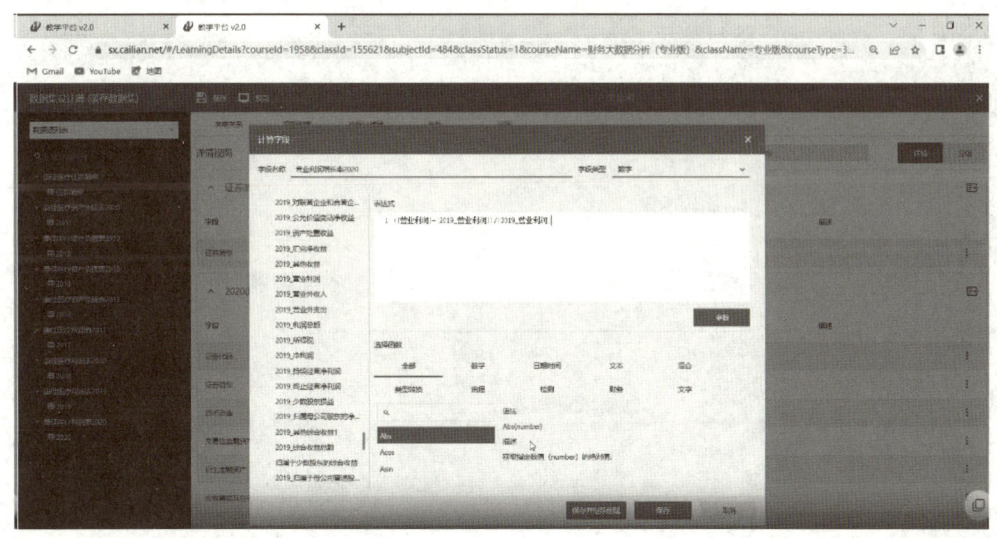

图6-120　添加营业利润增长率2020年计算字段

步骤三,添加总资产增长率2020年计算字段。字段类型选择"数字",表达式输入"([资产总计]—[2019_资产总计])/[2019_资产总计]",点击"保存",并继续创建。添加总资产增长率2020年计算字段如图6-121所示。

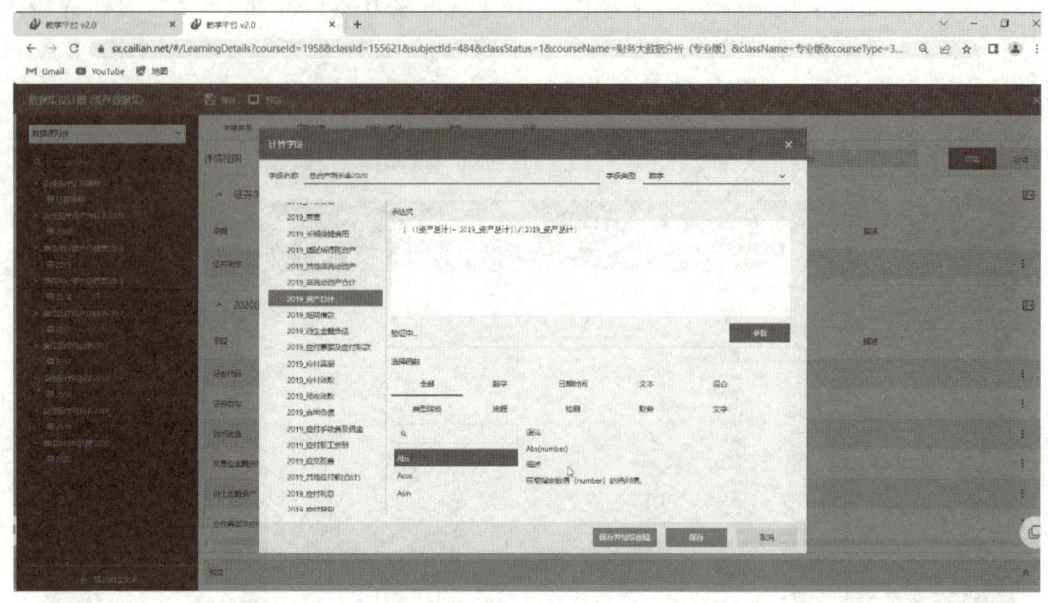

图 6-121 添加总资产增长率 2020 年计算字段

步骤四,添加资本保值增值率 2020 年计算字段。字段类型选择"数字",表达式输入"[所有者权益合计]/[2019_所有者权益合计]",点击"保存",并继续创建。添加资本保值增长率 2020 年计算字段如图 6-122。

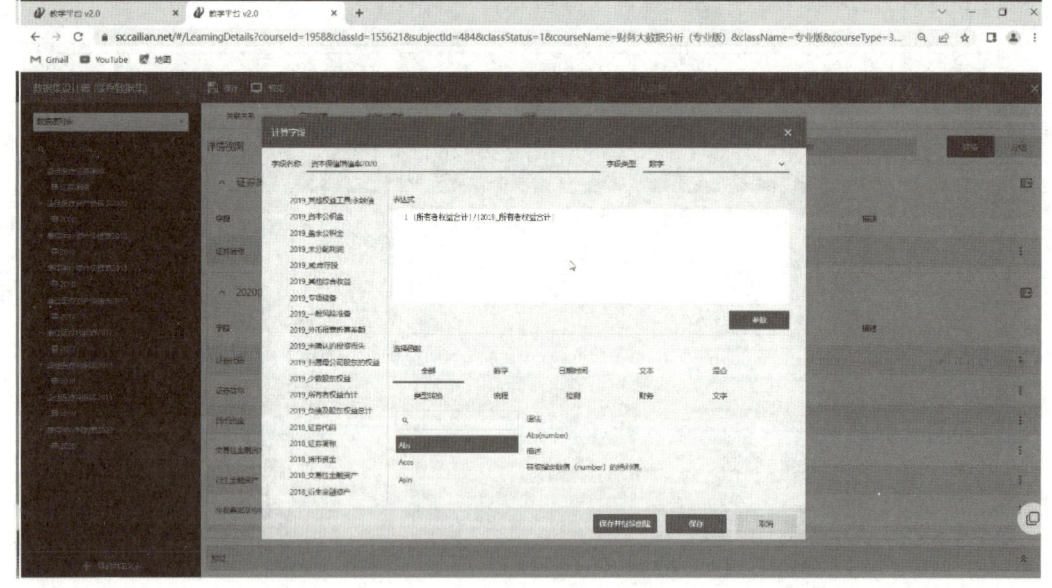

图 6-122 添加资本保值增长率 2020 年计算字段

采用同样的方法,创建营业利润增长率、营业收入增长率、总资产增长率和资本保值增值率等在 2018—2019 年的相关指标表达式。将数据集命名为"康佳医疗发展能力分析仪表板数据集",点击"保存"。

4. 创建同行业发展能力数据集

创建医药制造业发展能力分析数据集如图 6-123 所示。

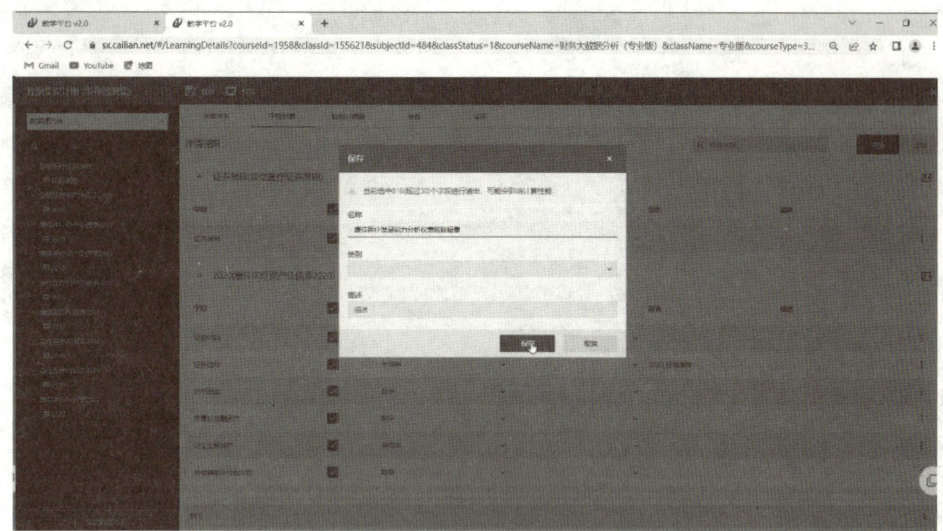

图 6-123　创建医药制造业发展能力分析数据集

采用同样的方法,点击左侧创建文档,选择"仪表板"—"准备数据",点击"进入"。选择"缓存数据集",点击"创建"。

根据需要,选择相应的数据源,点击"确定"。计算 2020 年行业均值和标杆企业总资产周转率等相关指标,运用的数据源主要包括行业分类、2019—2020 年利润表、2019—2020 年资产负债表。

将行业分类明细拖拽至右侧空白区域,将 2019—2020 年资产负债表、2019—2020 年利润表拖拽至右侧,与行业分类明细进行数据链接,点击"保存"。数据关联如图 6-124 所示。

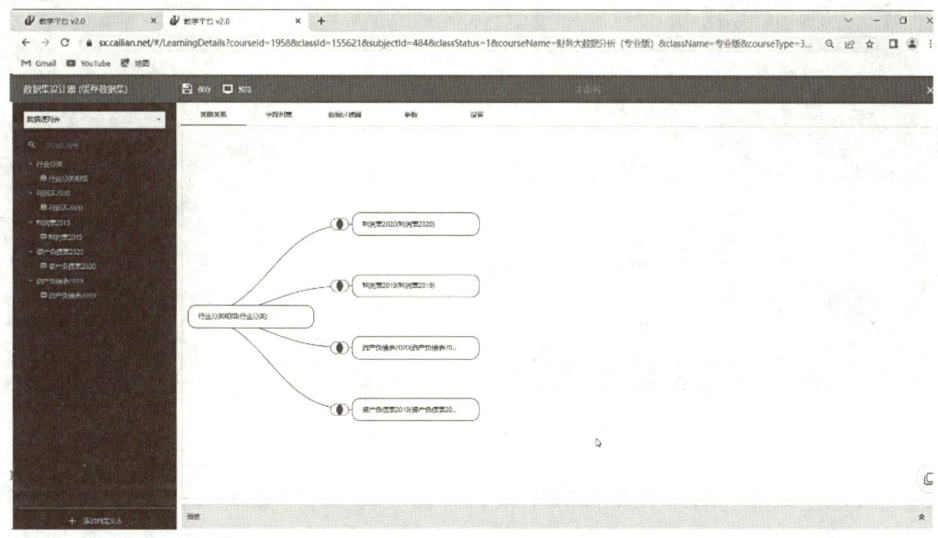

图 6-124　数据关联

5. 添加同行业发展能力数据集计算字段

点击字段列表,点击"更多"—"添加计算字段"。添加计算字段如图6-125所示。

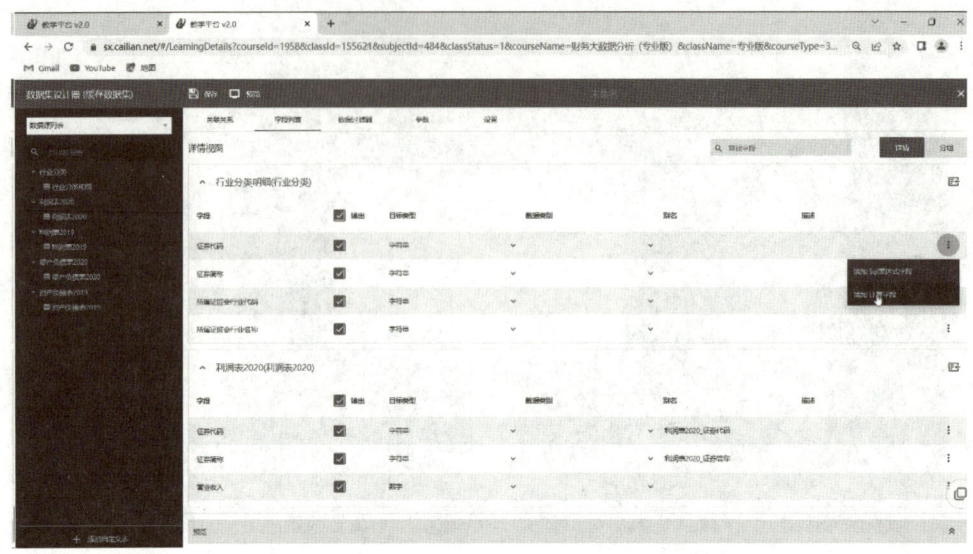

图 6-125　添加计算字段

步骤一,添加营业收入增长率计算字段。字段类型选择"数字",表达式输入"[营业收入]−[2019_营业收入]/[2019_年营业收入]",点击"保存",并继续创建。添加营业收入增长率计算字段如图6-126所示。

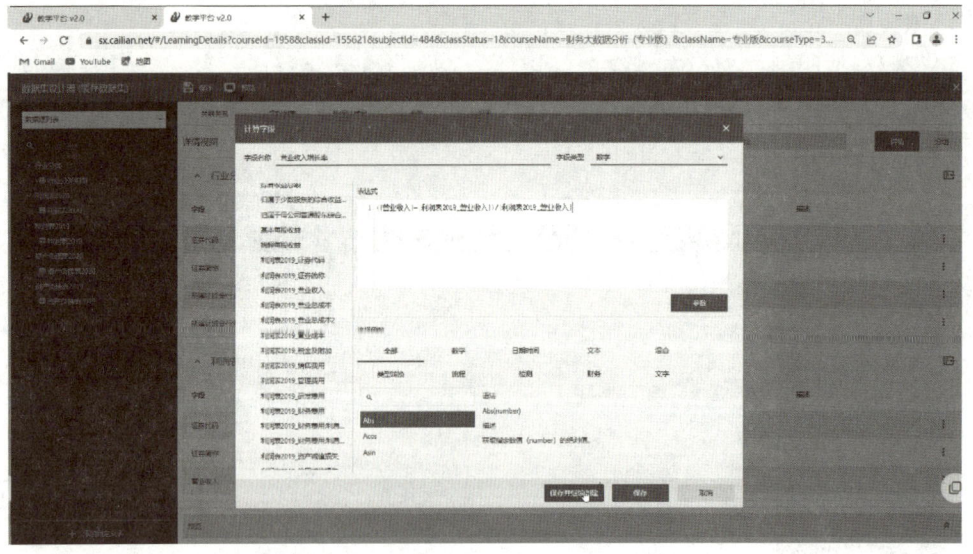

图 6-126　添加营业收入增长率计算字段

步骤二,添加营业利润增长率计算字段。字段类型选择"数字",表达式输入"[营业利润]−[2019_营业利润]/[2019_营业利润]",点击"保存",并继续创建。添加营业利润增长率计算字段如图6-127所示。

项目六　财务指标分析

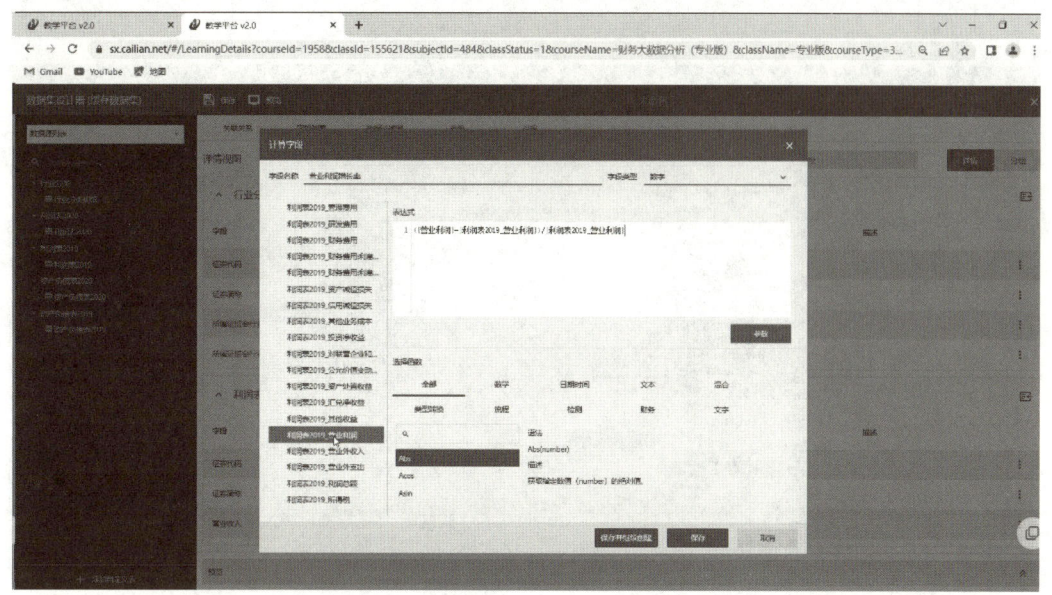

图 6-127　添加营业利润增长率计算字段

步骤三,添加总资产增长率计算字段。字段类型选择"数字",表达式输入"[资产总计]－[资产负债表 2019_资产总计]/[资产负债表 2019_资产总计]",点击"保存",并继续创建。添加总资产增长率计算字段如图 6-128 所示。

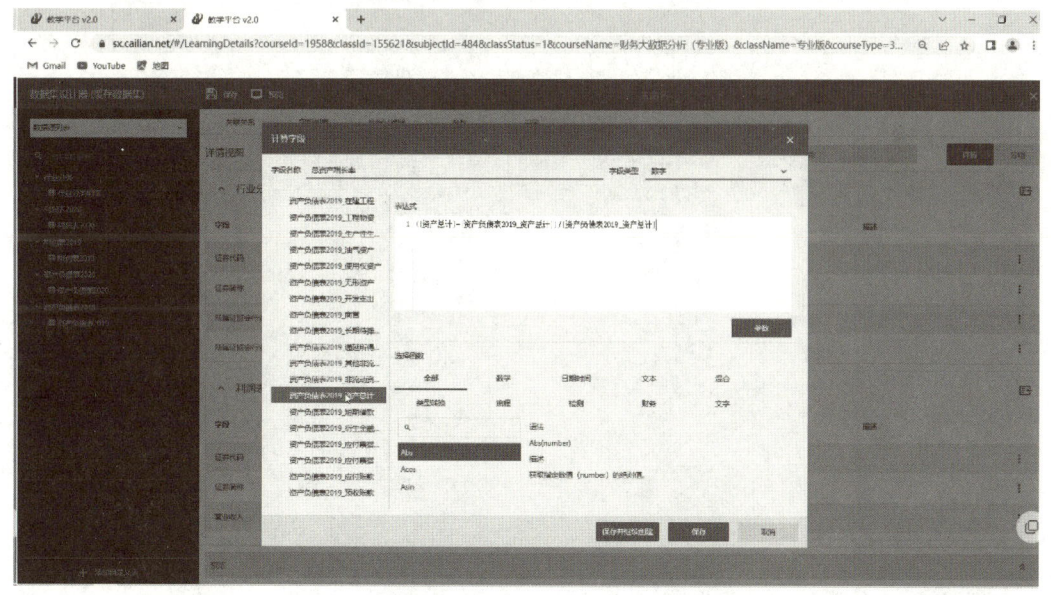

图 6-128　添加总资产增长率计算字段

步骤四,添加资本保值增值率计算字段。字段类型选择"数字",表达式输入"[所有者权益合计]/[资产负债表 2019_所有者权益合计]",计算字段全部添加完成后,点击"保存"。添加资本保值增值率计算字段如图 6-129 所示。

249

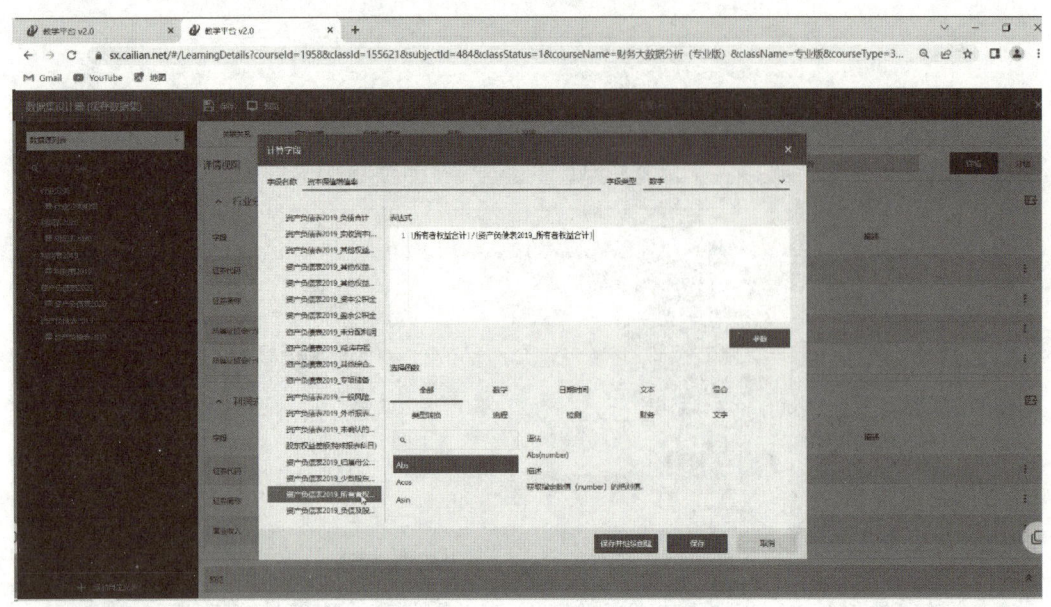

图 6-129　添加资本保值增值率计算字段

6. 添加数据过滤条件

步骤一，设置数据过滤器。由于要计算的是医药制造业相关行业发展能力指标的行业均值和行业标杆企业，需要设置数据过滤器。先选择"添加规则"，筛选所属证监会行业名称为医药制造业。筛选所属证监会行业名称如图 6-130 所示。

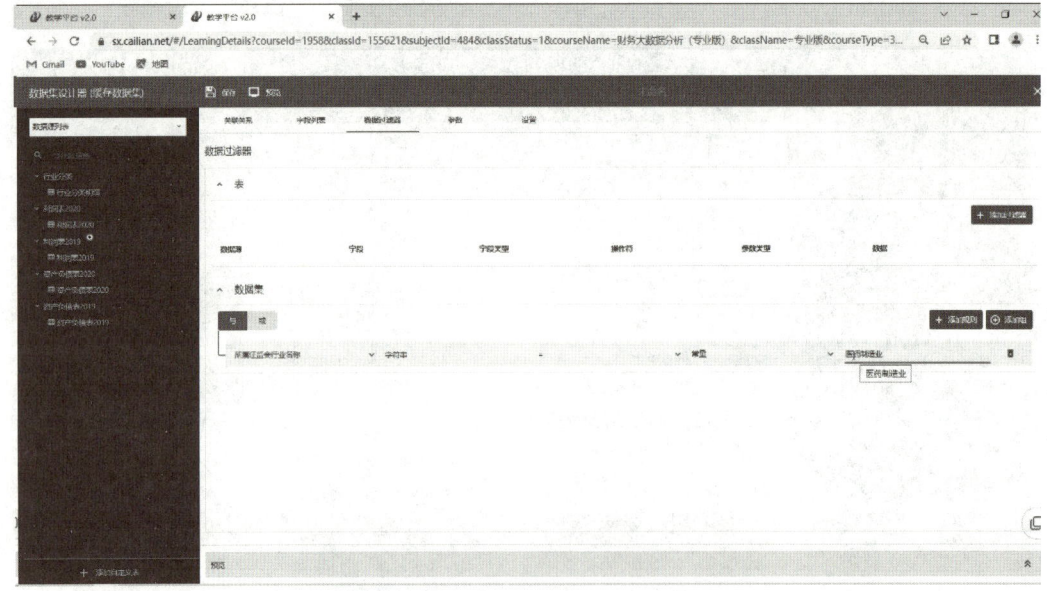

图 6-130　筛选所属证监会行业名称

步骤二，筛选证券简称中不包含 *ST 的公司。选择"证券简称"，选择不包含 *ST。筛选证券简称中不包含 *ST 的公司如图 6-131 所示。

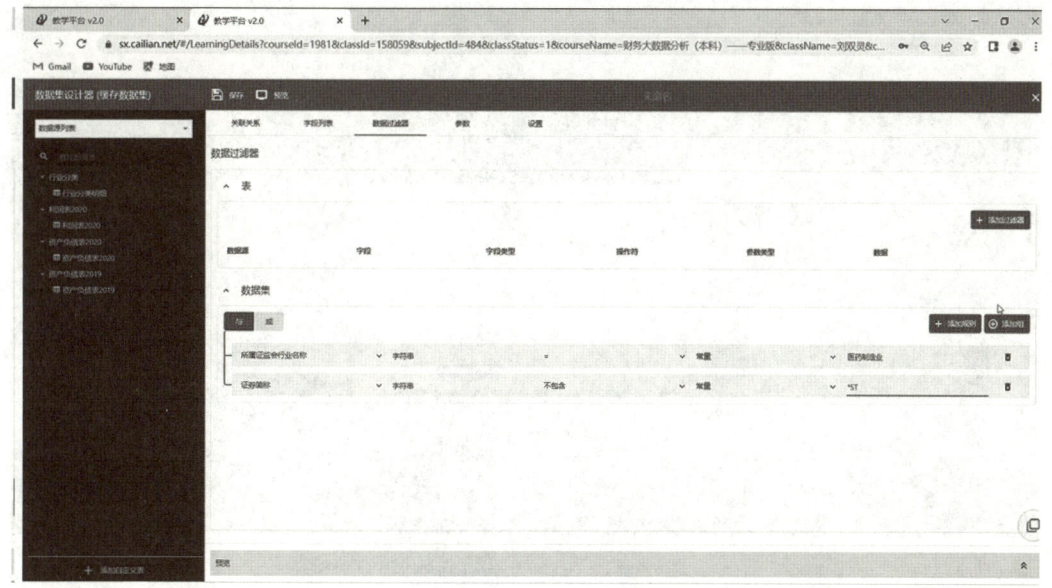

图 6-131　筛选证券简称中不包含 *ST 的公司

步骤三,筛选证券简称中不包含 u 的公司。选择"证券简称",选择不包含 u,点击"保存"。筛选证券简称中不包含 u 的公司如图 6-132 所示。

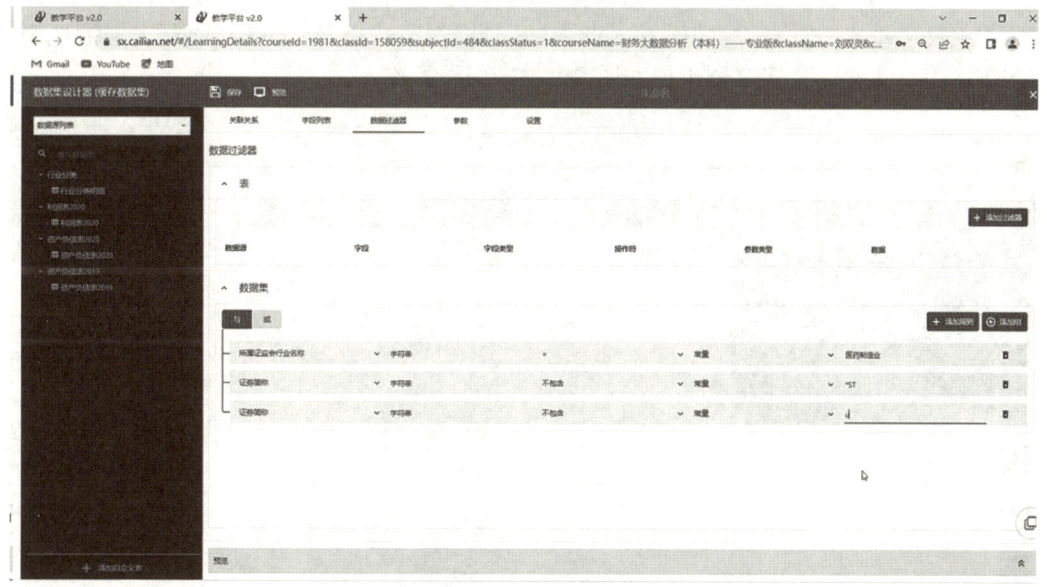

图 6-132　筛选证券简称中不包含 u 的公司

将数据集的名称命名为"医药制造业发展能力分析仪表板数据集",点击"保存"。保存数据集如图 6-133 所示。

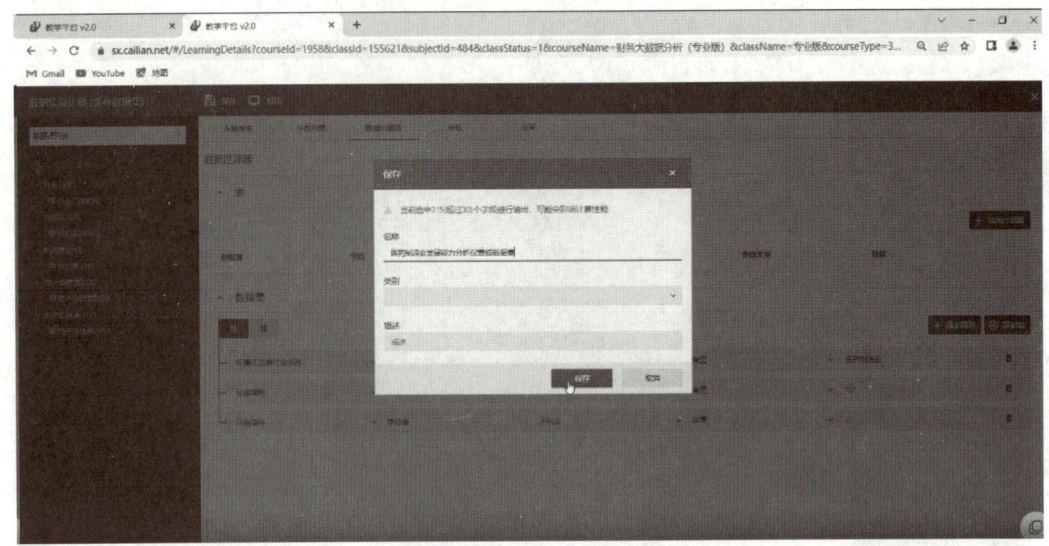

图 6-133　保存数据集

通过"文档类型"—"数据集",可以查看保存的仪表板数据集。

7. 创建发展能力分析仪表板

点击中联大数据分析平台,创建文档,选择"仪表板"—"仪表板",点击"进入"。

8. 标题设置

根据任务要求,进行标题的设置。点击"容器组件",选择"副文本",将副文本拖拽至右侧仪表板设计框中。选择容器组件如图 6-134 所示。

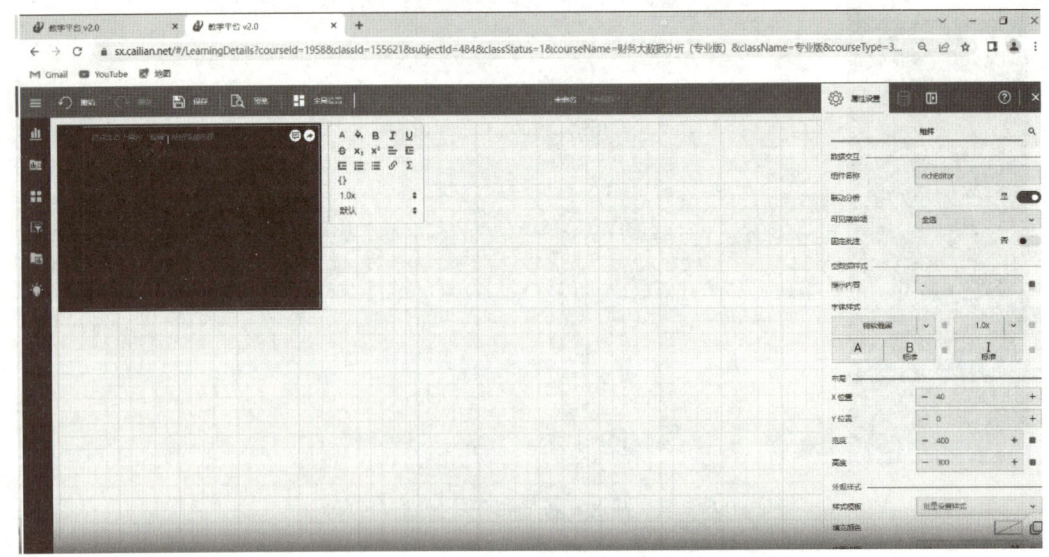

图 6-134　选择容器组件

步骤一,字体设置。点击右上角编辑,进行标题的设置,标题为"康佳医疗发展能力分析可视化综合展示大屏",全选标题,在右侧进行字体颜色、大小、粗细、是否居中等的设置。

(字体居中、加粗、大小设置为2.0)。字体设置如图6-135所示。

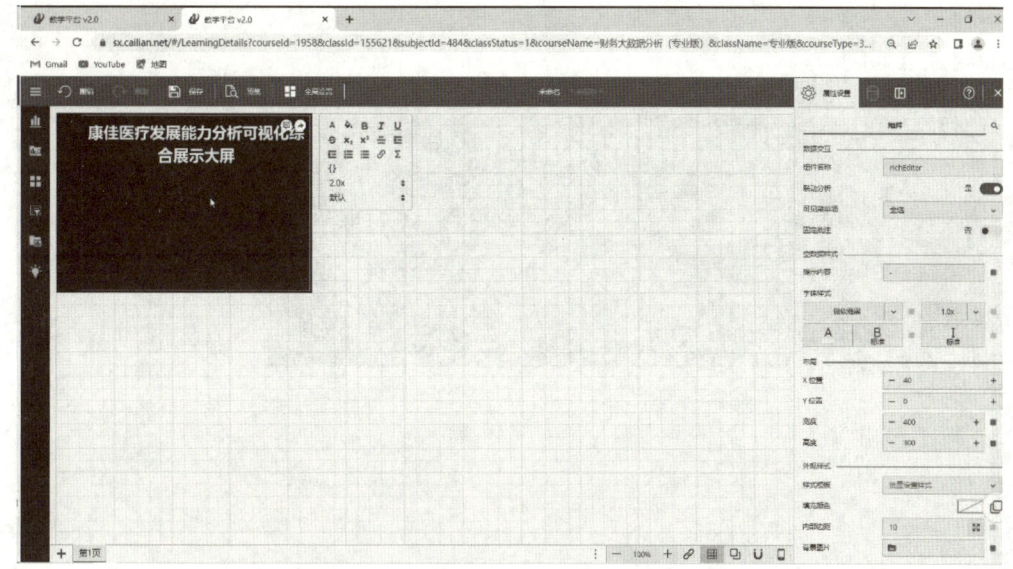

图6-135 字体设置

步骤二,背景图片设置。点击右侧,选择"背景图片",选择一个共享图片(主题背景3为例),点击"确定"。背景图片设置如图6-136所示。

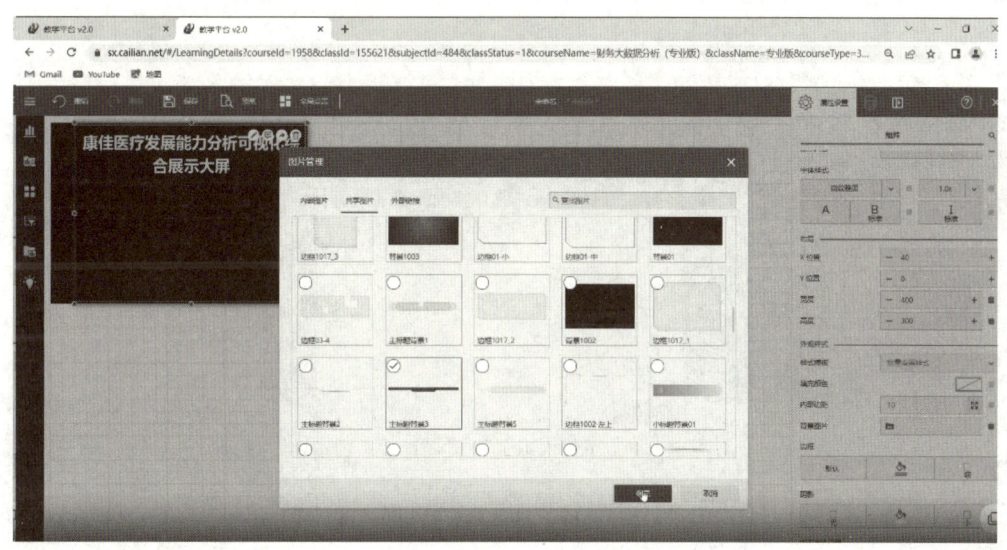

图6-136 背景图片设置

选中仪表板,通过拖拽,将文本框拖拽至适合的大小。

9. 数据绑定

1) 企业数据绑定

步骤一,分类证券简称。对康佳医疗的营业收入增长率进行仪表板的设计,先输入"康佳医疗发展能力分析仪表板数据集",按照证券简称进行分类,将证券简称拖拽至分类框中。

分类证券简称如图 6-137 所示。

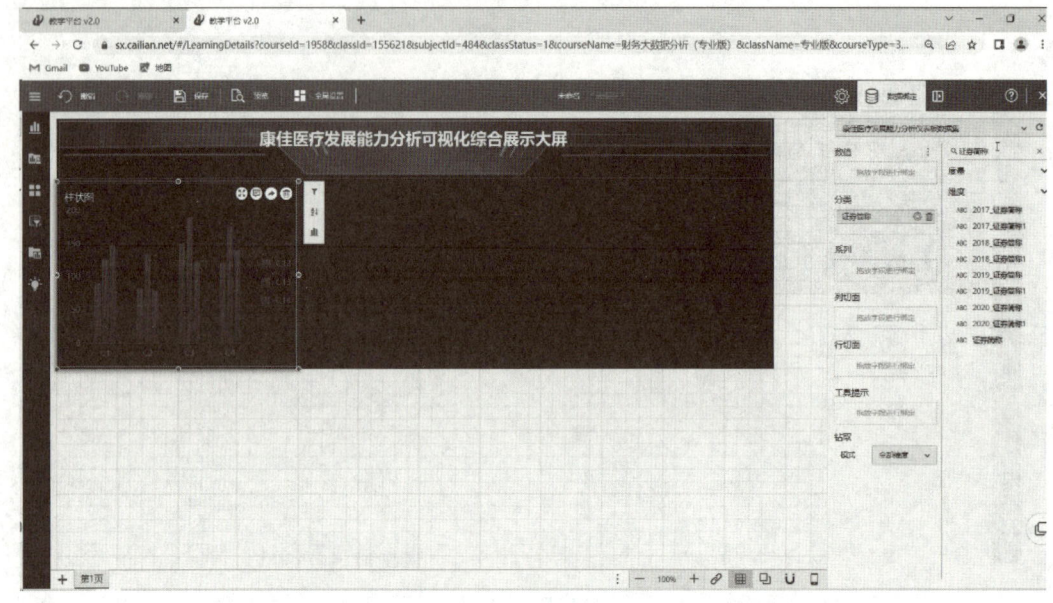

图 6-137　分类证券简称

步骤二，数据格式设置。输入"营业收入增长率"，将 2018—2020 年营业收入增长率进行格式设定，选择"百分比"，点击"确定"。数据格式设置如图 6-138 所示。

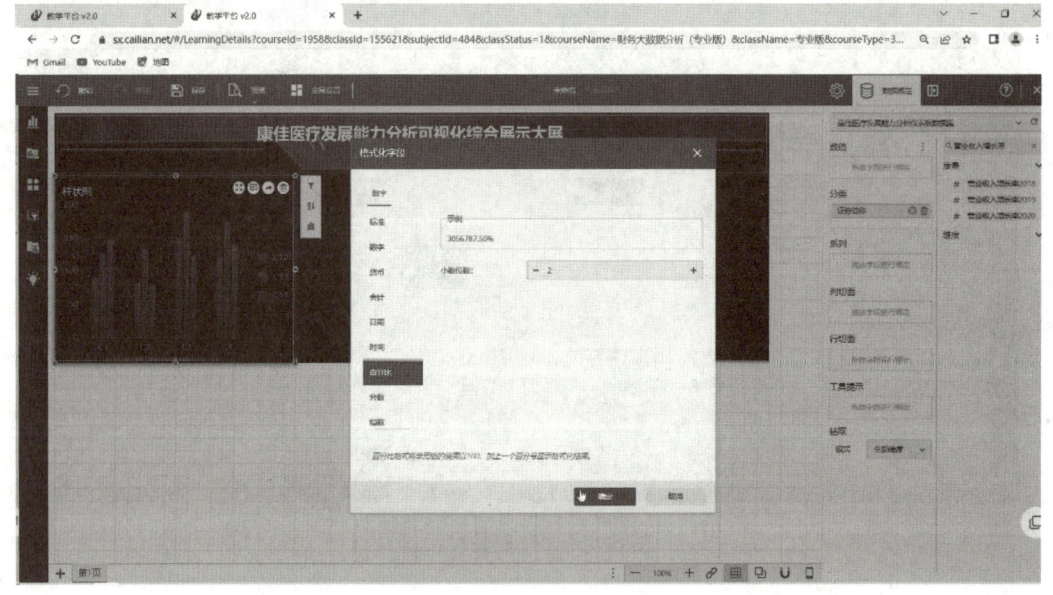

图 6-138　数据格式设置

步骤三，数据绑定。依次将 2018—2020 年的营业收入增长率拖拽至数值框中，进行数据绑定。数据绑定如图 6-139 所示。

项目六　财务指标分析

图 6-139　数据绑定

步骤四,显示数据标签设置。点击右上角"属性设置",继续进行设计,选择"显示数据标签",选择"是"。此时,2018—2020 年总资产周转率已经显示在仪表板中。显示数据标签设置如图 6-140 所示。

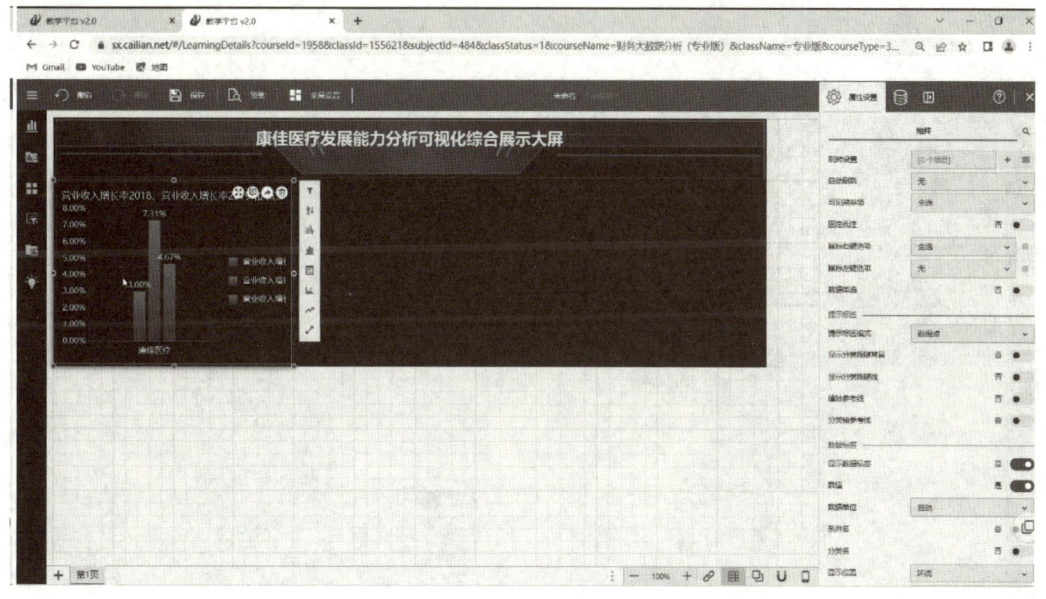

图 6-140　显示数据标签设置

2) 行业数据绑定

步骤一,行业分类。将"柱状图"拖拽至右侧中的区域,进行行业均值仪表板数据的绑定。搜索"医药制造业发展能力分析仪表板数据集",输入行业,将所属证监会行业名称拖拽

255

至分类框中。行业分类如图 6-141 所示。

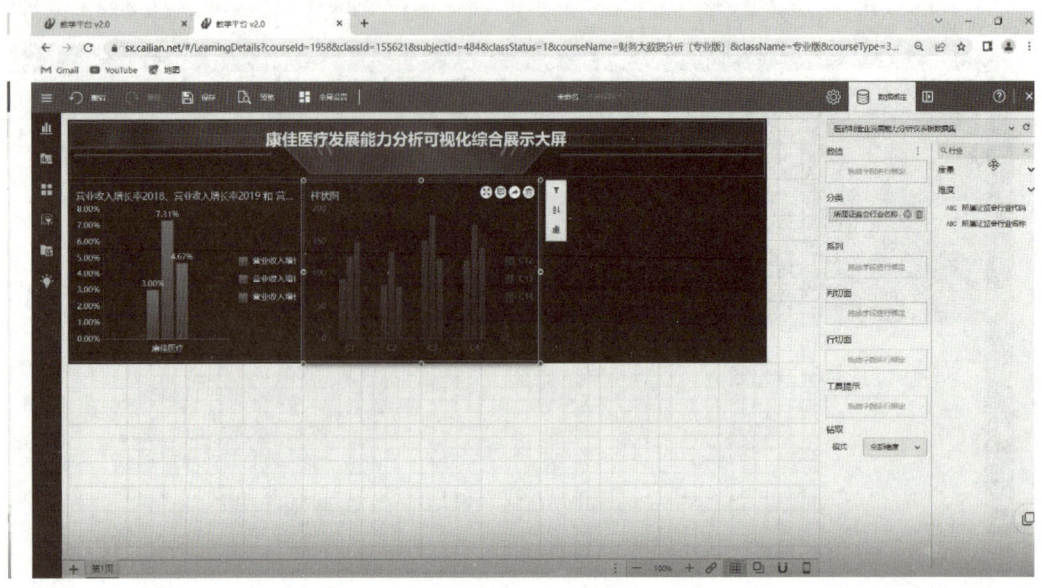

图 6-141　行业分类

步骤二，数据模式设置。搜索"营业收入增长率"，将其数据格式设置为百分比，点击"确定"。数据格式设置如图 6-142 所示。

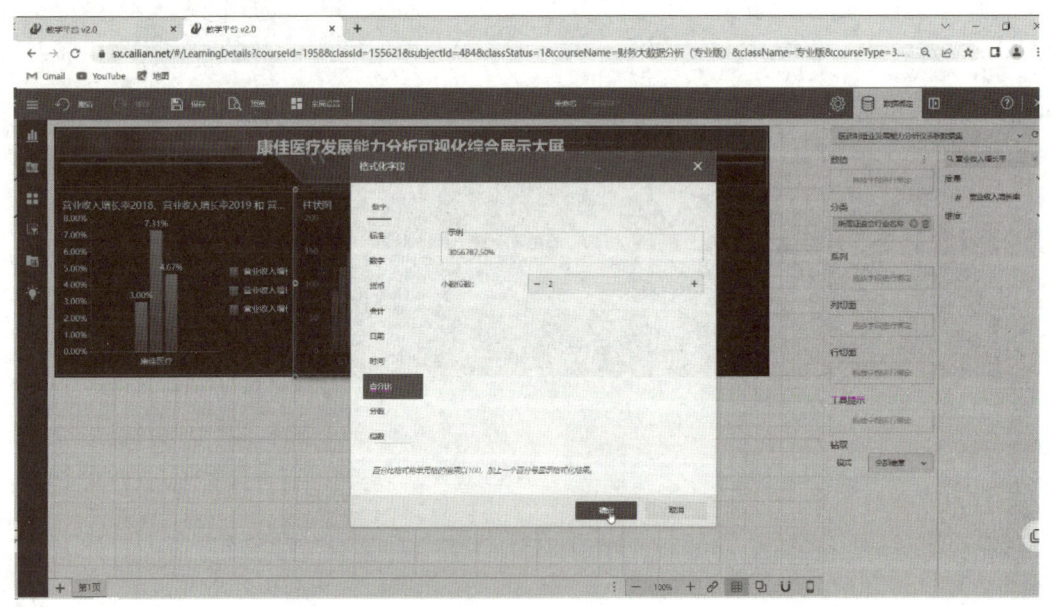

图 6-142　数据格式设置

步骤三，运算设置。将营业收入增长率拖拽至数值框中，点击"设置"，选择"聚合运算"—"平均数"。运算设置如图 6-143 所示。

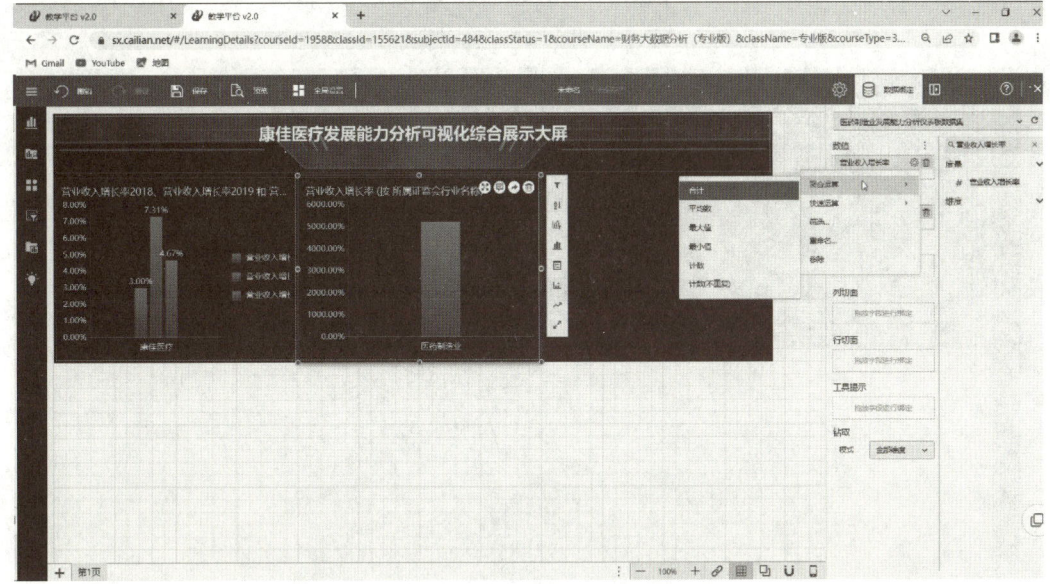

图 6-143　运算设置

步骤四,显示数据标签设置。选择"显示数据标签",选择"是"。此时,康佳医疗所属证监会行业名称对应的营业收入增长率已经自动显示。显示数据标签设置如图 6-144 所示。

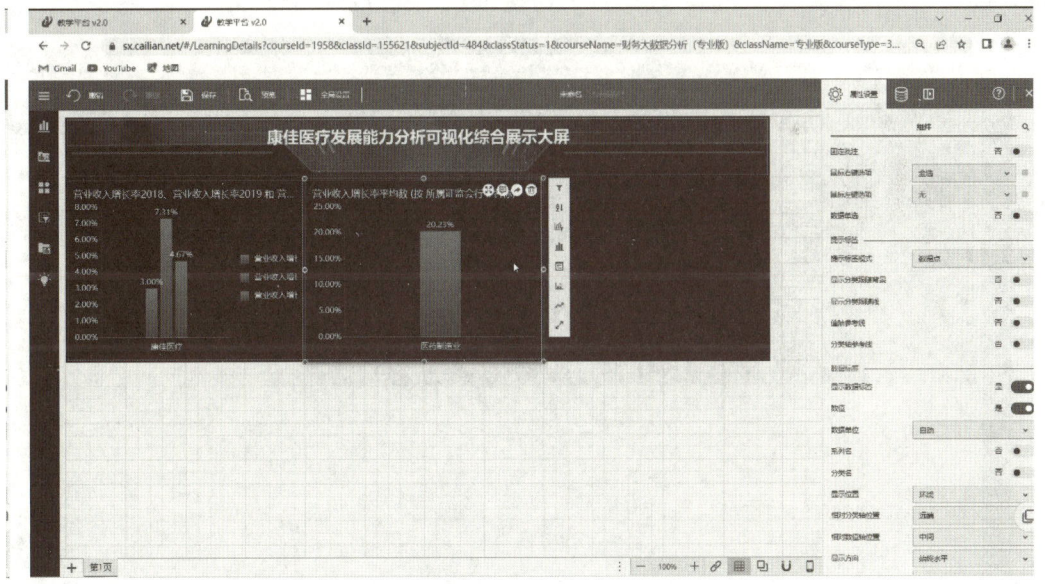

图 6-144　显示数据标签设置

10. 同行业对比分析

步骤一,行业均值设计。将柱状图拖拽至右侧中的区域,绑定医药制造业发展能力分析仪表板数据集。将证券简称拖拽至分类框中,搜索"营业收入增长率",将营业收入增长率拖拽至数值框中。数据绑定如图 6-145 所示。

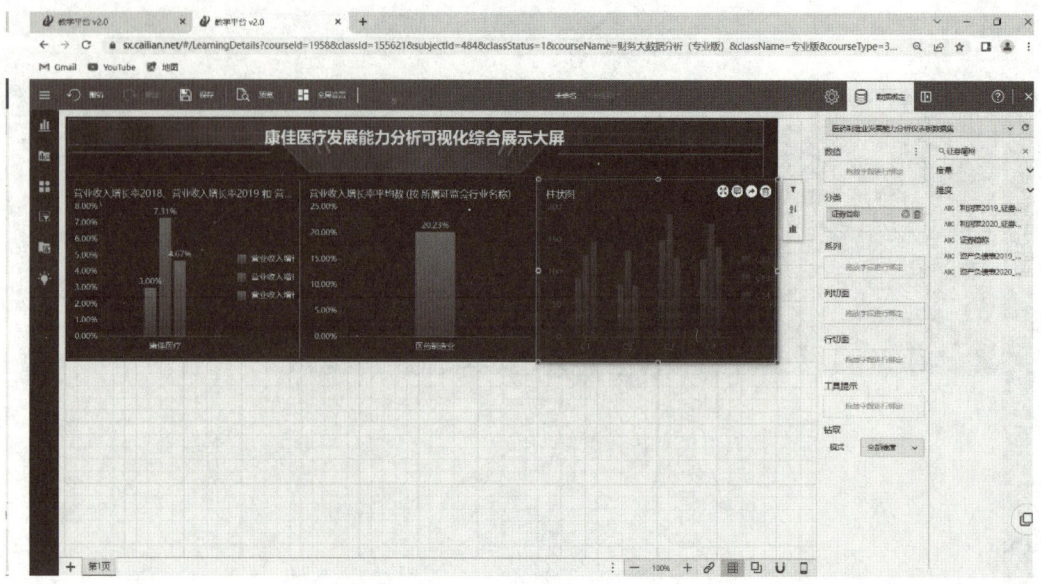

图 6-145　数据绑定

步骤二，显示数据标签设置。选择"显示数据标签"，选择"是"。此时，所筛选的医药制造业公司所对应的营业收入增长已经显示到仪表板中。显示数据标签设置如图 6-146 所示。

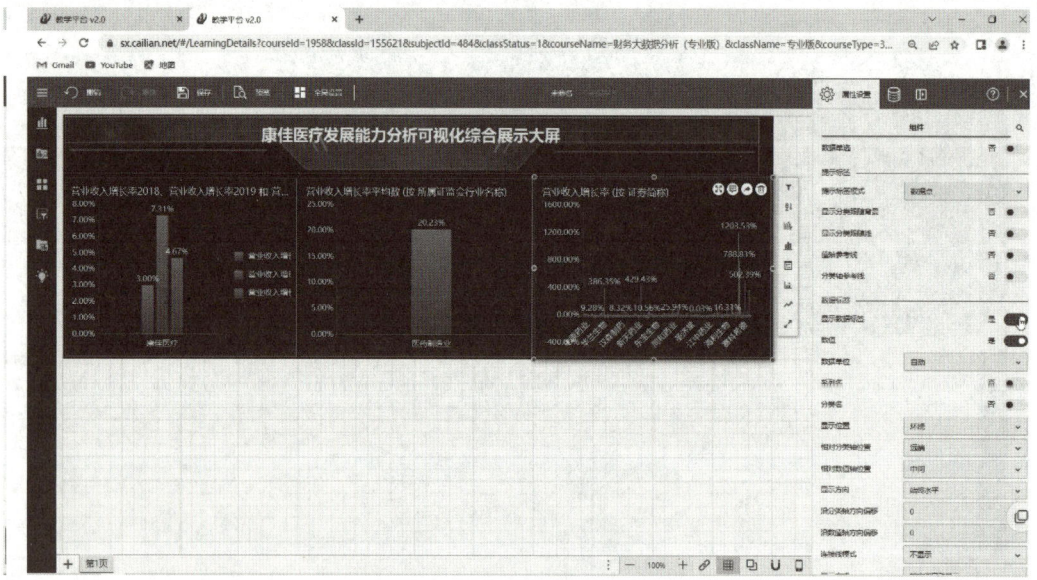

图 6-146　显示数据标签设置

步骤三，数据排列。点击"排序"，添加排序，按照计算结果，以降序排列，点击"确定"。数据排列如图 6-147 所示。

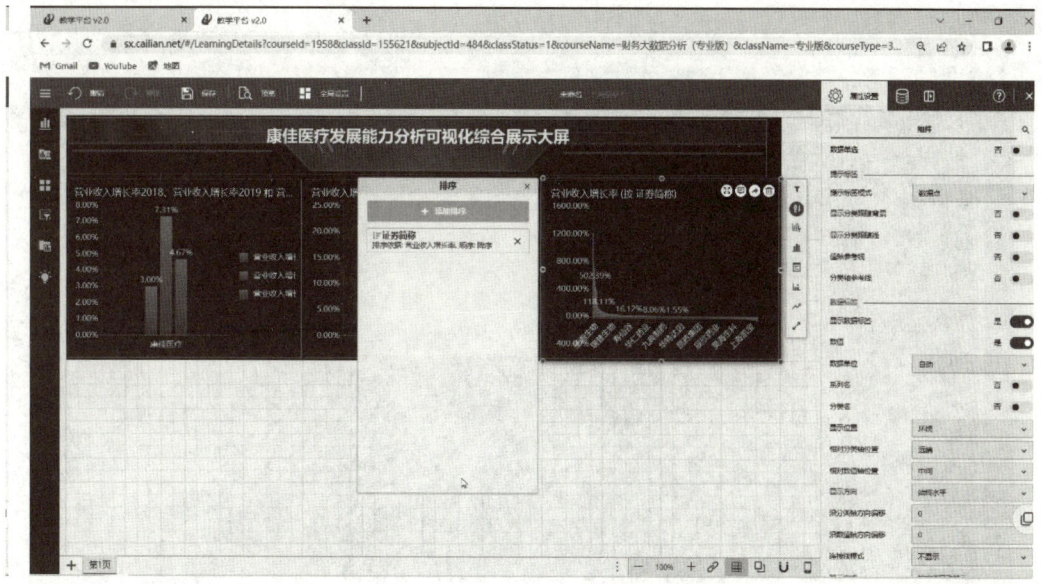

图 6-147　数据排列

步骤四，数据筛选。添加"排名筛选"，只显示排名前 10 的企业，点击"确定"。数据筛选如图 6-148 所示。

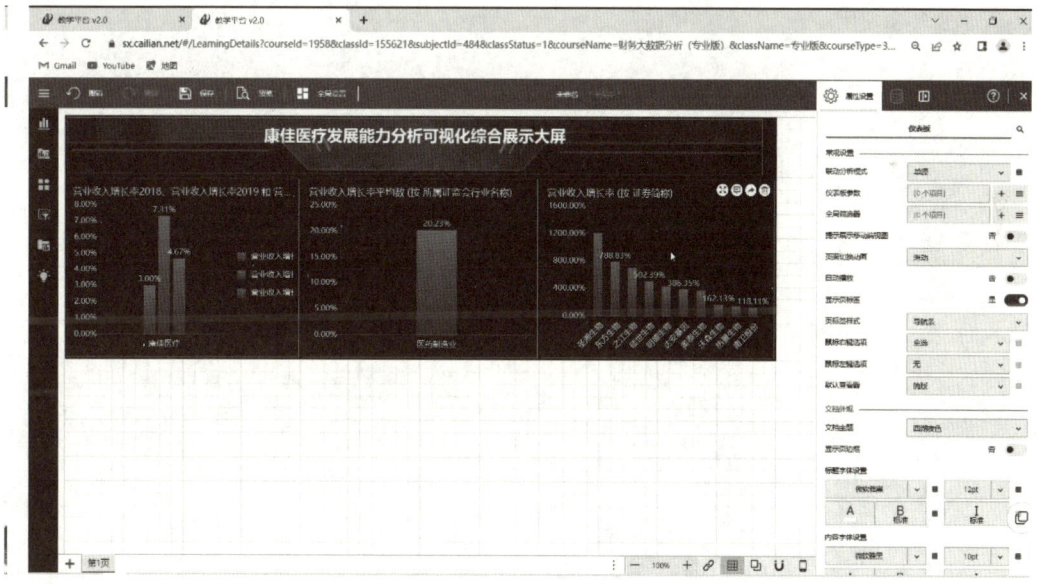

图 6-148　数据筛选

11．图形预览

采用同样的方法，可对营业利润增长率、总资产增长率、资本保值增值率进行仪表板的设计。点击"预览"后返回编辑。对创建的康佳医疗发展能力分析可视化综合展示大屏进行保存，将其命名为"康佳医疗发展能力分析可视化综合展示大屏"，点击"确定"。保存数据集如图 6-149 所示。

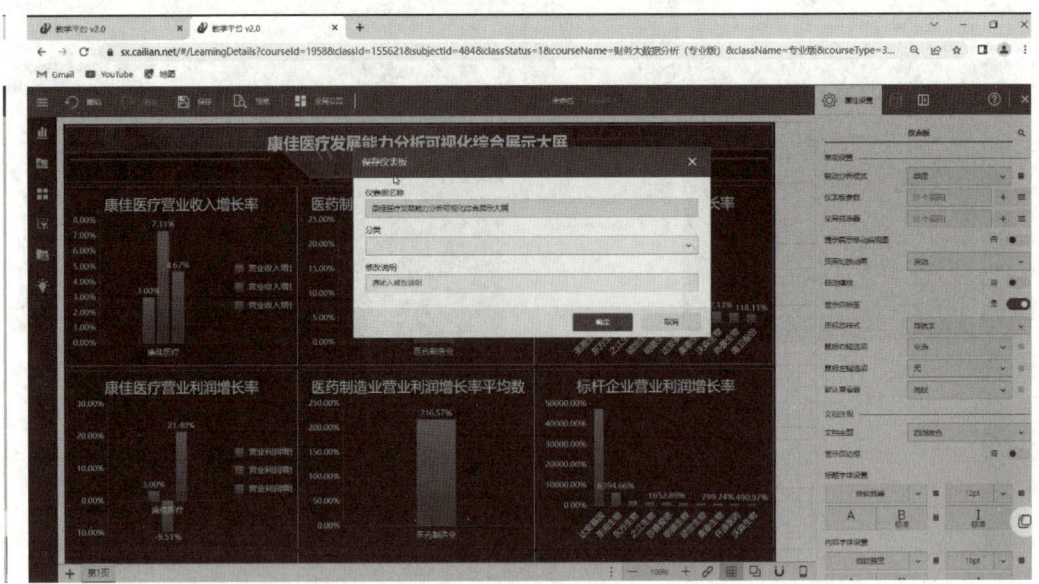

图 6-149 保存数据集

课后练习题

一、单项选择题

1. 下列各项中,不能反映企业的偿债能力的比率是(   )。
   A. 流动比率　　　　　　　　　　　　B. 存货周转率
   C. 速动比率　　　　　　　　　　　　D. 资产负债率
2. 下列各项中,能反映企业盈利能力的比率是(   )。
   A. 市盈率　　　　　　　　　　　　　B. 应收账款周转率
   C. 存货周转天数　　　　　　　　　　D. 流动资产周转率
3. 下列各项中,用于衡量企业营运能力的比率是(   )。
   A. 净资产收益率　　　　　　　　　　B. 总资产周转率
   C. 每股收益　　　　　　　　　　　　D. 销售净利率
4. 下列各项中,能反映企业市场价值的财务比率是(   )。
   A. 市净率　　　　　　　　　　　　　B. 每股净资产
   C. 净资产增长率　　　　　　　　　　D. 资本保值增值率
5. 在财务比率分析中,下列可以用来评估企业的长期偿债能力的比率是(   )。
   A. 现金比率　　　　　　　　　　　　B. 权益乘数
   C. 营业利润率　　　　　　　　　　　D. 应收账款周转率

二、多项选择题

1. 下列各项中,可以反映企业短期偿债能力的指标包括(   )。
   A. 流动比率　　　　　　　　　　　　B. 速动比率
   C. 存货周转率　　　　　　　　　　　D. 现金比率
2. 下列各项中,可以反映企业长期偿债能力的指标包括(   )。
   A. 资产负债率　　　　　　　　　　　B. 产权比率
   C. 利息保障倍数　　　　　　　　　　D. 应收账款周转率
3. 下列各项中,可以反映企业营运能力的指标包括(   )。
   A. 应收账款周转率　　　　　　　　　B. 存货周转率
   C. 流动资产周转率　　　　　　　　　D. 总资产周转率
4. 下列各项中,可以反映企业盈利能力的指标包括(   )。
   A. 销售净利率　　　　　　　　　　　B. 资产净利率
   C. 权益净利率　　　　　　　　　　　D. 每股收益
5. 下列各项中,可以反映企业发展能力的指标包括(   )。
   A. 营业收入增长率　　　　　　　　　B. 净利润增长率
   C. 总资产增长率　　　　　　　　　　D. 股东权益增长率

三、简答题

1. 请简述短期偿债能力、长期偿债能力、营运能力、盈利能力和发展能力的含义,并说明它们之间的关系。
2. 发展能力分析法的主要指标有哪些?它们分别反映企业的哪些方面的发展能力?

四、实训题

请扫描二维码,完成本项目的实训题。

6-1 项目六实训题

项目七 财务综合分析

学习目标

知识目标
1. 深刻领会财务综合分析对全面了解企业财务状况的重要性。
2. 理解财务分析的意义,包括对决策制定、绩效评估和风险管理的影响。
3. 掌握杜邦分析法的原理和应用。
4. 了解雷达图法的特点和解读方法。
5. 熟悉沃尔比重分析法的计算和分析要点。

能力目标
1. 能够运用杜邦分析法评估企业的盈利能力和偿债能力。
2. 能够通过雷达图直观地识别企业财务状况的优势和劣势。
3. 熟练运用沃尔比重分析法进行综合财务分析。
4. 具备根据不同分析方法的结果,综合判断企业财务状况的能力。
5. 培养对多种财务分析方法进行比较和选择的能力。

素质目标
1. 培养学生在掌握基本财务分析方法的基础上,尝试运用大数据分析工具进行分析。
2. 培养学生的创新思维和能力,引导学生关注行业动态和前沿理论,为企业的发展提供有价值的建议。

思政小课堂

自 2009 年以来,中国的医药行业正经历着一场变革,医药行业是政策性很强的弱周期行业,受国家政策的影响很大。国家近年来多次下发与医药有关的文件,对医药行业空前重视,医药行业地位不断提升。同时,随着中国人口的增长,我国逐步进入老龄化社会。国家在医保方面加大扶持力度,人们的健康意识增强,药品的需求量增加。

运用财务分析方法研究医药企业的财务状况和经营成果,同时与规模相似的其他药业企业进行对比分析,可以发现企业的优势与存在的问题,对提升企业实力进行深入的探讨,从而为整体上提高我国医药企业实力提供参考。在财务分析时,我们要坚守职业道德和诚信原则,同时要具备扎实的财务分析能力和风险意识,以识别和防范潜在的财务风险。

资料来源：李川，许建华，郑钫文，刘辉，程余娇. 云南白药集团股份有限公司财务分析[J]. 2017(01). P:159-160.

康佳医疗召开战略会议，公司董事会想要了解公司的综合竞争能力，于是让公司财务部通过采用杜邦分析法对综合财务能力进行分析。

要求：

(1) 结合康佳医疗的资产负债表等财务报表资料与大数据分析平台中上市公司的财务报表等资料，采用杜邦分析法对康佳医疗 2020 年的综合财务能力进行分析，进行杜邦体系可视化呈现。

(2) 对康佳医疗的杜邦分析体系进行分解，采用连环替代法进行因素分析，并完成相关分析。

说明：

(1) 计算结果均保留 2 位小数。

(2) 计算指标涉及资产负债表数值时，使用年初和年末的平均值进行计算。

(3) 涉及同行业标杆企业时，以各指标排名第一的企业作为标杆企业。

(4) 在运用大数据分析工具计算行业指标时，剔除证券简称中包含 *ST 和 u 的公司。

(5) 行业均值应用示例如下：某行业有 A、B 两家企业，则该行业资产负债率均值＝(A 资产负债率＋B 资产负债率)÷2。

第一节 财务综合分析概述

一、财务报告综合分析的内涵

财务报告综合分析是以企业的财务会计报告等核算资料为基础，将各项财务分析指标作为一个整体，全面、系统、综合地对企业财务状况、经营成果和现金流量等情况进行剖析、解释和评价，说明企业的整体财务状况和效益优劣的一种分析方法。

财务报告分析的最终目的是全面、准确、客观地揭示企业财务状况和经营情况，并借以对企业经济效益优劣作出合理的评价。要达到分析目的，仅从企业偿债能力、盈利能力和营运能力，以及资产负债表、利润表、现金流量表、财务报表附注分析的不同侧面，分别对企业的财务状况和经营成果进行具体分析，是不可能得出合理、正确的综合性结论的，有时候甚至会得出错误的结论。因为，企业的经济活动是一个有机的整体，要全面评价企业的经济效益，仅凭借某些局部的分析是不够的，而应将相关联的各种报表、各项指标联系在一起，从整体出发，进行全面系统、综合的分析。

二、财务报告综合分析与单项分析的区别

财务报告综合分析与财务指标单项分析相比，具有以下区别。

1. 分析方法不同

单项分析通常采用由一般到个别,把企业财务活动总体分解为各个具体部分,然后逐一加以考察分析;而综合分析则是通过归纳、整合,把个别财务现象上升到综合活动的总体层面作出总结。因此,单项分析具有实务性、实证性特点,而综合分析具有高度的抽象性、概括性特点,并着重从整体上概括一个企业财务状况的本质特征。综合分析要以各单项分析指标及其各指标要素为基础,要求各单项指标要素一定要真实、全面和适当,设置的评价指标必须能够涵盖企业盈利能力、偿债能力和营运能力等多个方面。因此,只有把单项分析和综合分析结合起来,才能提高财务报告分析的质量。

2. 分析的重点和比较基准不同

单项分析的重点和比较基准是财务计划、行业实务和财务理论标准,而综合分析的重点和基准是企业整体发展趋势。因此,单项分析把每个分析指标处于同等重要的地位,忽视了各种指标之间的相互关系,而财务综合分析则强调各指标有主辅之分,并且特别注意主辅指标的本质联系和层次关系。

三、财务报告综合分析的意义

财务综合分析在企业财务管理方面具有重要意义,具体包括以下 2 个方面。

1. 综合运用各项指标作出评价

财务报告分析的最终目的是全面、准确、客观地揭示企业财务状况和经营成果等情况,并对企业经济效益优劣作出合理的评价。局部不能代表整体,某项指标的好坏不能说明整个企业经济效益的高低。因此,只有将偿债能力、盈利能力、营运能力等各项指标联合起来,作为一套完整的体系,相互配合使用,才能从整体上把握企业财务状况和经营成果情况,对企业作出综合评价。

2. 使分析结论更具可比性

财务报告综合分析的结果有利于同一企业不同时期的比较分析,以及不同企业之间的比较分析。进行这样的比较分析时,可以消除时间和空间上的差异,使分析结论更具有可比性,从而有利于企业从整体上、本质上反映和把握企业的财务状况与经营成果。

第二节 财务综合分析的依据和方法

一、财务综合分析的依据

财务报告综合分析的依据主要是企业提供的各种有关的财务报表,以及与财务报表相关的附注信息。由于会计信息的不对称性,企业的外部分析人员及与企业经营活动不相关的其他人员,一般很难获得企业完整的财务信息。因此,财务综合分析的主要依据是财务报表,以及与财务报表相关的附注信息,如上市公司披露的年度报告就是财务综合分析的基础资料。

二、财务综合分析的方法

财务报告综合分析的方法很多,其中包括杜邦分析法、沃尔比重分析法、雷达图分析法等。

(一)杜邦分析法

1. 杜邦分析法的概念

杜邦分析法又称杜邦分析体,是一种常用的财务分析方法,通过对企业的净资产收益率(ROE)进行分解,分析其各个组成部分的变动情况,从而揭示企业的盈利能力、偿债能力和营运能力等方面的状况。

2. 杜邦分析法的原理

杜邦财务分析法是美国杜邦公司提出的一种财务分析方法。其基本原理是将财务指标作为一个系统,将财务分析与评价作为一个系统工程,全面评价企业的偿债能力、营运能力、盈利能力及其相互之间的关系,在全面财务分析的基础上进行全面财务评价,使评价者对企业的财务状况有深入且相互联系的认识,有效地进行财务决策。

3. 杜邦分析法的主要财务指标及其关系

杜邦分析系统是从评价企业绩效最具综合性和代表性的指标——权益净利率出发,层层分解至企业最基本生产要素的使用、成本与费用的构成及企业风险。杜邦分析系统用公式表示如下:

$$权益净利率 = 净利润 \div 净资产$$
$$= (净利润 \div 总资产) \times (总资产 \div 净资产)$$
$$= 资产净利率 \times 权益乘数$$

其中:
$$资产净利率 = 净利润 \div 总资产$$
$$= (净利润 \div 销售收入) \times (销售收入 \div 总资产)$$
$$= 销售净利率 \times 资产周转率$$
$$权益乘数 = 总资产 \div 平均所有者权益 = 1 \div (1 - 资产负债率)$$

杜邦分析法分析图如图 7-1 所示。

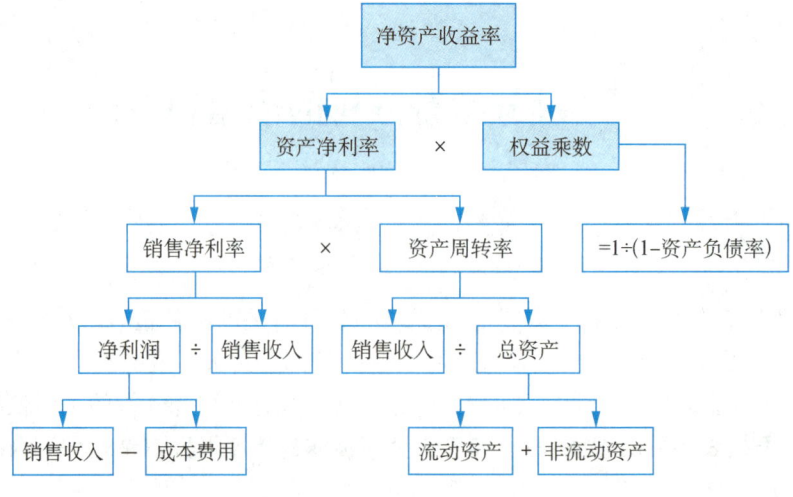

图 7-1 杜邦分析法分析图

由图 7-1 可知，杜邦财务分析法以权益净利率为主线，将企业在某一时期的销售成果及资产营运状况全面联系在一起，层层分解，逐步深入，构成一个完整的分析体系。

4. 杜邦分析法的主要财务指标的作用

（1）权益净利率是一个综合性最强的财务比率，是杜邦分析法的核心，其他的指标都是围绕这一核心，它揭示了企业的获利能力及前因后果。它反映所有者投入资本的获利能力，同时反映企业筹资、投资、资产运营等活动的效率。决定权益净利率高低的因素包括权益乘数、销售净利率和总资产周转率。权益乘数取决于企业的筹资政策，销售净利率取决于企业的经营管理，总资产周转率取决于企业的投资管理。通过对这3个指标的分析，可以将权益净利率这一综合指标升降变化的原因具体化。

（2）权益乘数反映所有者权益与总资产的关系。权益乘数是指资产总额相当于股东权益的倍数，权益乘数越大，表明所有者投入企业的资本占全部资产的比重越小，企业的负债程度越大；反之，权益乘数越小，表明所有者投入企业的资本占全部资产的比重越大，企业的负债程度越小。它是用来衡量企业财务风险的，在资产总额不变的条件下，企业应适当开展负债经营即适当地提高权益乘数，以达到提高所有者权益报酬率的目的。

（3）销售净利率反映了企业的净利润与销售收入的关系。销售净利率是指企业一定时期净利润与销售收入的比率，从这个意义上看提高销售净利率是提高企业盈利能力的关键。想要提高销售净利率：一是扩大销售收入；二是降低成本费用。而降低各项成本费用开支是企业财务管理的一项重要内容。企业的成本费用主要包括营业成本、营业税金及附加、销售费用、管理费用、财务费用。可以通过计算成本利润率，也就是利润总额与成本费用总额的比率，评价企业为取得利润付出的代价。同时，有利于企业进行成本费用的结构分析，加强成本控制，以便为寻求降低成本费用的途径提供依据。

（4）总资产周转率揭示企业资产实现销售收入的综合能力，要对资产的内部结构及影响资产周转率的各具体因素进行分析。一般而言，流动资产直接体现企业的偿债能力和变现能力；非流动资产体现企业的经营规模和发展潜力。两者之间应有一个合理的结构比率，如果企业持有的现金超过业务需要，可能会影响企业的获利能力；如果企业占用过多的存货和应收账款，可能会既影响获利能力，又影响偿债能力。为此，就要进一步分析各项资产的占用数额和周转速度。对流动资产应重点分析存货是否有积压现象，货币资金是否闲置，应收账款中分析客户的付款能力和有无坏账的可能；对非流动资产应重点分析企业固定资产是否得到充分的利用。

5. 杜邦分析法的应用

（1）分析企业的盈利能力。通过对销售净利率的分析，可以了解企业的成本控制和产品定价策略是否合理。

（2）评估企业的营运能力。通过对资产周转率的分析，可以了解企业的资产管理效率和资产利用情况。

（3）衡量企业的偿债能力。通过对权益乘数的分析，可以了解企业的财务杠杆水平和偿债风险。

（4）综合评价企业的财务状况。通过对净资产收益率的分析，可以综合评价企业的盈利能力、偿债能力和营运能力。

【例题 7-1】 假设某公司财务指标相关数据如表 7-1 所示。

表 7-1　财务指标相关数据

财务指标	数值
净资产收益率	15%
销售净利率	8%
资产周转率	1.25
权益乘数	1.50

要求：采用杜邦分析法对该公司进行财务综合分析。

【解析】
根据表 7-1 的数据，我们可以使用杜邦分析法对该公司的净资产收益率进行分解：

$$净资产收益率 = 销售净利率 \times 资产周转率 \times 权益乘数$$

销售净利率为 8%，表明该公司每 100 元的销售收入中有 8 元是净利润。

资产周转率为 1.25，表明该公司每 100 元的总资产可以产生 125 元的销售收入。

权益乘数为 1.5，表明该公司每 100 元的股东权益可以撬动 150 元的总资产。

通过对净资产收益率的分解，我们可以更深入地了解公司的盈利能力、资产利用效率和财务杠杆情况。例如，如果发现销售净利率较低，可以进一步分析成本结构、销售价格等因素，找出提高盈利能力的途径；如果总资产周转率较低，可以考虑优化资产配置、提高资产使用效率等措施。

6. 传统杜邦分析法的局限性

传统杜邦分析体系虽然被广泛使用，但是也存在某些局限性。

1) 总资产利润率的总资产与净利润不匹配

传统杜邦分析体系的资产净利率的计算公式中，总资产是全部资产提供者享有的权利，而净利润是专门属于股东的，两者不匹配。由于资产净利率的投入与产出不匹配，该指标不能有效地反映全部出资人实际的投资回报率，为了改善该比率的配比，需要重新调整其分子和分母。

为企业提供资产的人包括股东、有息负债的债权人和无息负债的债权人，无息负债的债权人不要求分享收益，要求分享收益的是股东和有息负债的债权人。因此，需要计量股东和有息负债债权人投入的资本和这些资本产生的收益，然后将两者相除才是合乎逻辑的资产报酬率，才能准确反映企业的基础盈利能力。

2) 没有区分经营活动损益和金融活动损益

传统杜邦分析体系没有将财务成本管理区分为经营活动和金融活动。而对于多数企业来说，金融活动是净筹资，它在金融市场上主要是筹资，而不是投资。筹资活动没有产生净利润，而是支出净费用，这种筹资费用是否属于经营活动的费用，即使在会计规范的制定中也存在争议，各国的会计规范对此的处理也不尽相同。

同时，从财务管理的基本理念看，企业的金融资产是投资活动的剩余，是尚未投入实际经营活动的资产，应将其从经营资产中剔除。与此相适应，金融费用也应从经营收益中剔除，才能使经营资产和经营收益匹配。因此，正确计量基础盈利能力的前提是区分经营资产和金融资产，区分经营收益与金融收益(费用)。

3) 没有区分有息负债与无息负债

把金融(筹资)活动分离出来单独考察就会涉及单独计量筹资活动成本的问题,而负债的成本(利息支出)仅是有息负债的成本。因此,必须区分有息负债与无息负债,利息与有息负债相除,才是实际的平均利息率。此外,区分有息负债与无息负债后,有息负债与股东权益相除,可以得到更符合实际的财务杠杆。无息负债没有固定成本,没有杠杆作用,将其计入财务杠杆,会歪曲杠杆的实际作用。

针对上述问题,人们对传统杜邦分析体系进行了一系列改进,逐步形成了一个新的分析体系。

7. 改进后的杜邦分析法

1) 对资产负债表相关项目的调整

可以对传统资产负债表的相关项目进行调整,使之满足以下等式:

$$净经营资产 = 净金融负债 + 股东权益$$

其中:净经营资产 = 经营资产 - 经营负债

净金融负债 = 金融负债 - 金融资产

此等式与传统杜邦分析体系的主要区别如下:

(1) 区分经营资产和金融资产。经营资产是用于生产经营活动的资产,与总资产相比,它不包括没有被用于生产经营活动的金融资产。严格地说,保持一定数额的期权是生产经营活动所必需的,但由于外部分析者无法区分哪些金融资产是必需的、哪些是投资的剩余,为了简化都将其列入金融资产,都视为未投入运营的经营资产。由于应收项目大部分是无息的,也将其列入经营资产。

区分经营资产和金融资产的主要标志是有无利息,如果能够取得利息则列为金融资产。例如,短期应收票据如果以市场利率计息就属于金融资产;否则应归入经营资产,因为它们只是促进销售的手段。只有短期权益性投资是例外,它是暂时利用多余现金的一种手段,因此是金融资产,应以市价计价。至于长期权益性投资,则属于经营资产。

(2) 区分经营负债和金融负债。经营负债是在生产经营中形成的短期和长期无息负债,这些负债不要求利息回报,是伴随经营活动出现的,是非金融活动的结果。而金融负债是随公司筹资活动形成的有息负债。

划分经营负债与金融负债的一般标准是有无利息要求。应付项目的大部分是无息的,应将其列入经营负债;如果是有息的,则属于金融活动,应列为金融负债。

金融负债减去金融资产,是企业的净金融负债,简称净负债。这里有一个重要的概念,就是金融资产是"负"的金融负债,它可以立即偿债并使金融负债减少。企业真正背负的偿债压力是借入后已经用掉的钱即净负债,净负债是债权人实际上已投入企业生产经营的债务资本。

2) 对利润表相关项目的调整

可以对传统利润表的相关项目进行调整,使之满足以下等式:

$$净利润 = 经营利润 - 净利息费用$$

其中:经营利润 = 税前经营利润 × (1 - 企业所得税税率)

净利息费用 = 利息费用 × (1 - 企业所得税税率)

此等式与传统杜邦分析体系的主要区别如下：

（1）区分经营活动损益和金融活动损益。金融活动损益是净利息费用，即利息收支的净额。金融活动收益和成本不应列入经营活动损益，两者应加以区分。其中利息支出包括借款和其他有息负债的利息。理论上，利息支出应包括会计上已经资本化的利息，但是实务上很难这样处理，因为分析时找不到有关的数据，资本化利息不但已计入资产的成本，而且通过折旧的形式已列入费用，进行调整极其困难。

利息收入包括银行存款利息收入和债权投资利息收入，如果没有债权投资利息收入，则可以用财务费用作为税前利息费用的估计值。至于金融活动损益以外的损益，则全部视为经营活动损益。需要注意经营活动损益与金融活动损益的划分标准，应与资产负债表对经营资产与金融资产的划分保持对应。

（2）经营活动损益内部可以进一步区分主要经营利润、其他营业利润和营业外收支。主要经营利润是企业日常经营活动产生的利润，它等于销售收入减去销售成本及有关的期间费用，是最具持续性和预测性的收益；其他营业利润包括资产减值、公允价值变动和投资收益，它们的持续性不易判定，但肯定低于主要经营利润；营业外收支不具有持续性，没有预测价值，需要单独划分。进行这样区分的目的主要是有利于评价企业的盈利能力。

（3）所得税的区分。由于法定利润表的所得税是统一扣除的，为便于分析，需要将法定利润表的所得税分摊给经营利润和利息费用，分摊的简便方法是根据实际的所得税税率比例分摊，严格的办法是分别根据适用的税率计算应负担的所得税。

3）改进后的杜邦分析法的核心公式

改进后的杜邦分析法的核心公式如图7-2所示。

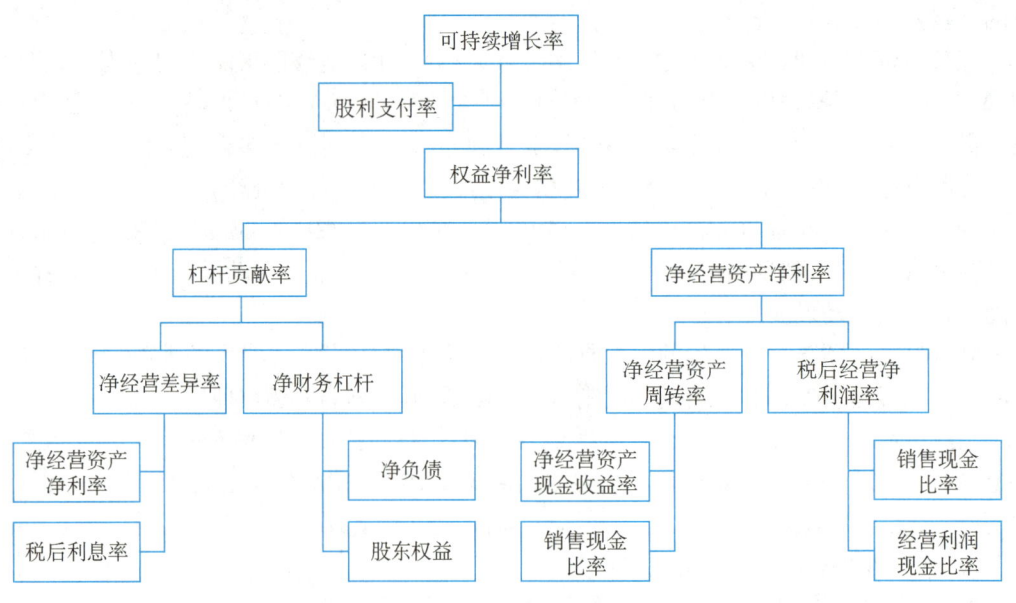

图7-2 改进后的杜邦分析法的核心公式

由图7-2可知，权益净利率的高低取决于3个驱动因素，即净经营资产利润率（可逐步分解为销售经营利润率和净经营资产周转率）、净利息率和净财务杠杆。

（二）沃尔比重分析法

在进行财务分析时，可能会遇到计算出财务比率之后，无法判断其偏高或偏低的困难。与企业历史数据比较，也只能看出自身的变化，难以评价其在市场竞争中的优劣地位。财务状况综合评价的先驱亚历山大·沃尔通过先对选定的多项财务比率进行评分，再计算综合得分并据此评价企业综合的财务状况。因此，这种方法称为沃尔比重分析法，又称沃尔评分法。

1. 沃尔比重分析法的原理

（1）选择财务比率。沃尔比重分析法需要选择一组具有代表性的财务比率，这些比率应反映企业的盈利能力、偿债能力、营运能力等方面的状况。

（2）确定权重。为每个财务比率分配一个权重，权重的大小反映了该比率在综合评价中的重要性。

（3）计算综合得分。将每个财务比率乘以其对应的权重，然后相加，得到一个综合得分。

（4）评价企业的财务状况。根据综合得分的大小，对企业的财务状况进行评价。一般来说，综合得分越高，企业的财务状况越好。

2. 沃尔比重分析法的应用

亚历山大·沃尔在20世纪初出版的《信用晴雨表研究》和《财务报表比率分析》中提出了信用能力指数的概念，他把若干财务比率用线性关系结合起来，以此评价企业的信用水平。他选择了7个财务比率——流动比率、产权比率、固定资产比率、存货周转率、应收账款周转率、固定资产周转率、自有资金周转率，将它们用线性关系结合起来，并分别给定各项指标的比重，然后将其与标准比率进行比较，确定各项指标的得分及总体指标的累计分数，从而对企业的信用水平作出评价。

沃尔比重分析法为综合评价企业的财务状况提供了一个重要的思路，即将分散的财务比率通过一个加权体系综合起来，使一个多维度的评价体系变成一个综合得分，这样就可以用综合得分对企业作出综合评价。根据综合得分的大小，对企业的财务状况进行评价。一般来说，综合得分越高，企业的财务状况越好。沃尔比重分析法的优点在于简单易用，便于操作，容易理解。

3. 沃尔比重分析法的局限性

（1）财务比率的选择和权重的确定具有主观性。沃尔比重分析法中财务比率的选择和权重的确定可能受分析者个人观点和经验的影响，导致不同分析者得出的结论存在差异。

（2）未考虑非财务因素。沃尔比重分析法主要关注财务比率，而忽视了非财务因素对企业的影响，如市场环境、行业竞争、管理水平等。

（3）对不同行业的适应性有限。沃尔比重分析法中的财务比率和权重可能不适用于所有行业，不同行业的企业可能具有不同的特点和关键因素。

（4）在理论上存在一定的缺陷。沃尔比重分析法不能说明为什么是选择7个比率，而不是更多或更少，以及为什么不选择其他财务比率；它不能说明各个财务比率所占权重的合理性，也不能说明比率的标准值是如何确定的。

4. 沃尔比重分析法的分析步骤

尽管沃尔比重分析法存在局限性，但在实践中仍被广泛应用并不断改进和发展。在不同的经济发展环境中,人们应用沃尔比重分析法时所选择的财务比率不断变化,各个比率的权重不断修正,各个比率的标准值不断调整,评分方法也得以不断改进,但是沃尔比重分析法的基本思路始终没有改变,其应用的步骤没有发生大的变化。沃尔比重分析法的基本步骤如下。

1) 选择评价指标并分配指标权重

沃尔比重分析法评价指标及权重如表7-2所示。

表7-2 沃尔比重分析法评价指标及权重

选择的评价指标	分配的权重
一、盈利能力指标	38
1. 净资产收益率	25
2. 总资产报酬率	13
二、偿债能力指标	20
1. 资产负债率	12
2. 已获利息倍数	8
三、营运能力指标	18
1. 总资产周转率	9
2. 流动资产周转率	9
四、发展能力指标	24
1. 营业增长率	12
2. 资本积累率	12
综合得分	100

2) 确定各项指标的标准值

财务比率的标准值是判断财务比率高低的比较标准,只有根据标准,才能判断企业的某个财务比率是偏高还是偏低。财务指标的标准值一般可以行业平均数、企业历史先进数、国家有关标准或国际公认数为基准数来加以确定。其中最常见的是选择同行业的平均水平作为财务比率的标准值。

3) 计算各个财务比率的得分并计算综合得分

通过对各比率的实际值与标准值的比较,得出对各财务比率状况好坏的判断,再结合各比率的权重(所分配的分数),计算各财务比率的得分。计算得分的方法有多种,其中最常见的是用比率的实际值除以标准值得到一个相对值,再用这个相对值乘以比率的权重得到该比率的得分。然后,根据各单项指标的得分,将各财务比率的实际得分汇总,即得到企业的综合得分。

$$各项评价指标的得分 = 各项指标的权重 \times (指标的实际值 \div 标准值)$$

$$综合得分 = \sum 各项评价指标的得分$$

4) 形成评价结果

计算各项比率的目的是对企业的财务状况进行综合的评价。在最终评价时,如果企业的综合得分接近 100 分,说明企业的综合财务状况接近于行业的平均水平;如果企业的综合得分明显超过 100 分,说明企业的综合财务状况优于行业的平均水平;如果企业的综合得分低于 100 分,说明企业的综合财务状况较差应当积极采取措施加以改进。

(三)雷达图分析法

雷达图分析法又称综合财务比率分析图法、戴布拉图分析法、蜘蛛网图分析法或蜘蛛图分析法。它将一个企业的各项财务分析所得的数字或比率,就其比较重要的项目集中画在一个圆形的图表上,来表现一个企业各项财务比率的情况,使用者能一目了然地了解企业各项财务指标的变动情况及其好坏趋向。

雷达图最早产生于日本,是对客户财务能力分析的重要工具。雷达图主要是从动态和静态两个方面分析客户的财务状况、经营成果和其他经营业绩,其中的静态分析是将客户的各种财务比率与其他相似客户或整个行业的财务比率作横向比较,而动态分析是将客户现时的财务比率与先前的财务比率作纵向比较,以发现客户财务及经营情况的发展变化方向。雷达图分析法将横向和纵向的分析比较方法结合起来,主要综合评价客户的收益性、成长性、安全性、流动性和生产性 5 类指标。

1. 收益性指标

分析收益性指标的目的是观察客户一定时期内的收益及获利能力。收益性指标的主要指标含义及计算公式如表 7-3 所示。

表 7-3 收益性指标的主要指标含义及计算公式

收益性指标	基本含义	计算公式
资产报酬率	反映企业总资产的获利能力和运营效益	(净收益+利息费用+所得税)÷平均资产总额
所有者权益报酬率	反映企业所有者投资的回报能力	(税后利润-优先股股息)÷股东权益×100%
普通股权益报酬率	反映从普通股东的角度体现的企业盈利能力	(净利润-优先股股利)÷普通股权益平均额
普通股每股收益额	反映普通股每股获利能力的大小	(净利润-优先股股利)÷普通股股数
股利发放率	反映企业在股市发放处理上的方针	每股股利÷每股税后利润
市盈率	反映企业股价水平的合理性	普通股每股市场价格÷普通股每年每股盈利
销售利税率	反映企业的盈利水平	利税总额÷销售净收入×100%
毛利率	反映企业销售收入的收益水平	(销售收入-销售成本)÷销售收入×100%
净利润率	反映企业的盈利能力	净利润÷主营业务收入×100%
成本费用利润率	反映经营耗费带来的经营成果	(净收益+利息费用+所得税)÷成本费用总额

2. 安全性指标

安全性是指企业经营的安全程度,即资金调度的安全性。分析安全性指标的目的是分析企业一定时期内的偿债能力。安全性指标的含义及计算公式如表 7-4 所示。

表 7-4　安全性指标的含义及计算公式

安全性指标	基本含义	计算公式
流动比率	反映企业短期偿债能力和风险程度	流动资产÷流动负债
速动比率	反映企业流动资产中可以立即变现用于偿还流动负债的能力	速动资产÷流动负债 速动资产=流动资产－存货 或：速动资产=流动资产－存货－预付款项－待摊费用
资产负债率	反映企业在清算时保护债权人利益的程度	负债总额÷资产总额×100%
所有者（股东）权益比率	反映企业长期财务状况和长期偿债能力	所有者权益÷资产总额
利息保障倍数	反映企业支付负债利息的能力	（利润总额＋利息费用）÷利息

3. 流动性指标

分析流动性指标的目的是观察企业一定时期内的资金周转状况，掌握企业的经营情况。流动性指标的含义及计算公式如表 7-5 所示。

表 7-5　流动性指标的含义及计算公式

流动性指标	基本含义	计算公式
总资产周转率	反映企业全部资产的经营质量和利用效率	销售收入总额÷平均资产总额×100%
固定资产周转率	反映企业对厂房、设备等固定资产的利用效率	产品销售收入净额÷固定资产平均净值 其中：固定资产平均净值=（期初净值＋期末净值）÷2
流动资产周转率	反映企业流动资产的周转速度	销售收入总额÷流动资产平均余额 其中：流动资产平均余额=（期初流动资产＋期末流动资产）÷2
应收账款周转率	反映企业应收账款的回收速度	当期销售净收入÷[（期初应收账款余额＋期末应收账款余额）÷2]
存货周转率	反映企业存货的周转速度	销售（营业）成本÷平均存货

4. 成长性指标

分析成长性指标的目的是观察企业一定时期内的经营能力的未来变化趋势。一个企业可能收益性高，但成长性却未必好，有可能其未来盈利能力在下降。因此，从可持续发展的角度分析企业，动态地掌握企业财务资料，对企业的利益相关者尤为重要。成长性指标的含义及计算公式如表 7-6 所示。

表 7-6　成长性指标的含义及计算公式

成长性指标	基本含义	计算公式
销售收入增长率	反映企业销售收入的变化趋势	（本年年末销售收入－上年年末销售收入）÷上年年末销售收入×100%

(续表)

成长性指标	基本含义	计算公式
税前利润增长率	反映企业税前利润的变化趋势	(本期税后利润－基期税后利润)÷基期税后利润
固定资产增长率	反映企业产能的扩张	(期末固定资产总值－期初固定资产总值)÷期初固定资产总值×100%
人员增长率	反映企业人员变化的趋势	(本年人员数量－上年人员数量)÷上年人员数量×100%
产品成本降低率	反映产品成本变化的趋势	本期产品成本÷前期产品成本

5. 生产性指标

分析生产性指标的目的是了解企业一定时期内的生产经营能力、水平和成果的分配。生产性指标的含义及计算公式如表 7-7 所示。

表 7-7 生产性指标的含义及计算公式

生产性指标比率	基本含义	计算公式
人均销售收入	反映企业的人均销售能力	销售收入÷平均职工人数
人均净利润	反映企业的经营管理水平	净利润÷平均职工人数
人均资产总额	反映企业的生产经营能力	资产总额÷平均职工人数
人均工资	反映企业的成果分配状况	工资总额÷平均职工人数

表 7-2 至表 7-7 反映的企业财务能力的 5 大指标的分析结果,可以通过与行业或其他相关标准的比较分析以雷达图形式体现出来。

第三节 大数据在财务综合分析中的应用

1. 准备数据

打开中联大数据分析平台,点击左侧创建文档,选择仪表板下准备数据,点击"进入",创建缓存数据集。创建缓存数据集如图 7-3 所示。

2. 数据关联

步骤一,根据需要,选择能够运用到的相关数据源,即康佳医疗 2017—2020 年的利润表、2017—2020 年的资产负债表,点击"确定"。

步骤二,将康佳医疗 2017—2020 年的资产负债表和利润表建立关联关系。先将康健医疗利润表 2020 拖拽到右侧设计区域,与康佳医疗 2017 年的利润表进行数据链接。建立数据链接关系,需要按照两张表共同的字段,因此将年份修改为证券简称,点击"保存"。数据链接设置如图 7-4 所示。

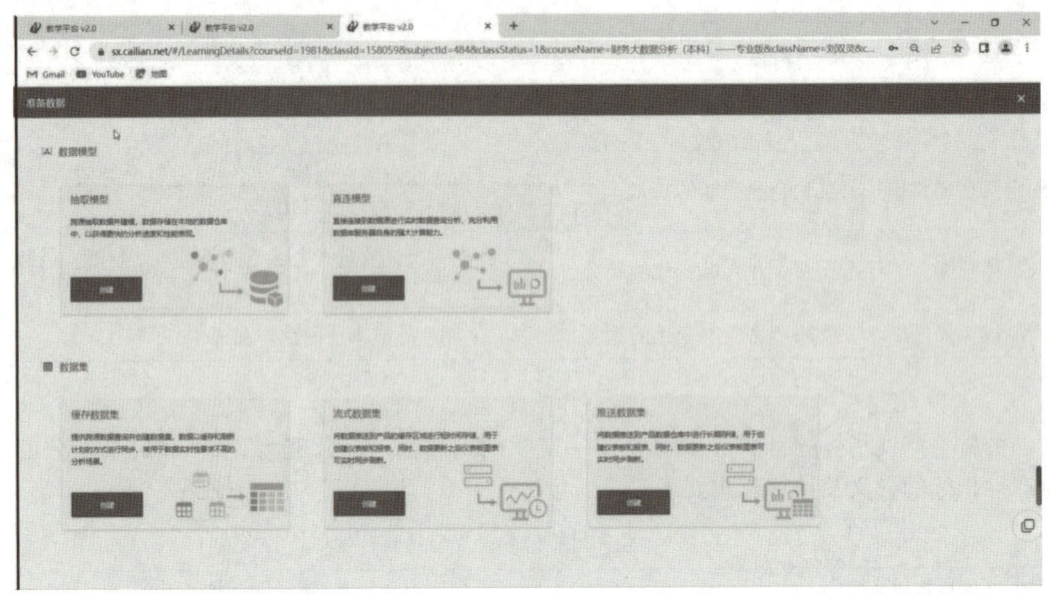

图 7-3　创建缓存数据集

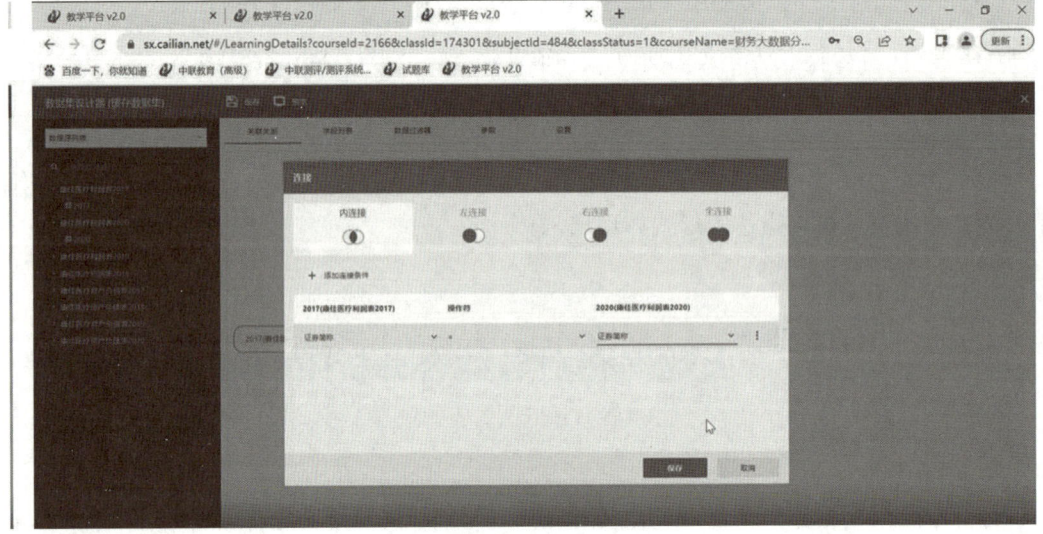

图 7-4　数据链接设置

步骤三,将康佳医疗 2018—2019 年的利润表及康佳医疗 2017—2020 年的资产负债表分别与康佳医疗 2017 年的利润表建立数据关联。数据关联如图 7-5 所示。

3. 添加计算字段

先添加净资产收益率,选择添加计算字段,将字段名称输入"净资产收益率",字段类型选择"数字"。由于要计算的是 2020 年的净资产收益率,表达式输入"[2020_净利润] * 2/ ([2020_所有者权益合计] * [2019_所有者权益合计])",点击"保存",并继续创建。添加计算字段如图 7-6 所示。

项目七　财务综合分析

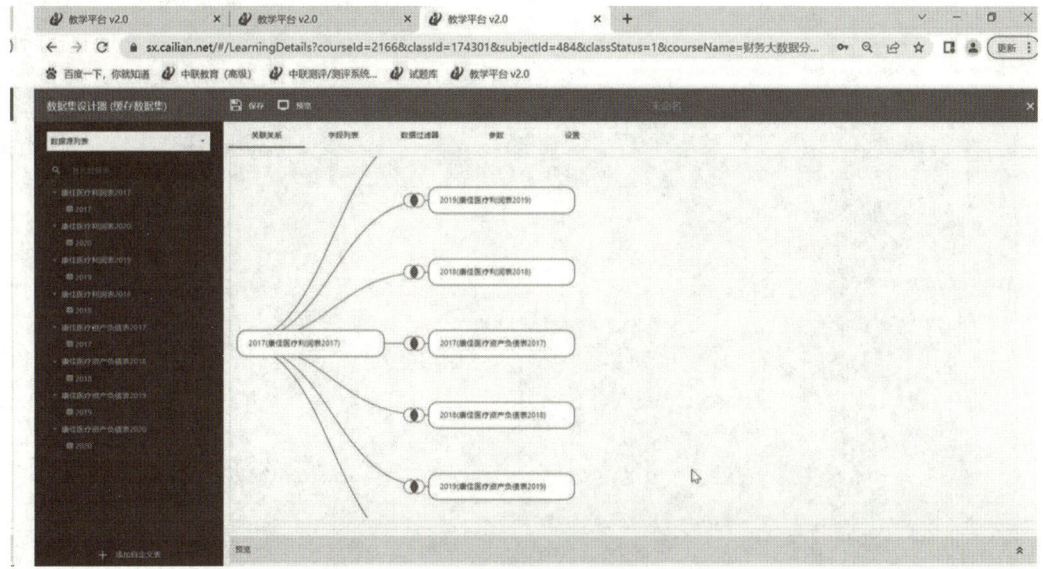

图 7-5　数据关联

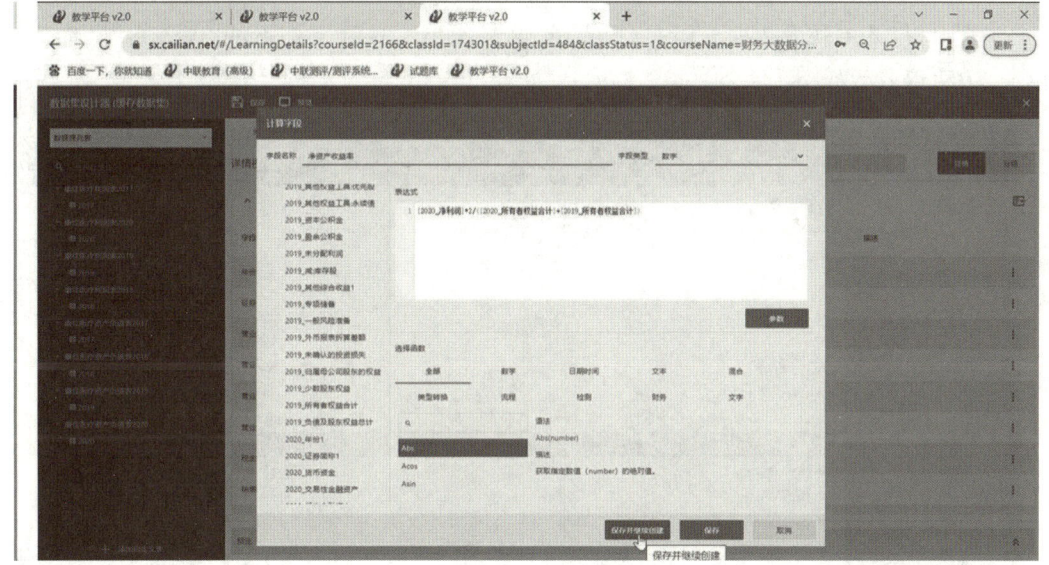

图 7-6　添加计算字段

　　按照同样的方式,添加总资产净利率、权益乘数、营业净利率、总资产周转率、平均总资产、平均所有者权益、销售毛利率,以及 2018—2020 年的流动比率,2018—2020 年的资产负债率、营业收入增长率、总资产增长率,以及 2018—2020 年的存货周转率和应收账款的周转率的计算字段。(提示:计算存货周转率时,对应的是营业收入的计算字段;计算应收账款周转率时,分母对应的是营业收入指标)添加完毕后,点击"保存"。保存计算字段如图 7-7 所示。

277

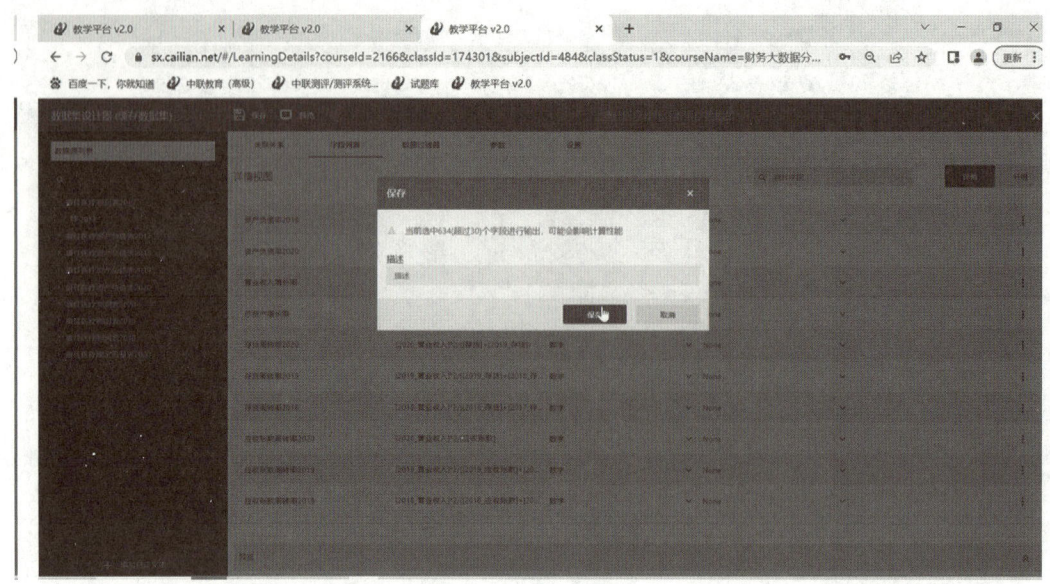

图 7-7 保存计算字段

4. 创建杜邦财务分析仪表板

步骤一,打开中联大数据分析平台,点击"文档类型",选择文档下的"仪表板"。创建杜邦财务分析仪表板如图 7-8 所示。

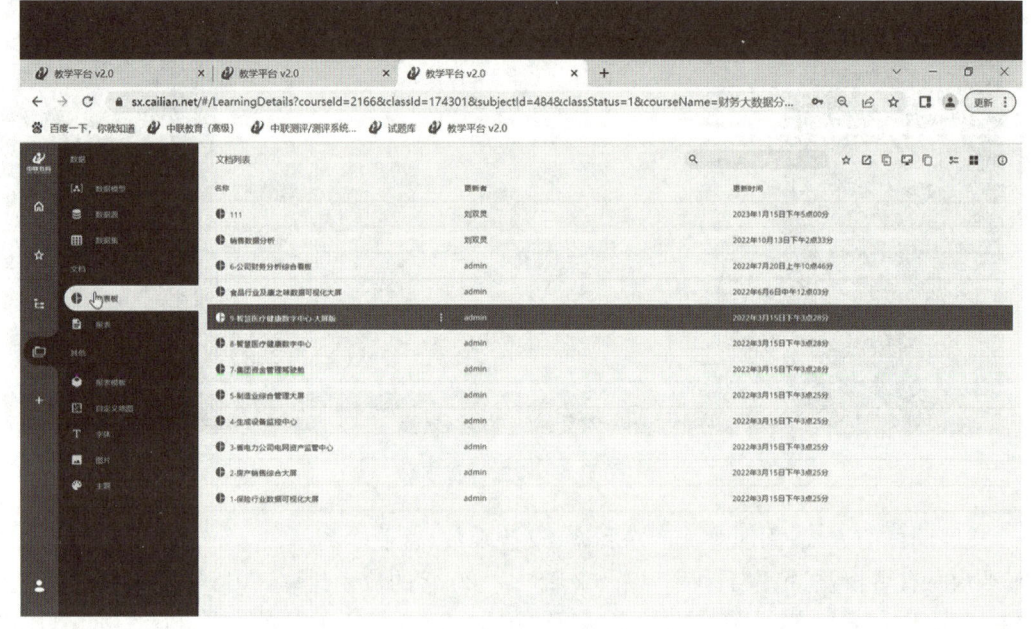

图 7-8 创建杜邦财务分析仪表板

步骤二,点击"公司财务分析综合看板",选择"更多",可选择"基于当前文档创建",或将文档予以复制,在复制出来的新文档中进行仪表板的设计。我们选择将文档复制出来,点击

"更多",选择"重命名",命名为"康佳医疗杜邦财务分析可视化"。复制文档如图 7-9 所示,文档重命名如图 7-10 所示。

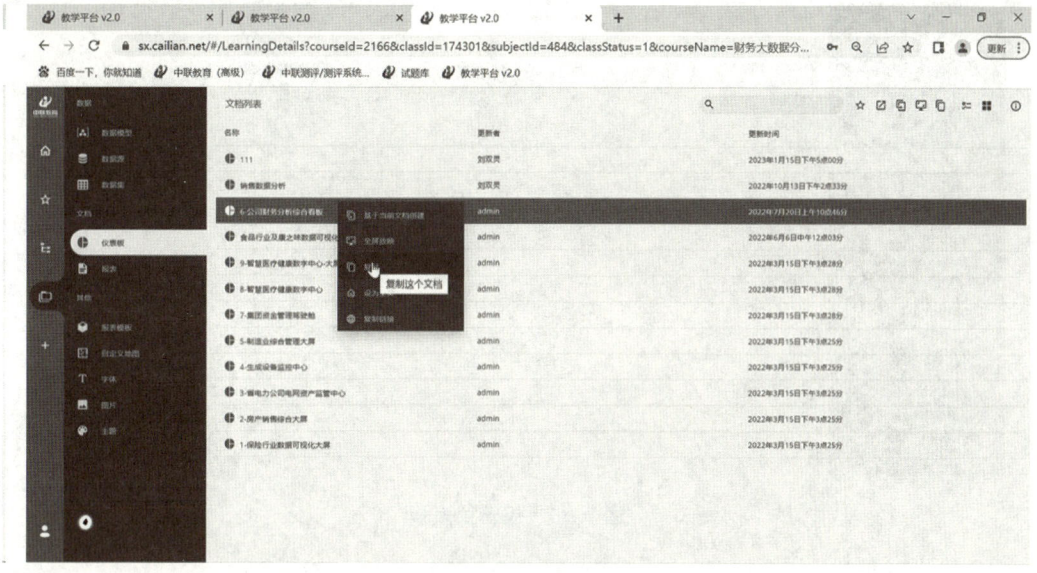

图 7-9　复制文档

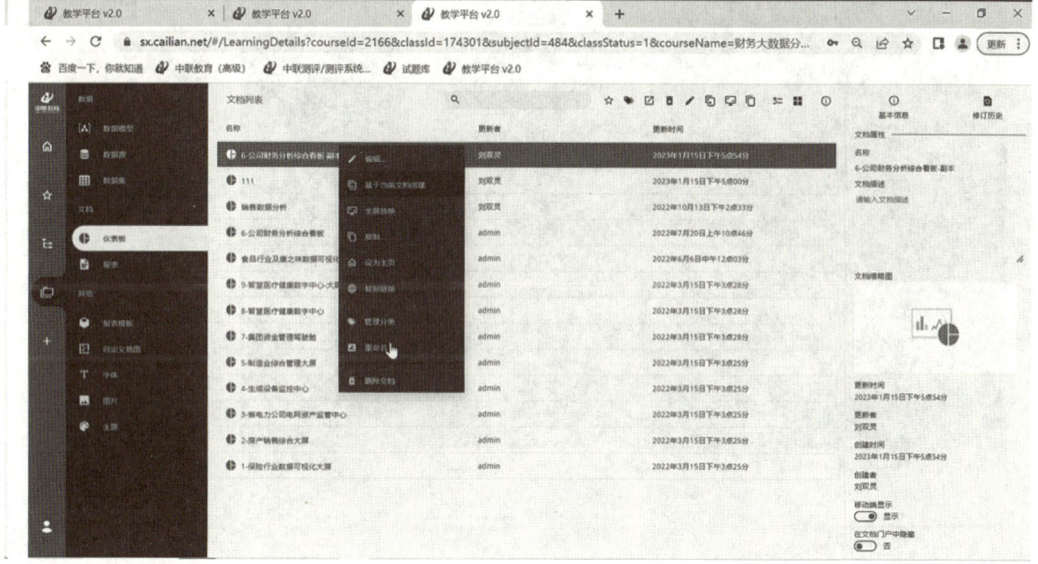

图 7-10　文档重命名

5. 数据替换和绑定

点击"编辑仪表板",将模板中预制的数据替换为康佳医疗缓存数据集中相关数据,如选择"权益净利率",点击"数据绑定",绑定"康佳医疗杜邦分析缓存数据集"。编辑仪表板如图 7-11 所示,数据绑定如图 7-12 所示。

图 7-11　编辑仪表板

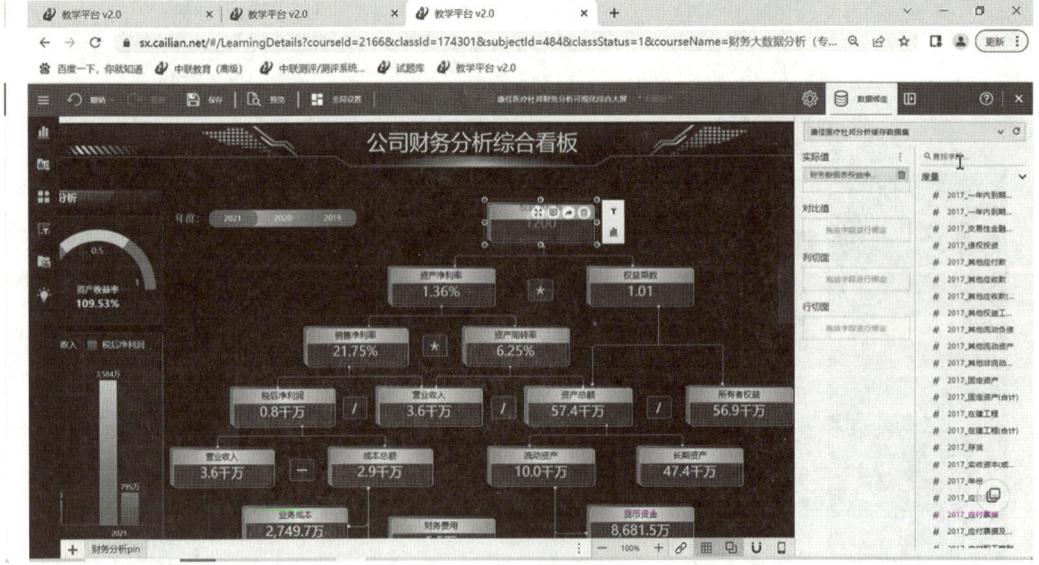

图 7-12　数据绑定

6. 数字格式设置

搜索"净资产收益率",将净资产收益率的数字格式,设置为百分比,点击"确定"。数字格式设置如图 7-13 所示。

将实际值中原财务数据表权益净利率删除,将净资产收益率指标拖拽至实际值中,可以看到康佳医疗所对应的净资产收益率。数值替换如图 7-14 所示。

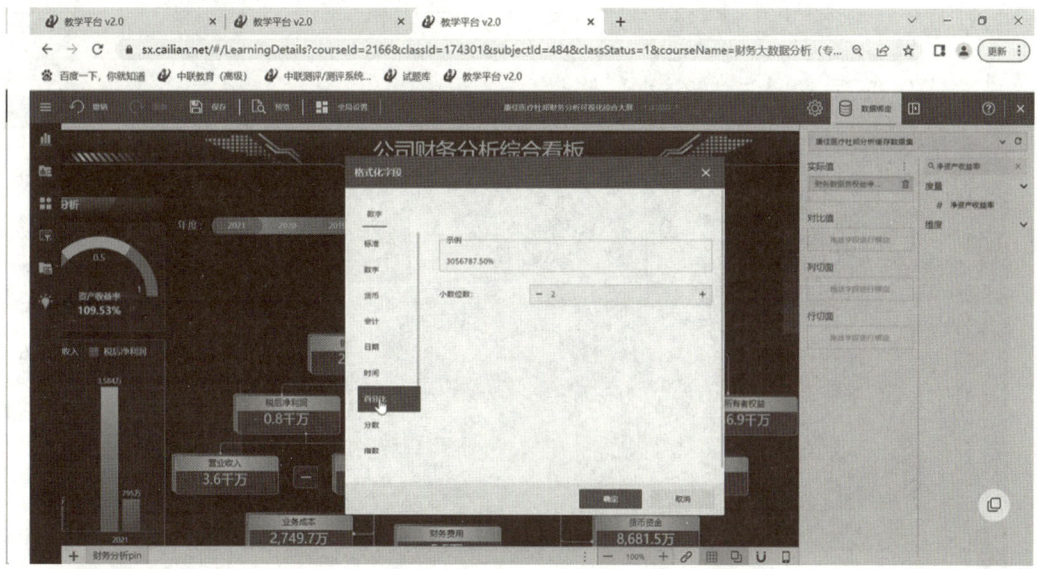

图 7-13 数字格式设置

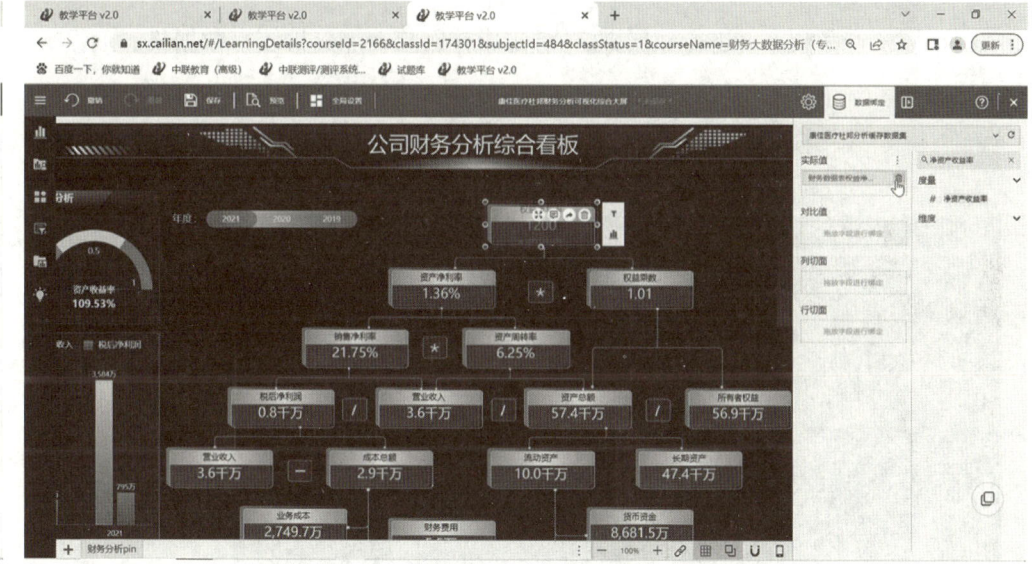

图 7-14 数值替换

7. 属性设置

通过属性设置，找到显示副标题，并将其修改为"净资产收益率"。副标题设置如图 7-15 所示。

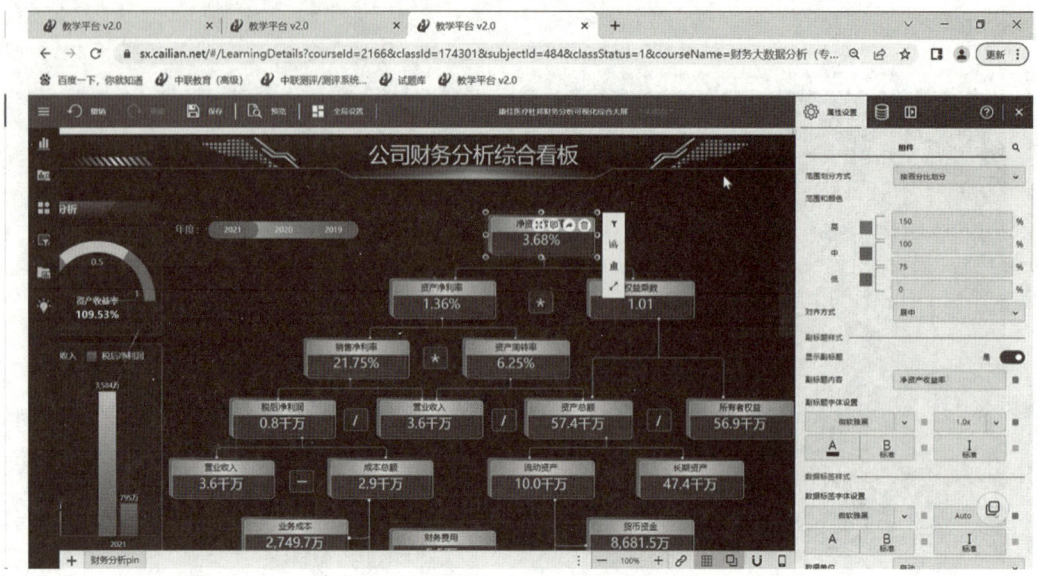

图 7-15　副标题设置

8. 替换总资产净利率

选择"总资产净利率",进行数据绑定,绑定康佳医疗杜邦分析缓存数据集。数据绑定如图 7-16 所示。

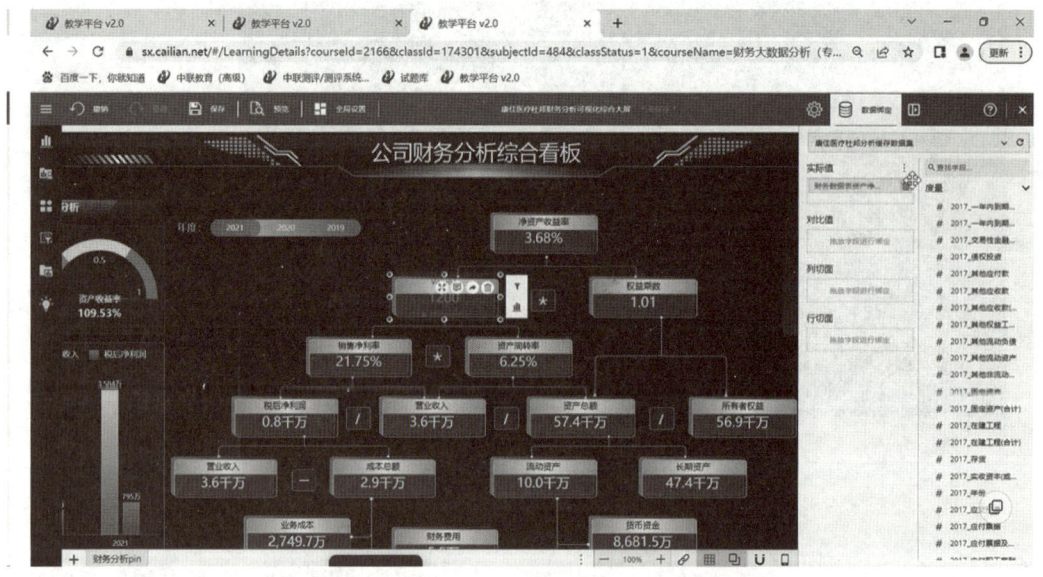

图 7-16　数据绑定

搜索"总资产净利率",将数值格式设置为百分比,点击"确定"。格式设置如图 7-17 所示。

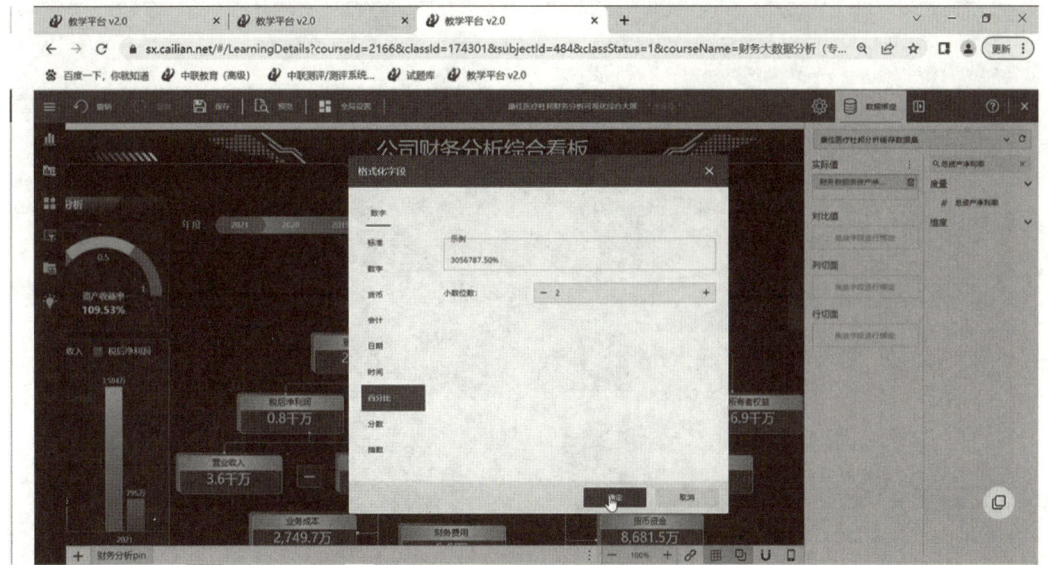

图 7-17　格式设置

将原来的数值删除,再将总资产净利率拖拽至实际值中。数值替换如图 7-18 所示。

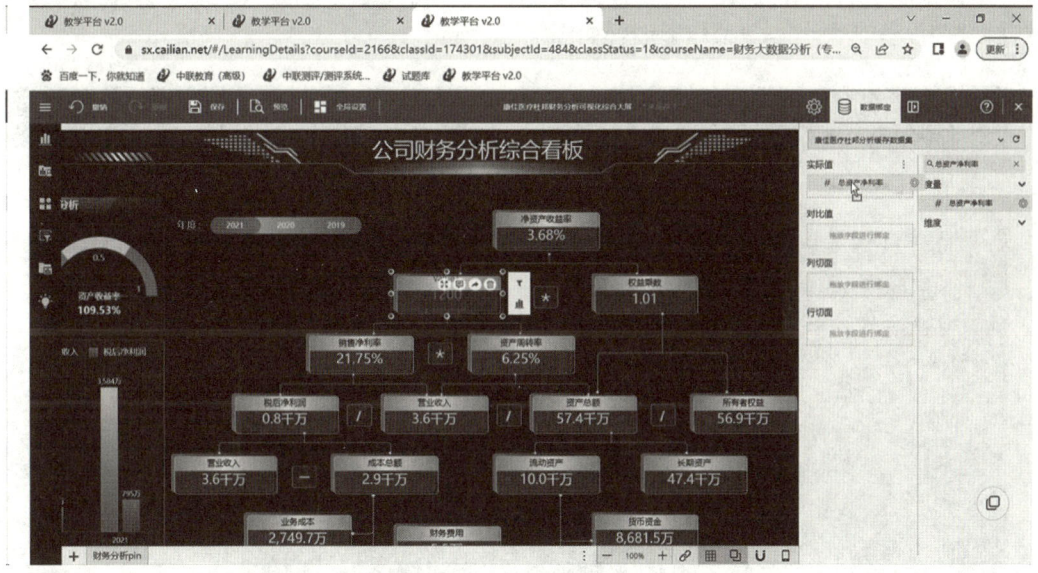

图 7-18　数值替换

9. 年份变更

将权益乘数、销售净利率、总资产周转率等相关数据指标进行替换,由于要设计的是康佳医疗 2020 年的杜邦财务数据分析模型,应将模板中的年份删除。年份变更如图 7-19 所示。

图7-19　年份变更

10. 动态标题设置

选择仪表板右侧"可视化插件"—"动态标题",并将动态标题拖拽至右侧仪表板设计区域,并合理设置其大小。动态标题设置如图7-20所示。

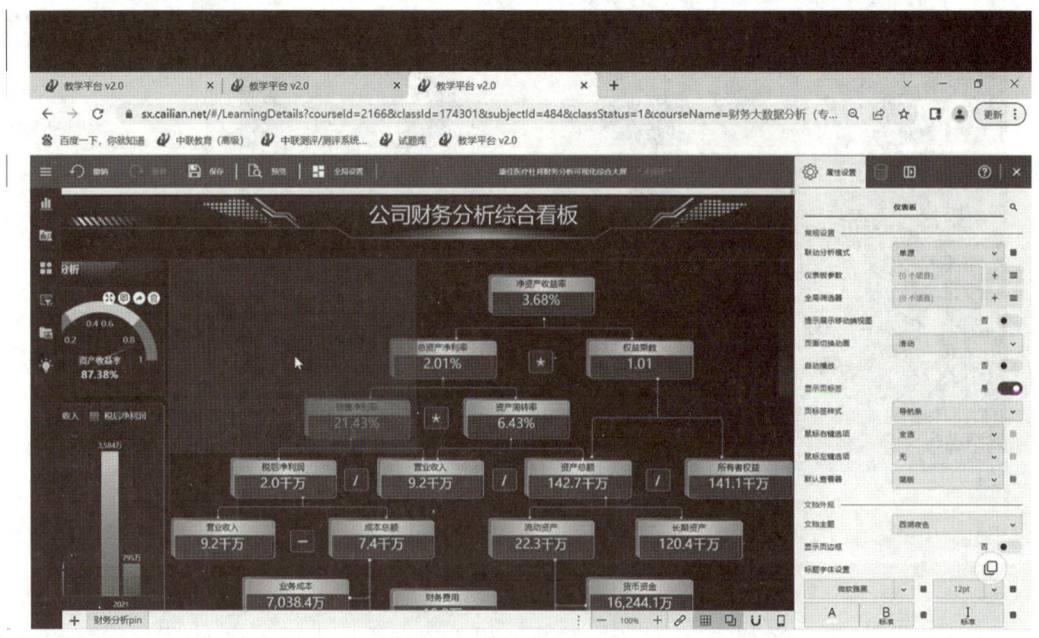

图7-20　动态标题设置

设置完成后,绑定创建的"康佳医疗杜邦分析缓存数据集"。绑定数据集如图7-21所示。

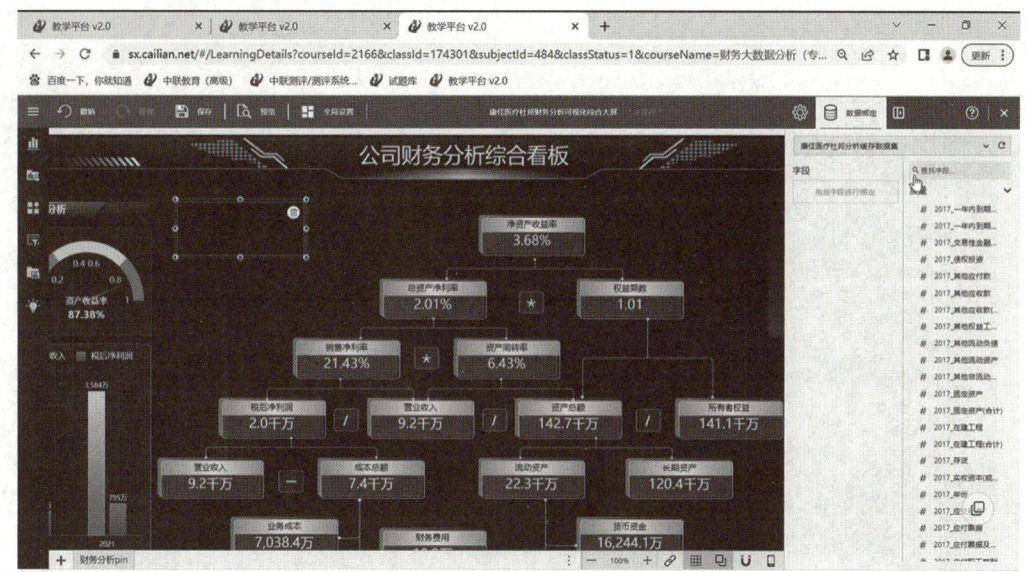

图 7-21　绑定数据集

将字段设置为年份,选择"2020 年份",并将其拖拽至字段值中。年份设置如图 7-22 所示。

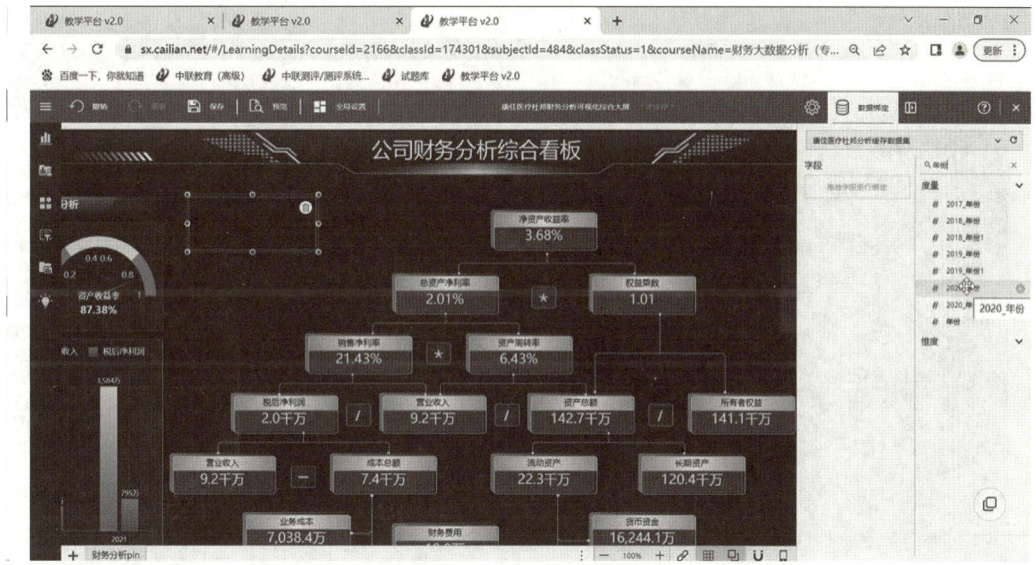

图 7-22　年份设置

11. 属性设置

步骤一,背景图片设置。从内嵌图片当中进行选择,即可设置背景图片。背景图片设置如图 7-23 所示。

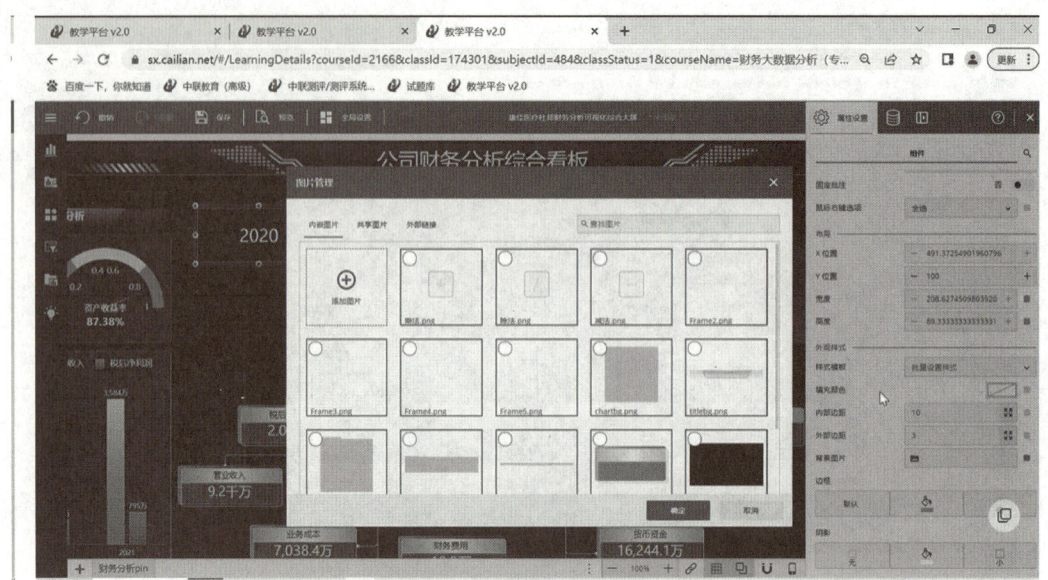

图 7-23 背景图片设置

步骤二，动画效果设置。添加动画名字为"滑动"，动画时长设置为"2s"，动画重复次数为"无限次"。动画效果设置如图 7-24 所示。

图 7-24 动画效果设置

步骤三，动态标题边框设置，可以选择"无"。对于运用不到的数据模型，点击"删除"即可。

12. 图形预览

将模型中的数值按照上述同样方法替换完后，可点击"预览"，康佳医疗杜邦财务分析综合看板设计完毕。图形预览如图 7-25 所示。

项目七　财务综合分析

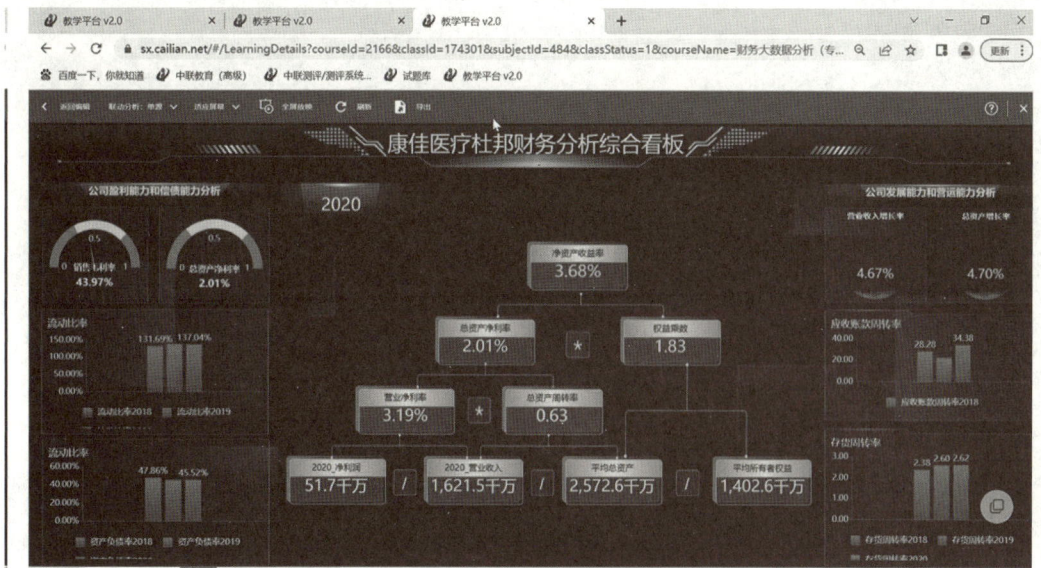

图 7-25　图形预览

课后练习题

一、单项选择题

1. 下列方法中,属于综合分析方法的是( )。
   A. 杜邦分析法　　　B. 比较分析法　　　C. 趋势分析法　　　D. 比率分析法
2. 利用雷达图进行财务分析的优点是( )。
   A. 简单直观　　　　　　　　　　　　B. 全面综合
   C. 反映趋势　　　　　　　　　　　　D. 易于比较
3. 使用杜邦分析法时,主要的分析对象是( )。
   A. 企业的偿债能力　　　　　　　　　B. 企业的盈利能力
   C. 企业的营运能力　　　　　　　　　D. 企业的综合财务状况
4. 下列各项中,说法正确的是( )。
   A. 杜邦分析法和沃尔比重分析法都属于静态分析方法
   B. 雷达图法主要用于分析企业的财务风险
   C. 杜邦分析法能够全面反映企业的财务状况
   D. 沃尔比重分析法的局限性在于指标的选取具有主观性
5. 在杜邦财务分析体系中,起点指标是( )。
   A. 总资产周转率　　　　　　　　　　B. 净资产收益率
   C. 营业净利率　　　　　　　　　　　D. 总资产报酬率

二、多项选择题

1. 下列各项中,属于财务分析方法的有( )。
   A. 杜邦分析　　　　　　　　　　　　B. 雷达图分析
   C. 沃尔比重分析法　　　　　　　　　D. 比较分析法
2. 杜邦分析体系主要涉及的指标包括( )。
   A. 净资产收益率　　　　　　　　　　B. 总资产周转率
   C. 权益乘数　　　　　　　　　　　　D. 流动比率
3. 下列各项中,关于雷达图分析的说法正确的有( )。
   A. 可以直观展示企业多方面的财务状况
   B. 不同区域代表不同的财务指标
   C. 能够进行多企业对比分析
   D. 主要用于短期财务分析
4. 下列各项中,对于杜邦分析法、沃尔比重分析法和雷达图分析法表述正确的有( )。
   A. 都有各自的特点和优势　　　　　　B. 可以结合使用
   C. 杜邦分析注重综合性　　　　　　　D. 沃尔比重分析法较为全面
5. 在进行财务分析时,运用杜邦分析法、沃尔比重分析法和雷达图分析法的目的包括( )。

A. 评估企业财务状况　　　　　　B. 发现问题和潜力
C. 制订决策　　　　　　　　　　D. 比较不同企业

三、简答题

1. 请简要阐述杜邦分析的基本原理和主要步骤。
2. 请举例说明如何运用沃尔比重分析法对企业进行综合评价。

四、实训题

请扫描二维码,完成本项目的实训题。

7-1　项目七实训题

项目八
企业经营业绩评价

 学习目标

知识目标
1. 了解企业财务业绩和非财务业绩评价方法。
2. 理解经济增加值,企业环境、社会和治理,平衡计分卡的含义。
3. 掌握外部环境分析方法,如 SWOT 分析、PEST 分析、波士顿矩阵和波特五力模型。

能力目标
1. 能够运用 EVA 计算相关业绩指标,对企业绩效进行评价。
2. 能够运用 ESG 测算相关业绩指标,评价企业的社会责任。
3. 能够运用外部环境分析方法,撰写大数据财务分析报告。

素质目标
1. 树立正确的绩效观,严谨细致地全面反映企业真实的发展概况。
2. 培养学生具备解读财务报表和分析指标的能力,形成一定的判断力。
3. 培养学生具有一定的文字表达能力,能根据分析结果撰写相应的财务报告。

思政小课堂

财务会计报告是向财务会计报告使用者提供与企业财务状况、经营成果和现金流量等有关的会计信息,服务于财务会计报告使用者作出经济决策,上市公司财务报告直接影响投资者的决策行为。财务工作者在编制财务报告时,应当遵循会计法律,依据国家法律法规和会计准则的规定,为财务报告使用者提供公司决策和经济决策所需的信息。

诚实守信是经济社会健康发展的重要保障,是社会主义核心价值观的重要部分,对我国思想道德建设具有重要作用。近年来,财务报告造假案例层出不穷,造假手段复杂多样,形式不断翻新,给企业和社会造成了严重危害。作为财务工作者,撰写财务分析报告时,我们要始终坚持诚实守信、大力弘扬诚信文化、强化诚信为本、不做假账的职业道德。

 **案例导入**

北京中福汽车制造有限公司(以下简称中福汽车)成立于 2012 年 4 月 11 日,主要从事

汽车产品的研发、生产和销售,该公司所属证监会行业名称为汽车制造业。随着国家产业政策的调整,新能源汽车将获得快速发展。为抢占新能源汽车这块市场,中福汽车需要设计、开发和生产新的产品,计划在2021年8月新建3条生产线,但需要投资2.8亿元资金。

为了做好企业管理,并对不同部门的业绩进行评价,企业经常采用科学管理方法对其业绩进行评价。

第一节 企业业绩评价

企业业绩评价包括财务业绩评价和非财务业绩评价。

财务业绩评价是根据财务信息来评价管理者业绩的方法,常见的财务业绩评价指标包括净利润、资产报酬率、经济增加值等。

非财务业绩评价是根据非财务信息指标来评价管理者业绩的方法。例如,与顾客相关的指标包括市场份额、关键客户订货量、顾客满意度、顾客忠诚度等;与企业内部营运相关的指标包括及时送货率、存货周转率、产品或服务质量(缺陷率)、周转时间等;反映员工学习与成长的指标包括员工满意度、员工建议次数、员工拥有并熟练使用电脑比率、员工流动率等。

上述两种不同的业绩评价各有其优缺点,需要企业根据自身情况,选择适合企业自身的评价方法。将两者相结合,使企业整体业绩评价更加全面、客观、有效。

项目七已经讲述了杜邦分析法和沃尔评分法,结合我国企业现状,本项目主要对经济增加值、企业环境、社会和治理、平衡计分卡进行讲述。

一、经济增加值

(一) 经济增加值的概念

经济增加值(economic value added,EVA)是美国思腾思特(Stem Stewart)管理咨询公司开发并于20世纪90年代中后期推广的一种价值评价指标。国务院国有资产监督管理委员会从2010年开始对中央企业负责人实行经济增加值考核并不断完善,2019年3月1日发布了第40号令,要求于2019年4月1日开始施行《中央企业负责人经营业绩考核办法》。财政部于2017年9月29日发布了《管理会计应用指引第602号——经济增加值法》(以下简称《应用指引》)。

经济增加值是指从税后净营业利润中扣除全部投入资本的资本成本后的剩余收益。经济增加值及其改善值是全面评价经营者有效使用资本和为企业创造价值的重要指标。经济增加值为正,表明经营者在为企业创造价值;经济增加值为负,表明经营者在损毁企业价值。

(二) 经济增加值的计算

经济增加值的计算公式为:

$$经济增加值 = 税后净营业利润 - 调整后资本成本(机会成本)$$
$$= 税后净营业利润 - 调整后资本占用 \times 加权平均资本成本$$

其中:税后净营业利润反映的是企业的经营盈利情况;平均资本占用反映的是企业持续投入的各种债务资本和股权资本;加权平均资本成本反映的是企业各种资本的平均资本成本率。

税后净营业利润又称税后经营净利润,表示企业的销售收入减去除利息支出以外的全部经营成本和费用后(包含所得税)的净值,衡量的是企业的经营盈利情况。其计算公式为:

$$税后净营业利润=净利润+(利息支出+研究开发费用调整项)\times(1-25\%)$$

调整后资本占用又称资本总额,表示所有投资者(包含债权人)投入企业经营的全部资金的账面价值,包括债务和股本资本,其中债务是包含所有应付利息的长短期贷款(统称为有息负债),不包含应付账款等无利息的流动负债(统称为无息流动负债),反映企业持续投入的各种债务资本和股权资本。调整后资本占用的计算公式为:

$$调整后资本占用=平均所有者权益+平均带息负债-平均在建工程$$

平均资本成本率表示企业债权资本和股权资本的加权资本成本率,反映的是企业各种资本的平均资本成本率。

$$平均资本成本率=债权资本成本率\times[平均带息负债\div(平均带息负债+平均所有者权益)\times(1-25\%)]+股权资本成本率\times[平均所有者权益\div(平均带息负债+平均所有者权益)]$$

【例题 8-1】 甲公司是一家中央电力企业,采用经济增加值业绩考核办法进行业绩计量和评价,有关资料如下:

2023 年甲公司的净利润为 40 亿元;费用化利息支出为 12 亿元,资本化利息支出为 16 亿元;研发费用为 20 亿元,当期无确认为无形资产的开发支出。

2023 年甲公司的年末无息负债为 200 亿元,年初无息负债为 150 亿元;年末带息负债为 800 亿元,年初带息负债为 600 亿元;年末所有者权益为 900 亿元,年初所有者权益为 700 亿元;年末在建工程为 180 亿元,年初在建工程为 220 亿元。

要求:依据上述资料,计算甲公司 2023 年的经济增加值。

【解析】

(1) 计算税后净营业利润。

研究开发费用调整项=20+0=20(亿元)

税后净营业利润=40+(12+20)×(1−25%)=64(亿元)

(2) 计算调整后资本。

平均所有者权益=(900+700)÷2=800(亿元)

平均带息负债=(800+600)÷2=700(亿元)

平均在建工程=(180+220)÷2=200(亿元)

调整后资本=800+700−200=1 300(亿元)

(3) 计算平均资本成本率。

利息支出总额=12+16=28(亿元)

债权资本成本率=28÷700=4%

股权资本成本率=5.5%−0.5%=5%

平均资本成本率=4%×[700÷(700+800)×(1−25%)]+5%×[800÷(700+800)]
=4.07%

(4) 计算经济增加值。

经济增加值=64－1 300×4.07%=64－52.91=11.09(亿元)

(三) 经济增加值的优缺点

1. 经济增加值的优点

经济增加值考虑了所有资本的成本,更真实地反映了企业的价值创造能力;实现了企业利益、经营者利益和员工利益的统一,激励经营者和所有员工为企业创造更多价值;能有效遏制企业盲目扩张规模以追求利润总量和增长率的倾向,引导企业注重价值创造。

2. 经济增加值的缺点

经济增加值仅对企业当期或未来1~3年价值创造情况进行衡量和预判,无法衡量企业长远发展战略的价值创造情况;经济增加值计算主要基于财务指标,无法对企业的营运效率与效果进行综合评价;不同行业、不同发展阶段、不同规模等的企业,其会计调整项和加权平均资本成本各不相同,计算比较复杂,影响指标的可比性;不便于比较不同规模企业的业绩。

二、企业环境、社会责任和公司治理

ESG 是英文 environmental(环境)、social(社会)和 governance(公司治理)的缩写,它是一种用于衡量企业或投资组合在环境、社会和公司治理领域绩效的方法和工具,在影响投资决策方面发挥着重要作用。ESG 评级旨在为投资者提供更全面的视角了解被投企业有关可持续风险与机遇,可以有效缓解投资者与企业之间的信息不对称,降低投资决策成本。它是一种通过将环境、社会与公司治理因素纳入投资决策与企业经营,从而积极响应可持续发展理念的投资、经营之道。

为此,国家陆续出台了一系列相关政策。

2022 年 5 月 27 日,国务院国资委发布《提高央企控股上市公司质量工作方案》,该方案提出探索建立健全 ESG 体系,并提出到 2023 年央企上市公司 ESG 报告披露全覆盖。

2024 年 1 月 11 日,国务院发布《关于全面推进美丽中国建设的意见》,该意见指出将积极稳妥推进碳达峰碳中和,完善全国温室气体自愿减排交易市场,实现了美丽中国顶层制度的落地。

2024 年 2 月 4 日,国务院总理李强签署第 775 号中华人民共和国国务院令,正式发布《碳排放权交易管理暂行条例》,该条例共 33 条,自 2024 年 5 月 1 日起施行。

2024 年 2 月 8 日,国家三大交易所——上交所、深交所和北交所,同时发布了《上市公司自律监管指引——可持续发展报告(试行)(征求意见稿)》,开始向社会各界征求意见,该文件的发布标志着 ESG 强制披露时代已来临。

2024 年 3 月 1 日,上海市商务委印发《加快提升本市涉外企业环境、社会和治理(ESG)能力三年行动方案(2024—2026 年)》的通知。这是全国首个正式发布的省级 ESG 方案,该通知的要求具体详实,给予了相关公司充裕的时间做好能力建设和实施准备。

2024 年 3 月 15 日,北京市发展和改革委会发布关于对《北京市促进环境社会治理(ESG)体系高质量发展实施方案(征求意见稿)》公开征求意见的公告,面向北京市企业及各类机构征求意见。

截至 2024 年 3 月,统计数据显示,A 股上市公司发布 ESG 相关报告(包括 ESG 报告、社会责任报告、可持续发展报告)的占比已达到 37% 左右,其中国资央企相关报告披露比率已超过 60%。

(一) ESG 解读

企业环境(environmental,E)包括碳排放、气候变化、水资源、公司及其上下游的节能减排等。

社会责任(social,S)包括公司对员工的政策、员工结构的多样性、公司和客户或供应商之间的关系、公司的产品对社会的影响等。

公司治理(governance,G)包括公司组织架构、高管薪酬、董事会的多样性和结构,会不会侵犯小股东的权益等。

ESG 用以评估企业长期财务生存能力和可持续性。ESG 强调企业不仅要关注财务绩效,也要从环境、社会及公司治理角度衡量企业价值,使企业履行社会责任的表现可量化、可比较,并可持续改善。

(二) ESG 相关评价指标

1. 环境业绩指标方面

在环境业绩指标方面,企业比较关注碳减排和绿色业务机会。环境业绩指标如表 8-1 所示。

表 8-1 环境业绩指标

国企 ESG 评价指标——环境业绩指标		
一级指标	二级指标	三级指标
环境	污染排放	遭受与污染排放相关的法律行为的次数
	碳排放	是否披露范围三内碳排放量
		是否制定中长期碳达峰碳减排规划
		是否采取碳减排措施
	绿色业务机会	绿色业务收入占比

(1) 在污染排放方面,国企风险较小。国企内部合规性管理较为严格,因此污染排放方面的负面风险较小。

(2) 在碳减排方面,国企应主动探索碳减排路径。受制于历史发展阶段不同,我国尚未碳达峰,且碳达峰与碳中和时间点相距较近,这为双碳目标的实现带来较大压力。国企有责任作为表率,率先探索范围三内碳排放的计算方式,并采取行之有效的手段开展碳减排工作。

(3) 在绿色业务机会方面,国企可以将绿色业务付诸实践的领域包括:①风力发电、光伏发电、水力发电等发电形式的碳排放较低,推广绿电的生产和使用是实现碳达峰的最有效手段。②绿氢制造、新能源汽车、储能电池等是利用绿电和方便绿电合理利用的手段,具有碳减排的意义。③低成本的林木种植和高科技的固碳手段协同作用,将成为未来实现碳达峰的可能路径。

2. 社会责任指标方面

在社会责任指标方面,企业比较关注国家安全、高质量发展和共同富裕。社会责任指标如表 8-2 所示。

表 8-2 社会责任指标

国企 ESG 评价指标——社会责任指标		
一级指标	二级指标	三级指标
社会责任	国家安全	是否拥有契合粮食安全、能源资源安全、重要产业链供应链安全的业务
	高质量发展	利润总额变化率
		净资产收益率变化率
		营业现金比率变化率
		资产负债率变化率
		研发投入强度变化率
		人均创收
		是否开展与国家重大科研任务相符的科研工作
	共同富裕	上缴利税占营业收入比例
		分红率

3. 国家安全方面

国家安全方面具体包括粮食安全、能源资源安全和重要产业供应链安全等。

(1) 在粮食安全方面,包括重要农产品供应、农业设施建设、农业技术攻关、种业振兴、农机研发、绿色农业等。

(2) 在能源资源安全方面,传统能源仍是能源安全的兜底保障,新能源的研发、制造和应用应当追求效率的提升,与能源转型和高端制造业相关的稀土、钨、钼等金属是资源安全的重点。

(3) 在重要产业供应链安全方面,芯片制造、计算机高端软硬件、工业母机、航空发动机、重型燃气轮机等是重点。

4. 高质量发展方面

高质量发展既是对国企经济效益的要求,又是对国企科研创新的要求。

(1) 在经济效益方面,未来国企需要在承担稳税收、促投资、保就业责任的同时,不断提升经营效率。

2023 年,中央企业经营指标体系由"两利四率"转为"一利五率",中央企业目标任务由"两增一控三提高"转为"一增一稳四提升"。具体而言:

一是针对利润仅考核利润总额,不再考核净利润和营业收入利润率,转而考核净资产收益率,或暗示央企将在利润总额增速持续高于 GDP 增速的前提下,只要求国有资本收益的保障,而不再要求企业整体利润率的绝对提升。

二是资产负债率不再设置红线,结合《关于做好 2023 年中央企业投资管理进一步扩大有效投资有关事项的通知》,以及历次经济衰退期间国企投资加速增长的事实,可能是为央企扩大投资放宽条件,助力经济发展。

三是全员劳动生产率不再设置明确目标,结合历次经济衰退期间国企反向吸纳就业的事实,可能是为保障就业发力。

四是加入营业现金比率,或在稳税收、促投资、保就业的目标下对企业经营风险的监控。

(2) 在科技创新方面,一是对当前我国落后领域、卡脖子技术的科研攻关;二是对世界前沿科技的探索。探索世界前沿科技也需要大量的科研投入,且其应用场景更不明朗,投资风险更大。从这一角度,科研机构开展探索,虽有资金保障,但无经济效益约束,难以形成有效的正反馈;民营企业开展探索,虽有更大的主观能动性,但是前期投入难以承受;唯有国有企业,能够承受前期投入风险的同时,依靠市场化运作保障科研效率,形成产研融合的完整闭环。

5. 共同富裕方面

共同富裕主要表现在上缴利税、资本市场分红2个方面。

(1) 在上缴利税方面,企业上缴利税,作为国家进行再分配的资源,惠及普罗大众,上缴利税比例越高的国企,其通过利税履行的社会责任更多。

(2) 在资本市场分红方面,分红使投资人分享企业经营成果,既是践行共同富裕理念,也抑制了投机行为。

6. 公司治理指标方面

在公司治理指标方面,企业比较关注股东大会、董事会与监事会、管理层。公司治理指标如表8-3所示。

表8-3 公司治理指标

国企ESG评价指标——公司治理		
一级指标	二级指标	三级指标
公司治理	股权结构	第一大股东持股比例
		前五大股东合计持股比例
	董事会	董监高专业背景全面度
		独立董事占比
		董事会召开次数
		独立董事出席董事会的次数/占比
	监事会	监事会内审职责
		监事列席董事会的次数/占比
	高管	高管薪酬是否与企业经营业绩挂钩
		高管薪酬是否与企业ESG表现挂钩
		高管薪酬占员工薪酬比例
		高管薪酬变化率与营业收入变化率的差值
		高管股权激励占总股本比例
		过去1年高管总持股数变化
	员工	员工薪酬占营业收入比例

（1）在股东大会层面，股权结构是影响公司稳定和发展的重要因素。国有控股企业的第一大股东（国有股东）需依行业差异保持不同的控股地位，同时引入积极股东提高企业运行效率，也要防止股权集中度过低导致的效率低下、国有资产流失和内部人控制。

（2）在董事会与监事会层面，专业背景和参与深度能够衡量其对公司治理的助力程度。独立董事的占比，关系到独立董事是否能够切实影响企业决策。独立董事在财务、法律、产业、党政等方面的学术或从业背景，可以反映独立董事的专业性。国有企业的监事会是否与内部审计部门存在业务上的联系和人员上的重合，对评价监事会是否有效至关重要。董事会召开的次数、独立董事出席董事会的次数、监事列席董事会的次数，是评价董事会和监事会是否尽责的重要指标。

（3）在管理层层面，薪酬和股权激励制度是解决代理人问题的最佳手段。我们一方面关注薪资待遇；另一方面关注股权激励。

由于ESG部分内容属于前沿内容，都仍在探索阶段，本书参考了《新窗口期，ESG助力国企可持续发展》（中信证券研究部ESG组张若海、宋广超和伍家豪）的相关资料，后续待完善和修订。

三、平衡计分卡

（一）平衡计分卡的概念

平衡计分卡由哈佛商学院教授卡普兰（Kaplan）和诺顿（Norton）倡导和提出。平衡计分卡是指基于企业战略，从财务、客户、内部业务流程、学习与成长4个维度，将战略目标逐层分解转化为具体的、相互平衡的绩效指标体系，并据此进行绩效管理的方法。它是在传统财务指标的基础上，增加用于评估企业未来投资价值好坏的具有前瞻性的先行指标。

平衡计分卡通过将财务指标与非财务指标相结合，将企业的业绩评价同企业发展战略联系起来，设计出了一套能使企业高管迅速且全面了解企业经营状况的指标体系，用来表达企业发展战略所必须达到的目标，把任务和决策转化成目标和指标。平衡计分卡的目标和指标来源于企业的愿景和战略，这些目标和指标从4个维度来考察企业的业绩，即财务、顾客、内部业务流程、学习与成长。

（二）平衡计分卡的4个维度

1. 财务维度

财务维度的目标是解决"股东如何看待我们"的问题。表明企业的努力是否最终对企业的经济收益产生了积极的作用。众所周知，现代企业财务管理目标是企业价值最大化，而对企业价值目标的计量离不开相关财务指标。财务维度指标通常包括投资报酬率、权益净利率、经济增加值、息税前利润、自由现金流量、资产负债率和总资产周转率等。

2. 顾客维度

顾客维度回答"顾客如何看待我们"的问题。顾客是企业之本，是现代企业的利润来源。顾客感受理应成为企业关注的焦点，应当从时间、质量、服务效率及成本等方面，了解市场份额、顾客需求和顾客满意程度。常用的顾客维度指标有市场份额、客户满意度、客户获得率、客户保持率、客户获利率、战略客户数量等。

3. 内部业务流程维度

内部业务流程维度着眼于企业的核心竞争力，解决"我们的优势是什么"的问题。企业要想按时向顾客交货,满足现在和未来顾客的需要,就必须以合理流畅的内部业务流程为前提。因此,企业应当明确自身的核心竞争力,遴选出那些对顾客满意度有最大影响的业务流程,并把它们转化成具体的测评指标。反映内部业务流程维度的常用指标有交货及时率、生产负荷率、产品合格率等。

4. 学习与成长维度

学习与成长维度的目标是解决"我们是否能继续提高并创造价值"的问题。只有持续不断地开发新产品,为客户创造更多价值并提高经营效率,企业才能打入新市场,才能赢得顾客的满意,从而增加股东价值。企业的学习与成长来自于员工、信息系统和企业程序等。根据经营环境和利润增长点的差异,企业可以确定不同的产品创新、过程创新和生产水平提高指标,如新产品开发周期、员工满意度、员工保持率、员工生产率、培训计划完成率等。

(三)平衡计分卡的"平衡"

基于平衡计分卡的四个不同角度,平衡计分卡中的"平衡"包括:

(1)外部评价指标(如股东和客户对企业的评价等)和内部评价指标(如内部经营过程、新技术学习等)的平衡。

(2)成果评价指标(如利润、市场占有率等)和导致成果出现的驱动因素评价指标(如新产品投资开发等)的平衡。

(3)财务评价指标(如利润等)和非财务评价指标(如员工忠诚度、客户满意程度等)的平衡。

(4)短期评价指标(如利润指标等)和长期评价指标(如员工培训成本、研发费用等)的平衡。

(四)平衡计分卡的优缺点

1. 平衡计分卡的优点

(1)战略目标逐层分解并转化为评价对象的绩效指标和行动方案,使整个组织行动协调一致。

(2)从财务、客户、内部业务流程、学习与成长4个维度确定绩效指标,使绩效评价更为全面、完善。

(3)将学习与成长作为一个维度,注重员工的发展要求和组织资本、信息资本等无形资产的开发利用,有利于增强企业可持续发展的动力。

2. 平衡计分卡的缺点

(1)专业技术要求高,工作量较大,操作难度也较大,需要持续地沟通和反馈,实施比较复杂,实施成本高。

(2)各指标权重在不同层级及各层级不同指标之间的分配比较困难,且部分财务指标的量化工作难以落实。

(3)系统性强,涉及面广,需要专业人员的指导、企业全员的参与和长期持续的修正完善,对信息系统、管理能力的要求较高。

第二节 大数据财务分析报告撰写

财务分析报告是企业依据财务报表、财务分析表及经营活动和财务活动所提供的丰富、重要的信息及其内在联系,运用一定的科学分析方法,对企业的经营特征、利润实现及其分配情况,资金增减变动和周转利用情况,税金缴纳情况,存货、固定资产等主要财产物资的盘盈、盘亏、毁损等变动情况及对本期或下期财务状况将发生重大影响的事项做出客观、全面、系统地分析和评价,并进行必要的科学预测而形成的书面报告。

随着大数据、人工智能对财会的影响越来越广泛、深远,财务分析需要借助大数据技术,使得报告更具有的精准预测性和科学价值性。因此,大数据财务分析报告,可以根据数据分析原理和方法,遵循规范性原则、重要性原则、谨慎性原则和创新性原则,运用数据来反映、研究和分析某项事物的现状、问题、原因、本质和规律,并得出结论,提出解决问题办法的一种分析应用文体。

通常来说,大数据分析报告按作用不同,可以分为展示分析结果的专题分析报告、验证分析质量的综合分析报告和提供决策依据的经营分析报告。而经营分析报告是企业常用的一种数据分析报告,在撰写经营分析报告时,应注意综合考虑宏观经济形势、市场行业数据、企业财务数据、营运数据等信息进行决策。

外部环境分析通常使用的方法有 SWOT 分析、PEST 分析、波士顿矩阵和波特五力模型等。

一、SWOT 分析

通过外部和内部环境的分析,企业可以发现外部的机会和威胁,内部的优势与劣势,上述内外部环境分析只是制定战略的基础,企业需要进一步找到内部要素与外部环境的结合点,有效调整与整合内部各要素,以契合外部环境的变化,获取竞争优势。

将企业的竞争优势(strengths)与劣势(weaknesses)、机会(opportunities)与威胁(threats)对应进行分割,可得出企业应对环境变化的 4 个主要战略。SWOT 分析如表 8-4 所示。

表 8-4 SWOT 分析

企业环境	优势(S)	劣势(W)
机会(O)	发展战略(SO):当企业内部有优势、外部有机会时,应该充分利用有利的内外部环境,把机会和优势变为企业良好的盈利能力	发展或稳定战略(WO):当企业存在一些外部机会,但内部有一些劣势妨碍企业利用这些外部机会时,可以利用外部机会来弥补内部劣势
威胁(T)	发展或稳定战略(ST):当企业内部有优势,外部有威胁时,应该利用企业的优势回避或减轻外部威胁的影响	收缩或放弃战略(WT):此战略是一种旨在减少内部劣势,同时回避外部环境威胁的防御性战略。一个面对大量外部威胁和具有众多内部劣势的企业处于不安全和不确定的境地,此时可以考虑清理、清算或出售现有资产,把资源转移到更有竞争力的领域

二、PEST 分析

PEST 分析主要针对企业所处的宏观环境进行分析,找出企业在宏观环境中所面临的机会和威胁。宏观环境是指一切影响行业和企业的宏观因素。PEST 分析模型主要对包括政治(political)、经济(economic)、社会(social)和技术(technological)这4大类影响企业的主要外部环境因素进行分析。PEST分析模型如表8-5所示。

表8-5　PEST分析模型

政治	经济	社会	技术
1. 政府稳定性 2. 劳动法 3. 贸易法 4. 税收政策 5. 行业性法规	1. 经济周期 2. GDP趋势 3. 利率/汇率 4. 货币供给 5. 通货膨胀 6. 失业率 7. 可支配收入 8. 经济环境 9. 成本	1. 市场需求 2. 生活方式改变 3. 教育水平 4. 消费方式、水平 5. 区域特性	1. 新产品 2. 新生产流程 3. 新的工作方法 4. 新的信息交流方式 5. 新的配送方式

第一个因素是政治。政治因素会影响消费者对于未来的信心及消费能力，会引发企业外部经营环境的变化，带来机会(如政府出台刺激消费的政策)或威胁(如政府增加纳税人的税负)。

第二个因素是经济。经济因素最终决定了消费者对商品或服务的实际需求。对未来经济走势的悲观或不确定性预期，会导致更高的储蓄率和更低的消费率。

第三个因素是社会。社会因素往往决定了客户群体的规模和购买能力。

第四个因素是技术。依靠新的技术创新，企业可以改变其提供给顾客的产品或服务，或者采用不同的渠道与顾客交流。

三、波士顿矩阵

波士顿矩阵又称市场增长率，与市场份额矩阵相比，波士顿矩阵可以帮助企业管理层制定总体战略，为企业进行有关资源分配、新业务开设、并购、裁减、转让等战略决策提供分析工具。

波士顿矩阵认为一般决定产品结构有市场引力、企业实力2个基本因素。

(1) 市场引力。市场引力是决定企业产品或业务结构是否合理的外在因素，包括市场增长率、竞争对手强弱及利润高低等，其中最主要的反映市场引力的综合指标是市场增长率，可以用业务的销售量或销售额的年增长率来表示。

(2) 企业实力。企业实力是决定企业产品或业务结构的内在要素，它决定企业的竞争实力。而市场占有率是衡量企业实力的最关键指标。

基于市场增长率和市场占有率的相互作用，波士顿矩阵将不同产品分为明星型产品、现金牛型产品、问题型产品和瘦狗型产品4种不同的类别。

(1) 明星型产品。市场增长率高，市场占有率也高，说明产品的发展前景好，产品增长和获利的机会大。

(2) 现金牛型产品。市场增长率低，市场占有率高，说明产品的发展前景一般，但属于厚利产品。

(3) 问题型产品。市场增长率高，但市场占有率低，这类产品市场机会很大，发展前景比较好，但需要大量投入。

（4）瘦狗型产品。市场增长率低，市场占有率也低，利润率低，一般是市场前景看淡的夕阳类产品或与企业发展战略不符的产品。

四、波特五力模型

波特五力模型更关注微观产业结构。波特五力模型认为，企业所处的行业环境替代品有五种竞争作用力，这五种竞争作用力决定了企业的外部环境。这 5 种竞争作用力越强，则企业面临的机会越小，威胁越大，竞争越激烈。波特五力模型如图 8-1 所示。

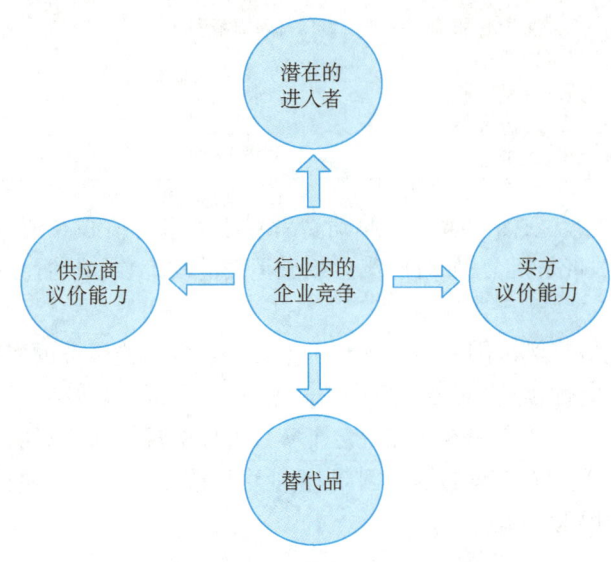

图 8-1　波特五力模型

1. 行业内企业竞争

现有企业之间的竞争常常表现在价格、广告、产品介绍和售后服务等方面，其竞争强度与许多因素有关。影响行业内企业竞争激烈程度的主要因素包括：①产品市场的生命周期。②产品的差异性。③行业固定成本投资比重。④行业的退出障碍。

2. 供应商议价能力

位于产业链上游的供应商，主要通过提高投入要素价格、提高下游客户的成本来影响下游企业的盈利能力与产品竞争力。站在下游企业角度，供应商的议价能力越强，则企业面临的机会越小，威胁越大。决定供应商议价能力高低的主要因素包括：①供应商的客户集中度。②供应商产品的差异化程度。③供应商向前整合的能力。④上游供应商的数量。⑤产品的转换成本。

3. 买方议价能力

购买者主要通过压价及要求上游公司提供较高的产品或服务质量的能力来影响上游公司的盈利能力。一般来说，决定购买方议价能力大小的主要因素包括：①购买者的重要性程度。②产品的差异化程度。③购买者向后整合的能力。④产品的转换成本。

4. 潜在的进入者

潜在的进入者可能会与现有企业发生原材料与市场份额的竞争，最终拉低行业中现有企业的盈利水平。影响潜在的进入者能力大小的主要因素包括：①行业的进入壁垒。②预期现有企业对新进入者的反应。

5. 替代品

两个处于同行业或不同行业中的企业，可能会由于所生产的产品是互为替代品，在它们之间产生相互竞争行为，这种源于替代品的竞争会以各种形式影响行业中现有企业的盈利能力及战略制订。

【例题 8-2】 康佳医疗属于医药制造业，现需对公司外部环境进行分析。

要求：综合运用多种分析方法，分析康佳医疗的外部环境。

【解析】

1. 宏观环境分析

（1）政治法律环境。医药制造业是一个特殊的行业，国家向来管理严格。2012—2019年我国医药制造业颁布了许多行业新规及监管新办法，对医药制造业企业的生产体系、管理体系、操作规范、药品质量、从业人员专业素养及道德规范等多方面进行了更加细致、严格的规定。

2017年，医药制造业利好不断，党的十九大报告提出"实施健康中国战略""传承发展中医药事业"，大力推进"互联网＋医药"。传统医药制造业将互联网医疗嵌入企业的发展战略中，积极响应政策号召，利用互联网时代的大数据实现"大健康"。打造精准个性化服务型的一站式医疗服务，顺应时代的发展，运用新时代的科技手段助力医药发展。

（2）经济环境。党的十八大以来，消费已经成为我国经济增长的主要推力，在2015—2019年，我国GDP增长率一直维持在6%～7%，2019年国内生产总值为99.1万亿元，稳居世界第二位。

正是在良好的经济环境下，尤其是在新兴经济市场发展的带动下，促进了医药制造业的发展，2020年全球医药市场规模将超1.3万亿美元，而我国的医药制造业规模以上工业企业在2019年实现主营业务收入约为23 909亿元人民币，同比增长7.4%，高于全国规模以上工业企业同期整体水平3.6%。由此可见，经济环境因素对医药制造业企业来说非常有利的。

（3）社会文化环境。随着经济增长及人们消费水平的不断提高，在生活质量提升的基础上，人们对医疗保健的认识越来越理性，健康生活的观念已经深入老百姓心中，这为我国医药制造业的快速发展奠定了民众基础。

随着居民保健意识的增强，将会形成巨大且富有潜力的健康消费的内需市场。与此同时，随着国民教育程度的普遍提高，我国广大的农村人口也将成为医药制造业的重要消费群体。

由于我国致力于消除贫富差距，农民收入水平的提高及农村日益健全的医疗体系为医药市场提供了更大的发展空间和可能。

（4）科技环境。时代在进步，科技也在不断发展，不仅医药制造业本身的制药技术、研制能力在时代和科技的推动下不断有所突破，而且在信息技术发展迅猛的新时代，随着健康中国、互联网＋医疗等新概念的提出，医药制造业的模式将面临巨大的变革。

借助大数据、人工智能等信息化手段，中国的传统医药已经重新焕发出新的光彩。新的科技及信息化时代也会为传统医药制造业带来新的经营模式。

2. 行业竞争分析

运用波特五力模型和相关财务指标,对康佳医疗的行业竞争力进行分析。

(1) 供应商议价能力。供应商议价能力的强弱在于他们对医药制造企业成本的影响程度,这决定着企业能否为自己争取到更大的利润空间。当然,因为医药制造企业通常需要采购的量较大,所以在原料药采购的议价方面,医药制造企业占据一定的优势,供应商的议价能力也随之降低。

(2) 买方议价能力。买方议价能力通常取决于其购买的规模与能力,按照其购买能力和购买规模的大小一般分为药品批发商、药品零售商、医疗机构等主要购买者和普通消费者这一类次要购买者。

药品批发商一直都是医药制造企业产品的主要流向,其在与不同卖方的交易中积累了丰富的经验,掌握了大量的信息,买方辨别能力强,不容易让利,并且医药制造企业之间产品的差异化小。因此,总体看来,在医药制造企业中,买方集中程度高,占据议价优势地位。

(3) 潜在的进入者。药品作为特殊的商品,直接关系到使用者的生命安全。医药制造业的生产受到国家监督管理部门的严格控制。尽管也不乏一些资金雄厚的其他领域的企业进军医药制造业,它们通过收购来获取医药制造业相关的管理经验及专业技术。但由于医药及其相关行业的特殊性,除了满足政府的高标准,企业还需要较长的时间提高自己的品牌辨识度,获取消费者的认同,也削弱了潜在进入者所造成的竞争威胁。

(4) 替代品。药品的替代品一般要么是相同疗效的同类药,要么是不同种类的药,如化学药剂与传统中药。从行业特性来看,药品作为特殊商品,具有极强的专业性,其作用并不能被保健品或医疗器械等其他产品所替代。因此替代品较为局限,对医药制造业竞争所带来的威胁较小。

(5) 行业内企业竞争。截至2019年年末,中国医药制造业规模以上企业数量为7 300多家,其中上市公司170多家。2020年在上市公司市值500强中,医药制造产业表现强劲,有61家医药公司入榜。因此,激烈的行业内竞争很可能引发企业之间的价格战,它们通过采取压低价格的方式来获取市场份额。

(6) 行业竞争力财务指标分析。经过计算,医药制造业的净资产收益率均值为9.57%,在全行业中排名第11位,处于中等偏上位置,盈利能力相对较强;而权益乘数均值在全行业中排名第6位,几乎处于领先地位,表明偿债能力较强;总资产周转率均值在全行业中处于第33位,处于相对落后位置,表明医药制造业总资产的营运能力相对较弱,有很大提升空间。

五、撰写大数据财务分析报告

大数据财务分析报告的基本结构与内容主要包括以下几个部分。

1. 报告目录

报告目录是告诉报告使用者本报告所分析的内容及所在页码。

2. 财务状况综述

财务状况综述是对财务分析报告内容的高度浓缩,概括企业经营、财务方面的综合情况,让财务报告接收者对企业财务状况有一个总括的认识。财务状况综述一定要言简意赅、点到为止。

3. 说明段

说明段主要是对财务报表期间、重要项目、企业运营及财务状况的介绍。其中财务状况可以通过主要财务指标的完成情况来介绍,主要财务指标由反映企业偿债能力、营运能力、盈利能力和发展能力4个方面构成。

4. 分析段

分析段主要是通过财务数据来对企业财务状况、经营成果和现金流量进行分析研究,分析和发现问题的原因和症结,解释财务数据变化的真正含义,一般分重点对报表项目进行分析研究。财务分析一定要有理有据,要细化分解各项指标(如可以按获利能力分析、偿债能力分析、发展能力分析、现金流量分析等进行细化),由于有些报表的数据是比较含糊和笼统的,要善于运用表格、图示来突出表达分析的内容。分析问题一定要善于抓住当前要点,多反映企业经营焦点和易于忽视的问题。

分析段是财务分析报告的核心内容。分析段的写作水平,在很大程度上决定了财务分析的质量和档次。想要将分析段写得精彩,就要有一个好的分析思路。例如,某集团公司下设四个二级公司,且都为制造公司,财务分析报告的思路可以按照总体指标分析、集团总部情况分析、各二级公司情况分析的顺序编写;在每一部分里,按本月分析、本年累计分析展开;再往下按获利能力分析、销售情况分析、成本控制情况分析展开。如此层层分解、环环相扣,各部分间及每部分内部都存在着紧密的勾稽关系。

如果是外部财务分析报告,还需要对企业所处的行业背景及企业的优势与劣势情况进行分析。

5. 评价段

报告作出财务说明和分析后,对企业的经营情况、财务状况、盈利业绩,应该从财务角度给予公正、客观地评价和预测。财务评价不能运用似是而非、可进可退、左右摇摆等不负责任的语言,评价要从正面和负面两方面进行,评价既可以单独分段进行,又可以将评价内容穿插在说明部分和分析部分。

6. 建议段

建议段是财务人员在对企业经营运作、投资决策进行分析后形成的意见和看法,特别是对运作过程中存在的问题所提出的改进建议。撰写财务分析报告的根本目的不仅是反映问题、揭示问题,而是要通过对问题的深入分析,提出合理可行的解决办法,真正担负起"财务参谋"的重要角色。只有如此,财务分析的价值才可能得到提高和升华。值得注意的是,财务分析报告中提出的建议不能太抽象,而是要具体化,最好有一套切实可行的方案。

【例题8-3】 康佳医疗属于医药制造业,现需对公司的大数据财务分析报告进行编制。

要求:结合康佳医疗的财务分析情况,撰写康佳医疗的大数据财务分析报告。

康佳医疗大数据财务分析报告

一、财务指标分析

通过对康佳医疗的相关分析可知,康佳医疗近3年发展相对较缓慢,且在同行业中处于相对落后位置。对康佳医疗财务指标的分析主要表现在以下几个方面。

1. 偿债能力

通过康佳医疗的偿债能力与行业均值和标杆企业的对比分析可知,康佳医疗的偿债能力指标与行业均值相差较大,偿债能力相对比较薄弱,与各指标排名第一的企业相比更是相差甚远,表明康佳医疗的偿债能力有很大提升空间。

2. 营运能力

通过分析可知,康佳医疗的应收账款周转率在同行业中处于相对领先位置,但呈现逐年下降趋势,企业经营管理人员应当及时查明原因,而固定资产周转率和存货周转率均与同行业均值和标杆企业差距较大,表明企业固定资产利用效率不高,且存货竞争力较弱。总资产周转率与流动资产周转率虽与行业均值相差不大,但与标杆企业相比,均有一定差距,仍然有很大提升空间。

3. 盈利能力

通过分析可知,2020年康佳医疗盈利能力分析的各项指标值虽然相比于2019年有所提升,但仍低于行业均值,且远低于同行业标杆企业,表明康佳医疗的盈利能力在同行业中处于落后位置,需要引起企业经营管理人员的高度关注,应当及时找出差距,提升企业的盈利空间。

4. 发展能力

通过发展能力分析的各项指标值可以看出,近几年医药制造业整体发展形势良好,康佳医疗虽有一定程度的增长,但增长速度远低于行业平均增速,与各指标排名第一的企业相比,更是差距甚远,企业经营管理人员应当进一步提升产品的竞争力,提高公司的发展速度。

二、财务评价

通过将康佳医疗与同行业均值和同行业标杆企业进行对比分析可知,康佳医疗的偿债能力、营运能力、盈利能力和发展能力在同行业中均处于相对落后位置,并且通过对康佳医疗的应收账款质量和货币资金质量等进行分析,进一步表明企业的产品竞争力不强,需要通过采取进一步扩大赊销的方式实现营业收入的增长。然而企业的应收账款周转率却逐年降低,回款速度变慢,增加了坏账的风险,因此应收账款质量方面应当引起企业经营管理人员的关注。

三、建议

康佳医疗应当查找与市场同类产品的差异,努力提高自身产品竞争力,加速存货周转,并且尽力提高固定资产的利用效率,从而提高企业的盈利能力、营运能力和发展能力;尽量与信誉较好的客户进行合作,以防止坏账的发生,从而提升应收账款的回款速度和质量,并且提高速冻资产占流动资产的比重,以提高企业的偿债能力等。

课后练习题

一、单项选择题

1. 经济增加值是由( )开发并推广的。
   A. 美国杜邦公司 B. 美国通用电气公司
   C. 美国波士顿咨询公司 D. 美国思腾思特管理咨询公司
2. 国务院国有资产监督管理委员会从( )年开始对中央企业负责人实行经济增加值考核。
   A. 2005 B. 2010 C. 2015 D. 2020
3. ESG中的E代表( )。
   A. Economy(经济) B. Ecology(生态)
   C. Environment(环境) D. Evaluation(评估)
4. 下列各项中,不属于PEST分析中的技术因素的是( )。
   A. 新产品 B. 新生产流程
   C. 新的配送方式 D. 新的税收政策
5. 波士顿矩阵中,市场增长率低且市场占有率高的产品类型是( )。
   A. 明星型产品 B. 现金牛型产品
   C. 问题型产品 D. 瘦狗型产品

二、多项选择题

1. ESG评级主要为投资者提供的信息包括( )。
   A. 被投企业的财务绩效 B. 被投企业的可持续风险
   C. 被投企业的发展机遇 D. 被投企业的管理水平
2. 影响经济增加值指标可比性的因素有( )。
   A. 不同行业的企业 B. 不同发展阶段的企业
   C. 不同规模的企业 D. 不同所有制性质的企业
3. 下列各项中,关于经济增加值评价的优点表述正确的有( )。
   A. 经济增加值考虑了所有资本的成本,更真实地反映了企业的价值创造能力
   B. 实现了企业利益、经营者利益和员工利益的统一,激励经营者和所有员工为企业创造更多价值
   C. 能有效遏制企业盲目扩张规模以追求利润总量和增长率的倾向,引导企业注重价值创造
   D. 以上都是
4. 财务分析报告的内容通常包括( )。
   A. 企业的经营特征
   B. 利润实现及其分配情况

C. 资金增减变动和周转利用情况

D. 存货、固定资产等主要财产物资的盘盈、盘亏、毁损等变动情况

5. 下列各项中,属于外部环境分析常用方法的有( )。

A. SWOT 分析　　　B. PEST 分析　　　C. 波士顿矩阵　　　D. 波特五力模型

三、简答题

1. 请简述企业实施 ESG 的意义。
2. 请简述财务分析报告的核心内容及撰写大数据财务分析报告时的基本结构与内容。

附录

资产负债表

编制单位：北京中福汽车有限公司　　　　　　　　　　　　　　　　　　　　　单位：万元

资产	2020年年末	2019年年末	2018年年末	负债及所有者权益（或股东权益）	2020年年末	2019年年末	2018年年末
流动资产：				流动负债：			
货币资金	85 984.84	58 826.12	70 054.08	短期借款			
交易性金融资产				交易性金融负债			
衍生金融资产				衍生金融负债			
应收票据	1 622.50	1 022.31	0	应付票据	9 865.09	6 764.62	14 272.80
应收账款	58 232.23	78 518.76	47 273.14	应付账款	38 656.63	49 100.32	15 019.48
应收款项融资				预收款项	6 396.88	8 997.95	4 990.07
预付款项	4 244.11	1 907.30	6 261.64	合同负债			
其他应收款	7 324.29	3 713.85	2 685.43	应付职工薪酬	1 126.46	1 755.92	1 368.03
存货	78 979.46	69 521.57	92 534.16	应交税费	3 984.08	2 105.47	1 281.03
合同资产				其他应付款	3 669.30	5 176.49	6 678.50
持有待售资产				持有待售负债			
一年内到期的非流动资产	15 396.71	18 088.72	20 295.80	一年内到期的非流动负债			
其他流动资产	5 152.75	4 960.05	2 229.72	其他流动负债			
流动资产合计	256 936.89	236 558.68	241 333.97	流动负债合计	63 698.44	73 900.77	43 609.91
非流动资产：				非流动负债：			
债权投资				长期借款			
其他债权投资				应付债券			
长期应收款				其中：优先股			
长期股权投资	14 564.41	18 434.98	1 469.08	永续债			
其他权益工具投资				租赁负债			
其他非流动金融资产				长期应付款	1 655.12	1 838.25	0
投资性房地产				预计负债			

(续表)

资产	2020年年末	2019年年末	2018年年末	负债及所有者权益（或股东权益）	2020年年末	2019年年末	2018年年末
固定资产	42 602.73	40 575.16	33 402.02	递延收益			
在建工程	96.18	260.12	4 603.57	递延所得税负债			
生产性生物资产				其他非流动负债	1 655.12	302.42	0
油气资产				非流动负债合计	3 310.24	2 140.67	0
使用权资产				负债合计	67 008.68	76 041.44	43 609.91
无形资产	6 501.10	5 808.41	4 514.10	所有者权益(或股东权益):			
开发支出	5 776.52	7 176.60	3 903.14	实收资本(或股本)	150 000.00	150 000.00	100 000.00
商誉				其他权益工具			
长期待摊费用				其中:优先股			
递延所得税资产	1 304.83	3 255.89	2 620.22	永续债			
其他非流动资产	7 249.66	6 549.83	15 644.91	资本公积	5 234.83	4 534.83	82 234.30
非流动资产合计	78 095.43	82 060.99	66 157.04	减:库存股			
				其他综合收益			
				专项储备			
				盈余公积	19 635.93	11 858.29	12 840.08
				未分配利润	93 152.88	76 185.11	68 806.72
				所有者权益(或股东权益)合计	268 023.64	242 578.23	263 881.10
资产总计	335 032.32	318 619.67	307 491.01	负债及所有者权益（或股东权益）总计	335 032.32	318 619.67	307 491.01

利润表

编制单位:北京中福汽车有限公司　　　　　　　　　　　　　　　　　　　单位:万元

项目	2020年	2019年	2018年
一、营业收入	157 452.97	108 395.36	85 640.46
减:营业成本	92 832.64	69 849.79	52 252.46
税金及附加	1 915.38	1 619.21	911.49
销售费用	17 193.96	15 789.32	16 705.65
管理费用	9 858.20	6 565.89	7 491.22
研发费用	8 189.92	2 398.42	1 132.64
财务费用	1 200.84	957.50	−192.37
其中:利息费用	568.23	568.23	0
利息收入	0	0	0

(续表)

项目	2020 年	2019 年	2018 年
加：其他收益	0	0	0
投资收益(损失以"一"号填列)	1 637.58	2 215.52	1 172.80
其中：对联营企业和合营企业的投资收益	28.12	29.65	−50.20
以摊余成本计量的金融资产终止确认收益(损失以"一"号填列)	0	0	0
净敞口套期收益(损失以"一"号填列)	0	0	0
公允价值变动收益(损失以"一"号填列)	−1 987.16	−996.11	−1 021.18
信用减值损失(损失以"一"号填列)	0	0	0
资产减值损失(损失以"一"号填列)	−3 101.48	−2 471.52	−652.25
资产处置收益(损失以"一"号填列)	−488.25	−241.67	−191.78
二、营业利润(亏损以"一"号填列)	22 322.72	9 721.45	6 646.96
加：营业外收入	515.58	282.33	366.93
减：营业外支出	213.94	356.99	176.04
三、利润总额(亏损总额以"一"号填列)	22 624.36	9 646.79	6 837.85
减：所得税费用	5 656.59	2 411.69	2 459.46
四、净利润(净亏损以"一"号填列)	16 967.77	7 235.10	4 378.39
(一)持续经营净利润(净亏损以"一"号填列)	0	0	0
(二)终止经营净利润(净亏损以"一"号填列)	0	0	0
五、其他综合收益的税后净额	0	0	0
(一)不能重分类进损益的其他综合收益	0	0	0
1. 重新计量设定受益计划变动额	0	0	0
2. 权益法下不能转损益的其他综合收益	0	0	0
3. 其他权益工具投资公允价值变动	0	0	0
4. 企业自身信用风险公允价值变动	0	0	0
……	0	0	0
(二)将重分类进损益的其他综合收益	0	0	0
1. 权益法下可转损益的其他综合收益	0	0	0
2. 其他债权投资公允价值变动	0	0	0
3. 金融资产重分类计入其他综合收益的金额	0	0	0
4. 其他债权投资信用减值准备	0	0	0
5. 现金流量套期储备	0	0	0
6. 外币财务报表折算差额	0	0	0

(续表)

项目	2020 年	2019 年	2018 年
……	0	0	0
六、综合收益总额	16 967.77	7 235.10	4 378.39
七、每股收益：	0	0	0
（一）基本每股收益	0	0	0
（二）稀释每股收益	0	0	0

现金流量表

编制单位：北京中福汽车有限公司　　　　　　　　　　　　　　　　单位：万元

项　目	2020 年	2019 年	2018 年
一、经营活动产生的现金流量			
销售商品、提供劳务收到的现金	399 807.34	309 985.76	185 494.42
收到的税费返还	3 186.13	2 936.45	995.30
收到其他与经营活动有关的现金	6 205.81	4 949.87	1 091.07
经营活动现金流入小计	409 199.28	317 872.08	187 580.79
购买商品、接受劳务支付的现金	261 044.11	195 075.82	145 901.50
支付给职工以及为职工支付的现金	28 163.55	25 146.38	20 066.40
支付的各项税费	32 421.18	29 928.78	17 787.46
支付其他与经营活动有关的现金	41 652.15	69 280.78	73 951.45
经营活动现金流出小计	363 280.99	319 431.76	257 706.81
经营活动产生的现金流量净额	45 918.29	−1 559.68	−70 126.02
二、投资活动产生的现金流量			
收回投资收到的现金	15 280.11	97 470.48	61 419.68
取得投资收益收到的现金	28.12	0	9.45
处置固定资产、无形资产和其他长期资产收回的现金净额	20.06	46.22	52.05
处置子公司及其他营业单位收到的现金净额	0	0	0
收到其他与投资活动有关的现金	0	108.50	0
投资活动现金流入小计	15 328.29	97 625.20	61 481.18
购建固定资产、无形资产和其他长期资产支付的现金	12 056.84	5 085.14	13 937.85
投资支付的现金	10 606.80	96 293.20	1 985.32
取得子公司及其他营业单位支付的现金净额	0	0	0
支付其他与投资活动有关的现金	0	0	1 560.49

(续表)

项 目	2020 年	2019 年	2018 年
投资活动现金流出小计	22 663.64	101 378.34	17 483.66
投资活动产生的现金流量净额	－7 335.35	－3 753.14	43 997.52
三、筹资活动产生的现金流量			
吸收投资收到的现金	0	0	100 000.00
取得借款收到的现金	0	0	1 020.00
收到其他与筹资活动有关的现金	0	123.41	0
筹资活动现金流入小计	0	123.41	101 020.00
偿还债务支付的现金	0	0	8 984.56
分配股利、利润或偿付利息支付的现金	11 713.42	6 143.65	9 434.16
支付其他与筹资活动有关的现金	0	0	588.61
筹资活动现金流出小计	11 713.42	6 143.65	19 007.33
筹资活动产生的现金流量净额	－11 713.42	－6 020.24	82 012.67
四、汇率变动对现金及现金等价物的影响	289.20	105.10	0
五、现金及现金等价物净增加额	27 158.73	－11 227.96	55 884.17
加：期初现金及现金等价物余额	58 826.12	70 054.08	14 169.91
六、期末现金及现金等价物余额	85 984.84	58 826.12	70 054.08